KB068689

국제법의 역사

— 전쟁과 평화와 국제법 —

아르투어 누스바움 저

김영석 편역

A Concise History of the Law of Nations

by Arthur Nussbaum

Published by PARKYOUNG Publishing & Company, South Korea, 2019

Every Effort has been made to contact or trace all copyrights holders.
The publisher will be glad to make good any errors and omissions brought to
our attention in future additions.

국제법의 역사: 전쟁과 평화와 국제법

2019년 2월 28일 초판 발행
2024년 4월 30일 중판 발행

지은이 아르투어 누스바움 | 옮긴이 김영석 | 펴낸이 안종만 | 펴낸곳 ㈜박영사
등록 1959.3.11. 제300-1959-1호(倫)
주소 서울특별시 금천구 가산디지털2로 53, 210호(가산동, 한라시그마밸리)
전화 (02) 733-6771 | 팩스 (02) 736-4818
홈페이지 www.pybook.co.kr | 이메일 pys@pybook.co.kr

편집 이승현
기획/마케팅 이영조
표지디자인 김연서
제작 우인도 · 고철민

ISBN 979-11-303-3300-7 (93360)

정 가 19,000원

A Concise History of
the Law of
Nations

국제법의 역사:

전쟁과 평화와
국제법

아르투어 누스바움 저
김영석 편역

박영사

머리말

원시시대부터 제2차 세계대전까지
국제법의 역사를 집대성하다

김영석 이화여대 교수·법학

『국제법의 역사』는 세계적으로 저명한 국제법 학자인 아르투어 누스바움Arthur Nussbaum이 저술한 국제법의 역사서인 "A Concise History of the Law of Nations"를 번역한 책이다. 이 책은 1947년에 초판이 출판되었고 1954년에 개정판이 출판되었다. 역자는『국제법의 역사』를 1954년도에 미국에서 MacMillan Company에 의해 출판된 개정판을 번역하여, 2013년 한길사를 통해 출간한 적이 있다.

그 후, 역자가 이화여대에서 '전쟁과 평화와 국제법'이라는 강의를 개설하게 되었고, 이 강의를 위해『국제법의 역사: 전쟁과 평화와 국제법』이라는 이름으로 이번에 박영사를 통해 출간하게 되었다. 이번에 출간하게 되는 책은 그 전의 책에서 지나치게 어렵게 느껴지는 부분을 일부 삭제하고, 국제법의 역사 중에서 전쟁과 평화와 관련된 부분을 중심으로 일부 편집을 하였다. 그러나 원저자의 주장이나 원저서의 내용을 변경하지는 않았고, 원저서의 내용을 충실하게 전달하고자 노력하였다.

『국제법의 역사』는 국제법의 역사를 가장 잘 간결하게 정리한 국제법 분야의 명저라고 할 수 있다. 이번에 새롭게 책을 출간하게 된 것을 기쁘게 생각한다.

역자의 스승이신 미국 일리노이대의 프란시스 앤서니 보일Francis Anthony Boyle 교수님을 비롯하여 국제법 학계의 선배, 동료, 후배 교수님들과 송상현 전 국제형사재판소 소장님, 권오곤 국제형사재판소 당사국총회 의장님, 신각수 전 외교부차관님, 김영원 전 주네덜란드 대사님, 백진현 국제해양법재판소 소장님, 정창호 국제형사재판소 재판관님 등 선배 국제법 법률가들이 역자에게 베풀어 주신 후의와 지도에 대해 감사를 드린다.

언제나 역자를 이해해주고 지원해준 아내 김세영 교수와 자녀들, 현정, 태윤, 은택에게 감사한다.

이 책의 출간을 가능하게 해주신 박영사의 안종만 회장님, 조성호 이사님, 이승현 과장님, 이영조 차장님께 깊은 사의를 표한다.

"흑암에 행하던 백성이 큰 빛을 보고
사망의 그늘진 땅에 거주하던 자에게 빛이 비치도다. …
어지러이 싸우는 군인들의 신과 피 묻은 겉옷이
불에 섶 같이 살라지리니…"
(이사야 9 : 2, 5)

2019년 2월 4일
이화여자대학교 법학관 연구실에서
역자

원저자 소개

원저자인 아르투어 누스바움은 이 분야에서 세계적으로 인정받는 권위 있는 학자라고 할 수 있다. 그는 1877년 1월 31일 독일 베를린에서 아버지 베르나르트Bernard와 어머니 베르나르딘 누스바움Bernardine Nussbaum의 아들로 출생하였다. 1894년에서 1897년까지 베를린대학에서 법학을 공부하였고 1898년에 법학박사학위를 취득하였다. 1906년 8월 21일 게르트루드 아이크Gertrude Eyck와 결혼하여 3명의 딸을 두었다. 그는 1914년에서 1933년까지 독일 베를린대학 법대의 강사와 교수를 역임하였고 1934년에 미국으로 이주하여 1940년 미국에 귀화하였다. 그는 1934년부터 미국의 콜롬비아 대학 법과대학원에서 교수로 재직하였으며 1964년 11월 22일 사망하였다. 누스바움은 이 책 이외에『Money in the Law』(1939),『Principles of Private International Law』(1943),『독일저당권법』(Deutsches Hypotheken-wesen)(제1판은 1913년, 제2판은 1921년 출판되었으며 스페인어와 일본어로 번역됨),『독일국제사법』(1932) 등 다수의 서적을 저술하였다.

『국제법의 역사』에서 누스바움은 원시시대부터 고대 그리스, 고대의 중국, 인도 등 동양세계, 서양의 중세, 근대, 웨스트팔리아 평화회의부터 나폴레옹 전쟁 시기, 비엔나회의부터 제1차 세계대전까지의 시기, 베르사유 조약체결부터 제2차 세계대전까지의 시기 등 인류 역사의 주요 시기들에 있어서의 국제법의 역사를 종합적으로 고찰하고 정리하며 평가한다. 또한, 누스바움은 위에서 열거한 각 시기의 대표적인 국제법학자들을 소개하고 그들의 이론을 분석, 평가함으로써 국제법의 이론이 발전하여가는 과정을 설명하여주고 있다.

『국제법의 역사』에서 다루는 내용을 간략히 소개하면 다음과 같다.

(1) 제1장 상고시대

제1장에서는 원시시대, 고대 그리스와 고대 로마의 국제법에 관해 고찰한다. 저자는 원시시대에 인류에게 타고난 관념으로서의 국제법이 존재하지는 않는다고 주장한다. 그러나 기원전 4천 년 전부터 법현상이 나타났고 그 예로서 기원전 3100년에 체결된 메소포타미아 도시국가 간의 조약을 들고 있다. 그 후, 고대 이집트, 히브리, 인도, 중국 등에 있어서 국제법의 초기 형태를 고찰한다. 기원전 천년 경에 고대 그리스 도시국가 간의 관계를 분석하면서 도시국가들 간의 관계는 대체로 종교적이며 국가 간의 관계라기보다는 사실상 지방자치단체 간의 관계로 평가한다. 고대 로마는 정전(just war)이론과 로마법을 통해 국제법의 발달에 많은 영향을 주었다. 특히 국제법이라는 용어의 어원은 로마법의 만민법(jus gentium)에서 유래한 것이라고 한다.

(2) 제2장 중세시대-서양

중세 서양세계의 분위기는 국제법의 발전에 우호적이지 않았다. 중세의 교회법은 국내법도 아니고 국제법도 아닌 초국가적 법이었으며 모든 기독교 세계가 지켜야 하는 법이었다. 교황이 최고권을 가지고 있다고 생각하여 교회가 국제 분야에 깊이 관여하였다. 그러나 중세동안 상법과 해사법에서 국제화가 발전하여 콘솔라토 델 마레 등의 법전이 나타났다. 이 시대의 가장 큰 공헌은 정전에 관한 로마의 이론을 신학에서 재생시킨 것이다. 성 아우구스티누스와 토마스 아퀴나스가 주요한 학자였다. 또한, 바르톨루스와 발두스 등의 학자가 국제법의 발전에 기여하였으며 국제사법(private international law)의 개념이 시작된 시기이기도 하다.

(3) 제3장 중세시대–동방

중세의 동방에서는 동로마제국, 러시아, 이슬람국가의 국제법 관련 역사를 분석하였다. 특히, 중세 후기에 서양과 동방의 접촉이 많아지게 되면서 영사제도, 캐피툴레이션 제도 등이 성립하였다. 이 캐피툴레이션 제도는 서양의 거류민이 이슬람지역에 있을 때 본국 정부에서 임명한 영사의 재판을 받도록 이슬람 국가의 군주가 일방적인 형식으로 허용한 제도를 의미한다. 이 제도는 오늘날의 영사제도의 기원으로 볼 수 있다.

(4) 제4장 근대, 30년 전쟁까지

이 장에서는 1492년 신대륙을 발견한 때부터 1648년 30년 전쟁이 끝난 때까지의 국제법의 역사를 분석한다. 이 시대의 국제법의 발달은 스페인, 영국, 프랑스 등 민족국가의 발전과 함께 이루어졌다. 중세의 봉건법이 국제적인 영역에서 사라졌고 도시국가와 같이 작은 정치공동체가 유지되기 어려워졌다. 또한, 이론적으로도 많은 발전이 이루어졌다. 이 시기의 대표적인 학자들로서 프란시스코 데 비토리아Francisco de Vitoria, 프란시스코 수아레즈Francisco Suarez, 피에리노 벨리Pierino Belli, 알베리코 젠틸리Alberico Gentili, 휴호 그로티우스Hugo Grotius의 생애와 사상이 소개되어 있다.

프란시스코 데 비토리아는 스페인 사람으로서 살라만카Slamanca 대학교의 신학 교수였다. 그는 이교도의 군주들에게 기독교도인 군주들과 유사한 법적 지위를 부여하였고 통상의 자유라는 개념을 도입하였으며 전쟁법의 혜택을 교전국 양측에게 확대시키도록 하는 데 공헌하였다.

프란시스코 수아레즈도 스페인 사람으로서 신학 교수였다. 그는 만민법(jus gentium)이라는 용어가 모호하다는 것을 알아낸 최초의 학자였으며 만민법을 모든 인민들 사이의 법과 국가들의 내부의 법으로 구별하였다. 두 번째 의미의 만민법은 로마시대의 만민법을 의미하는 것이고, 첫 번째 의미의 만민법은 오늘날 국가 간의 법을 의미하는 국제법의 개념에 가까운 것이다.

피에르노 벨리는 이태리 사람으로서 "만약에 한 군주가 중재할 의향이 있다는 것을 보이면, 그 전쟁이 부당한 전쟁이 되지 않게 하기 위하여 전쟁과 유사한 행위가 중지되어야 한다"고 주장함으로써 중재재판의 원칙뿐만이 아니라 강제적 중재재판의 원칙을 제시하였다.

알베리코 젠틸리는 이탈리아 북부의 한 도시 산기네시오Sanginesio에서 의사의 아들로서 태어났으며 페루자Perugia 대학에서 법학을 공부하여 20세 때 그곳에서 박사학위를 받았다. 그가 각종 자격으로서 법률 업무에 종사한 후, 그와 그 부친은 개신교 신앙을 갖게 되었기 때문에 1579년 종교재판소에 잡히기 전에 이탈리아에서 도망쳤다. 그 재판소는 그들에게 궐석재판으로써 종신형과 재산몰수의 판결을 내렸다. 그 후 알베리코 젠틸리는 옥스포드Oxford 대학에서 로마법 교수가 되었다. 그는 독실한 기독교 신자였지만 대담하게도 국제법의 세속화를 시작하였고 또 이것을 발전시켰다. 또한 그는 강조점을 도덕으로부터 법적인 접근으로 옮겼으며, 적절한 지식에 관한 새로운 분야를 열었다. 그는 국제관계에 대한 법적 탐구를 크게 확대시켰기 때문에 우리는 그를 국제법의 세속학파의 시조라고 부를 수 있을 것이다.

휘호 그로티우스는 1583년에 텔프트Delft에서 탄생하였고 천재소 년이었다. 7세 때, 그는 어린동생을 잃고 슬퍼하는 그의 아버지를 위로하는 라틴어 시를 지었다. 그는 11세 때 레이든 대학에 입학하여 10년 후에는 수학, 철학과 법학에 관한 대학 졸업논문을 제출한 후 학교를 떠났다. 그의 명성은 아주 빨리 퍼져서, 그가 15세 때 네덜란드 대사를 따라서 프랑스의 헨리 4세의 궁전에 갔을 때 프랑스 왕은 그를 가리켜 "네덜란드의 기적"이라고 불렀다고 전해지고 있으며, 또 오르레앙Orléans 대학은 그에게 법학박사 학위를 수여하였다. 16세 때 그는 본국에서 변호사 개업을 하였다. 그는 1603년에 저명한 학자들을 제치고 네덜란드의 사료편찬관에 임명되었다.

그의 연구 가운데서 유명한 한 장(chapter)이 1609년에 『자유해론』 (*The Free Seas, Mare liberum*)이란 제목으로 출판되었다. 그로티우스는 아르미니우스파의 좀 더 자유주의적인 종교관을 좋아하였으나, 그 문제가 정치적인 분쟁으로 변화하면서 그는 종신형을 선고받고 뢰브슈타인Loevestein의 오래된 요새에 수용되었다. 죄수가 된 그는 이러한 역경에 굴하지 않고 감옥생활에서 훌륭한 두 권의 책을 저술하였다. 1621년 3월에 그는 책 상자 속에 숨어서 탈옥을 하여 프랑스로 갔으며 프랑스에서는 국왕과 친구들이 환영해 주었다. 그는 1623년과 1624년에 그의 위대한 저서 『전쟁과 평화의 법』(*On the Law of War and Peace*)을 써서 프랑스의 루이 13세에게 바쳤다. 그 당시는 30년 전쟁이 치열하게 전개되고 있었다. 그로티우스는 자기의 깊은 학문의 힘으로써 법과 평화의 회복에 공헌하기를 원했으며, 법학, 철학과 신학의 모든 힘을 동원하려고 하였다.

그의 저서는 즉시 호평을 받았다. 그러나 그로티우스는 특히 귀국 기도가 실패했기 때문에, 큰 실망과 우울한 시기를 보내야 되었다. 수 년을 도망자로서 홀랜드와 독일에서 지낸 후에, 1634년에 그는 파리 주재 스웨덴 대사로 임명되었다. 10년 이상을 그로티우스는 그 고위 직에 머물러 있었는데, 30년 전쟁의 격변 때문에 이중으로 책임 있는 직위였다. 그러나 그는 더욱 더 종교문제에 몰두하게 되었고, 언제나 기독교 교회의 재통합을 그의 목표로 하였다. 그는 또한 광범위한 역 사연구와 시와 또 외국학자들과 널리 교류하는 일에 골몰하였다. 그 는 자기의 위대한 저서를 개정한 것 이외에는 국제법을 다시 다루지 않았다. 어떤 의미에서 국제법은 그에게는 주변적이었던 것 같다. 그 의 생애의 마지막 20년 동안에 수많은 출판을 하였으나, 그다지 호평 을 받지 못하였다.

그로티우스는 대사로서도 성공하지 못하였다. 법률가로서나 학자 로서의 그의 권위가 절대적이었음에도 불구하고, 또 프랑스 왕의 개 인적 호의가 있었음에도 불구하고, 그는 프랑스 정부와 원만한 관계 를 수립하지 못하였고 또 리셀리외 추기경(Cardinal Richelieu)은 여러 차례 스웨덴 정부에게 그를 소환하라고 요청하였다. 그는 외교관에게 바람직한 사교성이 부족하였다. 뿐만 아니라 그는 각종의 문학적 연 구와 또 교회의 재통합을 위한 투쟁에 너무 골몰하게 되어, 자기직무 에 전념하기 어려웠다. 확실치 않은 한 일화가 있는데 아주 특징적이 어서 생략할 수 없다. 프랑스 왕이 각국 대사들을 환영하는 연회에서 그로티우스는 창문 옆에서 재미있는 신약성경을 열심히 읽고 있었다 고 전해진다. 스웨덴 정부는 파리에 특별사절을 보내서 그로티우스 대신 역할을 수행하도록 함으로써 간접적으로 불쾌감을 표시하였으며, 결국은 1644년에 그를 소환하였다. 스톡홀름_{Stockholm}에서 그는 최상의 우대를 받았으나 그에게 다른 공직이 맡겨지지 않았다. 새로이 공직을 맡지 못하던 그는 자기의 의도를 누구에게도 말하지 않고, 돌연히 배를 타고 스웨덴을 떠났는데, 그 배는 포메라니아 연안(Pomeranian Coast)에서 조난당했다. 기진맥진해진 그로티우스는 뚜껑 없는 수레를 타고 뤼벡_{Lübeck}으로 가려고 하였으나 로스톡_{Rostock}까지 밖에 가지 못하였다. 그는 거기서 루터교 목사로부터 마지막 영적 위안을 받고 1645년 8월 29일에 사망하였다. 이리하여 이 위대한 사람은 외국에서 홀로 초라한 몸으로 그리고 깨어진 경력을 가진 채 저세상으로 떠났다. 그것은 깊은 운명적인 삶의 상징적인 종결이었다. 그의 타고난 성격에 있어서 그는 학자이자 이상가였으며 공상가에 가까웠다. 그는 사실과 권력을 현실적으로 평가하는 재능은 없었다. 그 생애의 중대한 불행이 이것을 증명하고 있다. 교회의 재통합을 위한 그의 열정적 투쟁은 가장 특징적이다. 이 투쟁은 그의 종교적 열정과 이상주의를 입증하기는 하지만 그의 실질적 판단력은 입증하지 못한다.

그럼에도 불구하고 『전쟁과 평화의 법』(*On the Law of War and Peace*)은 국제법의 역사에서 획기적인 것이었다. 실제로, 그것은 현대 국제법 이론을 시작시킨 것이었으며, 세속적이며, 비차별적인 것이다. 그러므로 그로티우스를 국제법의 "설립자" 또는 "아버지"라고 간주하여 온 것도 타당하다. 그는 새로운 이론을 강한 신념의 힘을 가지고 주장하였다. 자기 이상에 골몰하고 진리와 정의를 열렬히 추구하며 인도주의와 화해를 변함없이 주장하는 그러한 사람의 그림이 그의 저서의 지

면에서 나타나는데 그 그림은 그의 생애가 그려낸 것이다. 그러한 개
인적, 정신적 요인들이 그의 연구가 성공한 이유를 알려준다.

(5) 제5장 웨스트팔리아 평화회의부터 나폴레옹 전쟁까지

제5장에서는 1648년 30년 전쟁이 끝나고 웨스트팔리아 평화조약
이 체결된 후 나폴레옹 전쟁까지의 국제법을 분석한다. 웨스트팔리아
조약은 국제법의 발달에 획기적인 사건이었다. 이 조약으로 신성로마
제국을 구성하던 300개 이상의 국가들이 정식으로 외국과 동맹을 체
결할 권리를 갖게 되었고 네덜란드, 프러시아가 성장하고 오토만 제
국이 쇠퇴하였다. 중상주의가 발전하였지만 통상조약도 발전하였다.
중국은 1689년 러시아와 네르친스크조약을 체결하였다. 이 시기의
중요한 사건으로서 미국의 발전을 들 수 있는데 미국은 1785년 프러
시아와 우호통상조약을 체결하였다.

이 시기에 전쟁 시의 상병자 보호를 위한 노력이 발전하였고 중립법
규도 발달하였다. 이 시기의 대표적 학자들로서 임마누엘 칸트Immanuel
Kant, 토마스 홉스Thomas Hobbes, 사무엘 푸펜도르프Samuel Pufendorf, 크리스
챤 볼프Christian Wolff, 엠메리히 드 바텔Emmerich de Vattel, 리차드 주츠Richard
Zouche, 코네리우스 판 빈케르스후크Cornelis van Bynkershoek, 사무엘 라헬
Samuel Rachel, 요한 야콥 모저Johann Jakob Moser, 게오르그 프리드리히 폰 마
르텐스Georg Freidrich von Martens 등의 사상을 소개하고 이를 평가하고 있다.

(6) 제6장 비엔나회의로부터 제1차 세계대전까지

1815년 비엔나회의의 최종의정서가 채택됨에 따라서 나폴레옹 전
쟁은 종료된다. 비엔나회의 이후 유럽의 정치체제는 오스트리아, 영

국, 프러시아, 러시아와 프랑스의 오두정치체제라고 할 수 있으며, 특히 오스트리아, 프러시아와 러시아는 1815년 신성동맹(Holy Alliance)을 결성하여 전제주의 체제를 유지하려고 하였다. 미주대륙에서는 라틴아메리카 국가들이 스페인으로부터 독립하였고, 미국은 먼로주의를 선포하였다. 중국의 쇄국은 중국과 영국간의 난징조약(1842)에 의해 처음으로 침해되었고, 일본의 쇄국은 1853년과 1854년 미국인 페리제독의 유명한 원정에 의해 흔들렸다.

이 기간 동안 국제법은 양적으로 확정하였을 뿐만 아니라 질적으로도 그 만큼 또는 그 이상으로 성장하였다. 즉, 성문 국제법규가 꾸준히 증가되고 개선되었다. 이러한 과정이 주로 일어난 분야는 조약법이었으나 대외관계에 관한 성문 국제법에도 이러한 과정이 많은 영향을 주었다. 통상조약이 많이 증가하였고, 국제사법과 사법공조분야에서 중대한 발전이 있었다. 재정적 성격의 국제분쟁이 많이 발생하여 칼보독트린과 드라고독트린이 주장되었고 포터협약이 체결되었다. 국제중재가 활발하게 이루어졌고 상설중재재판소(PCA)가 1899년 국제분쟁의 평화적 해결을 위한 협약에 의해 설립되었다.

중재의 발전이 무력 충돌의 감소를 향한 길을 여는 동안, 전투 행위의 인도주의화를 위한 국제적 조치를 통해 또 다른 성공이 이루어졌다. 1864년 제네바협약이 채택되고 "전쟁에 관한 훈령"(Instructions for the Government of Armies of the United States in the Field)("일반명령 번호 100")이 1863년 링컨 대통령에 의해 공포되었다.

국제법학에 있어서, 19세기는 실증주의가 크게 발전한 시기였다. 이는 무엇보다도 자연법의 관념과 정전론과 같은 개념이 완전히 폐기되었다는 것을 의미한다. 이러한 것은 18세기에 시작되었던 과정의 완성이었다. 국제법학은 이제 철저히 법적인 또는 법률적인 것으로 생각되었다. 국제법학은 자연법의 요소였던 철학, 신학, 그리고 정책적 고려들로부터 분리되었다. 일반적으로, 실제 존재하는 국제법과 있어야 할 국제법 간의 명확한 경계선이 그어졌다. 대표적인 학자들로 존 오스틴John Austin, 트리펠Triepel, 블룬출리Bluntschli, 헤겔Hegel, 헤프터A. W. Hefter, 헨리 휘튼Henry Wheaton, 오펜하임L. Oppenheim, 드 마르텐스Fedor Fedorovich de Martens 등을 소개하고 있다.

(7) 제7장 베르사유 조약에서 제2차 세계대전까지

제1차 세계대전은 독일과의 베르사유 평화조약(Peace of Versailles)과 그 후의 오스트리아와의 셍-제르맹Saint-Germain조약, 불가리아와의 뇌이Neuilly조약 그리고 헝가리와의 트리아농Trianon조약에 의해 종결되었다. 이 조약들은 이전의 평화 조약들보다 법적으로 훨씬 더 정교하였다. 국제법에 관하여 평화조약이 가져온 가장 중요한 정치적 혁신은 물론 국제연맹 규약에 의해 수립된 국제연맹(League of Nations)이었다. 국제연맹규약은 이 조약들의 서론적 부분을 구성하였다. 국제평화의 달성을 위한 또 하나의 극적인 노력이 전쟁포기를 위한 파리조약(Pact of Paris), 즉 켈로그 조약으로 더 잘 알려진 조약에 의해 1928년 이루어졌다. 베르사유 조약은 또한 승전국의 법원에서 전쟁에 관한 법과 관습에 위반한 범죄나 승전국 국민에 대한 범죄를 저지를 독일인들이 재판 받도록 규정하였다.

국제연맹의 국제 입법과 행정에서의 노력은 또한 그 이전기간부터 부분적으로 시작된 많은 인도적 사업으로 확대되었다. 이러한 사업에는 전염병 방지를 위한 투쟁, 아편과 노예무역의 방지, 교육과 아동의 복지, 전쟁으로 인해 본국으로부터 쫓겨난 난민의 지원이 있다.

국제연맹 다음으로는, 국제노동기구(International Labor Organization)가 비정치적 분야에서 중요한 역할을 하였다. 이 기간에 상설국제사법재판소(Permanent Court of International Justice)의 설립은 중요한 사건이었다. 이 재판소는 국제연맹 규약의 한 조항에 의해 창설되었으며, 연맹회원국의 과반수가 재판소 "규정"에 서명하고 비준함으로써 1921년에 탄생하였다.

이론적인 측면에서 20세기의 한 특징적 측면은 자연법의 부활이었다. 그 부활은 국제적 영역에만 한정된 것도 결코 아니었다. 전체주의 체제의 출현과 그 자의적이고 억압적인 입법으로 인하여 독재자에 의하여 명령된 법 이외에 그 법보다 더 우월하고 상위인 "자연"법이 있어야 한다는 신념이 자라나게 되었다. 더구나, 국제관계에서 더 평화로운 세계의 재건을 위한 기초를 자연법이 제공하는 것처럼 인정되었다. 그러나 이는 제1차 세계대전에서 패배한 국가들의 학자들이 평화조약들을 약화시키거나 무효화시키기 위한 시도로써 자연법을 원용했던 사실을 간과한 것이다. 그럼에도 불구하고, 더 깊은 이유가 한 가지 있었다. 실증주의는 19세기의 과학적 유물론과 관련이 있었던 것이다. 유물론에 대한 광범위한 반대는 법률분야에서도 실증주의의 지배를 동요시키게 되었다.

이 시기의 학자들로 저자는 크라베Krabbe, 뒤기Duguit, 켈젠Kelsen 등을 소개하고 있다.

맺음말

    지금까지 살펴보았듯이 『국제법의 역사』는 인류의 고대역사로부터 제2차 세계대전까지의 시기를 모두 망라하여 국제법의 발전과정을 종합적이고 체계적으로 분석하고 있는 명저라고 할 수 있다. 이 책이 우리나라의 학계, 정부관리 및 일반대중의 국제법에 대한 이해를 제고하는 데 기여할 수 있기를 바란다.

나의 아내 김세영 교수에게

일러두기

1. 이 책을 번역하는데 사용한 텍스트는 Arthur Nussbaum, *A Concise History of the Law of Nations* (New York, The Macmillan Company, 1954/1947)이다.
2. 인명이나 지명은 외래어표기법에 맞게 표기하되 괄호 안은 원서의 표기를 따랐다. 단, 일부 표기는 독자의 편의를 위해 익숙한 표현으로 대체했다.
3. 원서의 England, English 등의 단어는 편의상 '영국'으로 번역했다.
4. 독자의 이해를 돕기 위해 역자가 괄호 안에 역자 주를 추가했다.
5. 원서의 단락이 지나치게 길 경우 독자가 읽기에 편하도록 행을 나누었다.

차   례

제 1 장 상고시대

제 2 장 중세시대-서양

제 3 장 중세시대-동방

제 4 장 근대, 30년 전쟁까지

제 5 장 웨스트팔리아 평화회의부터 나폴레옹 전쟁까지

제 1 장

상고시대

제 1 장
상고시대

원시시대와 고대 오리엔트

몽테스키외는 그의 『법의 정신』의 유명한 구절에서, 그들의 죄수를 잡아먹는 이로쿼이Iroquois 사람들을 포함하여 모든 국가들이 국제법을 가지고 있다고 주장한다. 이러한 다소 불안한 주장은 현대 인류학에 의하여 확인되지는 않는다. 인류학자의 연구를 통해 밝혀지는 모습들은 명확하지 않다.[1] 심지어 전쟁과 평화의 구분이 원시부족들에게 언제나 명확한 것도 아니었으며, 어떤 부족들은 이웃 부족들과

---

[1] Klineberg, *Social Psychology* (1940), 79; Franz Boas, *General Anthropology* (1938), 400, 경제적 측면을 강조하는 것으로는, Ruth Benedict, *Patterns of Culture* (1934), 30, 37; Westermarck, *The Origin and Development of the Moral Ideas*, I (1906), 335; Ratzel, *Völkerkunde* (1885), Introduction, 91, 94, I, 200, II, 209, 그리고 전쟁에 관해서는 두 권의 여러 부분(passim) 참조; Malinowski, "An Anthropological Analysis of War," *American Journal of Sociology*, XLVI (1941), 521; 아메리칸 인디언에 관하여는, U.S. *Bureau of American Ethnology Bulletin*, LXXVIII (1925), 215, 220, 252, 400 및 여러 부분 참조. 콜럼비아 대학 인류학부의 고(故) 루스 베네딕트 교수의 조언에 감사드린다.

공개적이거나 잠재적인 적대상태를 계속 유지하고 있었다.

외국인은 그 자체로서 적이라는 생각은 초기 문명인의 사상에서 그 흔적이 나타나며, 원시인들 사이에서 외국인은 종종 인간으로 간주되지도 않았다. 인구밀도와 다른 자연적 조건, 그리고 인종적 특성과 각자의 초기 문명의 발달상태 등에 따라 차이가 있었다. 원시인들 사이에 사절을 파견하고 접수하거나— 몽테스키외가 이로쿼이 사람들을 보고 강조하는 것과 같이 — 또는 전쟁 시 약자와 무력한 자를 살려주는 것 같은 관행이 발견되지만, 이런 관행은 산발적이고 정확한 의미를 알 수 없는 것이다.

원시인들의 행태를 현대 국제법의 용어로서 설명하고 일반화하는 것은 타당하지 않다. 어쨌든 인류가 국제법과 같은 관념을 선천적으로 가지고 있다는 몽테스키외의 주장은 부당한 것이다.

그러나 역사의 시작시기, 즉 기원전 4천년부터 법이라는 현상은 잘 나타나고 있었다. 약 기원전 3100년에 메소포타미아 도시국가인 라가시Lagash의 승리자인 통치자 에아나툼Eannatum과 다른 메소포타미아 도시국가인 움마Umma의 주민들 간에 조약이 체결되었다.[2] 이 조약은 수메르 언어로 되어 있었으며 20세기 초 10년대에 발견된 석판묘비

[2] Rostovtseff, "International Relations in the Ancient World," in Walsh, *History and Nature of International Relations* (1922), 31, 40; Heuzey–Thureau Dangin, *Restitutions Matérielles de la stéle des vautours* (1909). 또한 Poebel, "Der Knoflikt zwischen Lagas und Umma," in *Oriental Studies* (in honor of Paul Haupt–Baltimore, 1926), 221; Korošec, *Hethitische Staatsverträge* (1931), 35, 62 n. 1, 93; 그리고 *Journal of Transactions of the Victoria Institute*, XLIV (1912), 277, 294 (296페이지에 있는 석판묘비의 번역본)에 있는 Tod and Pinches의 비평 참고. Ruiz Moreno, *El Derecho internacional público antes de la era cristiana* (Buenos Aires, 1946)에서는 구별하지 않고 그 기간의 "국제"관계에 관련된 매우 많은 사실들을 축적하고 있다.

(stele)에 조각된 문자로 보존되어 있었다. 이 두 공동체를 "국가 (state)"로 부르는 것은 적합하지 않다. 그러나 두 공동체 사이에는 전 쟁이 있었고, 이 조약은 경계를 나누는 개천과 경계석의 불가침성을 선언하였으며, 이는 패배한 움마의 주민들이 여섯 또는 일곱의 가장 강력한 수메르 신들에 대한 맹세 하에 확인한 것이었다. 그러므로 신 들이, 이 특정사건에서는 양당사자에게 공통인 경우지만, 조약의 보 장자가 되었다. 신들이 조약 위반자를 처벌할 것이었다. 보통 이 초기 시대에는, 양당사자가 모두 조약을 준수하겠다고 맹세하였고, 그들의 신들이 다를 때에는 각 당사자는 각자의 신들에게 맹세하였다. 라가 시-움마의 상황에서 발생한 것과 같이 한쪽 당사자가 맹세한 것은 그 당사자의 종속적 신분을 나타내는 것으로 보인다.

학자들은 라가시-움마 조약이 중재(arbitration)조항을 포함하고 있다고 주장해왔으며, 이는 중재를 인류의 가장 오래된 제도의 하나 로 만드는 주장일 것이다. 그러나 우리가 아는 것은 라가시와 움마를 나누는 경계석을 인근의 공동체인 키시Kish의 왕 메시림Mesilim이 세웠 다는 것뿐이다. 메시림은 아마도 라가시와 움마의 지배자들을 통치하 는 군주였을 것이다.

오늘날 우리가 아는 한, 라가시-움마 조약은 문서상 기록이 있는 다른 조약과 천년 이상 차이가 난다. 기원전 2천년부터 상당수의 조 약들이 진흙판이나 기념비 위에 보존되어 있다.[3] 이들 조약의 대부분

---

3) Korošec, *op. cit.*, 58; Rostovtseff, *op. cit.*, 41; R. von Scala, *Die Staatsverträge des Altertums* (1898), Nos. 1–14; Mettgenberg, "Vor mehr als 3000 Jahren," *Zeitschrift für Völkerrecht*, XXIII, Supp. (1939), 22; Rey, "Relations internationales de l'Egypte ancienne du 15me siècle avant Jésus–Christ," *Revue générale de droit int. public*, XLVIII (1941–1945), 35.

은 이집트 또는 히타이트Hittite 통치자들이 체결한 것이다(히타이트 왕
국은 기원전 18세기부터 12세기까지 소아시아 지방에서 번성하였다). 바빌
론과 앗수르도 역시 많은 조약을 체결하였다. 이 조약들은 평화에 관
한 것뿐만 아니라 동맹과 국경선에 관한 것도 있다.[4]

보존된 기원전 2천년의 조약들 중 가장 중요한 것은 기원전 1279
년 이집트의 람세스Rameses 2세와 히타이트의 하투실리Hattusili 2세간
에 체결된 평화와 동맹조약이다.[5] 조약의 사용언어는 아카드어
Akkadian(바빌론어의 다른 이름)였는데 동방에 관해 연구하는 학자들은
이 언어가 그 시대 동방의 군주들 간의 "외교"언어였다고 주장한다.
조약을 체결한 양측의 군주들은 국내의 적들에 대해서도 상호 협력할
것을 약속하였고 다른 국가로 그 적이 도망할 경우 범죄인으로서 인
도하도록 하였다. 여기서 우리는 초기의, 정치적 형태의 범죄인인도
에 관한 원시적 예를 발견한다.

후대의 이집트 역사에서 아마시스Amasis(569~527 B.C.) 왕이 나일
강의 델타에 있던 그리스 도시들에게 노크라티스Naucratis라는 자치 정
착지를 허용하고, 그곳에서 주민들이 그리스의 종교와 법 아래에서
생활하도록 허락한 것을 언급할 수 있다.[6] 이 행위에서, 우리는 이집
트나 근동의 다른 지역에 있던 중세시대 유럽인 정착민들이 만든 식

---

4) 상당한 양의 히타이트 문서들은 여기서 "국제법(law of nations)"이라고 불
리는 것과는 성격상 다른 제도인 봉신의 지위(vassalage)에 관련된 것이다. 예
를 들면, 망명자를 인도해야 할 의무는 봉신국(vassal)에게는 당연한 것이었지
만, 별개의 통치자들 사이에서는 그렇지 않았다.

5) 이 조약의 연대는 약 20년 정도 다르다.

6) D. Mallet, "Les Premiers Etablissements des Grecs an Egypte," *Mémoires
publiés par les membres de la Mission archéologique française au Caire*,
Vol. XII (1897), 특히 p. 58 (자치에 관하여). 주요 출처는 Herodotus, II, 178.

민지에 대한 초기 선례를 발견할 수 있다.

고대 유대인들도 국제법의 여명기에 등장한다.[7] 조약들은 맹세와 종교적 상징, 신성한 숫자인 7자와 희생제물을 수반하였다. 신명기(Deuteronomy)는 부녀와 어린이의 살해를 금지하는 성문 전쟁법규 중 가장 오래된 법규를 포함하고 있다. 물론, 이 성문법규는 국제법과 같은 것을 의미하지는 않았고, 유대인들에게 해당되었으며, 충분히 엄격하였다. 더구나 신명기에는 성전(holy war)의 개념이 있었고, 이 개념은 이슬람 그리고 십자군에 의해 다시 채택되었다. 적에게 맹세한 약속을 위험한 상황일지라도 지켜야 한다는 의무는 강하게 주장되었고(여호수아 9:19), 이는 종교적 도덕성의 명확한 증거였다. 국제관계의 역사에 법보다는 이사야의 보석과 같은 예언(2:4)이 포함되어야 한다. 이 예언은 메시아가 온 후에 "그들이 그 칼을 쳐서 보습을 만들고 그 창을 쳐서 낫을 만들 것이며 이 나라와 저 나라가 다시는 전쟁을 연습하지 아니하리라"는 것이다. 이 예언은 기독교의 매개를 통하여 현대 평화주의의 주요한 근원이 되었으며, 다음으로 나중에 살펴보듯이, 국제법의 발전에 영향을 주었다.

최근에 소위 고대 인도와 중국의 국제법에 관한 연구들이 조금씩 출판되고 있다.[8] 이러한 연구들은 역사적 사건들과 관행들을 묘사하

---

7) Bentwich, *The Religious Foundations of Internationalism* (1933), 59; König, "Zum Völker- und Kriegsrecht im Altertum," *Zeitschrift für Völkerrecht*, XI (1920), 155; Schwally, *Semitische Kriegsaltertümer*, Vol. I, *Der heilige Krieg im alten Israel* (1901) 참조. John Selden의 *De jure naturali et gentium juxta desciplinam Ebraeorum* (London, 1640)에 관하여는 Herzog, "John Selden and Jewish Law," *Journ. Comp. Legisl.*, XIII. 3d Ser. (1931), 236, 239 참고.

8) Viswanatha, *International Law in Ancient India* (1925), 놀랍게도 그곳에는

고 있으나, 넓은 의미의 국제법이라는 용어를 사용해도, 국제법으로
볼 수 있는 것에 관해서는 거의 나타내지 못하고 있다. 오래 전부터
알려져 왔듯이, 마누Manu라는 힌두법전은―더 오래된 자료들을 기
원전 100년경에 편집한 것인데―전쟁문제에 있어서 연약한 것으
로 보일 정도로 놀라운 인도주의 정신을 보여준다. 예를 들어 명예로
운 전사는 적이 자고 있거나, 무기를 잃었거나, 벌거벗고 있거나, 슬
픔에 잠겨 있거나, 도주할 때는 공격하지 않는 것으로 기대되었다.
이와 유사한 규칙들은 인도 사람들 간의 분쟁에 적용된 것으로 보인
다. 그렇다 하더라도, 그러한 규칙들이, 특히 법적 제재에 의해 강화
되지 않았기 때문에, 실제 전투에서 어떤 중요성을 가졌었다고 믿기
는 어렵다. 그러나 이 규칙들은 인도인의 명성을 특징적으로 나타냈
고, 또한 전쟁 시 토지의 경작자를 살려줄 뿐 아니라 농장과 주거지

마누법전에 대한 간략한 언급이 있다; Pramathanath Bandyopadhyay,
International Law and Custom in Ancient India (1920); Amour, "Custom of
Warfare in Ancient India." *Transactions of the Grotius Society*, VIII (1923), 71.
중국에 대해서는 Teshu Cheng, "International Law in Ancient China
(1122－249 B.C.)," in *Chinese Social and Political Science Review*, XI (1927),
38, 251. Siu Tchoan－pao, *Le Droit des gens et la Chine antique* (1926)에서
는 고대의 중국사상에서 평화주의라는 특정한 경향만을 논의하고 있다.
W.A.P. Martin, "Les Vestiges d'un droit international dans l'ancienne Chine,"
Rev. dr. int. (1882), 227에서는 범위가 제한적이다. Le Fur and Chklaver,
Recueil des textes de droit international public (2nd ed., 1934), 2에 있는 공
자의 대연합(Confucius' Grand Union)의 프랑스어 번역본. 또한, Bentwich, *op.
cit.*, 181; Laurent, *Historie du droit des gens*, I (1851), 78; Kalidas Nag,
Théories diplomaiques de l'Inde ancienne (1923) 참고. Von Holtzendorff,
"Die geschichtliche Entwickelung der internationalen Rechts－ und Staats
beziehungen," in his *Handbuch des Völkerrechts*, I (1885), 137에서는 고대 동
양의 발전을 상당히 상세하게 논의하고 있지만 그 법적인 측면에 대한 고려는
거의 없다.

를 파괴하지 않는 인도의 관습에 관한 역사적 증거도 있다. 이 역시 마누의 명령에 따른 것이었다.

또한 기원전 첫 천년 동안 중국의 통치자들 간의 관계는 "국제적 (international)"이라고 부를 수 없다. 시대에 따라 약해지기도 했지만, 이론상 우월한 제국이 존재하였기 때문에 그 후의 중세 유럽이 그랬 던 것처럼 중국의 통치자들 간의 관계는 국제적인 성격이 될 수 없었 다. 고대 중국의 준국제적인 다양한 관습 가운데 두드러진 한 가지 특 징이 있었다. 즉 교전중인 통치자의 주민들은 서로를 반드시 적으로 간주하지 않았으며 적국 통치자의 신하들에 대한 차별대우도 없었다 는 것이다. 평화 시에는 통치자들과 그들의 사절들이 만날 때 관련된 사람의 지위에 따라 자세하게 등급이 매겨진 의식을 거행하였다. 전 쟁과 그에 관련된 주제에 대해 많은 사상이 있었다. 공자(551~479 B.C.)에 의해 계획된 중국 국가의 대연합(Grand Union of Chinese States)은 국제연맹(League of Nations)의 개념에 비유되어 왔다.

고대 동양의 전쟁은, 원시인들과 마찬가지로, 연령이나 성별에 관 계없이 무자비하게 적을 전멸시키는 것을 목적으로 하였다. 우리는 인도인과 유대인들 가운데 종교적-도덕적 반응의 시작을 발견한다. 그러나 다른 민족들, 특히 그들의 고도의 문명에도 불구하고 잔인성 이 탁월하였던 앗시리아인들 사이에서는 이러한 제한들이 존재하지 않았다. 전투시의 관용은 중세와 그 이후에도 전적으로 인종적 기질, 정치적 지혜, 군사적 규율, 그리고 개인적 관용에 달려있는 것이라는 점을 유념해야 한다.

고대 그리스

기원전 천년동안, 그리스인들은 역사에 등장하였고, 곧 놀라울 정
도로 고도의 그리고 다양한 문화를 발전시켰다. 이 문화는 이후 세대
에게 무한한 영감을 주었다. 그러나 국제적인 면에 있어서는[9] 그리스
인들의 시야가 제한되어 있었다. 그리스 독립시대 동안 몇 개의 조약
이 그리스와 외부 공동체 간에 체결되었다. 그러나 대체로 그리스인
들은 "야만인들(barbarians)", 즉 그리스인이 아닌 사람들을 노예로서
그리스인들을 섬기기 위해 자연에 의해 지정된 생래적 적들로 간주하
였다. 아리스토텔레스는 그의 "정치학(Politics)"의 유명한 구절에서,
지배받기로 운명지워져 있음에도 복종하지 않는 자들에 대한 전쟁을
사냥에 비유하고 있다. 그러한 전쟁을 그는 "본질상 정당한(just by
nature)" 것으로 간주하였다. 우리는 여기서 문명 이전 단계에 속하는
개념의 잔재를 발견한다. 그러나 아테네인들은 스파르타인들이 실제
적인 적이었음에도 불구하고 스파르타인들을 외국인으로 간주하지

---

9) Coleman Phillipson, *The International Law and Custom of Ancient Greece
and Rome* (2 vols., 1911)은 상당한 가치가 있는 포괄적 연구이지만, 특히 저자
가 성급하게 일반화를 범했다는 점에서 그 의견을 항상 신뢰할 수 있는 것은 아
니다. Pauly—Wissowa's *Realencyclopädie der classichen Altertumswissenschaft*
("Proxenoi," "Metoikoi," "Amphictyonya," etc.)도 마찬가지로 정보의 주요한
출처이다. 게다가 Paradisi, *op. cit.*, Part I, "L'Eredità del mondo antico";
Kahrstedt, *Griechisches Staatsrecht* (1926); Francotte, *La Polis grecque*
(*Studien zur Geschichte und Kultur des Altertums*, Vol. I, nos. 3−4,
Paderborn, 1907), 148; Glotz, "Droit des gens dans l'antiquité gredque,"
Académie des inscriptions et belles−lettres, *Mémoires*, XIII, Part I (1923), 91;
Laurent, *Historie du droit des gens*, II (1851) 참조. 조약에 대해서는, von
Scala, *op. cit.*, *passim*, and Egger, *Etudes historiques sur les traités publics
chez les grecs et chez les romains* (1866) 참조.

않았다. 정치적 분열과 불화에도 불구하고, 그리스인들은 그들이 같은 인종적, 문화적, 언어적 그리고 종교적 공동체에 속해 있다고 강하게 느꼈다. 이러한 감정과 실제 정치상황과의 충돌이 바로 그리스 도시국가 간의 정교한 종교법적 유대체계를 발전시켰고, 이 체계는 분열과 적대감이 주는 가혹한 효과를 없애고 완화시켰다.

아마도 그리스 세계에서의 정치적 결합을 가장 잘 나타내는 것은 그리스인들 간에 체결된 다수의 다양한 조약일 것이다. 평화조약, 동맹, 그리고 국가연합 같은 익숙한 정치적 조약이 현존하는 그리스 자료 중에 많이 남아있다. 그러한 정교한 조약체계는 19세기에서야 비로소 국제관계에 등장한다. 놀라운 것은 기원전 4세기까지는 평화조약이 보통 일정한 기간 동안만 체결되었다는 것이며, 이는 전쟁이 빈번했던 시대를 반영하는 것이었다. 다른 협정들은, 정치적 조약에서 자주 포함되었는데, 공동체약국의 시민에게 오늘날의 통상조약과 유사한 방식으로 개인적 자유와 재산권의 보장을—부동산 소유권을 포함하여—허용하였다. 오늘날 잘 알려지지 않은 조약상 권리는 통혼할 수 있는 권리와 공공경기에 참가할 수 있는 권리였다. 국가연합 관계에 있는 시민들은 종종 자국민과 거의 동등한 대우를 받았다.

심지어 조약이 없는 경우에도, 한 그리스 국가는 다른 그리스 국가의 시민에게 동등한 대우나 적어도 특별한 보호를 종종 부여하였다. 이는 그들이 친족으로 느끼고 있었다는 추가적 증거가 된다.

종교적 요소가 그리스 공동체의 법적 관계에서 중요한 요소였다. 물론 맹세는 조약체결에 있어서 상호적으로 행해졌다. 법적·종교적 성격을 가진 것 중에 그리스적 현상을 특히 나타내는 것은 인보동맹(隣保同盟, amphictyony)이었다. 인보동맹은 공동신전을 보호하기 위

해 규약으로 맺어진 결사체였다. 회원국들 간에 수립된 신성한 연대
는 종종 정치적 연합을 이루기 위해 규약의 근본목적을 넘어 확대되
었다. 이는 특히 그리스의 가장 성스러운 신전인 델파이Delphi 신전의
보호를 위한 인보동맹의 경우에도 마찬가지였다. 또한 종교적 동기는
그리스인들 간의 관습에도 나타난다. 따라서 그리스 전역에서 특정
신전으로 도망친, 박해를 받는 자에 대한 비호권(right of asylum)이
인정되었다(그러나 언제나 존중된 것은 아니다).

고대 그리스에서 주목할 만한 특징은 중재(arbitration)였는데, 중
재는 국경, 하천과 수원지에서의 권리에 관한 분쟁, 그리고 공법상의
다른 문제들에 대해 이루어졌다.[10] 당사국 간에 발생할 수 있는 분쟁
을 중재하자는 상당수의 매우 불완전한 협정도 존재하였다. 이 장치
는 아주 최근에서야 중요해졌다. 중재인들은 공평하게 행동하겠다는
맹세를 — 때때로 신전에서 — 하여야 했다. 보존되어 있는 한 방식은
그가 의무를 어겼을 때 그 중재인과 그의 전 종족에게 저주가 내릴 것
을 포함하였다. 통상적으로, 한 개인보다는 제3국이 중재인이 되었
고, 이는 중재의 정치적 특성을 암시하는 관행이었다. 제3국은 그 중
재권한을 셋 또는 그 이상의 시민들 또는 더 큰 집단 — 아마도 추첨에
의해 선정되고, 어떤 경우에는 6백 명에 이르는 — 으로 구성되는 위
원회에 위임하였다. 그럼으로써 중재의 정치적 요소는 더욱 강화되었
다. 또한 오늘날의 관점에서 보면 이상한 점은 중재인들이 승소한 당

---

10) M. Niebuhr Tod, *International Arbitration Amongst the Greeks* (1913);
Raeder, *L'Arbitrage international chez les hellènes* (1912); De Taube, "Les
Origines de l'arbitrage international: Antiquité et moyen âge," in *Recueil des
cours*, XLII (1932), 5 [bibl. *]. 보다 대중적인 설명으로는 Ralston, *International
Arbitration from Athens to Lcarno* (1929), 153 참조.

사자로부터 선물과 작위를 받는 것이 명백히 타당하다고 인정되는 것이다. 중재는 아마도 그리스의 "국제법"의 가장 밝은 면일 것이다. 그러나 학자들은 현재에 부족한 좋은 예를 찾아내려는 욕망으로 그리스의 중재의 중요성을 과장하였다. 중재는 사실상 그리스인들 간에만 보장되었으며, 마케도니아의 필리포스Philip가 그리스의 독립성을 파괴한 카에로네아Chaeronea(B.C. 338) 전쟁 이전에는 2세기 동안 겨우 6개의 정식 중재가 있었을 뿐이다. 중재가 있었다고 주장되는 대부분은 그 이후의 시기에 속한다.

그리스 공동체간의 평화관계는 복구(復仇, reprisal)의 관행 때문에 방해를 많이 받았다.[11] 이 관행이 공동체 구성원의 행위에 대한 공동체의 공동책임(이 개념은 정치적 영역에서는 항상 살아있다)에 대한 미숙한 법 개념을 암시하나, 사적 복구(private reprisals)는 명백히 무법과 야만 상태를 나타내는 증거이다. 이점은 고대 그리스, 특히 그리스 역사가 문서로 남겨지기 시작하던 초기 수백 년간에 바로 적용된다. 이때에는 사람들이 그들 도시국가의 경계 밖에서 거의 또는 전혀 보호를 받지 못하였다. 복구는 체포되거나 납치된 외국인의 재산뿐만 아니라, 때때로 신체에 대하여도 허용되었다. 그러한 관행을 지칭하는 말로서 앤드로렙시아androlepsia라는 특별용어까지 있었다. 때로는 조약에 의해 복구가 금지되었다. 또한 외국인과의 소송사례도 간혹 있었다. 이 경우 외국인 판사들도 절차에 참여하도록 허락되었다. 이는 중재의 개념과 부합하는 조치이며, 희미하게 국제재판소 같은 것을 시사하는 것이었다.[12]

---

11) Busolt—Swoboda, Griechische Staatskunde, II(1925), 1240 ff.; Dareste, *Nouvelles etudes d'histoire du droit* (1902), 38ff. ("Le Droit des représailles").
12) Busolt—Swoboda, *op. cit.*, 485, 556, 1257.

전쟁 시 또는 평화 시에 외국선박을 나포하는 것에 대해 그리스인
들은 다소 무관심하였다. 사실 해적활동이 종종 영광스러운 것으로
인정되었다. 해적행위가 그 자체로 범죄로서 인정되는 것은 그들에게
익숙하지 않았으며, 고대 세계에서는 일반적으로 그러하였다.[13]

전쟁에 대한 그리스인들의 일반적 태도에 관해, 소크라테스가 플
라톤에게 했던 몇 가지 언급이 가장 중요하다. 플라톤에 의하면, 소크
라테스는 야만인과 싸우는 것만이 전쟁이며, 그리스인들 간에 싸우는
것은 전쟁이 아니라, "질병 그리고 불화(disease and discord)"라고 하
였다. 따라서 그는 그리스인들 간의 전쟁을 회피할 수 없다면, 절제하
는 가운데 수행되어야 한다고 제안하였다. 사실, 그리스인들 간의 무
력충돌에서 절제행위와 관대함에 관한 많은 기록이 있다. 그러나 법
적 성격의 전쟁법규를 발견하기는 어렵다. 아마도 인보동맹에 의해
신전에 부여되는 보호는 특히 전시를 염두에 둔 것으로 말할 수 있을
것이다.

일부 종교적 관행은 매우 일반적으로 전쟁 시에 준수된 것으로 보
인다. 전투로부터 도망친 자들에게 사원에서의 망명권이 허용되고,
성직자들은 보통 불가침이었으며, 각 교전당사국은 적군이 그 사망자
를 매장하도록 허용해야 했다. 기념할만하고 고귀한 관습이 있었는
데, 이 관습은 전투지역 위에 승리를 기념하는 석상이나 동상을 세우
지 못하도록 하였고 오직 나무로 된 기념비를 세우도록 하였다. 이는
적대감정의 영원한 상징물이 없도록 하기 위한 것이었다.[14] 그러나
그리스에는 마누법전이나 인도의 온유함 같은 것이 없었다.

---

13) Phillipson, *op. cit.*, Ⅱ, 370.
14) Busolt—Swoboda, *op. cit.*, 1260.

과거를 돌이켜보면 고대 그리스 국가들 사이의 관계에서 준수되었던 규칙들은 대체로 종교적인 것이며, 국가들의 독립성에도 불구하고 사실상 지방자치단체 간의 규칙으로 보인다. 이 규칙들은 국가들의 집단이라는 넓은 관념과 전혀 관계가 없다. 그것들은 단지 인종적, 문화적 통일성의 표현이었으며, 따라서 정치적 분열을 극복하려는 민족적 감정의 표현이었다. 때때로 현대 국제법의 현상과 유사한 흥미롭고 매혹적인 현상이 있었으나, 그것들은 우연한 것이다. 그리스의 관행은 진보적 발전의 길을 열지 못하였다. 고대 그리스인들의 위대하고 다방면에 걸친 능력에 법적 사고를 위한 재능은 포함되지 못하였다. 그러나 국제법에 관련된 주제에 대한 로마인의 생각은 그리스 철학에 의해 영향을 받았으며, 이와 같이 간접적인 방식으로 그리스 사상은 국제법의 발전에 있어 효과적인 촉진제가 되었다.

고대 로마

고대 그리스와 대조적으로, 법은 고대 로마의 문화적 업적 가운데 가장 뛰어난 것이었다. 로마사법(private law)은 비잔틴 황제 유스티니아누스(A.D. 527~565)의 로마법대전(Corpus juris civilis)에 의해 편집되고 후대에 전해졌으며, 영원한 영광을 얻게 되었다. 로마인의 국제법이라고 부를 수 있는 것은 큰 중요성을 갖지 않았으며 이는 그리스의 상황과 다른 한 측면이다. 그러나 로마인이 가진 법적 천재성의 독특한 힘과 위대함은 국제적 영역에서도 나타난다.[15]

---

15) Phillipson, Laurent (Vol. III), Paradisi, and von Scala — 이전에 인용된 전부 —
   의 연구에 더하여, Heuss, *Die Völkerrechtlichen Grundlagen der römischen*

그리스인들보다 로마인들에게 조약과 전쟁의 배경은 더욱 종교적
이다. 기원전 509년에 끝난 왕정시대에서도, 성직자의 특별집단인
페티알(*fetiales*)이 페티알 공동체(*collegium fetialium*)에서 조직되어 조
약, 전쟁, 그리고 다른 국제문제(사절파견, 범죄인인도)에 관련된 종교
적 의식을 거행하도록 임무를 부여받았다.[16) 조약체결에 따른 의식은
고대의 다른 곳에서 발견되는 의식들과 본질적으로 다르지 않았다.
이 의식에는 신들을 부르고, 희생제물을 드리며, 조약의 위반시 저주
를 받을 것이라는 내용이 포함되었다. 전쟁개시와 관련한 페티알의
기능은 더욱 주목할 만하다. 한 외국이 로마에 대해 그 의무를 위반했
는지 여부를 결정하는 것은 그들의 임무였다. 그 자세한 절차는 외국
의 능동적 협력을 규정하지 않았고, 그 외국이 의무를 위반했다고 보
일 때마다 페티알의 대표가 로마의 신들에게 자신의 주장이 옳다는
것을 맹세하면서 관련 외국의 만족스러운 의무이행을 요구하였다. 맹
세는 만약 그 대표의 주장이 잘못이라면 로마인 전체를 저주하는 자
기저주까지 되었다. 관련된 외국이 생각할 시간을 원한다면, 30일 또
는 33일이 허용되었다. 공화정시대에는 그 기간이 아무 결과 없이 종
료되면, 페티알은 원로원에 대해 전쟁의 정당한 원인이 있음을 확인
하고, 최종적인 정치적 결정은 원로원과 주민이 내리게 되었다. 따라

Aussenpolitik in republikanischer Zeit (1933); Brassloff, *Der römische Staat
und seine internatinalen Beziehungen* (1928); Seckel, *Ueber Krieg und
Recht in Rom* (1915); Täubler, *Imperium romanum* (1913); Fusinato, "Le
Droit international de la république romaine," *Rev. dr. int.* (1885), 278 참조.

16) Phillipson, *op. cit.*, I, 327; Pauly−Wissowa, *op. cit.*, "Festiales"; Heuss, *op.
cit.*, 18; Tenney Frank, "The Import of the Fetial Institution," *Classical Philology*,
VII (1912), 335. 더욱 초기의 연구들 중에서 가장 광범위한 것은 Fusinato, *Dei
feziali e del diritto feziale* (1884).

서 전쟁이 선포된다면, "정당한(just)" 그리고 "경건한(pious)" 것이
된다(정당하고 경건한 전쟁, *belum justum et pium*). 그 절차는 로마인들에
게 전투 시 신들이 그들의 편에 설 것이라는 신념을 부여하였으며, 따
라서 그들의 사기를 진작시켰다. 이론적으로, 페티알법(*jus fetiale*)은
로마의 국내법이었고, 로마의 불문헌법의 일부였다. 그러나 외국이
로마인들에 대한 의무를 위반했다고 전제하기 때문에 이 법은 미숙한
국제적 개념을 포함하고 있다. 공화정 후기와 그 이후, 페티알법은 쇠
퇴하였고 특히 전쟁과 관련하여 적용되지 않았다. 그러나 정당한 전
쟁의 관념은 살아남아서 그 후대에 새롭고 강력한 중요성을 가지게
되었다. 사실, "정전(just war)" 이론의 발명은 국제법의 역사에서 로
마가 기여한 가장 중요한 것이다.

비교적 드물게 체결되었던 로마의 조약들은 대부분 공화정 시대에
체결된 것이다. 그리고 이 조약들은 대체로 국제법의 좋은 예가 되지
못한다. 그들 대부분은 간결한 기술적 용어로 로마의 정치적 팽창방식
을 반영하고 있다. 익숙한 종속조약 형태 이외에 로마인들은 매우 특
징적인 항복조약(*deditio*)의 형태를 개발하였다. "계약(stipulations)"
의 방식에 따라—이는 사적 계약에 관한 로마법에서 발달한 공식거
래이다—로마의 대표가 간결하고 전통적인 언어로 패배한 국가의
대표에게 몇 가지 예비적 질문(대표의 권한과 처분의 자유에 관한)을 한
다. 그리고 만족스러운 답변을 듣는다면, 그는 패배한 국가가 그 국민
의 신체와 재산을 신성한 것이든 세속적인 것이든 로마에 인도할 의
사가 있는지 질문한다. 긍정적인 대답을 듣게 되면, 로마대표는 로마
국민의 이름으로 그 항복조약(*deditio*)을 수락한다는 것을 선언한다.
그럼으로써 항복하는 당사국은 권리로 요구할 수는 없지만 관대한 대

우를 받을 수 있는 상당한 가능성을 얻게 된다. 로마조약의 다른 특징적 종류는 "불평등 동맹(unequal alliances, *foedera iniqua*)"에 의해 나타난다. 이 조약에 따라 동맹국은 로마의 우월한 통치권을 인정하고 그 스스로 전쟁을 개시할 수 있는 권리를 공식적으로 제한한다. 이러한 동맹은 종속계약과 유사하다. 로마 공화정시대의 다른 조약들 중 카르타고Carthage와 기원전 509년, 306년 그리고 279년에 체결한 조약이 특징적이다. 그것들은 대체로 상호세력권을 수립하는 것으로 특징지어지는데, 로마의 배가 중요한 연안, 주로 아프리카 연안에 들어가지 못하도록 로마에게 무거운 해상제약을 부과하였다. 이는 매우 예외적인 종류의 협약이었다.

제정로마는 국제협약의 필요성을 크게 느끼지 않았다. 기독교 시대인 2세기와 3세기 황제들은 이웃나라들과 상업조약을 체결했으며, 이 조약은 무역을 위해 특정한 장소와 시간을 정해 국경을 개방하도록 하였다. 이러한 종류의 조약 중 최초이자 가장 중요한 조약은 마르크스 아우렐리우스Marcus Aurelius와 마르코만니Marcomanni의 게르만 부족 사이에 서기 175년에 체결된 조약이다.[17]

국제협정과 그 협정의 비준(ratification)을 분리하는 것이 로마인들에게 알려졌으며 매우 중대한 결과를 가져왔다. 로마의 교섭자가 맹세 하에 협정을 체결하였으나 원로원이 비준을 거부하는 경우, 그 교섭자는 다른 당사국으로 넘겨졌다. 이 규칙은 아마도 그 교섭자에 의해 인용된 신들을 달래기 위한 의도였던 것 같다.

조약을 제외하고, 국제법 문제에 관한 로마의 국가관행은 별로 언급할 것이 없다. 사절의 불가침성은 인정되었다. 그리고 이방인은 일

---

17) Paradisi, *op. cit.*, 336.

반적으로 법의 보호 밖에 있다고 간주되었지만,[18] 로마인들은 야만인이나 인종적으로 다른 자들을 많이 차별하지 않았다. 그리스인들과 달리 로마인들은 세계의 다른 지역과 잠재적인 적대상태에서 살지 않았다고 할 수 있다. 이런 경향은 그들의 전쟁에도 영향을 주었다. 전투에서의 법적 또는 종교적 제약이 존재하지 않고 때때로 지나친 잔인함이 발생하였지만, 규율과 신중한 절제가 우세하였다. 로마인들은 외국을 전멸시키기보다는 그들의 제국에 추가시키려고 하였다.

그러나 국제법의 발달에서 로마법의 중요성은 주로 간접적인 것이다.[19] 16세기와 17세기 국제관계의 법적 측면에 대한 첫 번째 탐구가 시작되었을 때 학자들과 외교관들이 로마법에서 적당한 참고의 틀을 발견하는 것은 당연하였다. 로마법은 그 당시 신성로마제국의 보통법(common law)이었고 서양의 다른 곳에서도 매우 높은 권위를 가졌다. 후에 살펴보듯이, 영국은 로마법을 국제적 분야에 도입하는 데 가장 먼저 기여하였다.[20] 불행하게도 로마의 자료들은 주로 사법(private law)에 관한 것이고, 국제법에 관해서는 거의 아무것도 말하지 않는다. 그러므로 학자들은 로마사법의 용어들을 유사해 보이는 국제적 상황들에 상당히 무분별하게 적용하고 있다. 사적 소유(*dominium*)에 관한 규칙은 영토주권에 적용되고, 사적 계약의 규칙은 조약에, 위임(*mandatum*)에 관한 규칙은 외교사절의 기능에 적용되는

---

18) *Dig.* 49, 15, 5, 2. 하지만 특징적으로 이것은 지엽적인 언급이다.

19) "The Significance of Roman Law in the History of International Law," *Univ. of Pa. Law Rev.*, C (1952), 678에서는 관련된 요점들이 저자에 의해서 상세히 설명되었다. Nys, *Le Droit romain, le droit des gens et le Collège des Docteurs en droit civil* (1910)은 본서의 논의와는 거의 관계가 없다.

20) 이 책, p. 96.

것 등이 그것이다. 18세기 그리고 특히 19세기에 이르러서야 고대 로
마법과 국제법 이론과의 구별이 확실히 이루어졌다.

로마법과의 이론적 결합의 흔적은 현대 국제법의 용어에 광범위하
게 나타난다.[21] 따라서 "국가지역권(state servitude)"이라는 용어는
로마의 세르비투스(*servitus*)에서 유래하는데, 이 용어는 한 토지에 부
여된 통행권과 다른 "지역권(easements)"을 나타내는 용어였다. "시
효(prescription)"라는 용어와 시효의 종류별(소멸, 취득, 아주 오래된)
개념은 로마의 자료에서 가져온 것이다. "점령(occupation)"이라는
용어는 아직 주권이 없이 영토를 점유하는 것을 말하는데 로마의 오
큐파티오(*occupatio*)에서 유래하였다. 오큐파티오라는 용어는 아무에
게도 속하지 않는 동산이나 부동산을 획득하는 것을 의미한다. "충적
지(alluvion)"와 "증식지(accretion)"도 로마의 용어다. 현대 국제법에
구체적으로 어떤 로마의 규범이 편입되었는지를 밝히기는 어렵다. 가
능한 예들은 새로 발견한 토지를 점유하면서 실제 소유하여야만 주권
을 획득한다든지 또는 청구권은 시간의 경과에 따라 소멸된다는 소멸
시효의 기본적 개념일 것이다.

아마도 로마법과 국제법의 역사적 결합을 나타내는 가장 현저한 증
거는 "국제법(law of nations, *droit des gens*, *Völkerrecht*)"이라는 익숙한
이름일 것이다. 이 용어는 로마의 겐스 겐티움(*gens gentium*)의 문자적
번역이다. 이 관계는 보다 깊이 있는 연구가 필요하다.[22]

---

21) 이에 대해서는 Triepel, *Völkerrecht und Landesrecht* (1895), 212; Ago, *Il
Requisito dell' effettività del' occupazione in diritto internazionale* (1934),
43 참조.

22) Sohm, *Institutionen; Geshichte und System des römischen Privatrechts*
(17th ed., by Mitteis and Wenger, 1949), 64; Jolowicz, *Historical Introduction*

로마 시민에게만 적용되는 고대의 로마법은 원시농경사회의 필요에서 나온 매우 엄격하고 가혹하며 제한된 법이었다. 그것은 인정되는 매우 적은 전형적 거래를 위해 아주 불편한 형식을 요구하는 법이었다. 로마인이 아닌 사람은 이론적으로 그 법의 범위 밖에 있었다. 시민법(유스 키빌레, jus civile)이라는 미숙하고 오래된 체계는 로마가 대제국으로 성장하기 시작하고 많은 외국인들을 끌어들이게 되자 유지될 수가 없었다. 외국인들의 지위는 기원전 242년 외인법관(外人法官, praetor peregrinus)이 외국인 간 또는 외국인과 로마시민 간의 소송을 담당하기 위해 법관들에 의해 창설되면서 공식적으로 승인되었다. 이 절차에 의하여 새롭고 자유로운 규칙이 발전하고 로마법과 외국법의 가치 있는 요소들이 결합되었으며, 공정과 형평의 원칙들이 도입되었다. 시민법(jus civile)의 오래된 형식은 많이 폐기되었다. 예를 들어, 매매와 매매계약은 구두로 또는 묵시적 행위로도 인정되었는데, 시민법(jus civile)에 의하면 유사한 거래를 위해 다섯 명의 증인의 존재와 자세한 형식의 준수를 요구하였다. 점차적으로 이 새롭고 자유로운 규칙들이 과거의 시민법(jus civile)과 다른 만민법(jus gentium)으로서 로마시민 간의 분쟁에도 확대되었고, 이 만민법이 오늘날 우리가 전형적인 로마법으로 간주하는 핵심이 되었다.

용어와 의미의 문제점은 로마의 자료에 나타나는 또 다른 개념에 의해 더욱 악화되었다. 즉, 자연법 또는 자연의 법(jus naturale, jus

---

to the Study of Roman Law (2nd ed., 1952), 100; Pauly-Wissowa, op. cit., "Jus gentium"; Brassloff, op. cit. 더욱 최근에 jus gentium과 외국인의 법적 지위의 연관성이 연구되었다: Fritz Schulz, History of Roman Legal Science (1946), 73, 137; Lombardi, Sul concetto di jus gentium (1947). 그러나 논쟁이 그 용어의 기본적인 의미에 영향을 주지는 않는다.

naturae)이라는 용어이다.[23] 여기에서 그리스의 전통이 나타난다. 자연법, 즉 정당한 이성(reason)에서 유래한 보편적으로 적용 가능한 규칙의 개념은 그리스, 특히 기원전 3세기의 철학인 스토아 철학(stoic)에서 유래된다. 스토아 철학은 로마에 많은 추종자들을 가지고 있었으며, 그 중 법학자인 키케로Cicero는 로마에서 그리스 철학을 대중화하는데 많은 기여를 하였다. 따라서 자연법은 로마의 법철학에 있어서 잘 알려지게 되었다. 로마법전 자체도 자연법과 법원으로서의 자연이성(natural reason)을 여러 번 언급하고 있다. 다만, 자연법은 자연적 정의라는 용어로 기존의 법을 합리화하거나 여기저기 수정하는 것에 지나지 않는 것이었다. 그 자체로서는 집행이 불가능했기 때문에, 자연법은 로마인들이 볼 때 고유한 의미의 법보다 열등한 것이었다.[24] 이 관념의 모호함은 위대한 로마의 법률가 울피아누스Ulpian(서기 228년 사망)의 로마법전에 편입된 말 때문에 더욱 절실하게 느껴졌다. 그 말은 동물들이 인간과 같이 짝짓기를 하고 후손을 양육하고 교육한다는 점에서 동물에게도 자연법이 적용될 수 있을 것으로 보인다는 것이었다. 이 견해는 피타고라스 철학의 신비주의 관념에 의해 영향을 받은 것인데, 로마의 법학자들에 의해 일반적으로 인정되지 않았다. 울피아누스 자신에게도 그것은 법적 의미를 갖지 않았고 아마도 법학자들에게서 흔히 볼 수 있는 철학적 깊이의 과시에 불과한 것

---

23) Moritz Voigt, *Das jus naturale, aequum et bonum und jus gentium der Römer*, I (1856); Voggensperger, *Der Begriff des 'Jus naturale' im römischen Recht* (thesis, Basle, 1952); E. Levy, "Natural Law in Roman Thought," *Studia et Documenta Historiae et Juris* (1949), 1. Maschi, *La Concezione naturalistica del diritto et degli istituti romani* (1937)는 훨씬 더 넓은 범위를 다루고 있다.
24) E. Levy, *op. cit.*, 17.

이었다. 그러나 그것은 후대의 학자들에게 학문적 연구와 반박의 계기를 제공하였다.

국제법에 대한 자연법의 다른 영향은 보다 직접적이다. 자연법의 극도의 모호함, 존엄성, 그리고 주장되는 거룩함으로 인하여 후대의 학식 있는 변증론자들은 새로운 사상과 요구가 그 오랜 명성 있는 개념(역자 주: 자연법 개념)의 정당한 후손이라고 묘사하기 위해 자연법 개념을 일종의 마법지팡이로서 사용할 수 있었다. 국제법은 이러한 절차의 현저한 예이다.

제 2 장
중세시대–서양

제 2 장
중세시대-서양

국제법에 대한 장애물들

교회법

중세 서양세계의 분위기는 국제법의 발전에 우호적이지 않았다.[1] 이는 로마제국 붕괴 이후 나타난, 법에 대해 거의 알지 못했던 암흑시대(Dark Ages)와 명백히 관련되어 있다. 법의 재건과 그 문제에 관한

1) 일반적인 문헌으로는 Nys, *Origines*; Wegner, *Geschichte des Völkerrechts* (1936), 65; Ward, *An Enquiry into the Foundation and History of the Law of Nations in Europe* (2 vols., 1795), 특히 chaps. viii and ix; Pütter, *Beiträge zur Völkerrechtsgeschichte und —wissenschaft*, 47. 신성로마제국의 구조에 대해서는 Bryce, *The Holy Roman Empire* (4th ed., 1923); Gierke, *Political Theories of the Middle Age* (*Das deutsche Genossenschaftsrecht*, Vol. III, 1889 를 1927년 Maitland가 번역), sec. 11; Ercole, "Impero e papato nella tradizione giuridica bolognese e nel diritto pubblico italiano nel Rinascimento," secs. xiv—xvi, *Atti e memorie della r. deputazione di storia patria per le provincie di Romagna*, Series IV, I (1911), 1; 그리고 Schnürer, *Die Anfänge der abenländischen Völkergemeinschaft* (1932) 참고.

문명의 재건은 주로 교회의 일이었다. 이어지는 수세기 동안 교회는
종합적인 법체계를 발전시켰는데 이는 교회법(cannon law)이었다.
이 법은 교회법대전(*Corpus juris canonici*)이라고 불리는 몇 개의 법전으
로 중세 말에 편찬되었다. 교회법은 "국내(national)"법도 아니고 "국
제(international)"법도 아니었다. 그것은 "초국가적(supranational)"이
었고 심지어 보편적인, 모든 기독교 세계가 준수해야 하는 것이었다.
교회법은 처음에는 영적, 도덕적, 교회적인 문제에 관련된 것이었으
나, 직·간접적으로 세속권력의 고유한 영역으로 간주되는 영역까지
훨씬 확대되었다. 특히 교회는 국제관계 영역에서의 규칙을 제정할
수 있었고, 오늘날 국제법의 규칙보다 훨씬 강력한 힘을 가지고 있었
다. 사실 파문과 내세에서의 처벌같은 효과적인 제재들이 이용 가능
하였기 때문이다.

　아마도 세속영역에 대한 교회의 가장 큰 공헌은 전쟁과 평화에 관
련된 법일 것이다. 중세 동안 유럽대륙에는 불화(feud)(역자 주: 한 국
가 내의 영주들 간의 전쟁을 불화라고 표현하기로 한다) 또는 "사적 전쟁
(private wars)"이 만연했다. 원칙적으로 영토에 따라 차이가 있지만
일정한 조건하에서의 불화는 합법적인 것이었다. 중세 학자들이 "전
쟁(war)"을 논할 때는, 그들은 "사적(private)" 전쟁도 상정하였다. 교
회는 피비린내 나는 전쟁의 합법성을 인정할 수밖에 없었다. 그러나
교회는 가능한 이 악을 억제하려 하였다. 이것은 "신의 휴전(Truces
of God)"[2]을 선포함으로써 이루어졌다. 이 기간 동안 불화는 금지되
었던 것이다. 1041년 이러한 휴전이 프랑스 고위성직자 총회에 의해
매주 수요일 일몰부터 월요일 일출까지 유지되도록 확대되었다. 이

2) Nys, *Origines*, 80; *Ency. Soc. Sc.*, "Truce and Peace of God" [bibl. *].

제도는 프랑스로부터 다른 나라로 전파되었으며, 교회회의, 특히 1179년의 제3차 라테란 회의에 의해 일반적 교회법이 되었다. 영국에서는, 적어도 노르만 정복 이후에는, 영주들이 사적 전쟁을 일으킬 수 있는 권리가 승인되지 않았고, 이 금지는 왕들에 의해 잘 집행되었다. 따라서 영국에서는 "신의 휴전"이 필요 없었다.

관련된 교회법 중 가장 중요한 행위는 제3차 라테란 회의가 발표한 기독교도인 포로의 노예화를 금지하는 것이었다. 제2차 라테란 회의 (1139년)는 석궁과 활을 "치명적이고 신이 혐오하는"[3] 것으로서 금지하였다. 이 규칙은 원자탄의 시대에서는 이상해 보이지만 기사다운 전투형태를 보존하기 위한 것이었을 것이다.[4] 당시 널리 사용되던 독무기(poisoned weapon)의 사용은 금지되지 않았다.[5]

또한 교황은 그 신성한 임무를 근거로 모든 기독교인들에 대한 최고의 중재권을 주장하였다. 종종 교황은 왕들, 심지어 황제들(오토 4세, 프리드리히 2세)도 폐위시켰고, 폐위된 통치자로부터 신하들의 의무도 해제시켰다. 이런 경향은 교황이 이 세상의 최고 통치자라는 이론에 의해 절정에 이르렀다. 1493년 교황 알렉산드르 6세가 에스파냐와 포르투갈 사이에서 신대륙을 나눈 것은 이 이론에 기초한 것이었다.[6] 그러나 이에 대해서는 중세시대에 약간의 선례가 있다. 1155

---

3) 제2차 라테란 회의의 결의, Canon XXIX (Mansi, *Sacrorum conciliorum nova et amplissima collectio*, XXI [1769], 533).

4) J. F. C. Fuller, *Armament and History* (1945), 45.

5) 예를 들면, Ward, *op. cit.*, I, 252 참조. Saldana, "La Justice pénale internationale," *Recueil des cours*, X (1925), 301에 따르면, 교황 이노선트 3세(Pope Innocent III)는 회칙(Encyclical)에서 독무기의 사용에 반대하지 않았다. 필자가 이 진술이 진실임을 확인할 수는 없었다.

6) 이 책, p. 75.

년 교황 하드리아노 4세는 영국의 헨리 2세가 아일랜드를 정복할 권한을 부여하였다.[7] 유사하게, 1455년 교황 니콜라오Nicholas 5세가 포르투갈 왕에게 케이프 바다호스Cape Badajoz부터 기니아Guinea까지의 선의 서쪽에서 발견되는 모든 나라를 획득할 권한을 부여하였다. 그러나 교황들은 이런 경우 또는 다른 경우에 모든 나라에 복음을 전파하고 기독교의 적들의 저항을 극복하기 위한 그들의 권리와 의무에 의존하였다. 그러나 한편으로 교황의 이교도에 대한 영적 지배권을 주장하는 이론도 있었다.[8] 어쨌든 군주들은 교황의 지지를 통해 그들의 존귀함을 향상시켰고 식민지화에 있어서 교회의 협조를 얻었다. 식민지화는 무엇보다도 기독교화를 의미하였다.

십자군은 국제적 영역에 있어서의 교회법 활동역사상 특별한 장(chapter)을 형성한다. 교회의 십자군법 중 일부는 완전히 유럽 간의 문제에 관련되었으나―십자군의 토지에 대한 교회 관할권의 확대 등[9]―국제관계는 교황과 교회회의의 명령에 영향을 받았다. 이 명령은 사라센인들에게 무기, 선박, 선박건조용 목재, 그리고 전쟁시 유용한 다른 물품을 팔지 못하도록 하였다. 사실상, 사라센인들과의 어떠한 무역도 불법으로 간주되었다.[10] 형벌의 가혹성이 점점 증가하였

---

7) 그러한 권한부여는 이론의 여지가 있다. Foreville, *L'Eglise et la royauté en Angleterre sous Henri* II (1943), 83의 입장을 따르기로 한다.

8) 이 책, p. 107 참조.

9) 흥미 있는 연구로는 Bridrey, *La Condition juridique des croisés* (1910)―특히 세속적 권력과의 결과적인 투쟁에 대해서는 p. 127; 또한 *Cambridge Medieval History*, V, 322 참조.

10) Heyd, *Historie du commerce du Levant au moyen âge*, 2nd ed., tr. from the German by Reynaud, I (1923), 386, 뛰어난 가치가 있는 저작으로는; Schaube, *Handelsgeschichte der romanischen Völker* (1906), 146; Depping, *Histoire du commerce entre le Levant et l'Europe*, II (1830), ch. X. 본문에 언급된 금지는

다.[11] 파문 이외에 무거운 벌금과 공적 지위의 박탈이 추가되었다. 위반자는 유언능력 또는 상속에 의한 재산취득권을 상실할 수 있다는 위협과 관련된 모든 재산을 교회가 몰수할 수 있다는 위협을 받았다. 최종적으로, 위반자는 전 재산을 몰수당한다는 것과 누구든 붙잡는 자의 노예가 될 수 있다는 위협도 있었다. 교회당국의 주장으로 이런 금지들은 상당부분 세속적 규칙으로 제정되어 편입되었다. 그러나 이런 지나치게 가혹한 입법은 전체적으로 볼 때 실패하였다. 이 사실은 아마도 매우 중요한 문제일 것이다. 동양의 부에 대한 욕망은 법과 교황의 명령에 대한 존중보다 더 강한 것으로 판명되었다. 군주들과 도시들의 참여하에 모든 종류의 위반이 만연했다. 공개적 위반 역시 대규모로 발생하였다. 그러나 비기독교 통치자와 정치적 동맹을 맺는 것은 중세 동안 그리고 그 후에도 불법으로 여겨졌다.

　반사라센법을 위반하는 것은 "금지된 거래(*contrabannum*)"라고 간주되었다. 어떤 사람들은 이 용어가 "금제품(contraband)"의 어원이라고 믿고 있다. 그리고 학자들은 반사라센법에 관련하여 금제품이라는 용어를 사용한다. 법률적으로 그런 용어는 반드시 정확한 것만은 아니다. 반사라센 입법이 오늘날 금제품에 관한 규칙처럼 "중립국(neutrals)"에 대한 것이 아니라, 교회의 입법자 또는 세속의 입법자의 관할권 하에 있는 사람들에 대한 것이었음을 유의해야 한다. 더구나 그것은 실제 전쟁상태가 존재하고 있음을 상정하지 않고, 미래의 전쟁을 위한 도구들이 사라센인들에게 가지 못하도록 하려는 의도로 작

특히 제3차 라테란 회의에서 포고되었다, Decr. XXIV; Mansi, *op. cit.*, (n. 3), XXII (1769), 234.

11) Heyd and Depping 참고; 또한 Cappello, "Les Consulats et les bailages de Venise," *Rev. dr. int.*, XXIX (1897), 168 참고.

성된 것이었다.

제국의 법

교황 이외에, 황제는 서양세계에서 최고의 보편적인 권위를 대표하였다. 800년에 교황 레오 3세는 샤를마뉴에게 황제직위를 줌으로써 서양에서 로마제국을 회복시키고, 그것을 기독교 정신으로 신성화하였다. 후대에 신성로마제국으로 불리게 된 이 제국은 대체로 부르고뉴와 네덜란드, 북부 이탈리아, 그리고 때때로 덴마크, 헝가리, 폴란드를 포함하는 중부유럽을 영토로 하였다.[12] 법적으로, 이것은 하나의 거대한 군주국이었고, 따라서 그 구성원(군주들 또는 자유시들) 간의 관계는 "국제적(international)"인 것이 될 수 없었다. 황제의 권위는 어느 정도 제국영토 밖에까지 확대되었다. 계속되는 피비린내 나는 전쟁과 공공행정의 부족함에서 발생한, 보편적 권력을 희망하던 서양 인본주의는 제국의 이념적 중요성을 강화시켰다. 다른 통치자에게 "왕(King)"이라는 칭호를 주는 권위는 황제가 배타적으로 가지고 있거나, 적어도 일차적으로 가지고 있다고 간주되었다.

이러한 것이 제국의 법이 국제관계에 대해 법적 영향을 준 유일한 측면들이다. 또한 교회에서 시작된 신의 휴전의 예에 따라 황제들은 "국가의 평화(Peaces of the Land, Landfrieden)"를 선포함으로써 영주 간의 불화를 억제하는데 기여하였다는 것을 추가할 수 있다. 이것은 1152년 프리드리히 바바로사Frederick Barbarossa가 처음 시행하였고, 1235년 프리드리히 2세에 의해 더욱 광범위하게 시행되었다. 프리드

---

12) Bryce, *The Holy Roman Empire* (4th ed., 1923), 182.

리히 2세가 외국인과 난파선을 보호하기 위해 취한 조치들도 언급할
가치가 있다. 그러나 이와 관련된 제국의 성과는 다소 미약하다. 분명
히 그것은 교회법보다 훨씬 뒤떨어진다. 이러한 차이는 정치적 상황
의 불균형을 정확히 반영하는 것이다.

봉건법

중세에 있어서 국제법의 발전은 교회법과 제국법 같은 "초국가적
(supranational)" 법에 의해 저지되었을 뿐만 아니라, 봉건주의에 의해
서도 방해를 받았다.[13] 봉건주의는 중세초기에 군사력을 지방에 조직
함으로써 적과 무법상태로부터 보호받을 필요성 때문에 발생하였다.
약자인 가신이 강한 영주와 계약을 체결하였고, 가신은 영주에게 군
역, 충성, 복종과 공납의 의무를 부담하였다. 봉건적 유대는 가신과
그 소작인들이 소유한 영토에까지 확대되었다. 이들은 영주의 장원에
있는 소작인들과 같이 토지에 묶인 농노가 되었다. 이 체계는 영주를
토지와 사람에 대한 지배자가 되게 하였다. 종종 그는 세속 통치자와
교회로부터 사법권과 다른 권리를 획득하였다. 그 결과는 정부의 "파
괴(pulverization)"였다. 한편, 한 영주는 다른 영주의 가신이 되기도
하였는데, 그 이유는 그 가신의 자리가 명예로운 것으로 간주되기 때
문이었다. 따라서 황제, 왕 또는 교황을 상위군주로 하는 봉건적 "위
계(hierarchies)"가 종종 발달하였다.
봉건적 유대는 국가의 경계를 넘었다. 한때 영국왕은 노르망디 공

---

13) 대단히 흥미 있는 연구로는, H. Mitteis, *Der Staat des hohen Mittelalters*
(3rd ed., 1948). 또한 그의 *Lehnrecht und Staatsgewalt* (1933) 참조.

작영토에 관해 프랑스 왕의 가신이었다. 샹파뉴의 백작은 프랑스 왕
의 가신이었는데 황제와 부르고뉴 공작에게서 봉토를 받았다. "초국
경적(transnational)"이라고 부를 수 있는 이러한 봉건주의의 측면은
교황의 지배하에 더욱 중요해졌다.[14] 따라서 아라곤 왕은 교황으로부
터 시실리와 나폴리를 봉토로서 얻었다. 이런 제도는 주로 군주들이
외국 또는 국내문제에서 교황의 지지를 얻으려는 욕망에서 시작되었
다. 국내문제에서 교황의 지지를 얻으려는 측면은 1213년 잉글랜드
의 존 왕이 교황 인노첸시오 3세의 통치권의 우위를 인정하면서 귀족
들이 그에게 강요했던 대헌장(Magna Carta)을 교황이 무효화시키도
록 의도했던 것에서 잘 나타난다. 이러한 모든 상황은 교회법이 아닌
세속적인 봉건법의 규율을 받았다. 종속적인 군주는 교황에게 예의와
금전적 공납을 지불해야 했다. 교회가 많은 토지를 가지고 있었기 때
문에 봉건법은 교회에게도 아주 중요한 것이었다. 이런 영향과 그 시
대의 일반적 정신 때문에 기독교 세계의 최고군주인 교황의 생각도 봉
건적 색채를 띠는 경향이 있었다. 봉건적 최고군주(overlordship)의 광
범위한 이론들이 황제와 왕들 사이에도 적용되었고, 이는 군주제의 강
화에 기여하였으며, 궁극적으로 봉건주의의 종말에 기여하였다.

국제법은 "종주국(suzerain)"이라는 용어에서 봉건주의의 흔적을
보존하고 있다. 이 용어는 원래 봉건적인 상위의 영주를 칭하는 말이
었는데 후에는 보호국 관계 및 그와 유사한 국제법 관계에서 상위통
치자를 의미하는 말이 되었다.

---

14) 봉건법에서 교회의 지위를 훌륭하게 검토하고 있는 것으로는, K. Jorda,
"Das Eindringen des Lehnswesens in das Leben der römanischen Kurie,"
Zeitschrift für Urkundenforschung, XXII (1932), 13. 또한, Calmette, *La Société
féodale* (1923), 256 참고.

국제법의 기원

초국가법과 봉건법의 부정적인 영향에도 불구하고 국제법이 발전할 여지가 약간 있었다. 그러한 법은 특히 영국, 프랑스, 카스티야Castile, 아라곤, 포르투갈, 스웨덴, 베네치아 등을 포함하는 제국 밖의 국가들 사이에서 발생할 수 있었다.[15] 로마제국은 그 자체로서는 거의 조약을 체결하지 않았고, 제5차 십자군 전쟁 중 알카밀El Kamil 술탄과 프리드리히 2세 황제 간에 체결된 조파Joppa 조약(1229)은 기념할 만한 사례였다.[16] 제국 내의 군주들과 도시들은 주로 그들끼리 조약을 체결하였다. 그러나 제국의 힘이 점차 약화됨에 따라, 그들은 외부의 통치자들과도 협정을 체결하였다. 그런 종류의 협약들은 특히 피사, 제노바 그리고 밀라노 같은 이탈리아의 큰 도시들에 의해 체결되었다.[17] 오래된 문명과 새로운 부(wealth)는 이러한 도시들(특히 베네치아)이 문화와 진보의 중심지가 되게 하였다.

베네치아와 제노바는 또한 해양의 자유라는 중요한 문제를 각각 아드리아 해Adriatic Sea와 리구리안 해Ligurian Sea에서 배타적인 항해권과 어업권을 주장함으로써, 최초로 제기하였다.[18] 유럽의 북부에서는 한

---

15) 베네치아는 약 2세기 동안 실질적인 독립을 향유한 후 1204년에 비잔티움으로부터 법적으로 독립하게 되었다.

16) 이 책, p. 64.

17) 이 책, p. 65. 중세 독일의 도시들 또한 국제법의 참여자들과 같이 광범위한 활동을 했다. Gierke, *Das deutsche Genossenschaftsrecht*, II (1873), 720 ff.

18) 그러므로 중세 후기에 더욱 표면화된 그 문제는 이미 중세의 저자들에 의해 논의되었다. Garcia Arias, *Historia del principio de la livertad de las mares* (1946), 20 ff 참조. 그러나 알렉산더 3세가 1169년 그의 칙서(brief)에서 자신이 공해의 자유를 옹호한다고 선언했다는 Valéry, "Pope Alexandre III et la liberté des mers," *Rev. gén. dr. int. public*, XIV (1907), 240의 의견에 동의할

자동맹(Hanseatic League)의 광범위한 정치적, 상업적 활동들이 국제법의 발전을 가져왔다. 그러나 그들은 이탈리아 사람들만큼 기여하지는 못했다.

중세조약의 종류들은 그 당시의 호전적 정신을 넓게 반영하고 있다. 휴전, 평화조약 그리고 동맹이 많이 있었다. 흥미롭게도, 강력한 용어로 작성된 이러한 중세의 동맹조약 중 하나, 즉 1373년 영국과 포르투갈의 조약이, 2차 세계대전 중인 1943년 포르투갈이 영국에게 그 공군기지를 개방했을 때 부활하였다.[19] 오늘날에는 익숙하지 않은 조약의 특성은, 평화조약이나 동맹조약의 서명국이 공동체약국의 통치자의 정적들을 인도하여야 했다는 점이다.[20] 이는 고대 초기까지 거슬러 올라갈 수 있는 제도이다.[21] 봉건적 관념들은 중세조약들의 또 다른 구성요소였고, 특히 영국의 토지와 국민에 대한 소유권의 개념이 그러했다. 이런 측면이 영토권의 승계가 상속이나 결혼 또는 완전한 매도에 의해 이루어지도록 한 많은 조약들을 설명하는 것이다. 서약(pledging)에 의하여 영토를 일시적으로 이전하는 일은 흔히 있

수는 없을 것이다.

19) Dumont, *Corps universel diplomatique du droit des gens*, II, 92. 또한, Churchill, *The Hinge of Fate* (*The Second World War*, Vol. IV, 1950), 801; Triepel, *Die Hegemonie* (1938), 151 참고. 영국과 포르투갈의 일부 해안도시들 간의 준상업적 협약에 이어 1353년에 그 조약이 나왔다. Dumont, *op. cit.*, I (3), 286.

20) 예를 들면, Schwarzenberger, "International Law in Early English Practice," *Brit. Yr. Bk. Int. Law*, XXV (1948), 74; De la Muela, "Ensayo de un guión, etc.," *Revista española de derecho internacional*, II (1950), 943 참조. 현저하게 1373년 영국-포르투갈 조약의 경우에는 범죄인인도(extradition)의 대상이 대역죄(lese majesty)를 선고받은 자에게로 한정되어 있었다.

21) 이 책, p. 6.

었다. 현대와 달리, 조약은 맹세 이외에 토지 또는 요새(fort)나 보석 또는 다른 귀중품을 서약하고 인질을 제공함으로써 강화되었다.[22] 의무부담자측이 이행을 하지 않을 경우에, 인질을 죽여서는 안 되고 더 억류할 수 있다는 명확한 규칙이 있었다. 종종 강력한 귀족이 보증인 (conservatores)으로 행동하였다.[23] 물론, 이러한 모든 조약의 이행과 강화는 약속에 대해 일반적으로 믿음이 없었다는 증거가 될 뿐이다.

중재조약들은 13세기, 14세기, 그리고 15세기 전반에 강대국 통치자는 물론 약소국 통치자들 사이에서 사법문제뿐만 아니라 오늘날 국제법에 해당하는 문제 — 예를 들어 국경문제 — 에 관하여 비교적 자주 발생하였다.[24]

주교와 다른 고위 성직자들이, 동시에 영토의 통치자였다면, 종종 중세 시대 중재의 당사자가 되었다. 기독교 전통이 분쟁의 평화적 해결을 위한 이런 시도(역자 주: 즉 중재)의 한 요인이었지만, 이 절차의 본질적으로 세속적인 성격을 변화시키지는 않았다.

중세 중재의 발전상황은 영구적 협정 하에 미래의 분쟁을 중재로 해

---

22) Lutteroth, *Der Geisel im Rechtsleben* (1922), 194; Phillimore, *Commentaries upon International Law* (3rd ed., 1887), II, 82; Wild, *Sanctions and Treaty Enforcement* (1934).

23) 예를 들면, Schwarzenberger, *op. cit.*, 89 참조. 외국에 의해 보장되는 조약은 더 후기에 속한다.

24) De Taube, "Les Origines de l'arbitrage international: antiquité et moyen âge," *Recueil des cours*, XLII (1932), 5; Novakovitch, *Les Compromis et les arbitages internationaux du XII e au XIII e siécle* (1905); Contuzzi, "Arbitrati internazionali," *Digesto italiano*, IV, 1 (1896), 311. Frey, *Das öffentlichrechtliche Schiedsgericht in Oberitalien im XII. und XIII. Jahrbundert* (1928)은 특히 공적 중재(public arbitration)에서 교회의 역할에 관하여 이탈리아의 상황에 한정되지 않은 풍부한 정보를 제공한다.

결하자는 합의에서 발견된다. 분명한 예는 덴마크의 발데마르Waldemar 왕과 스웨덴의 마그누스Magnus왕 사이의 1343년 중재조약이다. 24명의 주교와 기사들이 — 각 왕이 12명씩 임명한 — 중재자와 주선자가 되었다.[25] 일반적으로 중세에는 큰 중재재판소와 짝수의 중재인을 선호하였는데, 이는 중재를 조정(conciliation)과 유사한 것으로 생각했던 것을 나타낸다. 때때로 중재자[26]에게 조정의 임무가 명시적으로 부과되었으나, 일반적으로 중재절차의 바람직한 최고의 목적이 조정으로 이해되었다. 아마도 우호적인 해결이 자주 있었기 때문에 중재판정이 많이 남아있지 않은 것 같다. 조정권한만을 승인받은 위원회들이 이탈리아의 관행 중 여러 곳에서 나타난다.[27] 또한 군주들이 중개자(mediator)로 활동한 사례도 있었다.[28]

그러나 전반적으로 볼 때 중재와 그 유사절차들은 드문 예외들이었다. 권리확보를 위해 국가가 강제력 사용을 독점한 것은 중세 이후의 발전이다. 중세에는 도시와 같은 소규모의 사회적 집단과 개인들에 의한 폭력행위가 널리 퍼져있었다. 사적 전쟁이 가져온 참상에 대해서는 이미 언급하였다. 외국인에 대한 복구는 가장 나쁜 법제도의 하나였다.[29] 사적 전쟁이 복구를 위한 것일 수도 있으나, 두 제도는 다

25) F. G. von Bunge, *Liv-, est- und kurländisches Urkundenbuch*, II (1855), 359.
26) 1343년 조약하에서 중재인들은 *ad arbitrandum, laudandum, concordandum, seu justitia vel amore*로 임명되었다. 결국 뢴드(Lund)의 대주교가 중재인장(super-arbitrator)으로 활동해야 했다(von Bunge, *op. cit.*, 57).
27) Sereni, *The Italian Conception of International Law* (1934), 38.
28) Sereni, *op. cit.*, 37; Schwarzenberger, *op. cit.*, 83.
29) Erich Schumann, *Die Repressalie* (1927 [bibl.*]); De Mas Latrie, *Du droit de marque ou droit de représailles au moyen âge*, new ed., 1875; Nys, *Le Droit de la guerre et les précurseurs de Grotius* (1882), 37; Cassandro, *Le Rappresaglie e il fallimento a Venezia nei secoli XIIIo-XVIo* (1938); Dareste, *Nouvelles*

른 것이다. 법적 의미로도 그러하다. 이미 보았듯이 영국에서는 사적 전쟁이 만연하지 않았으나, 복구는 흔히 있었고 국내관계에서 중요한 역할을 하였다.[30]

고대 그리스에서처럼, 자치적 법이나 조약에 의해 복구의 억제가 이루어졌으나, 이런 조치들이 좀 더 세련되어졌다. 군주들과 도시들은 그들의 신하들이 행한 복구로 인해 위험한 상황에 말려들 수도 있다는 것을 깊이 느끼고 있었다. 따라서 특히 이탈리아에서는 성문법에 복구는 정부의 허가가 있어야 가능하다고 규정하였다. 그 허가—영어표현으로는 "복구허가서(letters of reprisals)"—는 법조문의 조건을 충족할 때만, 그리고 정해진 액수의 회복만을 위해서 부여되었다. 영국에서는 마을 대 마을의 복구가 처음에는 도시헌장에 의해 제한되다가, 1275년 의회에 의해 금지되었다. 국제영역에서는 오직 조약에 의해서만 복구가 효율적으로 규제되었다. 이러한 조약 중 많은 것이 이탈리아 정부들 사이에 체결되었다.[31] 일반적으로, 국제협정과 자치입법 모두 복구가 허가되려면 원고가 외국에서 그 청구를 주장하였지만 "재판 거부(denial of justice)"[32]를 당해야 할 것을 요건으로 하고 있다. 그러한 요건은 본국이 상대방 국가와 타협하고 실제 복구를 하는 것을 회피하기 위한 교섭을 할 기회를 주었다.[33] 중세 말에

études d'histoire du droit (1902), 38 ff. 더 상세한 참고문헌으로는 Huvelin, *L'Histoire du droit commercial* (1905), 41.

30) E. S. Colbert, *Retaliation in International Law* (1948), 14.

31) Cassandro, *op. cit.*, 7 ff.; Sereni, *op. cit.*, 48.

32) 현재 국제법에서도 중요한 이 주제는 광범위하게 논의되었다. 역사적인 측면에 대해서는, Spiegel, "Origin and Development of Denial of Justice," *Am. Journ. Int. Law*, XXXII (1938), 56 참조.

33) Nys, *Origines*, 68에서 Nys는 한자의 도시들 사이에서 상호적으로 그들 재판

는 서유럽 국가들이 공해상에서 사용하기 위한 "복구허가서"를 계속 발급하였던 것을 제외하고 사적 복구가 사실상 사라졌다. 그러한 서유럽 국가들의 해상관행은 "해적행위(privateering)"와 혼합되어 있는 것이었다.[34]

외교사절의 법적 지위는 중세에 크게 변하지 않았다. 과거와 같이, 사절은 수시로—예를 들어 평화나 특정조약을 교섭하기 위해—임명되었다. 중세에서도 특별한 협정이나 안도권(safe conduct)이 없을 때 사절의 안전이 당연히 보장되는 것은 아니었다.[35] 특징적인 것은, 성직자들이 종종 사절로서 선택되어졌는데, 이는 교회법과 교회의 힘을 통해 그들이 누리는 특별한 보호 때문이었다. 그러나 새로운 종류의 사절이 나타났는데 이는 상주외교사절이었다.[36] 이 외교사절은 15세기 후반에(일부 학자는 그 이전이라고 주장한다) 이탈리아 도시국가들의 관행에서 처음 등장하였다. 베네치아는 광범위한 대외관계를 가지고 이 제도의 발전에 주요한 역할을 하였다. 오랫동안 베네치아의

소의 판결을 집행하기로 하는 협정이 존재했다고 주장한다. 이것은 실로 복구를 막는 훌륭한 수단(antidote)이 될 수 있었지만, Nys의 주장은 잘못된 것으로 보인다.

34) 이 책, p. 81.

35) Cuttino, *English Diplomatic Administration*, 1259−1339 (1940), 89 f.; Schwarzenberger, *op. cit.*, 60.

36) Nys, *Origines*, 295; Schaube, "Zur Entstehung der ständigen Gesandtschaften," in *Mitteilungen des Institutes für österreichische Geschichtsforschung*, X (1889), 509, criticizing Krauske, Die Entwickelung der Ständigen Diplomatie, etc. [Schmoller's *Staats− und sozialwissenschaftliche Forschungen*, No. 22 (1885)]. 몇 가지 실수에도 불구하고, Krauske의 연구는 상당한 가치가 있다. 더욱이 Adair, *The Exterritoriality of Ambassadors in the 16th and 17th Centuries* (1929), 7 참고. 교황의 사절은 현재 검토의 대상이 아니다. 그들은 국제적인 영역에서 기능이 완전히 달랐다. 예를 들면, Nys, *Origines*, 361 참조.

사례는 다른 국가들에 의해 산발적으로 모방되어 왔으며, 상주대사관
이 국제교류의 정식장치가 되는 데는 수백 년이 걸렸다.

　전쟁에 관하여, 중세의 역사는 전투중이나 그 후에 범해진 믿을 수
없는 만행과 복구로 가득했다.[37] 현대 국제법에서 발달된 인도주의
규칙들과 비교할 만한 것이 거의 없었다.[38] 십자군 전쟁에서 성 요한
기사단(Knights Hospitalers)은 상병자에게 도움을 주었다. 그러나 일
반적으로 전장에서의 치료행위는 생각하지 않았다.[39] 포로와 전리품
은 포획자의 개인재산으로 간주되었다. 그러나 포로와 전리품을 군당
국에 맡기는 현대적 개념을 나타내는 사례가 있기도 했다.[40] 중세후
기에 기독교 포로를 노예화하는 것이 점차 금지되면서 진보가 있었
다. 이점에서 이미 언급한 제3차 라테란 회의의 결정들은 중요한 요
소였다. 그러나 비기독교도 포로들은 보호받지 못하였고 수백년 후에
도 이탈리아와 다른 곳에서 그런 포로들은 노예가 되었다.

　기사도(Chivalry)[41]는 그 규칙들이 법보다는 명예에 근거한 것이었
는데, 다소나마 이 기간의 야만성과 속임수를 감소시켰다.[42] 그러나

---

37) 예를 들면, Ward, *An Enquiry into … the Law of Nations in Euope*, I, 242;
　　Laurent, *Histoire du droit des gens*, X (1865), 216; Walker, *A History of the
　　Law of Nations* (1899), 122; Gurlt, *Geschichte der Chirurgie* (1898), I, 641.

38) 이 책, p. 14 참고. 중세의 종말을 향한 개선의 첫 번째 흔적들에 대하여는,
　　이 책, p. 84.

39) Wauthoz, *Les Ambulances et les ambulanciers à travers les siècles* (1908?),
　　55; Tenison, *A Short History of the Order of St. John of Jerusalem* (1922).

40) Lüder, "Landkriegsrecht im Besonderen," in Holtzendorff's *Handbuch des
　　Völkerrechts*, IV (1889), 423, 489; Bluntschli, *Das Beuterecht im Krieg* (1878),
　　28; Nys, *Origines*, 254.

41) Nys, *Origines*, 190; Walker, *op. cit.*, 129; Ward, *op. cit.*, II, 155; 더 추가적인
　　참고문헌이 있는 것으로는 "Chivarly" in *Ency. Soc. Sc.*

42) 심지어 그것이 조건부로(*cum grano salis*) 행해졌다고 하더라도 다소나마

기사도는 기사들 사이의 전투에서만 준수되었다. 중세전쟁의 일부 관행은 아마 기사도와 관련이 있을 것이다. 따라서 17세기까지 실시되었던 공식적인 선전포고는[43] 아마도 고대의 유사관행보다는 기사도와 관련이 있는 것 같다. 포로는 주로 그들이 군주나 기사일 때 몸값을 받고 풀어주었다. 몸값의 기준이 일찍 발달했고 더 중요한 사건에서는 왕이 몸값을 받고 석방할 권리를 가졌다.[44] 전투는 종종 통치자들 간이나 기사들 간의 결투로 대체되었다. 그러나 그것은 과시나 회피에 불과하였다.[45]

상법과 해사법

중세시대 동안 상법과 해사법에서 국제화의 경향이 가장 잘 나타난다.[46] 주요 동기는 물론 무역의 필요성이었다. 부차적 동기는 수입관

야만성과 속임수를 감소시켰다. Laurent, *Histoire du droit des gens*, X (1865), 567.

43) Maurel, *De la déclaration de guerre* (thesis, Toulouse, 1907). 후대에 그 규칙은 다소 포기되었다. Sir J. F. Maurice, *Hostilities Without Declaration of War from 1700 to 1870* (1883 – 영국의 공식문서) 참고.

44) Du Payrat, *Le Prisonnier de guerre dans la guerre continentale* (thesis, Paris, 1910), 389. 몸값의 액수에 대하여는, W. E. Hall, *Treaties on International Law*, 7th ed. (by Higgins, 1917), 433, 그리고 Ward, *op. cit.*, I, 304 ff 참조.

45) Nys, *Origines*, 181; Schwarznberger, *op. cit.*, 84. De Taube in *Recueil des cours*, XI, 389 (비잔틴 황제 Manuel Comnenos에 의한 결투에 관한 것), 그리고 Vesnitch in *Rev. dr. int.*, XXVIII (1896), 418에서 주어진 예들은 전거(典據)가 의심스러운 것으로 보인다. Chaladon, *Les Comnènes* (2 vols., 1912)에서는 그러한 결투에 대해 아는 바가 없다. 전쟁의 대체물로서 "투사들의 결투"는 북유럽의 전설과 인류학에서 잘 알려진 주제이다. Turney–High, *Primitive War: Its Practice and Concepts* (1949), 72.

46) Sanborn, *Origins of the Early English Maritime and Commercial Law*

세와 기타 외국상인과의 거래를 통해 재정을 늘리려는 통치자들의 욕
망이었다. 이러한 모든 것은 외국인들에게 사업이 충분히 매력적인
것이 될 때에만 가능하였다. 무엇보다도, 그들은 그들 신체와 물품의
안전을 보장받아야 했다. 이는 반드시 명확한 법규칙을 요구하는 것
은 아니었다. 처음에 외국무역은 상호이익과 관용을 근거로 이루어
진 것처럼 보인다. 이런 원시적 조건으로부터 불문의 관습이 발전하
였다.

　해사법 ― 19세기 철도와 고속도로의 확대 이전에 상법의 가장 중
요한 부분이었던 ― 은 세계적인 교환과 적응에 특히 적합하였다. 분
명히, 해상운송과 무역에서는 통일적인 필요, 습관, 기술, 그리고 전
통에 의지하여 더 폭넓은 지역에서 법규의 동질성이 수립될 것이다.
관습은 이 영역에서의 통일성을 위한 주요 기초였다. 그러나 시간이
지나감에 따라, 다른 곳에서처럼 여기에서도, 관습은 법원, 입법자,
편집자들에 의해 고정되고 명확해졌다. 따라서 12세기에 오레론법
(Rolls of Oléron), 즉 비스케이만의 작은 섬 오레론Oléron의 상업법원
이 내린 판결을 편찬한 것이 대서양과 발틱해의 연안지방에서 인정을
받았다.[47] 이것은 서기 600년과 800년 사이에 쓰여진 것으로 보이는
비잔틴의 해사법책인 소위 로디안 해양법(Rhodian Sea Law)에서 빌
려온 개념을 포함하고 있었다.[48] 오레론법(Rolls of Oléron)은 영국에
서 받아들여졌고 15세기 동안 해군성의 흑서(Black Book)에 편입되
었다. 해군성의 법원은 16세기부터 점차 지방 상업법원의 기능을 흡

　(1930), 42, 그리고 "Maritime Law," in *Ency. Soc. Sc.*; Holdsworth, *A History of English Law*, V (1924), 78; Kulsrud, *Maritime Neutrality to* 1780 (1936), 113.

47) Sanborn, *op. cit.*, 63 ff with references.

48) Ashburner, *The Rhodian Sea Law* (1909).

수하였다.

훨씬 더 중요한 해사법규 모음집은 콘솔라토 델 마레Consolato del mare
이다.49) 그것은 14세기 중반 바르셀로나에서 편집된 것으로 보이며
역시 로디안 해양법의 영향을 받았고, 지중해 연안지방에서 해사법으
로 인정되었으며, 그 이외의 훨씬 넓은 지역에서 권위를 인정받았다.

오레론법(Rolls of Oléron)과 당시 다른 해사법 법전과 같이, 콘솔라
토 델 마레는 주로 사법(private law) 문제에 관한 것이었다. 예를 들
면, 선박건조나 매매에 따른 권리와 의무, 선장, 선원과 승객의 권리
와 의무, 그리고 용선과 관련된 문서들을 다루었다. 그러나 콘솔라토
는 또한 해전의 중요한 측면 — 즉 포획법 — 을 상당히 자세히 다루고
있다. 그리고 콘솔라토의 이 부분이 특히 그 명성을 유지하고 있다. 콘
솔라토는 중립국 재산의 보호를 목적으로 한다. 즉 적국선박에 있는
중립국 물품과 적국의 물품을 운반하는 중립국 선박은 교전국에 의해
나포되어서는 안 된다는 것이다. 중립국의 권리는 매우 존중되어서
중립국 선주는 적국화물의 운임을 보상받아야 하며, 중립국의 화물주
인은 적국선박을 합리적인 가격으로 사들일 권리가 있다고 주장될 정
도였다.

한편, 교전국은 선박의 서류를 검사할 권리가 있었는데 후일에 교
전국이 가질 "임검권(visit and search)"을 암시하는 것이었다. 콘솔라

49) Jorda, *Consulat des Meeres als Ursprung und Grundlage des Neutralitätsrechts*
(thesis, Hamburg, 1932); Nys, *Le Droit des gens et les anciens jurisconsultes
espagnols* (1914), 125; Gardiner, "Belligerent Rights on the High Seas During
the 14th Century," *Law Quarterly Review* (1932), 538. 그 저자는 콘솔라토에
대한 마샬 대법원장의 찬양적인 발언에 관한 Nys의 주장, p. 137의 진위를 확
인할 수는 없었다.

토의 기본개념 ─ 중립국 재산의 보호 ─ 은 중세해전에서 지배적인 개념이 되었고 현대에도 영향력 있는 개념으로 남아있다. 18세기에는 그것이 국제관습법으로 인정되었다.[50]

그러나 이 분야의 조건들은 광범위하게 혼란스러운 것으로 남아 있었다. 해적행위가 만연하였으나, 법이라는 무기를 가지고 해적행위와 싸울 필요성에 대해서는 거의 인식이 없었다.[51] 제3차 라테란 회의 (1179년)는 해적행위를 파문으로써 처벌하겠다고 하였다. 그러나 이는 특수하게도 해적행위가 기독교인에 대해 범해졌을 때에만 해당되는 것이었다. 14세기부터, 해적행위에 대한 이탈리아와 다른 국가의 법령이 나타나기 시작하였으나 이 법령들은 모두 사라센이나 다른 이교도들에 대하여는 너무 많은 예외를 인정하였다. 더구나 이런 종류의 법령을 제정한 여러 정부들은 그 법령을 아주 엄격하게 준수하지 않았다. 실제적으로 그들 자신이 충분히 매력적인 기회가 있을 때에는 해적행위를 하려고 하였다. 따라서 이 시대에 군함에 의한 약탈이나 특허장을 가진 사선에 의한 약탈과 특허장 없는 선박에 의한 약탈을 구별한다는 것은 의미가 거의 없다.

---

50) *Neutrality: Its History, Economics and Law*, ed. Jessup, Vol. I, by Jessup and Deák, *The Origins* (1935), 149.

51) Stiel, *Der Tatbestand der Piraterie* (1905), 44; Jeannel, *La Piraterie* (thesis, Paris, 1903), 27; De Mas Latrie, *Traités de paix et de commerce avec les Arabes de l'Afirque septentrionale* (1866), I, 233 ("Piraterie des chrétiens"); *Ency. Soc. Sc.*, "Piarcy."
"해적행위는 일찍이 인류의 적으로 간주되었으며 그와 같이 취급되었을 것이다"라는 주장은 최소한 법적인 영역에 있어서 그 타당성이 의심스럽다. 그 주장의 근거는 분명히 Cicero, *De Officiis*, III, 29이지만, 그곳에서는 단지 해적에 대한 약속과 맹세가 준수될 필요가 없다고 말하고 있을 뿐이다. 물론, 해적에 의한 살인은 다른 살인행위와 동일하게 처벌되었다.

해적행위와 밀접히 관련된 것으로서 난파선에 의하여 조난당한 사람들이나 화물에 대한 대우문제가 있었다. 동양은 물론 서양에서도 그 시대에는 연안지방의 주민들이나 또는 그들의 지배자들이 난파선과 그 화물을 정당한 포획물로서 간주하는 관습적 "권리"가 있었다. 그리고 흔히 선원들은 노예가 되었다. 이러한 "난파선에 관한 법"을 없애려는 입법적 조치는 해적행위에 대한 것보다 더 일찍 시작되었고 또 더 일반적이었다.[52] 황제들, 국왕들 기타 권력자들은 교회당국과 함께 그러한 "법"을 없애기 위하여 서로 경쟁하였고 또 위반자들에 대해서 가혹한 처벌을 할 것으로 위협하였다. 비록 이러한 조치가 9세기에 시작되었고 가끔 조약들에 의해 구체화되었지만 당연한 권리로서 난파선을 취득하는 행위는 중세 말이 되어서야 없어졌다.

신학 이론들

국제관계에 관한 이론에 중세가 가장 크게 공헌한 것은 정전(正戰)에 관한 로마의 이론을 신학에서 재생시킨 것이다.[53] 터툴리안

---

52) 매우 많은 참고문헌을 볼 수 있는 것으로는, Pradier-Fodéré, *Traité de droit international public*, V (1891), n. 2313, 그리고 Vedovato, *L'Ordinamento capitulare in Oriente nei privilegi Toscani dei secoli* XII-XV (1946), 96. 중요한 예로는, Authentica "Navigia" of Emperor Frederick II, decreed in 1220.

53) 이 이론은 최근에 특히 가톨릭 신학자들 사이에서 자주 논의의 대상이 되고 있다. 저명한 것으로는 Regout (S. J.), *La Doctrine de guerre juste de Saint Augustin à nos jours* (1934). 또한 Mgr. de Slages, *La Théologie de la juste guerre* (1947); Beaufort (a Frenciscan), *La Guerre comme instrument de secours ou de punition* (1933); Salvioli, *Le Concept de la guerre juste d'après les écrivains antérieurs à Grotius* (transl. from the Italian by Hervo, 1918); Goyau, "L'Eglise catholique et le droit des gens," *Recueil des cours*, VI

Tertullian(160~230년) 및 기타의 초기 기독교 교부들이 기독교도가 전
쟁과 군복무에 참가하는 것을 성서에 입각해서 반대하였다. 그 반대
와 관련하여 성聖 아우구스티누스(354~430년)는 로마의 정전이론을
기독교 정신에서 다시 살렸고 또 변경하였다. 성 아우구스티누스는
전쟁이 반드시 정전이어야 한다고 요구하는 반면에 그러한 정전에 대
한 참가를 분명히 찬성함으로써 중간노선을 열어 놓았다. 그는 설명
하기를 피해에 대한 구제를 위한 전쟁은 정전이 될 수 있다고 하였다.
즉 한 도시나 국가가 그 나라 시민의 잘못된 행위를 처벌하기를 싫어
한다거나 또는 부당히 취득한 것의 반환을 거절하기 때문에 그 도시
나 국가를 무력으로 공격해야 되는 경우는 정전이 될 수 있으나, 절대
로 힘(power)을 얻기 위하여 또는 복수를 하기 위하여 전쟁을 시작해
서는 안 된다는 것이다. 키케로와 같이 성 아우구스티누스도 전쟁은
평온한 평화를 얻기 위한 수단으로서만 이용되어야 한다고 주장하였
다. 그는 전쟁의 결과와 전쟁원인의 정당성을 직접적으로 연결시키지
는 않았다. 전쟁의 결과는 더 고상한 목적을 위한 하나님의 섭리로 인

(1925), 127; Kosters, "Eenige geschiedkundige mededeelingen omtrent het
begrip 'justum bellum'," in *Mededeelingen der Kon. Akademie van
Wetenschapen, Afd.* Letterkunde, LXX, Ser. B, No. 3 (1930); Hrabar, "Esquisse
d'une histoire littéraire du droit international," *Revue dr. int.* (Paris), XVIII
(1936), 7 ff., 373 ff. 참고. 특히 성 어거스틴(St. Augustine)의 교리에 대해서는
Kosters, "Le Droit des gens chez Saint Augustin," *Rev. dr. int.* (1933), 634;
Combés, *La Doctrine politique de Saint Augustin* (thesis, Bordeaux, 1927),
255; 그리고 Hrabar, "La Doctrine de droit international chez Saint Augustin,"
Archives de philosophie du droit et de sociologie juridique (1932), 428. 정전
(just war)에 대해 더욱 중요한 중세의 문헌들로는 Vanderpol이 번역한, *La
Doctrine scholastique du droit de guerre* (1919). 전쟁에 대한 가톨릭의 일반
적인 교리에 대해서는, "Guerre," in *Dictionnaire de théologie catholique*, 47
참조.

한 징벌이나 연단이 될 수도 있다. 최후의 심판이 구원과 멸망에 관하여 결정할 것이다.

성 아우구스티누스가 그의 이론을 로마제국의 역사를 해석하는데 적용하였다는 점에서 그의 이론은 역사철학의 일부라고 볼 수도 있을 것이다. 그러나 기본적으로 그것은 개인에 관련되는 종교적 및 도덕적 철학의 일부이다. 현실정치에 있어서는 그것은 교회가 불화 (feuds)와 싸우는 데 있어서 이론적 근거를 제공하는 것이었다. 신학자들이 정전문제에 깊은 관심을 갖는 것은 당연하다.

이 방면에 있어서의 초기의 권위자는 세비야의 이시도루스 대주교 (Archbishop Isidore of Seville, 560~636년)였는데 그는 고대 지식의 보고를 기독교시대에 전달함에 있어서 공헌이 큰 학자였다. 그는 정전에 관한 로마의 이론 특히 키케로식의 이론에 많이 의존하였고 그럼으로써 고대와 중세의 전통을 연결시킬 수가 있었다.

세비야의 이시도루스의 이론은 중요하기는 하지만 토마스 아퀴나스Thomas Aquinas(1225~1274년)의 이론에 의해 압도당한다. 토마스 아퀴나스는 그의 저서 『신학대전』(Summa Theologica)의 제2부에서 "전쟁을 수행하는 것이 항상 죄악인가"라는 문제에 대하여 다음의 경우는 그렇지 않다고 한다. (1) 군주가 그 전쟁을 허락한 경우(즉 군주의 허락이 있을 때), (2) 정당한 원인이 있는 경우, 즉 상대방이 어떤 죄를 범했기 때문에 공격을 받는 것이 당연한 경우, (3) 교전국이 선을 증진시키거나 악을 피하고자 하는 의도, 즉 올바른 의도를 가지고 있는 경우. 현대적 개념에 따르면, 군주의 허락은 정전(just war)의 전제조건이라기보다는 전쟁(war)의 전제조건이라고 할 수 있다. 그러나 이 상황은 피비린내 나는 불화가 있던 아퀴나스의 시대에는 달랐다.

어떤 군주들이 그러한 허락 권한을 가졌는지에 관해서 그는 말하지 않았다. 토마스 아퀴나스의 이론의 본질은 전쟁의 정당한 원인이라는 전제조건이었다. 다른 전제조건들처럼 그것도 도덕신학의 한 규범으로서 생각되었기 때문에 ─그것이 신학대전의 제2부의 핵심이다─ 정전에 관한 문제는 교회의 관할권에 속한다는 결론이 된다.

내용에 있어서 그것은 성 아우구스티누스의 이론과 큰 차이가 없다. 그러나 정전이론이 로마 가톨릭의 전쟁론의 토대가 된 것은 주로 토마스 아퀴나스의 위대한 권위에 의한 것이다. 그 문제에 관한 그의 우수한 형식적 분석은 논의의 틀을 제공하였고, 그 틀은 그 후 스콜라 학자들에 의하여 그대로 계승되었고 또 다른 학자들에 의해서도 이용되었다.

전투행위 그 자체에 대해서는 토마스 아퀴나스는 한편으로는 전략(stratagems)은 인정하였지만, 전투행위에 있어서 거짓말과 약속의 위반은 금지하였다. 그리고 이러한 이론은 후일에 정전에 관한 논의에 있어서 관습적으로 취급되는 문제가 되었다. 더구나 그 이론은 확대되어서 어떤 종류의 과도함을 금지하였는데, 특히 여성과 아동에 대한 '전쟁'은 '정전'이 아니라는 이유로 그들의 살해를 금지하였다. 그러나 이러한 방법은 전투행위가 가진 인도주의적인 큰 문제점에 대해서는 불충분하였다. 그리고 그러한 문제에 대하여 중세교회가 비교적 무관심하였던 것은 교회의 편협성 때문이라고 믿어진다. 중세 이후에 더욱 느껴졌던 신학적 정전이론의 다른 결점은 이후의 장에서 다루어질 것이다.

정전이론 뿐만이 아니라 국제관계에 관한 관련성 있는 또 하나의 옛 개념이 중세에 기독교 정신에서 채택되고 수정되었다. 즉 자연법의 개념이다.[54] 교회의 교부들은 자연법을 인간의 법(human law) 보다 상위인 신법(divine law)으로서 기독교 신학에 통합하였다. 그들은 자연을 신의 계시라고 생각하였다. 토마스 아퀴나스는 이 이론을 확대시키고 다시 정의하였다. 이 자연법의 최고원칙은 선을 구하고 악을 피하는 것이다. 도덕적인 의미에서 자연법은 국제관계에 관한 사상의 풍부한 근원이 되었다. 그러나 현대 독자들은 자연법에 관한 스콜라식의 개념을 법적으로 이해되어서는 안 된다는 것을 유의해야 한다. 그것은 도덕적(또는 윤리적) 규범과 법적 규범을 다 포함한다. 이 사실은 또한 아퀴나스의 정당한 전쟁에 관한 사상을 올바르게 이해하기 위해서도 중요하다. 이처럼 토마스 아퀴나스의 체계에 있어서는 법과 도덕이 그 본질에 있어 불가분적으로 결합되어 있고, 이 견해는 오늘날까지 가톨릭의 신학도들이 견고히 유지하고 있다.

중세의 지배적인 견해에 의하면 제정법, 판결, 선고 및 일반적으로 모든 법적 거래는 만약에 자연법에 위반되면 무효였다. 최종적 결정은 '교회'가 하였지만 원칙적으로 모든 사람은 자연법을 원용함으로써 법이나 당국의 기타 명령의 유효성에 도전할 수 있었다. 결국 이 이론은 국가권력의 미약함을 반영하고 있다.

---

54) Gierke, *Political Theories of the Middle Age* (transl. by Maitland of *Das deutsche Genossenschaftsrecht*, Vol. III, 1881), 77, 81, nn. 257, 259, 290; *idem*, *Natural Law and the Theory of Society*, 1500－1800 (2 vols., 1934－transl. by Barker of *Das deutsche Genossenschaftsrecht*, Vol. IV); Schilling, *Das Völkerrecht nach Thomas von Aquin* (1919); "Law, natural," in *Catholic Encyclopedia*. Lottin, *Le Droit naturel chez Saint Thomas* (2nd ed., 1931)은 주로 토마스 아퀴나스(Thomas Aquinas)의 선배 신학자들에 관련된 내용이다. Rommen, *The Natural Law: A Study in Legal and Social History and Philosophy* (1947)는 법사(legal history)에 관한 한 도움이 되지는 않는다.

법이론; 영구적 평화를 위한 계획

　국제법에 대해 중세가 기여한 점을 살펴본 내용을 보충하기 위하여 중세에 시작된 특정한 종류의 정치사상, 즉 영원한 평화를 달성하기 위한 정치적 세계의 재구성 계획을 살펴보아야 한다.[55] 이런 종류의 최초의 계획은 프랑스 법률가 피에르 뒤부아Pierre Dubois(대략 1250~1312년)의 이름과 관련되어 있다.[56] 『성지의 회복에 대하여』(*On the Recovery of the Holy Land*, 1306년)라는 소책자에서 뒤부아는 새로운 십자군의 전제조건으로서 기독교 국가들 간의 보편적 평화를 확립해야 된다고 주장하였다. 그는 이 목적을 모든 고위 성직자들과 기독교도인 군주들로 구성된 총회에 의하여 달성시킬 것을 제안하였는데 그 총회는 교황이 소집하고 주재하도록 되어 있었다. 일단 그 총회가 성립하면 그 회원국들 간의 전쟁은 불법화되고 분쟁은 각 당사국을 대표하는 3명의 고위 성직자와 3명의 세속군주들로서 구성되는 중재재판소에 의하여 해결되도록 하였다. 그 재판관들은 총회에서 선출된 사람들 중에서 선정되었다(누가 선정하는지는 분명하지 않다). 중재재판

---

55) C. L. Lange, *Histoire de l'internationalisme—I: Jusqu'à la paix de Westphalie* (1919 [bibl.*]), 90; Ter Meulen, *Der Gedanke der internationalen Organisation in seiner Entwicklung* (1917), 101; Ledermann, *Les Précurseurs de l'organisation internationale* (1945).

56) E. H. Meyer, *Staats— und völkerrechtliche Ideen von Peter Dubois* (1908); Power, "Pierre du Bois," in Hearnshaw, ed., *Social and Political Ideas of Some Great Medieval Thinkers* (1923), 139; Knight, "A mediaeval pacifist—Pierre Dubois's" in *Transactions of the Grotius Society*, IX (1924), I. 피에르 뒤부아(Pierre Dubois)의 *De Recuperatione terre sancte*는 Langlois가 편집한 것으로 간략한 서론과 유용한 주석을 담고 있다(1891).

관들의 판정에 대해서는 교황에게 항소할 수가 있었다. 그렇게 약속된 평화를 파괴하는 자는 총회의 다른 회원국들의 연합군에 의하여 진압될 것이며, 그의 모든 재산과 소유물은 박탈될 것이고, 그는 "성지(Holy Land)"로 추방당하여 거기에서 그의 군사적 재능을 이용하여 이교도들과 싸우게 될 것이었다.

　국제법의 역사에 관하여 뒤부아는 일정한 공헌을 하였는데, 그것은 그가 문명국가들의 정치적 조직체에 입각한 강제적 중재재판 같은 것을 생각한 최초의 학자였다는 점에 있다. 이것 때문에 그는 금세기에 있어서 많은 존경을 받고 있다. 그러나 중재재판의 개념은 이미 본 바와 같이, 중세에 잘 알려져 있었으며 그가 그것에 무엇을 추가하였는지 잘 알 수 없다. 전반적으로 볼 때, 그의 계획에는 지속적인 연구의 노력이 보이지 않으며 또한 정치적 발전이나 이론적 발전에 영향을 주지도 않았다.

제 3 장
중세시대-동방

제 3 장
중세시대-동방

동로마제국[1]

로마제국이 서로마(라틴 로마)와 동로마(그리스 로마)로 분할된 것은 테오도시우스 황제(359년 사망)의 유언에 의한 것이다. 북방의 야만족들의 위협 때문에 로마제국의 무게중심은 이미 동방으로 옮겨졌다. 일찍이 330년에 비잔티움(콘스탄티노플)이 제국의 수도가 되었다. 476년에 서로마제국은 야만족들의 공격으로 멸망하였으나 동로마제국은 1453년까지 계속되었다. 1453년에 비잔티움은 터키의 술탄 모하메드 2세에 의해 정복당하였다. 비잔티움은 1204년에 서방의 십자군에 의하여 점령되고 또 잔인하게 약탈당하였는데, 그때까지 기독교 문명이 가장 빛나던 곳이었다. 이 사실은 서양에서의 역사교육에서 오랫동안 무시되었다. 동로마제국의 중심은 소아시아, 그리스와 남부 발칸지방이었다. 때로는 그 제국은 이집트(641년에 아랍사람들에게 빼

---

1) De Taube, "Etudes sur le dévelopment historique du droit international dans l'Europe orientale," *Recueil des cours*, XI (1926), 345; 그리고 "L'Apport de Byzance au développement du droit international occidental," *ibid.*, LXVII (1939), 137 [bibl.*]; Vasiliev, *History of the Byzantine Empire* (2nd English ed., rev., 1952); Diehl, *History of the Byzantine Empire* (transl. from the French, 1945); Bréhier, *Les Institutions de l'Empire byzantin* (1949), Book 3, chap. iii.

앗겼다)와 기타의 북아프리카지역, 시리아, 팔레스타인, 사이프러스, 흑해의 북부 해안지역, 시실리 및 이탈리아의 많은 부분을 포함하였고 약 이백년 동안은 로마도 포함하였다.[2] 그 제국의 영역은 빠르게 축소되어 갔다. 9세기와 10세기에 약간 회복되었으나 궁극적으로 그 제국은 그 수도와 주변지역 및 그리스의 일부만으로 축소되었다.

비잔틴 황제(바실레우스Basileus)의 지위는 "신성로마제국"의 통치자의 지위보다 훨씬 강하였다.[3] 바실레우스는 선출된 군주들에 의존하지 않았으며, 그 권한을 행사함에 있어서도 헌법적 규칙이나 봉건적 규칙에 의하여 제한을 받지 않았다. 그의 통치권은 절대적이고 전제적이었다. "전제군주(autocrator, 즉 자기 자신의 권리로서 된 통치자)"가 그의 공식칭호였다. 그는 이교도 로마황제처럼 신적인 존재로 간주되었고 동양적인 화려한 의복을 입었으며 그에게 접근하려면 비굴한 정도의 의식을 거쳐야 하였다. 동방 정교회(Eastern Orthodox Church)의 장인 콘스탄티노플의 대주교(Patriarch)는 형식상으로는 황제에게 예속되지는 않았지만 실제로는 교회가 대부분 황제권의 한 수단이었다. 따라서 황제의 권한은 "시저와 교황을 합한 것(cesaro- papist)"이라고 불려왔다. 로마교황(Roman Pontiff)은 동방에 있어서 큰 영향력을 가져본 일이 없었으며, 1054년에 콘스탄티노플의 대주교와 그 추종자들을 교황 레오 9세가 파문하였을 때 로마 가톨릭과 그리스 정교회는 공식적으로 분리되었다.

황제의 높은 지위는 그 직접적 계보에 있어서와 마찬가지로 옛 로

---

2) 유스티니아누스 황제의 장군 벨리사리우스(Belisarius)가 로마를 점령했던 536년부터 로마를 포함하였다.
3) 상기의 논의는 고대 로마의 황제들에게는 적용되지 않는다(1204-1261).

마황제로부터 유래된 것인데, 샤를마뉴의 시대까지는 기독교 세계에 있어서 가장 높은 지위였다. 그러므로 바실레우스가 당연히 국제적으로 동방과 서방의 통치자들에 대한 칭호와 명예의 상징을 줄 수 있다고 생각되었고, 이 점에 있어서 교황과 또 후에는 서방황제와 다투게 되었다.4) 심지어 샤를마뉴도 그리스 황제로부터 그의 새로운 칭호를 승인받을 필요를 느꼈는데, 그 칭호는 엑스라샤펠 조약(812년)에 의하여 부여되었다.

국제법에 대한 비잔티움의 큰 기여는 외교와 조약 관행을 더 정교하게 하고 더 세련된 것으로 만든 것이다. 서로마황제와 달리 동로마황제는 부단히 그 인접군주들 특히 페르시아 왕, 러시아 및 불가리아의 군주들, 이탈리아의 여러 도시국가들, 바그다드와 이집트의 칼리프들과 또 이슬람의 소규모 지배자들과 조약을 교섭할 필요를 계속갖고 있었다. 이러한 모든 것들이나 기타의 대외관계에 있어서 황제의 절대적 권력은 그에게 자유재량을 주었다. 비잔틴의 외교는 잘 조직되고 발전되어 동방 및 서방 제국에 대하여 표준이 되었다. 예를 들어, 조약은 양측이 2통을 만들어야 되었으며 그 중 1통은 공식적으로 확인된 번역과 함께 상대방 국가가 서명한 1통과 교환하였다. 그리고 물론 외국사신을 황제의 궁전에서 접수하는 의식은 아주 어렵고 긴장되는 것이었다. 만민법에 의한 외교사절의 불가침이라는 로마법 규칙은 유스티니아누스의 로마법대전(Corpus juris)에 편입되었으나 약간 제한적이었고5) 그 정도로도 언제나 준수되지는 않았다.

---

4) 비잔틴 황제는 심지어 금화 발행에 대한 특권을 요구했다. Luschin von Ebengreuth, *Allgemeine Münzkunde und Geldgeschichte* (2nd ed., 1926), 238; Trimborn, *Weltwährungsgedanke* (1931), 15.

5) Dig. 1, 7, 15.

한 가지 두드러진 특징은, 이것은 아랍에서 유래한 것으로 보이는
데, 포로들의 대규모적 교환과 몸값을 받고 석방해주는 일이었다.[6] 바
그다드의 칼리프 하룬 알라시드Caliph Harum al-Rashid와 니케포루스
Nicephorus 황제 간에 체결된 804년의 조약은 이러한 예이다.

그러나 법적 관점에서 볼 때 비잔틴의 조약체결 중 가장 흥미 있는
예는 비잔티움과 페르시아 간에 체결된 6세기의 평화조약들인데[7] 그
중에서도 특히 562년에 유스티니아누스 황제와 페르시아의 호스로
Chosroes 1세 사이에 체결된 것이다. 이 조약은 처음으로 종교적 소수민
족의 보호를 규정한 것인데 이 문제는 후에 매우 중요한 주제가 된다.
그 조약에서는 또한 "비군사화(demilitarization)" 조항 같은 것이 있었
다. 즉, 양국 간의 국경에는 새로 요새를 만들지 못한다는 것이었다.
법적 정확성의 측면에서 "폐기조항(forfeiture clause)"을 언급할 수
있는데 그것은 조약상의 특정한 의무를 위반하였을 때에 효력이 발생
하는 것이었다. 그 조약 전체가 양국의 문명이 발달했었다는 것을 보
여주고 있다. 아마 그 조약이 법적인 면에서 세련되었던 것은 주로 그
리스 사람들 때문이었을 것이다. 그러나 그 조약은 일찍이 572년에
유스티니아누스의 후계자인 유스티누스 2세에 의하여 폐기되었다.

비잔틴 사람들만이 조약을 폐기하는 것은 아니었지만—페르시아
사람들은 비잔틴 사람들과 체결한 조약을 그 이전에 폐기한 일이 있

---

6) Majid Khadduri, *The Law of War and Peace in Islam* (1941), 96.

7) 그 조약들의 상세하고 면밀한 분석으로는 Güterbock, *Byzanz und Persien
in ihren diplomatischen und völkerrechtlichen Beziehungen im Zeitalter
Justinians* (1906) 참조; 또한, Paradisi, *Storia del diritto internazionale*
(1940), 203 참고. 그 밖의 뛰어난 논의가 De Taube의 "L'Apport de Byzance,
etc."에 있으나 이와 같이 특수한 문제에서는 다소 부족한 점이 있다.

었다―그리스 제국의 공적생활에 있어서 도덕적 무감각과 잔인성은
현저한 것이었다. 황제의 무제한적인 권한은 또한 전쟁의 개념을 왜
곡시켰다. 동로마황제는 신의 제2인자였기 때문에 자기가 원하는 대
로 전쟁을 개시할 수 있었다. 그리고 그의 통치하에 들어온다는 것은
축복이며 저항은 반역이라고 생각되었다. 그러한 개념 하에서 다른
군주와 중재재판을 한다는 것은 상상할 수도 없었다. 왜냐하면 중재
재판이란 평등을 전제로 하기 때문이다.

　그러한 상황에서는 분별 있는 "정전"이론이 분명히 존재할 수 없었
다. 유스티니아누스의 『로마법대전』이 그 훌륭한 로마의 개념을 이용
하지 않았다는 것은 놀라운 일이다. 또 중세의 정교회는 서방 가톨릭
의 도덕신학과 비슷한 정교한 도덕신학을 탄생시키지 못하였다. 그러
므로 동방에는 국제법의 주요원천이 없었다. 이 차이점은 국제문제에
관한 서방의 사상과 동방의 사상이 차이를 보이는 주요 이유였다. 심
지어는 실제 전투에 있어서도 동방은 서방보다 더욱 잔혹하였다. 그
리스 사람들의 무제한적인 잔인성은 악명이 높았다. 그 잔인성에는
전쟁포로들의 눈을 멀게 만드는 일도 포함되었다.

러시아

　10세기 초에 러시아가 이교도였던 과거로부터 벗어났을 때 러시아
는 곧 중요한 두 가지 국제조약을 체결하였다. 바랑인Varangians ― 이
사람들은 북쪽으로부터 러시아를 지나간 러시아화된 스칸디나비아
의 전사들과 상인들이다 ― 은 흑해(Black Sea)의 북부해안 지방에 정
착하게 되면서 그리스제국과 관계를 수립하였다. 거기서부터 바랑인

의 군주 올라그Olag는 907년에 그리스 제국에 대하여 육지와 바다로
부터 공격을 가하여 성공하였으며 그 진격은 콘스탄티노플의 성벽에
서야 저지되었다. 같은 해 강화조약이 체결되었고 911년에 이 조약은
개정되었다.[8] 그 조약은 황제의 불리한 군사적 상황을 반영하였다.
그 결과 그는 바랑인 군주들에게 공물을 바치고 또 그들에게 상업분
야에서 가치 있는 특권을 부여하였다.

911년의 조약은 또한 난파선에 관한 법을 최초로 국제적으로 폐기
한 것이다. 그리고 그 조약은 포로를 몸값을 받고 석방하는 것에 관하
여 많은 제한을 하였다. 러시아의 자료에 의하면 포로는 자기의 노동
으로써 그 몸값을 낼 수 있었다. 특히 흥미 있는 것은 러시아 노예들에
대하여 가격을 정하는 조항인데[9] 노예들은 러시아의 수출무역에 있
어서 중요한 부분을 차지하였다. 이것이 노예무역을 국제적으로 조직
화하려던 최초의 시도이다.

1100년 이전 약 100년 동안에 러시아는 그리스 정교회의 기독교
(Greek Orthodox Christianity)를 받아들였다. 이것으로 인해 러시아
는 다소 그리스 제국에 의존하게 되었기 때문에, 러시아 사람들은 곧
종교적 및 정치적 해방을 위한 투쟁을 시작하였다. 그러나 1589년에
서야 모스크바의 대주교는 콘스탄티노플의 대주교의 동의를 얻어 러
시아 대주교(Patriarch)의 지위에 오르게 되었다. 종교법에 의하여 외

---

8) De Taube, "Etude sur le dévelopment historique du droit, etc.," *Recueil des cours*, XI, 398, and "L'Apport de Byzance, etc.," *ibid.*, LXVII, 271, 282; Vernadsky, *Kievan Russia* (1948), 26, 36, 149. 그 조약 본문의 주요 출처로는 "Book of Annals"에서 번역된 것으로, S. H. Cross, "The Russian Primary Chronicle," *Harvard Studies and Notes in Philology and Literature*, XII (1930), 149, 159.

9) Ostrogorski, *Geschichte des byzantinischen Staates* (1940), 130 n. 4.

국 종교지도자의 지배를 받는 일은 이렇게 끝났다.

한편, 러시아의 구조에 있어서 다른 변화가 일어났는데 이것이 간접적으로 국제법에 영향을 주었다. 1472년에 모스크바의 대군주 (Grand Prince of Moscow)인 이반 3세(Ivan III)는 비잔틴 황제의 이념적인 계승자로서 자임하였다. 그는 전투에서 사망한 마지막 황제의 질녀와 결혼하였다. 그는 그 후 비잔틴 왕조의 문장 — 즉 팔라이올로스Paleologi의 쌍두의 독수리 — 을 채택하고 또 자기 궁중에 비잔틴의 예식을 도입하였다. 모스크바가 "제3의 로마"[10]가 될 예정이었다. 1547년에 '이반 4세'(Ivan IV, the Terrible, 이반 뇌제)는 이 정책을 더욱 추진시켜 자기 자신을 "시저Caesar"의 슬라브 발음인 짜르Tsar라고 칭하게 되었는데 이 칭호는 흔히 비잔틴 황제 "바실레우스basileus"와 같은 것으로 사용되어 왔다.

이슬람[11]

국제관계에 관한 이슬람의 법은 일부 전쟁에 관한 것을 제외하고는

10) Strémoukhoff, "Moscow the Third Rome: Sources of the Doctrine," Speculum, XXVIII (1953), 84.

11) De Taube, "Etude sur le développment, etc.," *Recueil des cours*, XI (1926), 380; Bentwich, *The Religious Foundations of Internationalism* (1933), 159; Nys, *Etudes*, I, 46; von Tarnauw, *Das moslemische Recht aus den Quellen dargestellt* (1855); Pütter, *Beiträge zur Völkerrechtsgeschichte und —wissenschaft* (1843), 49; *Dictionary of Islam, passim.* Ahumd Rechid, "L'Islam et le droit des gens," *Recueil des cours*, LX (1939), 375, 그리고 Amanazi, *L'Islam et le droit international* (thesis, Paris, 1920)이 아주 유용한 것은 아니다. Rechid의 글은 충분하게 인용을 밝힌 것은 아니지만 이슬람교의 법에 대한 이상적인 모습을 그리고자 시도했다. 유익한 배경지식을 제공하는 연구로는 Milliet, "La Conception de l'état et l'ordre légal dans l'Islam," *Recueil des cours*, LXXV (1949), 597.

별로 없으며 또 불분명하다. 전쟁은 국제관계에 관한 이슬람의 교리에 있어서 중심적 문제이다.[12] 이슬람의 여러 국가는 하나의 정치적 단위로서 간주되는 반면, 이슬람 교도들과 이교도들 간에는 잠재적인 전쟁상태가 존재한다. 이교도들에 대한 실제 전쟁은 성전(jihad)이지만,[13] 그 전쟁 자체가 성전인지 또는 권한 있는 당국에 의하여 공식적인 선언이 있은 후에 비로소 성전이 되는지에 관해서는 의견이 다른 것 같다. 건강한 신체를 가진 모든 이슬람교도는 그러한 전쟁에 참가해야 된다. 그리고 전쟁터에서 죽으면 천국에 가는 문이 열리며 천국의 쾌락(그것은 영적인 것만은 아니다)이 최고로 정교하게 묘사되고 있다. 코란에 관한 중세의 주석적 문헌은 전투의 다양한 측면을 많이 취급하고 있다.[14] 현대의 어느 아랍학자가 이슬람 교리는 신약 및 구약성서와 달라서 정복에 치중하고 있다고 설명한 것은 타당하다.[15]

　다른 한편으로는, 전투에 관한 이슬람의 생각은 동시대의 기독교

---

12) 이 주제에 대해 서방의 언어로 된 훌륭한 연구가 있다: Majid Khadduri (Bagdad), *The Law of War and Peace in Islam* (1941) [bibl.*]에서는 이슬람 시대의 초반 4세기를 다루고 있다; Haneberg, *Das muslimische Kriegsrecht* (1891), 또한 *Abhandlungen der Philosophisch–Historischen Classe der Kgl. Bayrischen Akademie der Wissenschaften*, XII, Part 2, 217 ff.에 있는 평론에는 Mahmud el Mahbâb [1280]가 쓴 전쟁법에 관한 권위적 저서인 Vikayah의 본문이 있다. 또한 각주 20 참조.

13) Baillie, "Of Jihad in Mohammedan Law," Royal Asiatic Society Journal, V (1870); Jurji, "The Islamic Theory of War," *Moslem World*, XXX (1940), 322. Jurji는 저명한 회교 공법학자인 Al–Mawardi (d. 1058)에 의존하여 성전(jihad) 이론의 중요성을 무시하고 있다.

14) 이러한 유형의 초기 저작으로는 Hasan as–Saihani (749–804)의 *Radd–al–Muhtar* (Answer to the Perplexed)가 Hatschek, *Der Musta'min* (1919), 25 에서 분석되었다.

15) Majid Khadduri, *op. cit.*, 25 ff.

의 개념보다 어느 면에서는 우월하다. 무함마드의 첫 계승자인 칼리
프 아브 바크르Caliph Abu Bakr(643년 사망)의 선언은 중요하다. 그는 전
쟁에서 승리한 자기의 병사들에게 여자들, 어린이들과 노인들을 살해
하지 말라고 경고하였다. 그는 그들에게 야자수와 과수원을 파괴하지
말고, 집을 불태우지 말며, 적의 식량에서 필요 이상을 빼앗지 말라고
하였다. 그리고 그는 전쟁포로들을 동정심을 가지고 취급할 것을 요
구하였다.[16) 포로들을 몸값을 받고 석방하는 것과 또 포로의 교환은
서방에 있어서보다 동방에 있어서 훨씬 광범위하게 실시되었으며,[17)
또 포로들이 관용행위에 의해 대규모로 석방된 일도 많이 있었다. 전
리품은 관헌이 분배할 수 있도록 권한 있는 당국에 전달하여야 되었
으며 그 중 5분의 1은 국고로 들어갔다. 그런데 이 규칙은 놀랍게도
에스파냐의 알폰소Alfonso 10세의 시에테 파르티다스(*Siete Partidas*)에
의하여 채택되었다.[18)

술탄 셀림Selim 2세는 그의 사악함으로 악명 높은 통치자였는데
1571년에 사이프러스에 침입하기 위하여 베네치아와의 평화조약을
파기하였다. 그런데 그것은 무프티(역자 주: 회교법전설명관) 아바 수우
드the Mufti Aba Suud로부터 우호적인 법적 견해를 얻은 후에 한 일이었
다.[19) 그리고 그러한 경우가 더 있었을 것이다. 그러나 전체적으로 볼
때 이슬람은 이 문제에 있어서 확실히 좋은 점수를 기록하였다. 십자

---

16) 그 본문은 Thomas Walker, *History of the Law of Nations* (1899), 75에 있다.
17) Harun al－Rashid와 Nikophoros 황제간의 조약에 대해서는, 이 책, p. 58.
18) 몸값을 받는 아라비아의 관습 역시 에스파냐에서 기독교의 관습에 영향을
미쳤다(De la Muela, "Ensayo de un guión para la investigación del derecho
internacional en la edad media española," *Revista española de derecho
internacional*, II [1950], 934).
19) Haneberg, *loc. cit.*

군은 공격자였지만 이교도에 대해서는 신의를 지킬 필요가 없다는 원칙에 따라 행동하였다.

그러나 이교도들과 잠재적인 전쟁을 하고 있다는 생각은 이슬람 통치자가 이슬람교도가 아닌 사람에 대하여 영원히 구속되는 것을 허락하지 않았다. 특히 그는 비이슬람교도와 일정한 기한을 가진 평화조약만을 체결할 수 있고 그렇게 함으로써 일종의 휴전을 하는 것이었다. 대부분의 학자들은 최대 10년만을 허용하였다. 그러나 그러한 규칙은 일방적이고 취소할 수 있는 특권부여에는 적용되지 않았던 것 같고, 또 특히 중세 이후에는 반드시 준수되지는 않았다.

서방과 동방의 만남; 영사

중세 초기와 중세의 대부분 동안 서방과 동방 간에 법적 중요성을 가진 접촉은 별로 없었다. 칼리프 하룬 알라시드Caliph Harun al-Rashid는 801년에 샤를마뉴에게 대사를 파견하였으나 조약을 체결하지는 않았다. 그러나 그 칼리프는 성지를 순례하는 서방 사람들에게 그때까지 그리스 사람들만이 향유하고 있던 특권을 확대 부여하였다. 전투의 분노에 가득 차 있었던 십자군은, 약간 모순된 것 같기는 하지만, 조파 조약(treaty of Joppa, 1229년)에서 국제조약의 독특한 예를 보여주고 있다. 그 조약에 의하여 황제 프리드리히 2세는 예루살렘, 베들레헴, 나사렛을 술탄 알카밀Sultan al Kamil로부터 유혈사태 없이 획득하였다. 그 황제의 교묘한 외교술 중에서 그가 아랍문화를 진정으로 이해하고 있었다는 것이 매우 효과적인 요소였다.[20] 이 행위는 수세기

20) E. Kantorowicz, *Frederick the Second* (1932) — transl. of Kaiser Friedrich der

동안 계속된 유혈극 가운데 아랍사람들에 대한 그의 지속적인 우정과 함께 빛나는 사건이었다. 한편, 전투 그 자체가 동서문화의 상호침투를 가져왔다. 서방의 학문, 예술, 의복, 음식 및 기타의 생활면에서 큰 변화가 초래되었다. 평화적 교류에 대한 욕망과 필요성이 나타났기 때문에 십자군에 대한 강력한 반대가 일어났다. 지중해 항해로를 따라서 아랍 국가들과의 통상이 번창하였다. 기독교 측에서는 피사Pisa, 제노바Genoa, 베네치아Venice, 아라곤 등이 선도적이었고, 이슬람 국가에서는 이집트, 시리아, 튀니스와 모로코가 중요하였다. 교회에서 제정한 반사라센 법도 이미 본 바와 같이 이 교역을 막지 못하였다. 이슬람 전투력의 중심인 이집트에 관한 한, 그 조약들은 기독교의 명분에 대한 배신에 가까운 것이었다. 1154년에 피사가 처음으로 중요한 조약을 체결한 것은 이집트였다.[21] 그리고 1208년에는 베네치아가 십자군의 이집트 공격을 제지하는데 많은 도움을 주었다고 인정되어 그에 대한 대가로서 무역상의 특별한 편의를 이집트로부터 획득하였다.[22]

지금 논의되고 있는 조약들은 보통 "캐피튤레이션capitulations(역자 주: 옛날 터키 황제가 정착 외국인에게 부여한 일정한 치외법권 등에 관한 각종 협정 또는 이와 관련된 국제관계를 의미하나 이 글에서는 이와 같이 칭하기로 한다)"이라고 불리는데,[23] 이 말은 오해하기 쉬운 용어이지만 그 조약

Zweite (1928)－p. 187. Remanats of the treaty in *Monumenta Germaniae Hisotica, Legum Section* IV, tom. II, 160.

21) 피사와 모로코 및 알제리아의 알모라비데스(Almoravides) 통치자들 간의 다소 불확실한 초기의 협정에 대해서는, De Mas Latrie, *Traités de paix et de commerce avec les Arabes de l'Afrique septentrionale* (1866), I, 35, 39, and II, 22 참조.

22) Lane－Poole, *A History of Egypt in the Middle Ages* (2nd ed., 1913), 218.

23) 이 주제에 대해서는 풍부한 문헌이 있다. Heyd, Schaube, Depping,

이 번호가 부여되어 있는 간단한 장(*capitula*)들로 나누어져 있다는 사실에서 유래한다. 18세기와 19세기에 있어서 캐피툴레이션은 점점 통상조약으로 변하였다. 그러나 여전히 상호성이 결여되어 있었다. 그 불평등성은 20세기에 와서 겨우 제거되었다.

캐피툴레이션의 다른 전형적인 측면은 복구(reprisals)를 금지한 것, 특히 외국인이 파산한 경우; 난파선에 관한 법의 폐지, 해적에 대한 엄중한 조치의 상호약속 ― 그럼에도 불구하고 해적은 여전히 중세 훨씬 이후에까지도 지중해 무역에 대한 큰 저주였다 ― 등이 있었다. 캐피툴레이션에 의한 권리와 의무를 보충하기 위하여 일반적으로 관습(custom)이 원용되었다. 이것은 유럽 사람들에게 문서로부터 증명할 수 없는 것을 "관습"이라고 말함으로써 그들의 지위를 확대시키는 또 하나의 기회를 주었다.[24] 물론 유럽 지방에 있는 이슬람 측 당사자에게는 그와 같은 권리가 부여되지 않았다. 위에서 이미 말한 바와 같이 이렇게 상호성이 없다는 것이 캐피툴레이션의 특징이다.[25]

캐피툴레이션과 그들의 모든 기독교도인 상대방들은 과거의 일이 되었지만, 그 결과는 아직까지 오늘날의 국제법에 영향을 주고 있다.

Vedovato [bibl.], Ravndal, *The Origins of the Capitulations and of the Consular Institution*, 67 Cong., 1 Sess., Doc. No. 34 (1921); Overbeck, "Die Kpaitulationen im Osmanenreich," *Zeitschrift für Völkerrecht*, 1910, Supp. III 참고. 캐피툴레이션의 본문과 유익한 해설로는, De Mas Latrie, *op, cit.*, II, 그리고 중요한 *Supplément et tables* (1872) 참조.

24) 인상적인 예로는 이후에 외국인과 내국인에 대한 영사관의 "보호"가 발전한 것을 들 수 있다. 이 책, p. 236.

25) 시칠리아의 통치자인 프리드리히 2세가 튀니스의 술탄과 1231년에 체결한 상업조약은 상호주의에 근거하여 영사(consuls)의 임명에 대해 규정하고 있다. 그러나 이것이 전형적인 캐피툴레이션은 아니었다. Schaube, *Handelsgeschichte der reomanischen Völker*, 302.

캐피툴레이션은 영사제도의 기원이다.[26]

　독일과 러시아 간의 시장과 무역로에서의 인명과 재산의 보호 등에
관한 조약들은 법적으로는 중세 북유럽에서 가장 중요한 동서 간의
조약들이다. 그 조약들은 남쪽의 "캐피툴레이션"과 비교된다. 북쪽
조약들의 주요 주제는 폭력과 사기행위를 규제하려는 것이었다. 전반
적 분위기는 완전한 불신과 적대감의 분위기였고, 특히 독일인들을
침략자로 간주하는 러시아인들의 측면에서 그러하였다.[27] 이와 반대
로 지중해의 조약들은 비교적 정중하고 관대한 분위기를 보여주었다.
독일과 러시아 간의 조약들이 상호주의에 기초하였다는 것은 사실이
다. 그러나 지중해의 조약들이 더 높은 상태의 문명을 나타내고 있다
는 인상을 받는다.

---

26) Sanborn, *Origins of the Early English Maritime and Commercial Law*
(1930), 139, 148, and *passim*; Ravndal, *supra* n. 38; Salles, *L'Institution des
consulats: Són origine, son développement au moyen âge chez les différents
peuples* (1898); Morel, *Les Jurisdictions commerciales au moyen âge* (1897),
81; Lippmann, *Konsularjurisdiktions im Orient* (1898), 5; Contuzzi, *Trattato
teorico-practoco di diritto consolare*, I (1910), 23; Nys, *Droit international*,
II (1912), 452. 또한, Schaube, "La Proxénie au moyen âge," in *Rev. dr. int.*,
XXVIII (1896), 525 참고.

27) 이에 대해 더욱 상세한 것은 Goetz, *Deutsch-Russische Handelsgeschichte*,
338 ff.

제 4 장

근대, 30년 전쟁까지

제 4 장

근대, 30년 전쟁까지

기본적 요소, 서양과 동양

"근대(Modern times)"는 관습적으로 아메리카를 발견하던 해인 1492년부터 시작된다. 이 사건과 종교개혁(Reformation)이 새로운 시대의 중요한 이정표(sign posts)인 것은 분명하다. 그들이 국제법에 미친 영향은 크고 다양하였다.[1] 그러나 새로운 시대에 있어서 국제법의 발달은, 무엇보다도 먼저 민족국가(National States), 특히 에스파냐, 영국, 프랑스의 탄생 때문이라고 보아야 한다. 민족국가의 발전은 오랜 기간 동안 이루어졌고 근대 초기에 완성되었다. 봉건법이 국제적인 영역에서 사라졌을 뿐만 아니라, 정치적으로도 도시국가들이나 기타의 작은 공동체들이 대부분의 경우 유지되기가 어려웠다. 이탈리아처럼 민족국가가 형성되지 않았던 곳에 있어서도, 도시국가들은 광범위하게 영토의 병합과정에 빠져 들어갔다. 북부지역에서는 한자동

---

1) 종교개혁에 대하여는 Boegnet, "L'Influence de la Réforme sur le développement du droit international," *Recueil des Cours*, VI (1925), 245 참조.

맹이 비슷한 운명에 처하였다. 그 결과 국제적 교류에 참가하는 주체
의 수가 적어졌다. 물론 이미 언급한 바와 같이 신성 로마제국의 구성
국가들이 때때로 국제적 성격을 가진 조약을 체결하였던 것은 사실이
며 또 그러한 경향이 새 시대에 더 많아진 것도 사실이다. 그러나 법적
으로는 그들은 여전히 황제의 권력(그리고 물론 제국 내의 헌법상의 권리
를 가진 사람들) 아래 있었다.

   제국 내의 원심적 경향은 아우구스부르크의 종교평화조약(The
Religious Peace of Augsburg, 1555)에 의하여 대단히 강해졌는데 그
조약에 의하여 루터교 교도인 군주들과 도시들이 가톨릭 교도인 군주
들과 완전히 평등한 권리를 갖게 되었으며 그 권리 중에는 각자의 영
토 내에서 그 주민들의 종교를 결정할 수 있는 권리도 포함되었다. 그
뿐만 아니라 이러한 발전과는 별도로 1499년에 스위스는 바젤 평화
조약(The Peace of Basel)을 통하여 제국으로부터 완전히 이탈하였
다.2) 이 이탈은 스위스와 오스트리아간의 오랜 투쟁의 결과였으며,
오스트리아의 대공작은 동시에 독일의 황제였다. 비록 1499년 이후
에 있어서도 스위스 사람들은 때때로 제국에 속한 사람들처럼 행동하
였고, 또 그들의 독립도 겨우 웨스트팔리아 평화조약(1648년)에서 법
적으로 승인되었지만, 스위스는 1499년부터 주권국가로서 간주되었
다.3) 스위스는 이 기간 동안 그리고 그 이후에도 독립을 유지하기 위

---

2) Oechli, *History of Switzerland*, 1499−1914 (1922), 1, 14; Guggenbühl,
   Geschichte der schweizerischen Eidgenossenschaft, I (1947), 356; Bluntschli,
   *Geschichte des schweizerischen Bundesrechts von den ersten ewigen Bünden
   bis auf die Gegenwart*, I (1849), 230.

3) 하지만 1499년 전에는 그렇지 않았다. 그 사실은 1474년 브라이지흐(Breisach)
   에서 열린 부르고뉴의 행정관 하겐바흐(Hagenbach)의 재판과 관련이 있는데,
   그 재판소는 스위스와 라인상류 지역의 다른 도시들, 그리고 오스트리아의 군

하여 아직은 정식으로 선포되지 않았던 중립정책을 점진적으로 발전시켰다.[4] 신교도의 칸톤Canton(역자 주: 연방 구성주)과 구교도의 칸톤이 병존하였기 때문에, 중대한 충돌이 있었음에도 불구하고, 어느 한편의 교전국들에 가담하는 것은 막을 수 있었다. 그러한 분리로 인해 외국은 스위스 사람들을 용병으로 사용할 수 있었다. 신교국가와 구교국가들이 모두 그로부터 이득을 얻었다. 공식적으로는 외국인 용병은 "방위적" 목적에만 제한되었지만, 이것은 단지 약한 변명에 불과하였다.

독립국가들 중에서 더욱 중요한 신생국가는 네덜란드였다. 이 나라는 부르고뉴의 통치하에 있었기 때문에 제국과의 유대는 오래전부터 아주 약한 것이었다. 그리고 실제로 부르고뉴의 통치자들의 계승자인 에스파냐 왕들로부터 독립을 쟁취하기 위하여 유명한 전쟁까지 하였다. 위트레흐트의 동맹(The Union of Utrecht, 1579년)을 일반적으로 신국가의 탄생이라고 본다. 그러나 에스파냐와의 전쟁은 그 후 수십 년간 계속되었고, 또 네덜란드의 독립의 승인은 스위스의 승인과 같이 웨스트팔리아의 평화조약에 의하여 확립되었다. 그러나 네덜란드는 17세기 초 이래 통상과 해군력 그리고 식민지 지배에 있어서 강대국이었다. 그 나라는 후에 살펴보듯이 예술과 과학으로부터 국제법에 이르기까지 많은 업적을 이루었다.

그러나 유럽 국가 중에서 패권이 에스파냐에게로 넘어갔다. 에스

주에 의해서 형성되었다. Schwarzenberger, *International Law* (2nd ed., 1949), 308에서는 이 재판을 제2차 세계대전 이후에 있었던 재판의 전신인 국제전범재판으로 간주하고 있다. 그러나 그 재판은 국제적인 재판도 아니었으며 전쟁범죄에 관한 것도 아니었다.

4) Gorgé, *La Neutralité helvétique* (1947), 39; Bonjour, *Geschichte der schweizerischen Neutralität* (1946); a survey in Straessle, *Die Entwicklund der schweizerischen Neutralität* (thesis, Fribourg, 1951).

파냐는 그라나다를 정복하여(1492년) 연합왕국이 되었다. 그리고 아메리카를 발견하여 그 소유와 부가 크게 증대되었다. 에스파냐는 유럽에 있어서도 확장하여 펠리페 2세(1556~1598년) 때에 국력이 그 절정에 달하였다. 그는 또한 사르디니아, 나폴리, 시실리와 1580년 이후에는 포르투갈도 통치하였다. 이 시대는 정치적으로나 정신적으로 에스파냐의 "황금기"였다.

에스파냐는 수세기동안 기독교의 이름으로 이교도들과 맹렬히 싸운 결과 통일을 얻었다. 그러한 투쟁 동안에 하나의 전통이 수립되었는데, 그 전통이 에스파냐 사람들의 용맹 및 자부심과 함께 에스파냐의 정치철학과 법철학의 성격을 결정지었다. 알폰소 10세Alfonso X의 위대한 입법적 작업인 시에테 파르디타스(*Las Siete Partidas*, The Seven Parts)는 1263년에 완성되었는데 그 책은 종교적 개념에 의해 많은 영향을 받았고[5] 또 세속인에 대한 교회의 관할권을 확장하는 문을 널리 열어놓았다.[6] 16세기와 그 이후 몇 세기 동안에 정통성 있는 가톨릭의 전통은 유지되었고 또 강화되었다. 국내정치에 있어서 종교재판소(Holy Inquisition)는 이단을 철저히 그리고 잔인하게 박해하였고 주도적인 권력기관이 되었다. 그리고 에스파냐에서는 다른 어떠한 가톨릭 국가에서보다도 더 종교재판소가 그 나라의 정신적 및 정치적 노선을 결정하였다. 그와 같은 정신은 에스파냐의 외교정책에서도 볼 수 있는데, 펠리페 2세의 열렬한 광신 때문에 전 유럽에 상당한 긴장과 적개심을 조성하였다. 종교에 대한 열성은 정통 가톨릭주의의 노

---

5) *Las Siete Partidas del Rey Don Alfonso el Sabio*, ed. by the Real Academia de la historia (3 vols., Madrid, 1807) "Prologo." *Siete Partidas*는 1348년에 (부차적인) 법적 효력이 부여되었다.

6) Von Brauchitsch, *Geschichte des sapnischen Rechts* (1852), 89.

선을 따라서 에스파냐의 사상과 예술에까지도 영향을 주었다.

아메리카 발견의 법적 영향은 처음에는 국제적이라기보다는 초국가적인 영역에서 나타났다. 1493년에 보르자 가문의 교황 알렉산드르 6세Pope Alexander VI of the House of Borgiar는 인테르 카에테라(*Inter caetera*) 교서로서 에스파냐 왕에게 인디아(아메리카)도서와 본토 중 카보베르데Cape Verde Islands의 서쪽 100리그(1 리그는 약 4.8km) 지점을 지나는 선의 서쪽 영역을 부여하였다.[7] 교황이 이런 식으로 영토를 부여했던 선례가 있었지만, 교황청(Holy See)이 온 세상에 대하여 그러한 권한을 가졌다는 것이 지금까지의 교황 중 가장 무능한 이 교황에 의해 이처럼 도전적인 말로서 표명되어 본 일이 없었다. 그것은 그렇게 먼 땅을 전적으로 기증한 것이 아니라면 교황의 지배하에 있는 봉건적 영지를 확립하는 것과 같은 것이다. 이것은 교황의 권위상 완전히 부인할 수는 없는 개념이다.

에스파냐와 포르투갈은 교황에 의한 경계획정에 기초하여 명시적

---

7) Van der Linden, "Intervention pontificale dans la délimitation des domains coloniaux et maritimes," *Rev. dr. int.*, XXIVX (1939), 519; Nys, *Etudes*, I, 193; 그리고 더 광범위한 문제에 대해서는 Scheuner, "Zur Geschichte der Kolonialfrage im Völkerrecht," *Zeitschrift für Völkerrecht*, XXII (1938), 442. 大勅書와 조약의 본문을 볼 수 있는 곳은 *European Treaties Bearing on the History of the United States and Its Dependencies*, I (1917), Nos. 7, 9, and 16. 알렉산더 4세(Alexander VI)에 대해서는 다음의 문헌을 참고하면 충분하다. *The Encyclopedia Britannica* ("Alexander") or the *Catholic Encyclopedia* ("Alexander")[bibl.*]. 최근에 스태들러(Staedler)는 "Die Westindischen Investituredicte Alexanders VI," *Zeitschrift für Internationales Recht*, L (1935), 315; "Die Westindische Raya von 1493 und ihr völkerrechtliches Schicksal," *Zeitschrift für Völkerrecht*, XXII (1938), 165; "Zur Vorgeschichte der Raya von 1493," *ibid.*, XXV (1941), 57; 그리고 "Hugo Grotius über die donation Alexandri von 1493 und der Metellusbericht," *ibid.*, XXV (1941), 257에서 1493년의 大勅書와 후속 조약들을 면밀하게 분석하였다.

으로 이것을 언급하지는 않았으나, 그들에 의해서 새로 발견된 토지
나 또는 앞으로 발견될 토지를 분할할 것에 동의하였다. 최초의 조약
인 1494년의 토르데시야스 조약(Treaty of Tordesillas)은 서쪽으로
270리그를 더 이동한 선을 경계선으로 하였다. 두 번째 조약은 에스
파냐의 카를 5세와 포르투갈의 주앙 3세 사이에 1529년에 체결된 사
라고사 조약(Treaty of Saragossa)이었다. 이들 신앙심 깊은 가톨릭 통
치자들이 토르데시야스 조약에 있는 교황의 처분권에 대한 조항[8]을
1529년에 더 상세히 규정하여 교황이 직권으로(motu proprio) 처분권
을 부여하는 것을 방지하였다는 점은 놀라운 일이다.

사라고사조약은 엄숙히 체결되었음에도 불구하고 1542~1543년
에 에스파냐에 의하여 위반되었는데, 그때 에스파냐의 원정대는 포르
투갈 사람들의 정당한 항의에도 불구하고 현재 필리핀(그때의 에스파냐
왕의 이름이 붙여진)이라고 알려져 있는 섬을 점령하였다. 그로 인한 분
쟁은 1750년에서야 에스파냐-포르투갈 간의 조약으로 해결되었다.

동방에서는 비잔틴 제국이 있던 곳이 이제는 더욱 강력한 오토만 제국
에 의하여 점령되었는데, 이 나라는 슐레이만 대제(Suleiman Magnificient
1520~1566) 때 기독교에 대하여, 그리고 특히 신성로마제국에 대하
여 강력한 위협이 되었다(1592년 빈 포위공격). 그러나 슐레이만은
1535년에 프랑스의 프랑수아 1세와 "캐피툴레이션"을 체결하여 서
방과 법적관계 — 중요하고 장기적인 영향을 갖게 되는 — 를 맺었
다.[9] 이 문서는 진정한 조약이었다. 그리고 일정한 연도의 기간이라

---

8) 이 책, p. 30.

9) Pelissié du Rausas, *Le Régime des capitulations dans l'empire Ottoman* (2
vols., 2nd ed., 1911); 1535년 조약과 후기 프랑코-오토만 캐피툴레이션의 본
문이 있는 것으로는, 저자불명, *Le Régime des capitulations* (Paris, 1898);

기보다는 양 통치자가 생존하는 동안 효력을 가진 조약이었다. 또한 그 조약은 그 이전의 중세의 여러 조약들보다 훨씬 더 포괄적이었다. 체류, 통상 및 항행의 자유는 상호적으로 되어 있었는데, 이러한 규정은 터키 사람들에게는 실질적 가치가 거의 없었다. 동시에 술탄은 일방적으로 많은 양보를 하였다. 프랑스 사람들 간의 분쟁에 대해서는 터키의 관할권이 완전히 배제되었을 뿐더러, 프랑스 사람과 술탄의 신하 사이의 분쟁에 대해서도 그 관할권은 많은 제약을 받았다. 프랑스 왕은 터키 제국 내의 어느 곳에 있어서도 관할권을 행사할 수 있는 영사들을 임명할 수 있는 권한을 부여받았다. 그리고 터키의 관리들은 그 지방의 프랑스 관리들의 결정들을 집행하도록 명령받았다. 터키내의 프랑스 사람들은 강제노동을 면제받았으며, 세금에 있어서 중요한 특권을 받았고, 또 그들에 대한 복구(reprisals)는 금지되었다.

오토만 제국의 통치자가 그 당시 권세의 절정기에 있었음에도 불구하고, 카를 5세에게 패배당하고 그 당시 매우 불운에 빠져있던 프랑스 왕에게 그러한 비상한 양보를 하였다는 것은 놀라운 일이다. 슐레이만은 프랑스 왕으로부터 큰 도움을 기대할 수 없었으며, 또 실제로 큰 도움을 받지도 못하였다. 어느 정도는 중세의 캐피튤레이션에 의하여 이루어진 전통과 또한 이슬람의 관대한 종교적 개념이 그러한 그의 정책의 한 요인이었던 것 같이 보인다. 그러나 다른 이슬람 통치자들처럼 아마 그는 대왕적인 관용성을 보이고자 한 것 같다. 그의 이러한 태도처럼 그는 또한 조약상의 의무에 대하여 프랑스 왕보다 더 충실하였다.[10] 이슬람교도들은 그들이 아무리 교활하다 해도 서양외

Lippmann, *Die Konsularjurisdiction im Orient* (1898 – 매우 유익함).
10) Lavisse and Rambaud, *Histoire générale du* IVe *siècle jusqu'à nos jours*, IV

교의 적수가 되지 못하였다.

세계사적 시각에서 보면, 1535년의 조약은 프랑스가 에스파냐나 오스트리아처럼 교황의 의사대로 행하기를 거부하는 정책을 채택하기 시작한 것을 나타냈다. 그러나 프랑스가 레반트Levant 지역 가톨릭의 지도국이며 보호국으로 나타났다는 것은 놀라운 일이었다. 1535년의 캐피튤레이션의 여러 규범은 관습과 그 이후의 여러 캐피튤레이션(1569년, 1581년, 1597년, 1604년)에 의하여 강화되었고, 확대되었는데 이러한 후일의 캐피튤레이션은 일방적인 부여의 형식을 취하였다. 뿐만 아니라, 프랑스 사람 이외의 기독교인들도 프랑스의 보호를 받고 또 특히 프랑스의 동의를 얻어서 프랑스 국기를 게양하고 항행하는 습관이 생겼고 또 이러한 것을 터키 사람들이 묵인하였다. 그리하여 "프랑크Frank"라는 말은 이슬람교도 사이에서 유럽 기독교인이라는 말로서 통용되게 되었다. 1581년의 캐피튤레이션에 의하여 프랑스 대사는 타국의 대사보다 높은 지위를 갖게 되었다. 그리고 1604년의 조약에 의하여 — 이것은 슐레이만 대제가 프랑스의 특권을 확대시킨 것이다 — 프랑스는 팔레스타인의 성역의 관리권과 가톨릭 순례자들의 보호권을 갖게 되었다.[11]

그러나 프랑스의 독점은 1583년에 깨어졌는데(그러나 프랑스의 우위성은 깨지지 않았다) 그때 영국은 전반적으로 보아 프랑스가 향유하던 것과 같은 특권을 영국에게도 부여하는 캐피튤레이션을 술탄으로부터 획득하였다.[12] 영국 국기는 이제 터키 수역에서 공공연하게 게

(1894), 737.

11) 성지(Holy Places)에 관한 법의 복잡한 역사에 대해서는 F. von Verdy du Vernois, *Die Frage der Heiligen Stätten Palästinas* (1901) 참조.

12) Zinkeisen, *Geschichte des Osmanischen Reichts in Euopa*, III (1855), 417;

양할 수가 있었다. 네덜란드 사람들은 이전에는 프랑스 국기를 게양
해야 되었는데, 영국 국기를 게양하게 되었고, 1612년에 자국의 국기
사용을 허락하는 캐피튤레이션을 획득하는 데 성공할 때까지 영국 국
기를 게양하였다. 이러한 모든 일은 프랑스의 강한 반대에도 불구하
고 일어났다. 구교와 신교 간의 적개심이 하나의 역할을 하였다. 그러
나 무엇보다도 터키 지역에서 유럽의 열강들이 경쟁하도록 만든 것은
상업적, 정치적 이해관계였다.

유럽 사람들은 이 시대에 극동(Far East)을 상당히 널리 방문하였
다. 그러나 근동(Near East)에 비하여 극동과 관련되는 국제조약에 관
해서는 별로 할 이야기가 없다. 중국에 기독교를 침투시키려는 기도
는 곧 실패하였다. 오직 포르투갈 사람들이 1557년에 마카오Macao에
정착지를 확립하는 데 성공하였을 뿐이며 이 정착지는 상당한 정도의
자치권을 갖고 있었고 대단히 성공적으로 유지되었다.[13] 중국 사람들
은 그 정착지는 그들의 관용 덕분에 유지되고 있다고 생각했다. 그리
고 그들은 마카오에 대한 자기들의 주권과 관할권을 반복하여 주장하
였다. 중국과 포르투갈 간의 조약은 19세기에 이르기까지 체결되지
않았다.

일본에서는 발전과정이 달랐다.[14] 일본은 유럽 사람들에 대하여
그리고 특히 에스파냐의 예수회에 대하여 그 문호를 널리 개방하였

Hakluyt, *Principal Navigations, Voyages, etc.* (1599), II, Part 1, pp. 136 ff. 역
사가들은 이 사건들에 거의 관심을 보이지 않았다.

13) Morse, *The International Relations of the Chinese Empire*, I (1910), 43;
Scheuner, *op. cit.*, 442.

14) 예를 들면 Morse and MacNair, *Far Eastern International Relations* (1931),
25 참조.

다. 이 예수회는 위대한 재능과 헌신을 통하여 다수 일본인을 가톨릭 신자로 개종시키는 데 성공하였다. 그러나 일본 사람들은 기독교화가 마치 필리핀에 있어서처럼 결국은 에스파냐의 식민지가 되는 것이며 일본의 독립이 조만간에 사라지리라는 것을 확신하게 되었다.

17세기 초에 격렬한 반응이 일어났다. 불과 수십 년 안에 일본에서 기독교는 실질적으로 근절되었다. 그 후 2세기 이상 동안 일본은 오히려 중국 사람들보다 더 엄격한 쇄국정책을 채택하였다. 국제법 견지에서 단 하나의 예외가 있었다. 1611년에 막부(The Shogun)는 그 조정으로부터 기독교도들을 추방하기 위한 단호한 조치를 취할 때, 네덜란드 사람들과 제한된 통상조약을 체결하였는데 그는 그들에게 별다른 정치적, 종교적 야심이 있다고 생각하지 않았다. 네덜란드인들은 처음에는 히라도平戶에 공장을 세울 것을 허락받았다. 그들의 특권은 후에 축소되었으며 그들의 종교를 공중에게 알리는 것도 금지당했다. 후자와 같은 일이 있었기 때문에 스피노자Spinoza는 종교문제에 있어서 주권자의 영토고권이 우위에 있다고 주장할 수 있었다.[15] 1611년의 조약은 1856년까지 계속 유효하였으며, 1856년에 근대적 통상조약이 일본과 네덜란드 사이에 체결되었다.

국가의 관행

종교개혁(Reformation)에 의하여 유발된 종교전쟁의 영향은 국가

---

15) Menzel, "Spinoza und das Völkerrecht," *Zeitschrift für Völkerrecht*, II (1908), 25ff에는 1611년 협정서한의 본문이 있으나 다소 불명확한 문구로 나타나 있다.

의 관행 등 모든 곳에서 나타났다. 모든 가능한 방법으로서 이단을 절
멸시킬 것을 요구하는 가톨릭 교리는 에스파냐의 펠리페 2세와 그 부
하들에 의해 철저한 광신과 계속성을 갖고 수행되었다. 국제적인 면
에 있어서 공식적으로 권유되고 포상한, 네덜란드의 침묵왕 윌리엄
Wiliam the Silent of the Netherlands의 암살과 파문당한 엘리자베스 여왕Queen
Elizabeth의 암살 기도는 유명한 예이다.

　개신교 교리의 주요 옹호자인 영국 사람들은 같은 종류의 복구는
하지 않았으나 평화 시에 에스파냐 선박과 그 소유물에 대한 매우 성
공적인 약탈적 원정을 통해 보복하였다. 이러한 원정을 지휘하던 약
탈자들 중에서 유명한 사람으로서 프란시스 드레이크경Sir Francis Drake
과 존 호킨스 경Sir John Hawkins이 있다[16] (또한 호킨스는 이익이 많이 남는
노예무역을 발달시켰다). 이러한 행위 중 어떤 것은 비록 그들의 정부가
묵인하고 포상했다고 하더라도 해적행위와 다를 바 없었다는 점을 부
인할 수 없다.

　이것이 이 시대에 국제법이 없어졌다는 것을 의미하는 것은 아니
다. 국제법의 비종교적 성격이 종교법의 약화에 따라 더욱 확실해졌
다. 교황은 아직도 가톨릭 군주들에게 세속적인 칭호를 수여할 수 있
었다. 따라서 교황 비오 5세(Pius V)는 1567년에 코시모 데 메디치
(Cosimo de' Medici)를 투스카니 대공작(Grand Duke of Tuscany)으로
임명하였다. 그리고 이 임명은 9년 후에 황제에 의하여 확인되었다.

　그 반면에 16세기 초 이후에는 신 영토에 대한 교황의 권리가 인정
되지 않았다. 그 문제는 세속적인 근거에 의해 결정되게 되었다. 때로

---

16) J. A. Williamson, *The Age of Drake* (1946) 그리고 *Hawkins of Plymouth*
　　(1949). 또한, William C.H. Wood, *Elizabethan Sea-Dogs* (1918) 참조.

는 단순한 발견만으로 주권에 대한 유효한 권리를 갖는 것으로 인정
되었다. 그러나 대체로 발견한 토지를 점유해야 된다는 원칙이 우세
하게 되었다. "점유(Possession)"라는 요건은 로마법(Roman law)에
서 빌려온 것이지만, 이 개념은 로마법에서는 개별적인 동산 또는 부
동산에 관련되는 개념이었다.

그것을 방대한 영토에 적용하기 위해서는 수정될 필요가 있었다.
종종 십자가나 정복국가의 문장을 새긴 기념물을 건립하는 등 그 영
토 내에서 이루어진 상징적(symbolic) 행위로서 충분하다고 인정되
었다.[17] 그러나 이 이론에도 역시 중대한 반대가 있었다. 토착민의 추
장과의 협정(Agreements)이 때로는 점령표시 의식의 일부로서 추가
되었다. 그러나 그것은 단지 장식적인 중요성 밖에 갖지 못하였다.

해적행위와 관련된 혼란상황에 대해서는 이미 언급하였다. 그러나
그 악행에 법으로 대항하려는 노력은 이 기간에 더욱 명확한 형태를 갖
게 되었다. 1536년에 영국 해사재판소(The English Courts of Admiralty)
는 공해상에서 범죄를 범한 사람들에게 사형을 부과할 수 있는 권한
을 받았다.[18] 1584년에는 프랑스가 그 뒤를 따랐다.[19]

1598년 젠틸리Gentili는 해적행위가 국제법 위반이며 이에 대해서
는 모든 수단을 이용하여 싸워야 된다고 선언하였다.[20] 이에 관련된

---

17) Keller—Lissitzyn—Mann, *Creation of Rights of Sovereignty Through Symbolic Acts*, 1400−1800 (1908).

18) 28 Hen. VIII, e. 15; J. F. Stephen, *A History of the Criminal Law of England*, II (1883), 366; J. A. Williamson, *Maritime Enterprise*, 1485−1558 (1913), 366.

19) Ortolan, *Règles internationales et diplomatie de la mer*, I (4th ed., 1864), 210.

20) *De jure belli*, I, Chap. 25 (영문본, p. 124). 그러나 Alciatus의 우유부단한 태

국제조약으로서 해상에서 일어난 범죄에 관한 고소를 심리하기 위한
특별재판소를 설치하기 위하여 영국과 프랑스 간에 체결된 1517년의
조약을 들 수 있다.[21] 그러나 그 조약은 효과적이지 못했음이 분명하
다. 프랑스와 오토만제국 간에 체결된 1535년의 캐피툴레이션은 해
적에 대해 엄격한 조치를 규정하였다. 이는 양쪽에서 널리 보급된 의
견 즉 이교도의 선박은 정당한 포획물이 될 수 있다는 의견을 고려할
때 특히 주목할 만하다. 다시 한 번 이러한 조치들이 실제로 집행되었
는지에 대해서 우리는 전혀 알 수 없다. 해적행위는 지중해에서 대규
모로 계속 행해지고 있었다.

이 기간에 외교사절에 관한 법이 중대한 사건을 한 가지 제시한다.
1584년에 영국정부는 에스파냐 대사 멘도사Mendoza 사건에 직면하였
는데, 그는 엘리자베스 여왕을 폐위시키고 살해하며 가톨릭 교도인
스코틀랜드의 메리 여왕을 석방시키려고 하는 음모의 주동자의 한 사
람이었다.

로마법에 정통한 젠틸리와 다른 학자들이 그들의 의견을 요청받았
다. 그들은 멘도사가 대사로서의 면책특권에 의하여 보호되고 있으며
따라서 영국재판소에서 재판을 할 수 없다고 주장하였다. 영국정부는
이 의견에 따라서 멘도사를 추방하였고 흥분된 여론의 요구와는 달리
그를 재판에 회부하지 않았다.[22] 우리는 이 사건의 이론적 의미에 대
해 이후에 살펴볼 것이다.

상주대사가 이 시대에 더욱 흔해졌다. 그러나 상주대사의 설치는

도에 대해서는 *ibid*., I, Chap. 4 (p. 38) 참조.

21) Williamson, *Maritime Enterprise*, 355.

22) Van der Molen, *Alberico Gentili* (1937), 49.

종종 특별조약을 필요로 했던 것이 특징이다. 그러한 조약이 1520년에 황제 카를 5세와 영국 왕 헨리 8세간에 체결되었다.[23] 이 시대의 말경에는 상주대사가 일반적으로 강대국 사이에 이용되었다. 그러나 그로티우스Grotius는 1624년에 글을 쓰면서도 여전히 상주대사는 불필요하다고 생각하고 있었다.

전투행위에 관한 광범위한 분야에 있어서 약간의 법의 진전을 볼 수 있다. 그러나 그 법은 국제적인 것이 아니고 국내적이며 군사적이었다. 엄격한 규율과 질서를 유지하기 위한 성문의 군사규칙을 작성하는 것은 어느 정도 인도주의를 제고하는 데 도움이 되었다. 그러한 군사법규의 첫 흔적을 중세 말엽에는 볼 수 없으나,[24] 근대에 들어와서 크게 발달하였다. 따라서 1570년에 발표된 황제의 명령[25]에서는 군상관의 허가 없이 약탈하는 것을 금하였으며 또 합법적으로 획득한 전리품은 적절하게 매각할 것을 요구하였다. 또 한편으로는 여성과 노인의 보호를 군사규칙에서 규정하였다.

그러나 군인은 전투에 있어서 자기 자신의 이익을 추구하여도 좋다

---

23) Krauske, *Die Entwickelung der ständigen Diplomatie* (1885), 98. 영국은 훨씬 이전에 황제의 궁정(Imperial Court)에 상주사절을 두고 있었다.

24) Bluntschli, *Das Beuterecht im Kriege* (1878), 42 에서는 이러한 연관 속에서 1399년 스위스의 법령(*Sempacherbrief*)을 언급하고 있다. 영국의 헨리 5세는 1415년에 프랑스를 침략했을 때 그 군대에 다소 인도적인 "일반명령(General Orders)"을 발하였다; 유사한 명령이 1386년에 리차드 2세에 의해 공포되었던 것으로 보인다. (Montague Bernard, "The Growth of Laws and Usages of War," *Oxford Essays* [1865], 88, 98.)

25) Bluntschli, *op. cit.*, 43에 서술되어 있음 (*Reuterbestallung* and *Fussknechts-bestallung*). Coligny의 (보병에 대한) 1548년 포고문(Ordonnances)에 대해서는, Gardot, "Le Droit de la guerre dans l'œuvre des capitaines français du XVI siècle," *Recueil des cours*, LXXII (1948), 421, 470 참조.

는 개념이 여전히 널리 퍼져 있었다. 전리품과 포로석방금은 석방금이 국왕에게 유보된 경우를 제외하고는 자기 것이었다. 프랑스에 있어서는 중요한 포로에 대하여 석방금을 받는 것이 일종의 재정제도로 발전하였는데 그에 관한 법적 문제는 재판소(총사령관의 재판소, Tribunal de la Connétablie)에 의하여 결정되었으며, 법적 문제는 특히 석방금 지불에 관하여 흔히 취해진 보증에 관한 것이 많았다.[26]

해전은 주로 "사략선(privateers)"에 의하여 행해졌는데 이것은 교전국의 군주가 사략선 선장이 자기소득을 얻기 위하여 적의 재산을 약탈할 수 있는 권한을 부여한 선박들이다.[27] 그러한 권한을 부여하는 문서를 포획인가장(Letter of marque 또는 Letter of marque and reprisal)이라고 하였다. 그러나 사략(Privateering)은 주장되는 권리를 확보하기 위한 것이 아니라는 점에서 복구(Reprisals)와 달랐다. 또한 공식적으로 전쟁을 수행하였기 때문에 사략선은 고유한 의미에서의 해적은 아니었다. 그러나 실제로 큰 차이는 없었다. 그리고 그러한 제도 전체가 곧 다방면에서 강한 비난의 대상이 되었다.

그러나 에스파냐에 대한 네덜란드의 독립전쟁 당시에 오랑주의 주권자(Prince of Orange)로서 침묵왕 윌리엄William the Silent이 다수의 네덜란드 선박에게 포획인가장을 부여하였던 것이 16세기에 있어서 역사적으로 중요한 기능을 수행하였다는 것이 언급되어야 한다. 이들 소위 바다의 거지들(Beggars of the Sea)은 에스파냐 사람들에게 많은 피해를 주었다. 사략선은 악명 그대로 철저했다.

---

26) Gardot, *op. cit.*, 485.

27) Kleen, *Lois et usages de la neutralité d'après le droit international conventionnel et coutumier des états civilisés*, II (1900), 433; Butler and Maccoby, *Development of International Law* (1928), 308.

또한 중립법도 이 시대에는 불명확하였다.[28] 중립(neuter 또는 neutralistas)이라는 말은 전쟁에 참가하지 않는 것을 의미하는 것으로서 중세 말경에 여러 곳에서 전쟁에 참가하지 않는 것이 나타난다. 그 용어는 리에주Liége공국이 프랑스 및 네덜란드 — 양국은 그 당시 전쟁 상태에 있었다 — 와 1492년에 체결한 조약들에 있어서 처음으로 명확한 법적 중요성을 갖게 되었다.[29] 리에주는 어느 교전국도 원조할 의사가 없다는 것을 선포함으로써 침략이나 다른 전쟁 행위로부터 보호를 받았다. 이 경우에는 중립은 영구적인 것이었으나, 실제로는 26년 동안만 계속되었다.

일반적으로 어떤 나라의 중립이란 조약상의 문제였으며 그것은 강대한 교전국이 비교전국에 부여한 것이었다. 그러한 조약이 없는 경우에는 교전국들은 군대와 보급물자를 비교전국을 통하여 이동시킬 수 있고 또 비교전국에서 용병을 모집할 수 있다고 생각되었는데 이러한 관행은, 무력한 군주들이 상당히 많았다는 것과 또 세습이나 결혼 또는 기타의 조치로서 동일인의 통치를 받게 된 다수의 영토가 여기저기 산재하여 있었다는 사실을 나타낸다.

중립조약은 너무 종류가 많아서 어느 한 종류로서 정의를 내릴 수가 없다. 가장 중요한 예로서는 1632년에 스웨덴의 구스타부Gustavus와 가톨릭을 믿는 독일국가들 간에 체결된 메이엔스의 중립조약(Neutrality Treaty of Mayence)이 있는데, 독일국가들은 그 당시 군사적으로 약한 입장에 있었다. 그리고 이미 보았듯이 스위스의 중립은

---

28) Jessup, ed., *Neutrality: Its History, Economics and Law* (1935), Vol. I (by Jessup and Deák), *The Origins*, 20; Nys, *Etudes*, II, 57.

29) Knight, "Neutrality and Neutralization in the Sixteenth Century—Liége," *Journ. Comp. Legislation and Int. Law* (1920), II (3rd series), 98.

아직 공식적인 규칙이 아니었다.

해전에서의 중립국의 법적 지위가 더 나은 것도 아니었다.[30] 1543
년에 프랑스의 해사법규는 적국의 물품을 싣고 있는 어떠한 선박도
그 화물과 더불어 정당한 포획물이 될 수 있고(적국 물품을 실었으면 적
국선박이다[Enemy goods, enemy ships]), 또 적국선박을 몰수할 때에
는 거기에 실려 있는 중립국의 화물도 몰수된다(적국선박에 실려 있으
면 적국의 물품이다[Enemy ships, enemy goods])고 규정하였다.

두 번째 원칙을 15세기에 영국이 채택한 바 있다. 이제는 더욱 가혹
한 첫 번째 원칙도 역시 영국에 의하여 채택되었다. 그러나 에스파냐
같은 나라에서는 채택되지 않았다. 베네치아와 다른 이탈리아의 도시
국가들은 특별협정을 체결하여 그 원칙의 적용을 완화시켰다.

절차적인 면에 있어서 더 중요한 발전이 이루어졌다. 정치적 고려
때문에 포획된 선박과 화물에 대한 중립국의 원고들에게 적어도 공정
한 재판을 보장해주는 것이 바람직하다고 생각되었다.

중세 말기에 영국에서는 포획물에 관한 분쟁을 법원칙에 의하여 결
정하는 관행이 생겼다.[31] 국왕은 원래 해전이나 해적행위에 관한 사
항에 있어서 유일한 권위자였으나 포획물에 관한 그의 권한을 해군제
독이나 그의 대리인인 법률가에게 위임하였다. 그러나 해사재판소
(High Court of Admiralty) — 배심원이 없이 진행되었다 — 가 법률적
인 성격과 법률적인 분위기를 가진 포획재판소(Court of Prizes)가 된
것은 1520년대였다. 해사법(law of admiralty)이 그 재판소 소송절차

---

30) Jessup, *op, cit.*, 126 ff.

31) Roscoe, *A History of the English Prize Court* (1924); Marsden, "Early Prize
   Jurisdiction and Prize Law in England," *Eng. Hist. Rev.*, XXIV (1909), 675, 680,
   and XXV (1910), 243.

의 근거가 되었으며, 그것은 오늘날 우리가 국제법이라고 부르는 것
의 요소들을 포함하였다.

다른 국가들에서는 해군제독들이 여전히 포획에 관한 결정권을 갖
고 있었다. 프랑스는 영국의 예를 따라서 포획재판소(Conseil des
Prises)를 설치하였으나 이것은 1659년에야 이루어졌다.[32]

이론적 발전

서양세계의 분열은 종교개혁의 결과였으며, 이것은 국제법 이론에
영향을 주었다. 구교 측에서는 에스파냐가 16세기와 17세기 초에 유
력한 국가였다. 에스파냐는 자연과학에서는 뒤떨어졌으나, 신학과 법
학을 스콜라 철학의 전통에 따라 매우 발전시켰다. 가장 정통적인 가
톨릭 사상이 이 시대에 이루어진 발전의 주요 모습이었다.[33] 위에서
말한 정치사와 국민심리의 중요한 요소들이 기독교 사회의 다른 곳에
서 볼 수 없는 통일성과 힘을 에스파냐의 가톨릭 사상에 주었다.

에스파냐의 사상가들이 볼 때에 이 세상의 정치는 교황이 최상위
에 있는 신권정치였다. 교황의 최고성에 대한 유력한 반대자,[34] 예컨

---

32) Nys, *Le Droit international*, III (1912), 711; De Pistoye et Duverdy, *Traité des prises maritimes*, II (1859), 142.

33) Garcia Arias에 의한 광범한 조사가 Nussbaum, *Historia del derecho internacional* (영어본에서 번역된 에스파냐어본, 마드리드, 1950), 359 ff.의 부록("Adiciones sobre historia de la doctrina hispánica de derecho internacional")에 나타나 있다. 또한, Nys, *Le Droit des gens et les anciens jurisconsultes espagnols* (1914); Regout (S.J.), *La Doctrine de la guerre juste de Saint Augustin à nos jours* (1934), 186; von Kaltenborn, *Die Vorläufer des Hugo Grotius* (1848), 124 참고.

34) 조사를 위해서는 S. Riezler, *Die literarischen Widersacher der Päpste*

대 영국의 오컴Occam과 위클리프Wycliffe, 이탈리아 파도바의 마르실리
오Marsilius of Padua, 프랑스 파리의 장John of Paris, 독일의 레오폴트 폰 베
벤부르크Leopold von Bebenburg 같은 사람들이 에스파냐에서는 나타나지
않았다.

그래서 에스파냐에서는 교황이 가톨릭 신앙을 위하여 국왕을 폐위
시킬 수도 있고 또 새로이 국왕을 옹립할 수도 있으며, 군주들에 대한
신하들의 충성의 의무를 풀어줄 수도 있고, 사적 또는 공적 맹세나 약
속을 면제해 줄 수도 있으며, 또 교황이 직권으로 세속군주들 간의 분
쟁을 판결할 수 있는 등의 권한을 가졌다는 것에 대하여 학자들 간에
의견이 완전히 일치되었다. 교회를 위해서 교황은 이교도 군주들에
대해서도 그와 같은 조치를 취할 권한을 가졌다.[35] 교황은 그의 권한
을 위임할 수 있고[36] 또는 선교와 무역에 대한 독점권을 부여할 수도
있었다.[37] 기독교인들은 다수결에 의하여 전세계를 한 국가로 통합할
수도 있고, 또 그렇게 하는 것이 교회의 요청이라는 이론이 상당히 강
했다.[38]

이러한 모든 것은 중세의 사상을 다듬고 체계화한 것이다. 교황과
제국은 적어도 이 시대 초기에는 중세와 마찬가지로 에스파냐 학파의

(1874) 참조. 에스파냐어로 된 "écrivains à tendance évangélique"는 별로 중요
하지 않다. Droin, *Histoire de la Réformation en Espagne*, I (1879), 33.

35) 교회는 이미 비기독교인들에 대한 권력을 주장했었다. Gierke, *Political
Theories of the Middle Age*, n. 50; 교황 이노센트 4세(Pope Innocent IV)에 대
하여는, R. W. and A. J. Carlyle, *A History of Medieval Political Theory*, V
(1928), 323; Hurter, *Papst Innocenz* III *und seine Zeitgenossen*, III (1938), 1
ff 참조.

36) 이 책, p. 108; 또한 이 책, p. 30 참조.

37) 이 책, p. 108.

38) 이 책, p. 109.

지배적인 개념들이었다. 이 테두리 안에서 "군주들(Princes)"의 역할이 새로 정의되었다. 세속 학자들은 중세 때에도 도시를 법적 단위로서 인정하였다.[39] 그러나 국가(state)의 개념은 17세기 또는 그 이후까지도 명확하지 못하였다.[40] 중세와 에스파냐의 스콜라 학자들은 주권개념을 더욱 더 가질 수 없었다.[41] 이 개념은 후에 다시 보듯이, 16세기 말에 보댕Bodin — 그는 신학이나 스콜라 철학과는 아주 거리가 먼 학자였다[42] — 과 함께 시작된 다음, 오랜 시일 후에 국제법상의 한 개념으로 발전하였다.

한편 정치학자들과 법학자들은 새로운 형태의 국가를 아직 인식하지 못하였으며 또 서서히 발전되어가는 국가의 외교적 및 법적 관계에 관한 충분한 지식을 아직 얻지 못하였다. 에스파냐 학파의 전성기에는 국제법의 현대적 개념이 아직 성숙되지 않았다.[43]

정전이론에서 스콜라 철학 체계의 부족함이 잘 나타난다. 그 이론

---

39) Gierke, *Das deutsche Genossenschaftsrecht*, II (1873), 720 ff.

40) 중세에 대해서는, Gierke, *Political Theories of the Middle Age*, 95; Catlin, *The Story of the Political Philosophers* (1939), 164 참조. 로마법 학자들 ("legists")은 거의 국가의 개념에 다가갔다(Gierke, *op. cit.*, n. 339). 그러나 심지어 그로티우스에게도 국가에 대한 관념은 아직 근대적인 개념에 완전히 일치되는 것은 아니었다.

41) 그러나 바르톨루스는 이탈리아의 도시국가들을 목적으로, 비승인(non-recognition)이 사실적(*de facto*)인지 법률적(*de jure*)인지 여부와는 상관없이, 승인받지 않은 우월한 세계(*universitas superiorum non recognoscens*) 관념을 전개했다 (Gierke, *The Development of Political Theory*, 280, n. 14. 또한, 이 책, p. 51 참조.) 그러나 이러한 사상은 신학자들이나 교회법 학자들에 의해 채택되지는 않았다.

42) 이 책, p. 100.

43) 유사한 경향의 사상이 Giuliano, "Rilievi sul problema storico del diritto internazionale" in *Communicazioni e studi*, ed. by Istituto di Diritto Internazionale (Milan), III (1950), 105에서 이어졌다.

자체는 그 기원에 있어서 절대로 국제적(International)이 아니었다. 그 이론은 도덕신학의 아주 넓은 개념이었으며, 또 에스파냐 학파는 그렇게 유지되었다. 이것은 궁극적으로 어떤 전쟁이 옳은(just) 것인가 아닌가를 결정하는 것은 종교 당국이라는 것을 의미하였으며, 이러한 결론은 주권이라는 법적, 정치적 개념과 양립될 수 없었다.[44]

정전이론의 다른 측면은 근대적 개념들과 더욱 충돌된다. 스콜라 학자들에 의하면 전쟁은 일방만이 정당할(just) 수 있다. 신성한 자연법에서 유래한 정당성은 하나이고 불가분인 것이다. 따라서 전투에 관하여 인정되는 제한―특히 포로 살해의 금지―은 있었지만, 그것은 다만 정당한 전쟁을 하는 병사들만을 보호하는 것이었다. 역사적으로, 소위 사적(private) 전쟁을 하던 시대에는 부정의한 전쟁에는 그렇게 가혹한 결과가 따를 것이라는 위협이 침략을 억지하는 효과가 있었다고 볼 수 있지만, 이러한 생각은 민족국가와 민족국가 간의 전쟁이 나타났을 때에는 타당하지 않았다.

결과적으로 잔인성과 살인은 더욱 극심하였는데, 그것은 각 당사국이 그 전쟁동기가 국민적 자존심과 관련되었을 때에는 전쟁을 옳은 것으로 생각하는 경향이 있기 때문이었다.

우리의 분야에서 정전이론은 에스파냐의 스콜라 사상의 부차적인 문제가 결코 아니었으며, 정반대로 그것은 중심적인 문제였다. 에스

---

44) 한 가지 예가 1592년에 필리핀의 총독(governor)이 취한 행동에서 발견될 수 있다. Sambals에 대항하여 전쟁을 시작하기 전에, 그는 아우구스티누스 수도회에 그 전쟁이 "정당한지" 여부에 대한 의견을 요청했다. 그 질문은 길게 긍정적으로 대답되었다 (E. H. Blair and J. A. Robertson, eds., *The Philippine Islands*, 1493-1898, VII [1903], 14, 199.) 하지만 이러한 식민지 사건의 실질적인 중요성은 크지 않다.

파냐 사람들은 군주 간의 관계를 다만 전쟁이라는 과정에서만 생각하
였고 외교사절이나 조약 등 평화적인 제도에 관해서는, 별로 언급하
지 않았다.[45]

　이러한 결점에다가 에스파냐 학자들 사이에는 일반적으로 종교적
광신을 볼 수 있었다. 프랑수아 1세Francis I 와 슐레이만(Suleiman the
Magnificent) 대제 사이에 조약이 체결되었음에도 불구하고, 에스파
냐 사람들은 여전히 사라센 사람들(The Saracens)을 그 자체로 선천
적인 기독교의 적이며 따라서 그들은 "부정의(unjust)"한 사람들이라
고 생각하였다. 그리고 도미니크 수도회 소속의 도밍고 디 소토
Domingo de Soto ─ 그는 종종 국제법의 창조자의 한 사람이라고 언급되
는데 ─ 는 1556년에도 이교도들은 태워죽어야 한다고 경솔하게 선
언하였다.[46] 그와 유사한 견해가 일반적으로 네덜란드에 대한 에스파
냐의 전쟁 시에 통용되었다.[47]

　에스파냐 학파의 중요 공헌은 국제법 이외의 분야에서 발견되며,
특히 식민화하는 방법을 좀 더 인도적으로 만들려는 노력에서 발견된
다.[48] 그러나 에스파냐 사람들도 어느 정도는 현대 국제법의 발생에

---

45) 에스파냐 사람들은 관련된 법률문제에 뛰어들지 않고 사절에 대한 부당한 대
　　우나 조약의 위반이 전쟁을 정당화할 수 있는지에 대해서만 질문했을 것이다.

46) *De justitia et jure*, III, quest. 3 (not 9!), a. 3; Reibstein, *Die Anfänge des
　　neueren Natur- und Völkerrechts* (1949), 70. 또한, 도밍고 디 소토는 기독교
　　도인 군주들은 의심할 여지없이 이교도들의 재산을 마음대로 몰수할 수 있는
　　권리를 가진다고 가르쳤다. Barcia Trelles, "Francisco de Vitoria et l'école
　　moderne du droit international," *Recueil des cours*, XVII (1927), 170 참고.

47) 또한, 침묵왕 윌리엄의 암살에 관한 에스파냐의 도미니크 수도회의 Bañez
　　의 견해에 대해서는 Regout, *La Doctrine de la guerre juste à nos jours*, 242
　　참조.

48) 이에 대해서는, 특히 Höffner(가톨릭 신학자), *Christentum und Menschen-*

기여하였다. 그들 중에서 가장 계몽된 사람들은 어떤 측면에서는 세속적인 견해를 취하였다. 그 시대의 외국의 학자들과 함께 그들은 그로티우스의 선구자에 속한다.[49] 그러나 그러한 선구자들 사이에서도 영국인이 된 이탈리아인 젠틸리Gentili가 그 목표에 더욱 근접하였다. 그럼에도 불구하고, 그들은 모두 그로티우스보다 뒤떨어져 있었다. 이후에 보듯이, 그로티우스는 최초로 모든 국가가 다 수락할 수 있는 국제법의 광범위한 체계를 제시하였다.

에스파냐 스콜라 학자들 가운데서 가장 위대한 사람은 도미니크 수도회 사람인 프란시스코 데 비토리아Francisco de Vitoria와 예수회의 일원인 프란시스코 수아레스Francisco Suarez였다.[50] 두 사람은 다 법률에 정통하였다. 그 당시에는 신학과 법학이 밀접한 관계에 있었으며 신학이 법학을 지배하였다. 이상하게도 이 시대의 에스파냐의 가장 저명한 법학자는 ― 민법이나 교회법을 막론하고 ― 에스파냐의 바르톨루스Bartolus라고 불리던 세고비아의 주교, 디에고 코바루비아스Diego Covarruvias, Bishop of Segovia였다.[51] 사제가 아닌 에스파냐의 법학자들은 덜 유명하였다. 그러나 그들 역시 스콜라주의 노선에서 연구하였고 정신

---

würde: *Das Anliegen der spanischen Kolonialethik im goldenen Zeitalter* (1947) 참조. 유사한 견해를 취했던 에스파냐의 법사학자로는 Hinejosa, "Los Precursores españoles de Grocio," *Anuario de historia del derecho español*, VI (1929), 220.

49) 이 책, p. 139.

50) 비토리아(Vitoria)에 대해서는, 이 책, p. 103 이하 참조, 수아레즈(Suárez)에 대해서는, p. 110 참조.

51) 코바루비아스 또한 전통적인 정전이론에 대해서 다루었지만 중요한 새로운 쟁점을 제기하지는 않았다. 예를 들면 Regout, *op. cit.*, 187; Garcia Arias, appendix to Nussbaum, *Historia del derecho international*, 401 참조. 비토리아의 학설을 전체적으로 따랐던 도밍고 디 소토의 경우도 마찬가지이다.

적으로 신학자들과 일치되었다. 우리는 그 중의 한 사람인 발타사르
아얄라Balthasar Ayala에 관해서 좀 더 논의할 것이다. 다른 사람들은 국
제법의 역사라는 입장에서 그렇게 중요하지 않다.52)

국제법의 역사에 있어서 에스파냐 학파의 업적은 가톨릭 국가나 개

---

52) 에스파냐와 가톨릭의 관점에서 펠리페 2세의 법률자문관이었던 페르난도
바즈퀘즈 드 멘샤카 (Fernando Vazquez de Menchaca, 1512-1569)의 공적을
높이 평가하려는 굉장한 노력이 최근에 있어왔다. Barcia Trelles, "Fernando
Vazquez de Menchaca," *Recueil des cours*, LXVII (1939), 433; Reibstein, *Die
Anfänge des neueren Natur- und Völkerrechts* (1949) – 훨씬 더 온건하고 통
찰력 있는 것으로 멘샤카에서 많은 인용을 하고 있는 글; Garcia Arias, *op. cit.*,
403 참조. 시효(prescription)의 이론을 논의하면서, 바즈케즈(Vazquez)는 부
수적으로 공해에 대한 공적 또는 사적 권리가 있을 수 없다고 주장하였다
(*Controversiae illustres* [1563], II, chap. 89, ∫ 12). 동일한 견해가 베네치아와
제노바의 주장에 반대하는 초기의 저자들에 의해서 개진되었다 (*supra*, p.
23). 멘샤카는 격렬하게 그러한 주장들에 반대하였지만, 동시에 에스파냐와
그 해외의 속국 사이에 있는 해양에 관하여 에스파냐 사람들(그는 일반 대중
(*vulgus*)이라는 용어를 사용했다) 간에 드러났던 유사한 야심에 대해서도 반
대하였다. 그러한 야심은 완전히 근거가 없는 것이었으나, 반면에 베네치아와
제노바가 가로챘던 독점상태는 매우 실질적이었고 에스파냐의 항해와 통상
에 큰 손해를 주었다. 그러므로 Barcia Trelles와 Menchaca를 완전히 이해관계
를 떠난 "해양의 자유의 사도(apostle)"라고 높이 평가할 이유는 없다. 기본적
으로 Menchaca는 인간이 신과 불가변적인 *jus naturale*(그의 견해에 의하면,
*jus naturale*는 전체적으로 동물들에게도 적용된다)에서 공유하는 모든 의도
와 목적에 존재하는 *jus gentium primaevum*과 가변적인 *jus gentium
secundarium*을 구별하였다. 그러나 *jus gentium*은 Menchaca에 의해서 국가
들 간의 법이라는 의미가 아니라, 보편적 또는 거의 보편적인 법이라는 의미
로 이해되었다. 그의 학설 중에서 이 부분은 진보적이지도 않고 독창적인 것
도 아니다. 그것은 또한 수아레즈에 의해서 거부당하였다. Reibstein, *op. cit.*,
74; Gierke, *Deutsches Genossenschaftrecht*, IV (1913), 281, n. 20, and 163, n.
37 참조. Menchaca는 더 나아가서 교회의 선(good)을 위해 전체 세계에 대한
교황의 세속적인 관할권(temporal jurisdiction)을 인정하였다. Menchaca의 이
론은 정치이론 문제에 관해 주목할 만한 고찰을 포함하고 있기 때문에 우리가
공법 및 사법의 이론에 대한 그의 업적에 관심이 있는 것은 아니다.

신교 국가에서 금세기 초반까지는 일반적으로 간과되었다.[53] 그 원인
은 에스파냐의 이론에서 우월하게 나타나는 종교적 성격 때문이었다.
그러나 이처럼 간과된 것이 밝혀지자[54] 다음에는 지나친 과대평가가
이루어졌는데, 이는 아주 잘못된 것이다. 에스파냐의 스콜라주의자
들, 그 중에서도 특히 비토리아와 수아레즈를 국제법의 진정한 창조
자라고 하면서 그로티우스와 그 추종자들이 에스파냐 스콜라 학자들
의 제자라고 주장되었다. 이 견해는 주로 미국사람 제임스 브라운 스
코트James Brown Scott의 이름과 관련되어 있는 한 편의 편향적이지만 영
향력 있는 문헌에 의하여 널리 보급되었다.

　에스파냐 학파가 취한 것과 전혀 다른 사상 체계가 몇 십 년 후에 영
국에서 전개되었다. 우리는 이미 멘도사 사건에서 영국정부의 놀라운
행동을 보았다. 그 행동은 국제관계에서 권리와 의무를 확인하기 위
한 적절한 도구는 로마법이라는 사상에 기초한 것이었다. 1580년 멘

---

53) 에스파냐 학파의 공적이 간과된 것은 프랑스, 이탈리아, 벨기에, 그리고 라
　틴 아메리카의 문헌들에서도 명확한 사실이다. 동일한 경향이 에스파냐 자체
　에서도 널리 퍼져있었다. 에스파냐인의 저술들이 "특히 개신교 국가들에서"
　부당하게 무시되었다는, Brierly, *Law of Nations* (4th ed., 1949), 26의 주장은
　옳지 않다. 또한 전쟁문제에 관한 사상의 진보에 기여하는 위대한 에스파냐의
　성직자들은 Brierly가 주장한 바와 같이 15세기와 16세기보다는 16세기와 17
　세기에 속한다.

54) 에스파냐 학파의 주요 "재발견자들(rediscoverers)"로는 Nys, *Le Droit de la
　guerre et les précurseurs de Grotius* (1882)와 *Le Droit des gens et les
　anciens jurisconsultes espanols* (1914), 그리고 River, *Note sur la littérature
　du droit des gens avant la publicantion du Jus belli ac pacis de Grotius*
　(1883). 그들에게는 유일한 선배 학자인 네덜란드의 역사학자 Fruin이 있으며,
　그의 1868년 논문 "An Unpublished Work of Grotius"는 Biblotheca Visserianan,
　V (1925), 3에서 다시 게재되었다. 그들 모두는 에스파냐인을 단순히 그로티
　우스의 선조로 간주하였다.

도사가 서인도(West Indies)에 대한 드레이크Drake의 행위에 항의하였을 때 엘리자베스여왕Queen Elizabeth이 이 견해를 나타내었다. 여왕은 로마법의 이론을 인용하여 에스파냐의 주장을 거부하였다.[55] 그리고 1609년에 그녀의 계승자인 제임스 1세James I 는 의회 연설에서 로마법에 관한 지식이 대외관계에서 가장 필요하다고 하였다.[56] 국제관계에서 로마법을 적용하는 것은 젠틸리의 저서에서 잘 나타나는데 그는 16세기의 영국인이 된 이탈리아 사람으로서 그에 관해서는 이후에 논할 것이다. 17세기의 영국 법학자들은 외교관계를 규율하는 데 로마법이 유익하다는 것을 더욱 강조하였다.[57] 실제로 로마법은 거의 오늘날까지 특히 영국에서 국제법 사건을 해결하는 데 유추 등을 통해 가장 유용하게 사용될 수 있다고 간주되고 있다.[58]

영국인들이 16세기와 17세기의 국제관계에서 로마법을 원용한 이유는 이해하기 쉽다. 로마법은 일찍부터 영국사상의 중요한 관심사가 되었다. 그들은 아직 외국 사람들에게 국내관습법을 적용시킬 수 없

---

55) Camden, *The History of the Most Renowned and Victorious Princess Elizabeth, Late Queen of England*, II (1675), 255은 1580년에 대해 언급하고 있다. 점유는 지배권의 필수적인 요건이고 "해양과 대기"는 모든 사람의 공유이며, 따라서 성질상 또는 공적 사용(public use)과 관습상 "소유"가 허용되지 않는다는 주장은 전형적으로 로마법적 요소이다. *Inst.* I, ∫ 1.

56) James I, *Political Works*, ed. McIlwain (1918), 310.

57) Robert Wiseman, *The Law of Laws or the Excellence of Civil Law* (1657). 또한, Duck, *De usu et autoritate juris civilis Romanorum in dominiis principum christianorum* (1653) 참조.

58) Lauterpacht, *Private Law Sources and Analogies of International Law* (1927) 참고. 1879년이 되어서야 Sir Robert Phillimore(*Commentaries upon International Law*, I, 32)는 "로마법은 국제법학의 정확하고 완전한 지식을 위한 모든 보조물 중에 가장 귀중한 것이며, 역사적으로 보자면 로마법은 국제법학의 실질적인 기초(actual basis)라고 할 수 있을 것이다"라고 주장하였다.

었다.[59] 그러나 로마법은 전 유럽에서, 가톨릭과 개신교를 막론하고 존중을 받았다. 에스파냐의 경우에는, 로마법은 항상 에스파냐의 신학자와 법학자들에 의하여 인용되었으며, 또 로마법은 에스파냐의 일부 지방에서 법적 효력을 갖고 있었다.[60] 영국인들이 외국에 대하여 법적 논의를 할 때 로마법 용어를 사용하는 것이 가장 좋은 방법이었다.

동시에 로마법에 의존한다는 것은 국가들 사이의 법적 관계가 세속화되는 것을 의미하였는데, 에스파냐 신학자들의 개념이나 또는 소위 이슬람학자들의 교리와는 반대되는 것이었다. 16세기와 17세기의 영국 사람들은 에스파냐 사람들처럼 박식하거나 또는 분석적 총명을 갖지 않았던 것 같으나, 그들의 기본적 접근방식이 보다 더 국제법의 목적과 경향에 합치되었다. 따라서 국제법은 혼인법(교회법의 로마적 요소 때문에)과 무역법(Law Merchant) — 이것 때문에 이 시대에 영국은 외국재판소의 판결 특히 해사문제의 판결을 승인하게 되었다 — 등과 함께 영국 "민법"학자들의 연구대상이 되었다.[61]

로마법의 인용은 영국 이외의 많은 국가들의 외교사에서도 때때로 발견된다.[62]

---

59) Gentili의 발언, 이 책, p. 125 참조.

60) Von Rauchhaupt, *Geschichte der spanischen Gesetzquellen* (1923), 105.

61) 이에 대해 상세한 내용은 Nussbaum, *Principles of Private International Law* (1943), 231 n. 9.

62) 1599년에 네덜란드 국회는 "국가들의 보통법(common law of nations)"에 더하여 로마법을 네덜란드의 에스파냐에 대한 봉쇄(blockade)의 근거로 원용하였다. Van Vollen-hoven, *The Three Stages in the Evolution in the Law of Nations* (1919), 3. 1567년에 프랑스의 Chancellor de L'Hôpital은 Calais를 영국으로 인도하는 것을 거절하면서 심지어 12표법을 원용하기도 하였다. Camden, History of *the Most Renowned and Victorious Princess, etc.*, II, 98. 최근에 에스파냐가 로마법을 *jus gentium*으로 인정한 것에 대해서는 Lauterpacht,

결론적으로, 이 시대의 정치이론과 동시대의 영구적 평화계획들을 간단히 살펴보자. 정치이론에서는 위대한 두 정치 철학자 즉 니콜로 마키아벨리Nicolo Machiavelli(1469~1527)와 장 보댕Jean Bodin(1530~1596)을 살펴보자. 이 두 사람의 학설은 국제법에 간접적인 영향을 주었다.[63] 마키아벨리와 보댕의 저서는 모두 민족국가의 탄생에 관련되어 있다. 마키아벨리는 이탈리아 사람으로서, 그의 저서 『군주론』(*The Prince*, 1513)과 『티투스 리비우스의 첫 번째 10권에 관한 논문』(*Discourses on the First Decade of Titus Livius*, 1513년) 때문에 유명하다. 그는 자기 조국이 분열되고 잘못 통치되며 부패하여서 외국과 용병들의 손쉬운 먹이가 되고 있음을 발견하였다. 이탈리아의 통일이 그의 이상이었기 때문에, 그는 기만과 살인을 포함한 모든 가능한 수단과 방법을 가장 무자비하게 사용함으로써 국가를 확대시키는 데 전력을 기울일 수 있는 통치자에 의해서만 통일이 진전될 것이라고 느꼈다.

그러나 마키아벨리는 체계적인 이론을 제시하지는 않았다. 소위 국가이성(raison d'état)주의가 그의 서술이나 논평 가운데서 묵시적으로 포함되고 있기는 하지만 추상적인 명제로서 제시되지는 않았다. 그 개념은 모든 것이 통치자가 직면하는 특정 환경에 달려있다는 것이다. 이것은 특히 약속을 준수하는 것에 적용된다. 그리고 마키아벨리가 국제법에 가장 접근하고 있는 곳이 바로 이 점이다. 이 문제에 있어서 그의 태도는 냉소적이었지만, 반면에 약속을 지키는 것이 정치적으로 가치가 있다는 사실을 모르는 것은 아니었다.[64] 그가 선호하

Private Law Sources, etc., 251 참고.

63) Sabine, *A History of Political Theory* (rev. ed., 1950), Chaps. XVII and XX [bibl.]; "Machiavelli" and "Bodin," *Ency. Soc. Sc.* [bibl. *].

64) *The Prince*, Chap. XVIII.

는 것으로 보이는 견해는 실질적으로 '사정변경의 원칙'(*clausula rebus sic stantibus*)과 비슷한 것이었다. 물론 그의 견해는 스콜라 교리와 정반대되는 것이었는데 스콜라 교리는 정치의 모든 영역과 특히 군주들 간의 관계는 도덕신학의 요구에 따라야 한다고 하였다. 동시에 마키아벨리는 정치적인 이유로 교회와 교황에 매우 적대적이었으며, 이탈리아가 그러한 절망적인 상황에 빠진 것은 교회와 교황 때문이라고 비난하였다. 그의 학설은 이러한 범위에서 중세의 보편주의를 파괴하는 데 공헌하였다.

　반면에 프랑스는 프랑스인 장 보댕의 시대에 이미 통일왕국을 이루고 있었다. 그러나 프랑스는 내부의 불화 때문에 분열되고 마비된 상태에 놓여 있었다. 보댕의 저서 『국가론』(*Six liveres de la république*, 1576년) ─ 여기서 말하는 "공화국(*republic*)"은 국가(state)를 의미한다 ─ 은 국가의 일반이론을 전개시키고 있는데 그 이론은 프랑스를 염두에 두고 이 나라의 정부를 강화, 발전시킬 의도로서 이루어진 것이다. 그는 이 국가적인 관점에서 그의 유명한 주권이론을 전개시켰는데 이 주권은 군주국가의 경우에는 군주 자신에게 있다고 보았다. 보댕에 의하면 주권이란 국민들에 대한 절대적인 그리고 영구적인 권력으로서 인간의 법(human law)에 의하여 제약을 받지 않는 것을 말한다.[65] 그는 그러한 권력이 질서정연한 국가를 이루기 위한 적절한 수단이라고 주장하였다. 이 주권이론을 프랑스에 적용하면 특히 로마황제와 교황의 최고성을 부인하게 되고, 종교적 당파를 부인하게 되

---

[65] 신과 자연법의 주권에 대한 우월성을 주장했던 보댕의 주권 개념의 내재적인 한계를 강조한 것으로는, Gardot, "Jean Bodin, sa place parmi les fondateurs du droit international," in *Recueil des cours*, L (1934), 549.

며, 또 약간의 유보는 있지만 왕권을 제약하던 귀족들을 반대하게 된다. 보댕은 군주가 일정한 대권, 특히 입법권과 전쟁권 및 강화권 그리고 최고 사법권(*jus de non appellando*)을 가진 것을 주권의 표시라고 보았다. 이전에는 주권이 최고 사법권을 의미하는 용어였다. 이러한 논리는 자연히 군주들의 서열제도를 확립시켰다. 보댕의 주권이론과 통치자들의 분류는 국제법 이론에 영향을 주지 않을 수 없었다. 실제로 통치자의 주권이란 개념은 세속적인 국제법의 구조에서 핵심적인 기초 개념이 되었다.

정치적 재구성을 통하여 영구적인 평화를 확보하려는 계획은 16세기에는 종교적 열정 때문에 방해를 받았으나, 17세기에 다시 나타났다. 1623년에 파리의 한 학자 에메릭 크루세Emeric Crucé는 『새로운 시네: 또는 일반적 평화를 수립하기 위한 기회와 수단을 대표하는 국가에 관한 논의』(Le Nouveau Cynée; ou Discours d'état représent les occasions et moyens d'établir une paix générale)[66]이라는 제목의 소책자 가운데서 한 계획을 발표하였다(시네Cynée 또는 시네아스Cyneas는 전쟁을 반대했다고 하는 고대의 인물이다). 그 소책자는 30년 전쟁의 공포에 대한 또 하나의 반작용이었는데, 전쟁이 불합리하고 나쁘다는 것을 주장함으로써 군주들을 설득시키려는 시도였다. 그 저자는 약간

---

66) Balch는 영어와 불어로 된 Crucé의 소책자의 전문을 제공하면서 *The New Cyneas of Emeric Crucé* (Philadelphia, 1909)을 편집하였다. 또한 Pajot, *Un Reveur de paix sous Louis XIII: Emeric Crucé, parisien* (thesis, Paris, 1924); Ter Meulen, *Der Gedanke der internationalen Organisation in seiner Entwicklung*, I (1917), 143; C. L. Lange, *Histoire de l'internationalisme jusqu'à la paix de Westphalie* (1919), 398; 그리고 Sir Geoffrey Butler, *Studies in Statecraft* (1923), 91 참조. P. Louis-Lucas, *Un Plan de paix générale* (1909)에서는 그로티우스와 다른 저자들에 대한 Crucé의 영향을 찾아내기 위해 노력하고 있지만 설득력이 없다.

부수적으로 세계평화를 어떻게 하면 외적 수단으로써 이룰 수 있는가 하는 문제를 다루었다. 그는 이 문제에 관하여 군주들이 어느 곳 — 아마도 베네치아 — 에 대사들의 상설적 총회를 유지하고 그 회의가 일종의 재판소처럼 회원 군주들 간의 분쟁을 "감정이 없이" 판결할 것을 건의하였다. 공화국들은 투표권을 갖지 않으나 강대한 공화국들과는 협의해야 한다. 크루세는 서열문제에 큰 관심을 가졌다. 그리고 그는 프랑스 사람들의 군사적 용맹성을 지적하면서 프랑스에게 영국뿐만이 아니고 강대한 에스파냐보다도 우위를 주었다. 그 불완전한 계획은 크루세 당시에도 그다지 진지하게 취급받지 못하였으며, 머지않아 잊혀졌다. 그것은 19세기 말에 재발견되었으며 평화주의자들은 국제관계에 관한 문헌 중에서 이 계획을 부당하게 과대평가하였다.

프랑스 앙리 4세의 대신이었던 쉴리 공작Duke of Sully(1560~1638년)은 유럽의 정치적 조직에 관한 더 흥미 있는 구상을 회고록에서 제시하였다.[67] 쉴리는 국왕이 암살당한 후(1610년) 프랑스의 공직에서 물러났고, 그의 비자발적인 여가시간에 회고록을 썼다. 그 회고록에는 소위 위대한 구상(Grand Design)이 포함되어 있는데, 그는 이것의 권위를 더 높이기 위하여 앙리 4세가 착안했다고 하였다. 그 위대한 구상은 유럽영토를 재분배한 유럽연방을 제안하고 있다. 유럽에는 15

_____

67) Sully의 회고록(memoirs)이라는 제목은 장황하고 과장된 것이다: *Mémoires des sages et royalles oeconomies d'estat domestiques, politique et militaires de Henri le Grand, l'exemplaire des roys, le prince des vertues, des armes et des lois, et le père en effet de ses peuples françois, etc.*; 통상적인 간략한 제목은 *Oeconomies royales* 이다. C. L. Lange, *op. cit.*, 434 (참고문헌이 있는 포괄적인 분석); Sir Geoffrey Butler, *op. cit.*, 65; Ter Meulen, *op. cit.*, 160 참조. 회고록(memoirs)의 초록이 있는 곳으로는, "The Grotius Society Publications, Texts for Students of International Relations," No. 2 (1921).

개국이 있게 된다. 즉 6개의 세습군주국(프랑스, 에스파냐, 영국, 덴마크, 스웨덴, 및 롬바르디Lombardy)과 6개의 선거군주국(로마 교황, 로마 황제, 베네치아의 군주, 헝가리 왕, 보헤미아 왕 및 폴랜드 왕)과 스위스 공화국, 네덜란드 공화국(Low Countries) 및 새로 제안된 이탈리아 공화국의 3개 공화국이다. 그 연방은 최고의 정치적 및 사법적 기능을 가진 일반 이사회(General Council)와 6개의 지역 이사회에 의하여 운영되는 것이었다. 이 계획의 가장 중요한 점은 오스트리아와 에스파냐를 약화시키는 것이었으며, 두 국가는 그 당시 합스부르크 왕조가 통치하고 있었고 또한 프랑스의 적이었다. 이 양국은 그 연방의 평등한 구조를 통하여 그들의 우월한 지위를 포기하게 될뿐더러, 중요한 영토까지도 상실하게 되는 것이었다. 예컨대 에스파냐령 벨기에는 네덜란드의 연방주에 소속하게 되고 티롤Tyrol은 스위스에 소속하게 되는 등이었다. 그렇게 재편된 유럽은 터키 사람들을 그 영토로부터 축출할 수 있으리라는 것이었다. 그리고 쉴리는 터키와의 전쟁을 위하여 각국이 제공해야 될 병력에 관하여도 상세히 기술하였다.

쉴리 자신도 이러한 모든 것을 희망적인 꿈이며 사고의 유희에 지나지 않는다고 느꼈으리라고 생각된다. 물론 오랫동안 강대국의 지도적 정치인이었었던 사람의 꿈 가운데서도 우리는 의미 있는 개념을 발견할 수 있다. 따라서 에스파냐와 오스트리아의 힘을 제한하려던 그의 제안은 실제 역사적 경향과 합치된 것이었으며, 그것은 쉴리의 사망 후 머지않아 웨스트팔리아 평화회의에서 분명해졌다. 뿐만 아니라, 위대한 정치가의 회고록은 언제나 어느 정도 지속적인 이익을 주는 것이다. 따라서 쉴리의 위대한 구상은 이 분야의 후대 학자들에게 잘 알려졌다.

프란스시코 데 비토리아

국제법의 역사에 관련된 여러 학자들 중에서 살라만카Salamanca 대학교의 신학 교수이며 도미니크 수도회의 에스파냐 사람 프란시스코 데 비토리아Francisco Vitoria(1480~1546년)는 가장 우수한 학자로서 이미 말한 바 있다.[68] 그 자신은 아무것도 출판하지 않았다. 사후에 출판된 그의 작품 가운데서 몇 가지 강연이 유명하다. 그것은 그의 제자들이 정성들여 기록해 두었기 때문에 보존되었으며, 그 일부분은 비토리아

[68] 비토리아(Vitoria는 이탈리아식 이름이다)에 대해서는, J. B. Scott, *The Spanish Origin of International Law* (1932)와 *The Catholic Conception of International Law* (1934) – 두 책은 매우 불충분하다; Albertini, *L'Œuvre de Francisco de Victoria et la doctrine canonique du droit de la guerre* (1903); Nys, Introduction *to De Indis et De jure belli relectiones by Franciscus de Victoria* (1917), in Classics of International Law – 매우 유용한 연구; Barthélemy, "François de Vitoria," in *Les Fondateurs du droit international*, ed. by Pillet (1904), I; Regout (S.J.), *La Doctrine de la guerre juste* (1934), 152; Bamuel, *Le Droit international public, la decouverte de l'Amérique et les théories de Francisco de Vitoria* (thesis, Montpellier, 1931), 사실상의 찬사로는; Goyau, "L'Eglise catholique et le droit des gens," *Recueil des cours*, VI (1925), 181; Barcia Trelles, "Francisco de Vitoria, etc.," *Recueil des cours*, XVII, 113; Höffner, *Christentum und Menschenwürde, supra* n. 55, *passim*; von der Heydte, "Franciscus de Vitoria und sein Völkerrecht," in *Zeitschrift für öffentliches Recht*, XIII (1933), 239, 264; Hentschel, "Franciscus de Vitoria und seine Stellung im Uebergang vom mittelalterlichen zum neuzeitlichen Völkerrecht," *ibid.*, XVII (1937), 319 참조. Muñoz (O.P.), *Vitoria and the Conquest of America* (Manila, 1938)은 중요하지 않다. 도서목록상으로는: Getino (O.P.), *El Maestro Fray Francisco de Vitoria* (2nd ed., 1930). 다른 매우 많은 출판물, 주로 에스파냐어로 출간된 것들의 목록이 실려있는 곳으로는 Nussbaum, *Historia del derecho internacional*, 313 (appendix by Garcia Arias).

가 시켜서 받아쓰게 한 것이다. 국제법의 입장에서는, 서로 관련성 있
는 "최근에 발견된 인디언들(The Indians Recently Discovered)"이라는
강연과 1532년에 했던 "미개인에 대한 에스파냐 사람들의 전쟁법
(The Law of War Made by the Spaniards on the Barbarians)"이라는 강
연[69]이 가장 중요하다. 그 제목에서 알아 볼 수 있듯이, 이 두 강연은
에스파냐의 아메리카 정복을 취급한 것이었다. 도미니크 수도회의 수
도사들은 특히 이 문제에 관심이 깊었다. 왜냐하면 이 수도회는, 콜럼
버스의 대륙발견 직후부터 그들의 오랜 선교의 전통을 따라서, 아메리
칸 인디언들의 선교에 착수하였기 때문이다. 인디언의 아버지(Father of
the Indians)라고 불리는 라스카사스Bartholomew de las Casas (1474~1566년)
는 아메리카로 건너갔던 도미니크 수도회 사제들 가운데서 유명하다.

---

69) 라틴어와 영어로 된 "De Indis recenter inventis"와 "De jure belli
Hispanorum in barbaros"의 국제법의 고전(Classics of International Law
edition)에 대해서는, n. 78 참조. 이 책들이 비판적으로 수정된 개정본과 비토
리아의 다른 *relectiones* 가 에스파냐어로 번역되어 출판된 것으로는, Getino,
Relecciones teológicas del Maestro Fray Francisco de Vitoria, II (1934). 라틴
어 원본이 없는 비토리아의 여러 가지 *Relectiones*의 영어본은, Scott, *The
Spanish Origin of International Law*의 부록에서 발견되지만, 하지만 그 책들
은 심각한 오류를 포함하고 있다. 전쟁법에 관한 강의가 프랑스어로 번역된
것으로는 Vanderpol, *La Doctrine scholastique du droit de guerre* (1919),
243, 그리고 라틴어본의 비판적인 수정본으로는 Baumel, *Les Leçons de
Francisco de Vitoria sur les prblèmes de la colonisation et de la guerre*
(suppl. thesis, Montpelier, 1936). 또한 Octavio, "Les Sauvages américains
devant le droit," *Recueil des cours*, XXXI (1930), 181 참고. L'Association
Internationale Vitoria – Suárez, *Vitoria et Suárez* (1939)는 편집자들이 선정한
표제하에서 라틴어와 프랑스어로 쓰여진 비토리아와 수아레즈의 저서들에서
재정리된 초록을 제공하고 있다. Truyol Serra, *The Principles of Political and
International Law in the Work of Francisco de Vitoria* (transl. from Spanish,
Madrid, 1946)는 엄격하게 가톨릭 교회와 에스파냐의 관점에 입각한 주석이
달려 있는 비슷한 초록을 제공하고 있다.

기독교의 최고원칙들에 의하여 영감을 받은 이 위대하고 고귀한 사람이 정복자인 에스파냐 사람들에 의한 무자비한 착취와 끔찍한 잔인성으로부터 인디언들을 보호하기 위하여 얼마나 헌신하였는가는 역사에 기록되어 있다.[70] 라스카사스와 비토리아 사이에 어떤 개인적인 관계가 있었는지는 알 수 없으나, 라스카사스와 그의 에스파냐의 적들 사이에 정치적, 종교적 논쟁이 벌어졌을 때, 비토리아는 카를 5세의 요청에 의하여 의견을 제출하였는데, 그 의견은 라스카사스에게 우호적인 것이었다. 여하튼간에 이 두 사람의 도미니크 수도회 수도사들 간에 영적인 친근성이 있었던 것은 확실하다. 그러나 이 두 사람의 아메리카 인디언 문제에 대한 접근방법은 달랐다. 라스카사스는 저명한 학자였지만, 선교사였고 그의 신도들에 대한 목회자였다. 비토리아는 교수였다. 그는 그 문제를 이론적 입장에서 공격하였다. 토마스 아퀴나스Thomas Aquinas —그 역시 도미니크 수도회의 수도사였다—의 교리에 감화를 받은 그는 토착 인디언들에 대한 에스파냐의 전쟁이 정전인가 아닌가에 대하여 체계적인 검토에 착수하였다. 종교당국이나 일반 정부당국 및 학자들이 제시하는 각종의 이유를 하나하나 검토하고, 비토리아는 그 대부분을 부정하였으나 최종적으로 몇 가지는 승인하였다. 그것을 논할 때 그는 거의 언제나 계몽된 인도주의라는 입장을 택하였다. 그는 또한 정치적 용기도 있다는 것을 보여주었다. 황제 카를 5세가 그 당시 자기 군주였지만, 비토리아는 대담하게

---

70) F. A. MacNutt, *Bartholomew de las Casas* (1909); Marcel Brion, *Bartholomé de las Casas, père des indiens* (1927); A. J. Knight, *Las Casas, "The Apostle of the Indies"* (1917); L. Hanke, *Bartholomé de las Casas* (1952) 참조. 라스카사스의 업적에 대해 다소 비판적인 평가로는 "Las Casas," in the *Catholic Encyclopedia*.

도 황제가 전 세계에서 최고권위를 가졌다는 주장을 부인하였다. 이것은 에스파냐의 오랜 전통이었다.

그러나 로마 황제가 동시에 에스파냐의 왕이었을 때 황제의 최고권을 반대하기에는 용기가 필요하였다. 그리고 에스파냐의 정복 방법을 비난하였다는 것은 더욱 큰 도덕적 용기를 가졌다는 증거였다. 비토리아는 그 정복자들의 부정행위에 대하여 열렬히 반대하였고, 또 인디언들에 대하여 인도적으로 대우하였으며 그들을 깊이 이해하였다. 그리고 그는 그들에 대하여 자기 수도회의 선교적 사명을 절실히 느꼈다. 그는 에스파냐 사람들에게 에스파냐 농부들의 대부분도 "잔인한 짐승 보다 별로 나은 것이 없다는 것"을 상기시킴으로써 그들의 자기만족을 경고하였다. 심지어는 인디언들이 에스파냐 사람들을 축출 또는 살육하려고 할 때에도, 에스파냐 사람들은 공격적인 전투를 하는 것보다는 정당방위에 그쳐야 된다고 비토리아는 주장하였다. 이에 관련해서 그는 토착민들이 원래 겁이 많고 우둔해서 무서운 무기를 가진 사람들을 보았을 때 크게 공포감을 느꼈으며, 심지어 에스파냐 사람들이 토착민들의 공포감을 없애려하고 또 그들에게 자기들의 평화적인 목적을 설득시키려고 하였을지라도, 두려워했을 것이라는 점을 지적하였다.

비토리아는 에스파냐의 주장 가운데서 합법적이라고 생각되는 주장의 근거에 관하여 허용될 수 있는 무지라는 예외까지도 인정하였다. 그리하여 에스파냐 사람들에 대한 인디언들의 투쟁은, 단지 주관적인 의미에 있어서였지만, "정당한(just)" 것이 될 수 있다고 인정되었다. 이러한 서술이나 기타 서술에서 보면, 비토리아는 그 당시에는 볼 수 없었던 중용과 현명함을 가졌던 것 같다. 그는 또한 탁월한 신학

자였으며 학문 연구방법의 혁신자였고, 또 비범한 재능을 가진 교육
자였다고 할 수 있다. 그의 명성은 지속적인 것으로서 판명되었다.

그러나 국제법의 선구자라는 비토리아의 자격은 더 좋은 이유로 입
증될 수 있다. 이교도들은 정복시키고 개종시키며 복종시키는 좋은
대상물이 되는 것 이외에는 아무것도 아니라는 견해를 중세 학자들은
가졌는데, 이 이론은 비토리아 시대의 많은 에스파냐 사람들, 특히 왕
실의 역사 편찬관인 세풀베다Juan de Sep'ulveda에 의하여 채택되었다.[71]
비토리아는 이교도들도 기독교인들과 똑같이 합법적인 군주를 가졌
고 또 그들에 대한 전쟁도 "정당한 이유(just cause)"가 있을 때에만
허용된다는 주장을 최초로 한 사람이다.[72] 이것은 국제법에 대한 큰
발전을 의미하였다. 그러나 동시에 비토리아는 이교도 군주들이 기독
교 선교사들을 입국시킬 의무가 있다고 보았으며, 교황은 선교사들의
임명을 기독교의 대사들(ambassadors of christianity)인 에스파냐 사
람들에게 맡길 수 있다고 생각하였다. 비토리아의 생각으로는 선교사
들의 활동에 대한 반항이나 또는 기독교로 개종한 인디언들에 대한
어떠한 탄압적 조치도 전쟁에 대한 좋은 원인이 되며, 또 교황에게 인
디언 군주들을 폐위하여 기독교 군주로 대치할 수 있는 권한을 부여
한다. 그러므로 비토리아의 체계에서는 기독교 군주와 이교도 군주가
"평등"하게 취급되어 있다고 때때로 말하지만 실제로는 그렇지 않
다.[73] 그리고 국가의 평등도 인정하지 않았다[74](기독교 이외의 타 종교

---

71) 이에 대하여 에스파냐의 문헌을 풍부하게 참고하고 있는 것으로 Garcia
    Arias's appendix to Nussbaum, *Historia del derecho internacional*, 364, 373
    참조.
72) 삼발스(Sambals) 사건(이 장 각주 44)은 아마 비토리아의 학설과 관련이 있
    을 것이다.

의 선교사들을 에스파냐에 입국시킨다는 것은 물론 생각할 수 없는 일이었다).
인디언 군주들에 대한 이러한 차별대우가 어떠한 중대한 정치적 결과
를 가져오는가 하는 것은 더 설명할 필요가 없다.

비토리아는 전쟁법에 관해서 이미 본 바와 같이, 전쟁이 양쪽 편 모
두에게 정당한 것이 될 수 있다는 사실을 그의 신학적 양심에 따라 인
정함으로써 상당한 발전을 이루었다. 반면에 그는 만약에 승리자의
전쟁원인이 옳은 것이었을 때에는, 그 전승군주에게 재판관의 역할을
맡겼는데, 이 이론에는 반대할 수 있을 것이다.[75] 그는 사라센 사람들
을 별로 고려하지 않았다. 그러나 그는 이슬람교도인 전쟁포로들은
무차별적으로 살해할 수 있으며, 그들의 처자들을 노예로 삼을 수 있
다고 말하였다. 그러므로 이 점에 있어서는 그도 그 시대의 지배적인
의견과 다르지 않았다.

요약하자면, 비토리아는 이교도의 군주들에게 기독교도인 군주들
과 유사한 법적 지위를 부여하였고 통상의 자유라는 개념을 도입하였
으며 전쟁법의 혜택을 교전국 양측에게 확대시키도록 하는 데 큰 공
헌을 하였다.

역사적으로 볼 때, 대발견과 광범위한 식민화의 시대는 대체로 식
민지역의 문명발전을 초래하였다는 것을 기억해야 한다. 비토리아
자신도 에스파냐의 통치가 그 원주민들에 대하여 가장 좋을 것이라
고 — 물론 그는 이 점을 강조하지는 않았지만 — 암시하였다. 그는 또

---

73) 비토리아는 또한 그가 군주제에 있다고 보았던 신성한 성격이 이교도에게
　　도 적용되는지에 대한 문제를 간과했다("De potestae civili," ∫ 9).

74) 이 책, p. 89.

75) 비토리아는 이 점에서 Cardinal Cajetan (Thomas de Vio, 1469–1534)을 따
　　랐다. Regout (S.J.), *La Doctrine de guerre juste* (1934), 124.

한 자기나라를 자랑스럽게 생각하는 한 에스파냐 사람으로서 ─ 그리
고 이 자랑스러운 생각은 그의 저술 가운데 어디서든지 볼 수 있다 ─
같은 나라 사람들에게 그들의 대단한 새로운 획득물을 작은 도덕신
학 때문에 포기하라고 권할 수는 없었다. 그의 시대에는 에스파냐의
정복이 더 이상 논란의 대상이 되지 않았다. 신학자가 할 수 있는 유일
한 그리고 아주 필요한 일은 그 정복자들에게 그들의 권한을 남용하
지 말라고 경고하는 것이었다. 비토리아는 이 일을 열심히 그리고 권
위 있게 하였다.

그러나 비토리아는 에라스무스Erasmus of Rotterdam에 대한 이단재판에
서 에스파냐의 종교재판소에 전문가로서 참여하여 그를 21개 죄목에
서 유죄라고 판정하였다. 그 위원회에는 많은 고급사제들이 에라스무
스의 편을 들었고, 그들은 비토리아에게 편지를 보내어 유리한 판결
을 내리도록 노력하였으나 실패하였다. 그가 얼마나 중세의 전통에
젖어있었는가 하는 것은 그가 기독교를 일종의 국가(republica)로 간
주하였다는 사실에서 볼 수 있다. 그러므로 기독교인들은 다수결로서
전 기독교 세계를 한 국가로 통합하여 하나의 군주를 가질 수 있으며,
또 교회는 그들로 하여금 그렇게 하라고 강요할 수 있다.[76] 이것 역시
상당히 과격한 사상이었으며 이러한 사상을 가진 이전 사람들은 극히
소수였다.[77] 세속적 문제에 있어서도 비토리아는 자유주의자라기보

---

76) "De protestate civili," ʃ 14. 이러한 중세의 사상에 대해 예를 들면
   McIlwain, *The Growth of Political Thought in the West* (1932), 225, 309;
   Gierke, *Das deutsche Genossenschaftsrecht*, II (1873), 546, and III (1881), 515
   참조. 비토리아가 사용한 *monarcha*라는 용어가 "신성한 군주([spiritual]
   monarch)"로 번역되어 있는 곳으로는 Scott, *The Spanish Origin of International
   Law* (1934), App. C, lxxxiii. 실제로는 세속적인 군주를 의미했다.

77) Gierke, *op. cit.*, III, 571.

다는 권위주의자였다. 대부분의 가톨릭 학자들과 달리 그는 군주의 신성을 지지하였으며, "폭군(tyrants)"에 대한 반항도 허용하지 않았다. 그리고 그는 부모가 자식들에 하는 명령과 남편이 그 부인들에게 하는 명령은 구속력을 갖는다는 의견을 강경하게 주장하였다. 그러나 그가 자유주의자는 아니었지만, 그는 분명히 고결하고 정직하며 강력한 사상가였다.

프란시스코 수아레즈<small>Francisco Suarez</small>

프란시스코 수아레즈(1548~1617년)[78]는 에스파냐의 귀족태생이며 비토리아처럼 신학 교수였다. 그는 세속적인 야망은 없었지만 일찍 높은 명성과 펠리페 2세<small>Philip II</small>의 총애를 얻었다. 1596년에 에스파냐가 포르투갈을 정복한 후 국왕은 포르투갈의 코임브라대학교(University of Coimbra)의 신학 교수직을 수아레즈에게 맡기도록 시

---

78) 수아레즈의 세 권의 저서의 선집(1944 - 국제법의 고전), J. B. Scott가 서문을 쓴 영어 번역본; Scott, *The Catholic Conception of International Law*, (1934), 127; Sherwood, "Francisco Suárez," *Transactions of the Grotius Society*, XII (1927), 19; Lilley, "Francisco Suárez," in Hearnshaw, ed., *The Social and Political Ideas of Some Great Thinkers of the Sixteenth and Seventeenth Centuries* (1926), 90; Rolland, "Suárez," in Pillet, ed., *Les Fondateurs du droit international* (1904), 95; Barcia Trelles, "Francisco Suárez," in *Recueil des cours*, XLIII (1933), 389 [bibl.*], 그리고 훌륭한 논문으로는 H. Rommen (Catholic theologian), *Die Staatslehre des Franz Suárez* (1926), 270. 전기(傳記)로는: Fichter (S.J.), *Man of Spain: Francis Suárez* (1940); 더 많은 일대기가 인용된 전기로는, De Scorraille (S.J.), *François Suárez, de la compagnie de Jésus* (2 vols., 1912). 대부분 바로 최근의 수아레즈에 관한 많은 에스파냐 문헌들이 Garcia Arias에 의해 작성되어 있는 곳으로는 Nussbaum, *Historia del derecho internacional*, 435의 부록.

켰는데, 이것은 분명히 그 대학에 에스파냐 정신을 집어넣기 위한 정책에 의한 것이었다. 수아레즈는 비상한 통찰력을 가진 정열적인 사상가였으며 저술에 대하여 놀라울 정도의 능력을 가진 투철한 저술가였다. 그는 한 저서를 남겼는데 19세기에 출판된 형태는 사절판으로 28권이나 되며, 그 이외에도 다수의 출판되지 않은 원고가 있었다.

그는 논쟁에 있어서 공격적인 말을 싫어하였지만 개신교 권위자들의 저서뿐만 아니라 보댕Bodin처럼 가톨릭의 교리를 믿지 않은 가톨릭 신자들의 저서까지도 거의 무시하였다. 그는 그 당시의 에스파냐 신학자 중 누구보다도 중세의 전통과 아퀴나스의 학설을 신봉하였으며, 스콜라 학자 중 "가장 스콜라적인 학자" 또는 다른 사람들이 부르듯이 "최후의 스콜라 학자"였다. 그는 예수회(Jesuit Order)에서 가장 유명한 사람이며 또 에스파냐 문화의 훌륭한 대표자라고 인정되고 있다. 그의 전기도 여러 권 있다.

수아레즈는 원래 학자였지만 엄격한 투사였다. 그는 여러 번 정치적이고 종교적인 전쟁터에 나갔다. 예수회의 회장 알마비바Almaviva는 가톨릭과 개신교의 비난으로부터 그 수도회를 변호할 필요가 있을 때는 수아레즈에게 그 일을 맡겼다. 수아레즈는 죽기 얼마 전에 포르투갈의 세속권과 교권간의 관할권에 관한 중대한 분쟁을 교회에 유리하게 해결했다.

일반 대중에게는 그의 저서 중 『영국 국교회의 잘못에 대한 신앙의 옹호』(Defense of the Faith Against the Errors of the Anglican Sect, 1613년)[79]라는 책이 가장 널리 알려졌는데, 이것은 교황 바오로 5세Pope Paul V의 요청에 의하여 저술되었다. 영국의 제임스 1세는 그의 가톨릭 신하들

---

[79] Defensio fidei adversus Anglicanae sectae errores (1613).

로부터 충성의 맹세를 강요당하였는데, 그 맹세에는 그를 폐위시킬
수 있는 교황의 권한이나 또는 그 신하들에게 충성의 의무를 해제시
킬 수 있는 교황의 권한을 부인하는 것도 포함되어 있었다. 그의 논문
은 신학 용어로서 가톨릭 신앙을 옹호하기 위해서는 이단자인 왕을
사형에 처할 수 있는 권한까지를 포함하는 교황의 권한이 존재한다는
것을 증명하려는 학문적 기도였다.

이것은 모두 이미 익숙한 교회이론을 좀 더 상세하게 만든 것이었
지만, 수아레즈는 그의 공격을 다른 사상으로 강화하였다. 그는 정치
적 권력은 인간의 사회성에 입각하며, 국민들에게 직접 소재하는데,
국민들은 그 사회의 복지를 위하여 인위(human)법으로서 그 권력을
군주에게 위임할 수 있다고 주장하였다. 그러나 만약에 그 군주가 폭
군이란 것이 입증되면 국민들은 그들의 자위권을 행사할 수 있으며,
심지어는 그를 폐위시킬 수도 있다고 주장하였다. 수아레즈의 이론은
분명히 세속 군주를 차별하고 격하시키는 경향이 있었다. 왜냐하면
교황은 국민에 의하여 유사한 통제를 받지 않기 때문이다. 그의 서적
은 영국에서뿐만 아니고 가톨릭 국가인 프랑스에서도 비난받고 금지
되었다. 그럼에도 불구하고, 국가의 세속적 성격 및 인민 주권에 관한
그의 이론은 가톨릭 학자들과 그 이후의 개신교 학자들에 의하여 널
리 환영받게 되었다. 따라서 정치사상사에 있어서 수아레즈는 높은
지위를 차지하고 있다.

수아레즈가 우리의 분야에 기여한 것 중에서 가장 논란이 있는 것
은 정전에 관한 그의 연구였다. 그는 전쟁을 정당화시킬 수 있는 여러
가지 이유들을 냉정하고 법적인 태도로서 분석하고 있는데 그것은 비
토리아의 따뜻하고 인도적인 논리와 현저한 대조가 된다. 그는 기독

교도인 군주의 전쟁이 교회의 적들을 강화시키는 결과가 되는 경우에
그 전쟁은 자비를 침해하는 행위라고 예시하고 있다. 그러한 행동은
교회에 바쳐야 할 자비를 침해하는 것이라고 그는 지적하고 있다.

전쟁에 있어서 진정한 자비에 관해서는 우리는 아무것도 듣지 못한
다. 부정의하다는 것을 몰랐다는 것이 항변사유가 될 수 있다는 비토
리아의 현명한 명제를 수아레즈도 약간 다루고 있지만 그가 이를 인
정하는지 부인하는지는 분명하지 않다. 전쟁이 양측에게 다 정당할
수 있다는 가정을 그는 "완전히 불합리하다"고 비난하고 있다. 그럼
에도 불구하고 그는 추구되는 권리가 확실할 때에만 전쟁을 할 수 있
다고는 고집하지 않는다. 그는 스콜라적 도덕신학의 개념을 이용하면
서 군주의 주장이 "좀 더 그럴 듯한(more probable)" 의견으로서 지지
될 수 있다면 그로써 충분하다고 간주하였다.[80]

수아레즈의 정전이론 가운데서 가장 비난받는 점은 그의 "사법
(judicial)" 이론이다. 이 이론은 비토리아에 있어서는 이차적 의의밖
에 갖지 않았으나 수아레즈에 의해서 엄격한 법체계로 발전되었다. 그
에 의하면 정전을 시작하는 군주는 "징벌적 정의(vindicative justice)"
에 관계되는 실질적인 "관할권(jurisdiction)"을 갖는다. 그리고 그 군
주의 전쟁행위는 법원의 판결과 같다는 것이다. 원고가 동시에 재판
관이 될 수 없다는 명백한 반론에 대해서는 전쟁이 징벌적 정의의 행
위로서 인류에게 반드시 필요하며, 또한 더 좋은 방법이 발견되지 않
았다고 말함으로써 우회적으로 답변하고 있다. 그는 종교적 이유 때

---

80) Regout, *op. cit.*, 222에서는 이것이 "매우 부적절한 의미에서"만 "개연설
(probabilism)"("Probabilism," *Encyclopedia of Religion and Ethics* 참조)이
라고 지적하고 있다. 어쨌든 수아레즈의 견해는 만족스럽지 못하다.

문에 기독교도인 군주들에 대한 일반적 중재권을 교황이 가졌다고 주
장은 하지만, 세속적 중재재판에 대한 그의 태도는 전적으로 유보적
이다. 그는 "부정의가 있으리라는 염려가 없을 경우"에는 중재재판을
권하고 있지만, 대개는 각 군주가 외국 중재재판관의 신의(good
faith)를 의심한다고 말함으로써 이 무성의한 권고를 더욱 약화시키고
있다. 그러므로 그는 일반적으로 "군주가 현명하고 교육받은 사람"들
과 상의하면 충분하다고 보고 있다. 만일에 그들이 그 군주의 권리가
확실하다고 결정하면 수아레즈는 이상하게도 그러한 결정을 준사법
절차로서 취급하고, 그 군주는 자기 자신이 재판관이기 때문에 다른
사람들에게 판결을 내리도록 요청할 필요가 없다는 것이다. 반대로
그 군주는 자기의 권리를 집행할 "관할권"을 가지며 "그가 다른 사람
에 의한 중재재판에 구속될 아무런 이유가 없다."

수아레즈의 "사법(judicial)"이론 — 그의 생존 시에 알려진 — 은
상식에 어긋나며, 이 이론에 대한 초기의 반대자들 가운데는 예수회
의 저명한 사제들인 바스케즈Gabriel Vasquez(1551~1604년)와 몰리나Luis
Molina(1536~1600년)가 있다.[81] 몰리나는 한 전쟁이 주관적으로는 양
측 모두에 정당할 수 있다는 견해를 분명히 취하였다.

그럼에도 불구하고 수아레즈는 국제법의 선구적 시기에 있어서 명
예스러운 지위를 차지할 만한 충분한 장점을 갖고 있다. 스콜라 학자
들 중에서 수아레즈는 비토리아의 학설을 자주 인용하였는데, 비토리
아는 그의 깊은 인도주의적인 태도에 있어서나 놀라운 상식에 있어서
그리고 실로 그의 창조성에 있어서 수아레즈보다 우월하였다. 다만
수아레즈는 법률적인 예리함에 있어서는 더 우수하였다.

---

81) Regout, *op. cit.*, 193, 230, 250, 259.

군사학자: 피에리노 벨리와 발타사르 아얄라

에스파냐 전통에 있어서는 군법(military law)이 일찍부터 만민법과 관련되어 있다. 우리는 이것을 세비야의 이시도루스의 경우에서 보았다. 그의 저서 『제7부』(Siete Partidas) 가운데 있는 전쟁에 관한 장은 주로 군사문제에 관한 것이지만 정전에 관한 논의와 외교사절에 관한 법을 포함하고 있었다. 그 후 펠리페 2세의 군대에서 군대의 감사관으로 있던 두 학자 피에리노 벨리Pierino Belli(1502~1575년)와 발타사르 아얄라Balthasar Ayala(1548~1584년)가 같은 입장을 취하였다.

벨리는 이탈리아 사람인데 『군사문제와 전쟁에 관하여』(On Military Matters and War)[82]라는 저서를 1561년 그가 에스파냐 군으로부터 사보이 군으로 옮겨간 직후에 출판하였다. 사보이에서 그는 정치가로서 높은 명예를 얻었다. 이 책은 펠리페 2세에게 봉헌되었는데 군사 및 전쟁에 관련을 갖는 각종의 문제를 잘 정돈되지 않은 형태로 논하고 있었다. 이 책은 다양한 군 당국자의 관할권과 병사들의 급여 및 기타의 특권, 전리품, 포로, 휴전, 그리고 안전통과권에 특히 관심을 기울이고 있다.

더욱 흥미 있는 것은 전쟁선포권에 관한 장과 전쟁을 선포할 수 있는 근거에 관한 장들이다. 벨리는 독실한 가톨릭 신자로서 이러한 문

---

[82] *De re militari et bello tractatus* (국제법의 고전에서 Cavaglieri가 서문을 쓴 번역본). 벨리에 대해서는: Efisio Mulas, *Pierino Belli da Alba, precursore di Grozio* (1878), 그리고 참고문헌이 있는 것으로는 Sereni, *The Italian Conception of International Law* (1943), 93. Chiavlo, "Nuove recerchi interno a Pierino Belli," in *Bollettino storico—bibliographico subalpino*, XII (1907), 293, 그리고 XVI (1911), 1에 있는 도서목록 자료.

제에 있어서 스콜라 학자들의 정전이론을 따르고 있다. 다른 곳에서
는 로마의 법률과 중세의 학자들에 주로 의존하고 있다. 그는 또한 군
사문제에 관한 몇몇 후기 학자들과[83] 고대 역사가들도 인용하고 있는
데, 인용문이 매우 풍부하다. 그는 감사관(auditor)으로서의 자신의
자격에서 한 말과 의견 등을 자주 언급하고 있다. 이것 때문에 그 서적
은 스콜라 학자들의 저서에서는 전혀 볼 수 없는 독특한 실용적 성격
을 갖는다.

그는 포로에 대한 모든 학대를 구별 없이 비난하고 또 적국 점령지
내의 주민들을 공정하게 대우할 것을 주장함으로써 그 선배들보다 훨
씬 진보적이었다.[84] 국제법에 관한 그의 진술 중 가장 중요한 것은,
만약에 한 군주가 중재할 의향이 있다는 것을 보이면, 그 전쟁이 "부
당한" 전쟁이 되지 않게 하기 위하여 전쟁과 유사한 행위가 중지되어
야 한다는 주장일 것이다. 여기에서 중재재판의 원칙뿐만이 아니라
강제적 중재재판의 원칙이 제시되고 있다. 그러나 벨리의 언급은 약
간 피상적이다.

발타사르 아알라는 안트베르펜Antwerp에서 에스파냐 귀족가문에 태
어났으며, 펠리페 2세가 네덜란드에 대항하여 파견하였던 군대 내에

---

83) 그 학자들이 조사된 곳으로는 Sereni, *op. cit.*, 88 f. 현재 문헌의 관점에서
보면 그들은 거의 중요성이 없지만, 그들 중의 하나는 국제법의 고전에 포함
될 가치가 있다: Giovanni da Legnano, *De bello, de represaliis et de duello*
(1360). 이 책은 종종 난해한 방식으로 신학, 점성술, 역사, 전쟁술(military art
and virtues) 그리고 다양한 법률문제들을 다루고 있지만, 국제법에 대해서는
적은 양만을 다루고 있고 그것은 주로 정전론(question of just war)에 관련된
것이다.

84) *De re militari et bello*, II, 8, 18; VII, 6, 12. Cavaglieri, *op. cit.*, 16a에 의한
이러한 설명은 다른 저자들에 의해서 반복되었지만 정확한 것은 아니다.

서 감사국장(Auditor General, 이는 미국의 Judge Advocate General과 비슷하다)이라는 높은 직위에서 근무했다. 그는 1582년에 『법과 전쟁의 무, 군 규율에 대하여』(*On the Law and Duties of War and Military Discipline*)이라는 서적을 출판하였고,[85] 2년 후인 36세에 사망하였다. 그 서적의 제2부는 전략, 전쟁 정책과 군대의 규율을 취급하고 있으며, 물론 그것은 에스파냐 국내법상의 문제이지만, 그는 제1부에서 전쟁법을 일관성 있게 논하고 있다. 우리는 그의 저서의 이 부분만을 다룬다.

정치적으로 그의 저서는 에스파냐와 가톨릭을 위하여 싸운다는 철저한 열정을 입증하고 있고, 가장 참혹한 교리나 잘못된 교리까지도 냉정하면서 논리적인 방식으로 제시하고 있다. 그러나 국제법 발전에 대한 그의 공헌은 확실히 가치 있는 것이었다. 그는 신학자들에 반대하지 않고 에스파냐 학파의 사상을 비종교적인 방향으로 돌렸다. 수아레즈는 여러 번 그를 인용하고 지지하였다. 무엇보다도 먼저 아얄라는 그의 정전이론을 법적 효과보다는 오히려 "형평 및 종교인의 의무"와 연관시켰다.

뿐만 아니라, 그는 주권자 간의 전쟁에 있어서 원인의 형평성을 논하는 것을 부적절한 것이라고 선언하였다. 분명히 주권자에 대한 그의 존중심 때문에, 아얄라는 정당한 주권자 간에 합법적으로 수행되는 전쟁은 어떤 의미에 있어서는 양측에 있어서 다 정당한 것이라고

85) *De jure et officiis bellicis et disciplina militari* (text and translation in Classics of International Law, 2 vols., with an Introduction by Westlake). 또한, W.S.M. Knight, "Balthasar de Ayala and His Work," *Journ. Comp. Legisl.*, 3rd series, III (1921), 220; Nys, "Le Traité de Balthasar Ayala," *Rev. droit int.* (1913), 225; Iribarne, "Balthasar de Ayala," *Revista española de derecho internacional*, I (1948), 125 참고.

말할 수 있다고 하였다. 역사적으로, 이러한 모든 것은 전통적인 전쟁 이론의 세속적 수정이며, 이 수정은 에스파냐의 대표적인 가톨릭 신자에 의하여 제시되었기 때문에 특히 중요하다.

물론 그 수정이론은 에스파냐와 네덜란드 간의 투쟁에는 적용되지 않았던 것이 사실이다. 아얄라는 보댕 및 기타 학자들과 같이 왕권을 찬양하였고, 비토리아처럼 왕권의 기원은 신성하다고 생각하였다. 국왕은 자동적으로 국민들의 "부모"라고 간주되어야 한다. 비록 그가 옳지 않고 잔인하다 하더라도 반역할 수 있는 정당한 이유가 있을 수 없다. 모든 경우에 반역은 신과 군주에 대한 극악한 죄이며, 그것은 이단과 같고 부모를 죽이는 것과 같다는 것이다.

더욱 중요한 것은 아얄라가 적에게도 신의를 지켜야 된다는 원칙을 전쟁법 이론에 도입하였다는 점이다. 물론 그가 수많은 예외를 만들었고 또 어떤 것은 놀라울만한 예외였던 것은 사실이다. 예컨대, 부당한 전쟁을 시작한 자들이나 반란군들에 대해서는 신의를 지킬 필요가 없으며, 또 군주가 그의 주권에 고유한 권리를 포기하는 것은 비록 맹세하에서 하였더라도 무효이다. 그러나 아얄라가 적어도 하나의 유익한 원칙을 확립하였다는 것은 인정되어야 한다.

아얄라의 견해는 주로 네덜란드에서 에스파냐가 저지른 비인도적이며 배신적인 전투행위를 설명하고 정당화하려는 목적을 가지고 있었다. 네덜란드의 국회(States General)는 펠리페 2세가 그들의 자유를 유지하겠다는 선서를 의식적으로 깨뜨렸다는 이유로서 그들의 통치자 자리에서 그를 폐위시켜 버렸다. 이 헌법상의 문제를 아얄라는 논하려고 하지 않았다. 그의 입장에서 볼때는 네덜란드는, 그는 언제나 간접적으로만 언급하였는데, 전쟁법에 의하여 보호받을 수 없는 반역자들이었다. 그들은 불량배나 도적들로서 취급해야 된다는 것이었다. 그러한 반역자들은 살해할 수도 있고, 노예로 만들 수도 있고, 또 그들의 재산은 전리품으로 할 수도 있었다. 그들과의 협약은 지킬 필요가 없었다. 왕권의 찬탈자는 누구든지 살해할 수 있었다. 이것은 결국 에스파냐의 모든 배신적 행위와 특히 결과적으로 성공한 에스파냐의 칙령을 정당화하는 것이었다. 이 칙령에서 에스파냐는 오랑주의 윌리암(William of Orange)을 살해한 자에게 금화 2만 5천개와 작위를 수여할 것을 약속했었다.

어떤 의미에서는 벨리와 아얄라가 이탈리아와 에스파냐의 정신을 대표하는 사람들이라고 볼 수 있을 것이다. 두 저자 모두의 상당한 장점은 그들이 스콜라 신학자들에 의하여 인용되지 않은 비종교적인 원전으로부터 많은 자료를 모으고 이용할 수 있도록 만들었다는 사실이다. 아얄라는 아주 좋은 고전 교육을 받아서 훌륭한 고대 학자들 — 역사가와 그 밖의 학자들 — 을 많이 인용하고 있다. 그는 또한 자기 목적에 적합할 때에는 보댕 같은 그 시대의 종교적 회의론자뿐만 아니라 몰리노Molinaeus 같은 개신교도의 저서도 인용하였다. 이 점 역시 신학적 입장으로부터 이탈한 것이었다. 다양한 각종 참고문헌이 있기 때문에 벨리의 저서, 더욱이 아얄라의 저서는 후대 학자들을 위한 정보의 보고가 되었다.

알베리코 젠틸리

알베리코 젠틸리Alberico Gentili(1552~1608년)는 이탈리아 북부의 한 도시 산기네시오Sanginesio에서 의사의 아들로서 태어났으며 페루자

Perugia 대학에서 법학을 공부하여 20세 때 그 곳에서 박사 학위를 받았다.[86] 그가 각종 자격으로서 법률 업무에 종사한 후, 그와 그 부친은 개신교 신앙을 갖게 되었기 때문에 1579년 종교재판소에 잡히기 전에 이탈리아에서 도망쳤다. 그 재판소는 그들에게 궐석재판으로써 종신형과 재산몰수의 판결을 내렸다. 한편 젠틸리 가족은 오스트리아와 독일에 잠깐 머문 후에 런던에 도착하였는데, 다른 많은 유명한 이탈리아의 개신교 신자들과 같이 환영을 받았다. 곧 알베리코 젠틸리는 옥스포드Oxford 대학에서 로마법(civil[Roman] law)의 강사가 되었다. 그는 곧 명성을 얻게 되었고 그리고 우리가 이미 본 바와 같이 영국정부는 1584년 멘도사Mendoza 사건에 있어서 그의 자문을 얻었다.

그 자문은 젠틸리에 대하여 중대한 것으로 판명되었다. 왜냐하면 그것 때문에 그가 국제법에 관심을 갖게 되었기 때문이다. 멘도사 사건에서 연구한 것을 이용하여 그는 1585년에 『대사관론』(On Embassies)이라는 단행본을 출판하였다.[87] 1586년에 그는 독일에 갔고 거기서 영주할 의도를 가졌다. 그러나 그는 1587년에 영국에 다시 돌아왔으며, 옥스퍼드 대학교의 로마법 담당 석좌교수로 임명되었다. 석좌교수로서 그는 다른 교수들처럼 박사학위 수여식에서 연례적인 공식연

---

86) 광범위한 참고문헌이 있는 주요 저서로는 van der Molen, *Alberico Gentili* (1937), 추가할 수 있는 것으로는 Del Vecchio, *Ricordando Alberico Gentili* (1936). 더욱 최근의 것으로는 Sereni, *op. cit.*, 105. 초창기의 연구들 중에 특별히 언급할만한 가치가 있는 것으로는 Reiger, *Commentatio de Alberico Gentili* (Groningen, 1867). Mulas, *op. cit.*에서는 그에 대한 젠틸리와 벨리의 영향에 대해서 상세히 다루고 있다. 젠틸리의 *Opera omnia*는 1770년에 나폴리에서 Gravier에 의해 출간되었다.

87) *De legationibus libri tres*, 국제법의 고전에 있는 번역본. 이 번역본에서 계속 *jus gentium*을 "국제법(international law)"이라고 번역한 것은 특히 적절하지 못한 표현이다.

설을 해야 되었다. 저 유명한 아르마다의 해(역자 주: the year of the great Armada; 에스파냐 함대가 영국 토벌을 기도함)인 1588년에 그는 연설의 제목으로서 전쟁법에 관한 시의적절한 몇 가지 문제를 선정하였다. 이 강연이 1598년에 출판된 그의 주요 저서『전쟁론』(*On the Law of War*)[88]의 핵심이 되었다. 1600년에 그는 교수로서의 직책 이외에 런던에서 변호사 개업을 하였고, 1605년에 그는 국왕 제임스 1세의 동의를 얻어, 에스파냐 공관의 법률고문이 되었다. 에스파냐는 그 당시 네덜란드와 전쟁을 하고 있었기 때문에 개신교도 망명인이 그러한 직위를 수락하였다는 것은 약간 이해하기 곤란한 일이었다. 그의 사후 출판된『에스파냐 변호사의 호소』(*Pleas of a Spanish Advocate*)[89]는 법률고문으로서의 그의 활동의 학문적 결실이다.

　국제법에 관한 이러한 저서들 이외에 젠틸리는 정치문제와 로마법 및 신학에 관한 수많은 논문과 소책자를 썼다. 정치면에 있어서, 그는 엘리자베스Elizabeth 시대에 쓴 그의 저서『전쟁법』(*Law of War*)에서 자유주의적 견해를 전개하였으나, 제임스 1세가 왕위에 오른 후에는 국왕이 가지고 있는 극단적인 전제주의 이론을 전적으로 지지하였다. 이 변화 때문에 그는 왕의 총애를 받게 되었다. 종교문제에 있어서 그는 신앙의 자유를 강력히 주장하였으나 정통적 의견에 기울어 있었는데, 처음에는 칼뱅 노선을 따랐고, 후에는 영국 국교회(Anglican Church)의 이론에 더욱 가까워졌다. 1603년에 그의 저서들은 가톨릭의 금서목록(Index Librorum Prohibitorum)에 올랐다.

---

88) *De jure belli libri tres* (원래는 *De jure belli commentatio*), 국제법의 고전에서 Coleman Phillipson이 서문을 쓴 번역본. 다양한 판의 책들이 수록된 곳으로는 van der Molen, *op. cit.*, 326.

89) *Hispanicae advocationis libri duo* (1613), 국제법의 고전에 있는 번역본.

젠틸리의 국제법에 관한 저서는 처음으로 이 시대의 국제법에 관계 있는 모든 문제를 실질적으로 다 취급하였다. 대사관에 관한 문제는 그 시대에 일반적으로 논의된 가장 중요한 주제였으며, 이에 관해서는 젠틸리의 연구 이전에 많은 논문이 발표되었다. 그는 대사의 기능에 관한 그 당시 널리 보급된 애매하고 심지어는 위험한 이론에 대하여 강한 반대 입장을 취하였는데 그 당시 흔히 대사들은 일종의 간첩이라고 생각되었으며 또 그것은 근거 없는 일도 아니었다. 그와 동시에 그는 대사의 불가침 원칙에 찬성한다고 하였는데, 그 원칙은 실제로는 오랜 옛날부터 서양에서 인정되어 왔었다. 그러나 그는 대사들의 면제권(immunity)을 더 좁은 범위 내에 국한할 것을 제안하였다. 대사가 범죄를 공모를 하였을 때 그 공모가 실제로 실행되지 않았을 경우에만, 그 대사는 접수국의 형사관할권으로부터 면제된다고 그는 믿었다. 왜냐하면 그가 생각하는 만민법의 기초가 되고 있는 자연법에 있어서는 범죄에 대한 단순한 기도만은 처벌할 수 없기 때문이라고 하는데, 이것은 인정하기 어려운 이론이다. 젠틸리는 민사 문제에 있어서는 대사가 체결하는 계약에 대하여 접수국의 관할권이 면제된다는 것을 부정하였지만, 접수국의 관헌이 대사의 동산을 압류하거나 그의 관저에 들어갈 수는 없다고 주장하였다. 젠틸리의 연구는 이 문제에 관한 최초의 체계적인 검토였는데, 그것은 이전의 여러 연구들보다 상당히 발전하였다는 것을 보여 주었다.

젠틸리의 『전쟁법』(*Law of War*)은 전통적인 방식으로 정전문제에 치중하고 있다. 그 책은 3권으로 나누어졌다. 제1권은 전쟁의 원인, 제2권은 전투행위, 제3권은 ─ 새로운 것으로서 ─ 평화조약에 관한 것이다. 그는 공적인 군대간의 투쟁만을 전쟁이라고 보고, 그럼으로써 과거의 "사적" 전쟁을 부인하였다. 그의 방법은 그의 뒤를 따른 수 아레즈를 포함한 스콜라 학자들의 방법보다도 훨씬 포괄적이다. 그리고 조약에 관한 법 — 아주 중요한 문제인데 그의 선배들은 대부분 소홀히 다루었다 — 에 관한 그의 논의는 그의 저술 가운데서 가장 가치 있는 부분이다. 그러나 젠틸리는 아직 조약에 관한 일반이론을 갖고 있지는 않았다. 그는 개별적으로 평화조약, 동맹, 그리고 몇 가지 다른 국제협약을 취급하고 있으나, 그의 분석 연구에서 약간의 일반적인 결론을 도출해 낼 수 있다.

젠틸리는 동맹 문제를 중립 문제와 연관시키고 있는데 동맹 문제에 관해서는 그 당시와 그리고 또 그보다 훨씬 후일에 있어서도 막연한 개념이 지배적이었다. 그는 세계의 도덕적 통일성을 원용하면서, 간섭주의적 입장을 취하였다. 그는 중립국(그는 중립국[the neutral]이라는 표현을 사용하지는 않는다)은 그 동맹국이 불법적으로 공격을 받았을 때는 그 동맹조건 이상으로 그 나라를 원조해야 되며, 또 동맹국을 도울 뿐만 아니라 자국과 인종이나 혈통이나 종교가 비슷한 다른 나라까지도 도와야 된다고 주장하고 있다. 그 당시는 종교전쟁의 시대였으며, 젠틸리는 에스파냐와 싸우고 있는 네덜란드를 원조하고 있는 나라에 충성하고 있었다. 여기서 정전이론은 예상치 않았던 개신교적 입장을 취하고 있다.

가장 중요한 것은 젠틸리가 스콜라 학자들의 학설에서 이탈한 것인데 그는 전쟁이 양측에게 다 정당할 수 있으며, 비토리아가 말한 것 같은 허용될 수 있는 무지뿐만이 아니라 객관적으로도 그렇다고 말하였다. 젠틸리는 정당성의 정도에 차이가 있을 수 있다고 첨언하고 있다. 뿐만 아니라 그는 다시 알키아투스를 인용하면서, 전시에 포로와 전리품 등에 관한 교전국의 권리는 전쟁원인에 관한 그들의 정당성과는 상관없다고 주장하였다. 젠틸리는 자기의 이론하에서 정전이론이 어떤 법적 의의를 가지고 있는지 여부를 검토하지 않는다. 그러나 그는 아얄라를 올바르게 이해하고 있었으며 이 발전은 20여 년 후에 수아레즈가 이 문제에 있어서 비토리아보다 후퇴하였다는 사실을 볼 때 더욱 의미가 있다. 그는 또한 여성들과 어린이들과 사제들 등의 집단을 전쟁의 공포로부터 보호하는 것을 정당화하였는데 그것은 그 전쟁을 시작하는데 그들이 무관계하기 때문이라기보다는 주로 고대학자들로부터 유래한 인도주의라는 더 광범위한 근거에 입각한 것이었다.

젠틸리는 특히 해사공법(public maritime law) 문제를 검토하고 있는데, 이것은 그 당시 항해술의 발달과 미대륙 및 기타 토지의 발견 때문에 급격히 중요성이 증가되기 시작하였다. 그는 해양의 자유를 주장하였으나 이 원칙에는 많은 제약을 가했다. 그는 연안 국가에게 인접수역에 대한 배타적 권한(dominium)을 인정할 뿐만 아니라―이 견해는 그 후의 정치적 및 이론적 발전에 의하여 확인되었다―극단의 입장을 취하여 그 지배적인 인접수역의 거리를 100해리까지 확장시켰다. 그러나 후에 대포의 착탄거리 또는 3해리가 일반적으로 인정되었다. 더구나 젠틸리는 그 연안국가 군주에게 공해에 대하여 배타적 권한(dominium)과는 다른 막연한 "관할권(jurisdiction)"을 인정하였다. 이 관할권이란 것은 그 주권자가 해적에 대한 조치를 취하는 것과 기타의 항해자들에 대한 어떤 애매한 권한을 행사하는 것도 분명히 포함한다. 분명히 그의 견해는 해양강국인 영국의 이해와 완전히 일치되고 있다.

전체적으로 보아서 『에스파냐 변호사의 호소』는 국제법 분야에서 젠틸리의 저작을 더욱 완전하게 그리고 또 더욱 가치 있게 만들고 있다. 각종의 해사법 문제와 절차문제에 관한 훌륭한 논의 이외에도, 많은 경험을 반영한 이 서적은 만민법에 관한 새롭고 초기적인 어떤 개념을 보여주고 있다.

영국 해사재판소(English Court of Admiralty)로부터의 항소사건을 재판할 재판관들 가운데서 영국의 관습법 학자가 있어야 되는지의 문제가 발생했다. 젠틸리는 ― 우리가 예측할 수 있듯이 ― 이러한 모든 항소재판의 재판관들은 로마법학자(civilians)이기를 원했다. 그는 그 당시의 영국 관습법이 외국 사람들이 관련된 소송이나 해사 문제에 적용하기에 적합하지 않는데 비하여, 그러한 경우에 "모든 사람들은 로마법에서 발견할 수 있는 만민법에 의거하여 재판을 받는 것에는 만족할 것이다"라고 주장하였는데 이는 옳은 것이다. 젠틸리는 주장하기를 왕명으로서 항소법원 판사들로 하여금 "우리"의 법률을 집행하도록 하는 것은 조금도 어려운 일이 아니라고 하였는데, "왜냐하면 로마법학자들이라 하더라도, 그들은 '영국 로마법'을 적용해야 되기 때문이다." 여기서 우리는 국제법(law of nation)이 "국내법(law of the land)"이라는 후대의 개념이 이미 제시되어 있는 것을 본다. 그러므로 궁극적으로 젠틸리는 그의 만민법을 정착시킬 근거지를 발견한 것 같다.

젠틸리의 저서는 오랫동안 인정을 받지 못하였다. 수세기 동안 그의 이름이 국제법에 관한 서적에서 여기저기 가끔씩 나타날 뿐이었다. 그것도 주로 이탈리아에서 나타났다.[90] 그로티우스는 그로부터

90) 중요하지 않은 저자들의 젠틸리에 대한 언급이 수록되어 있는 분명한 이탈리아 문헌으로는, Rolin-Jaequemyns, "Quelques mots sur les hommages

많은 영향을 받았는데, 그는 그 사실을 시인하는 동시에 좋지 못하고 또 약간 부당한 언급을 하였다. 그 때문에 아마 젠틸리에 대한 후세의 판단이 영향을 받았을 것이다. 18세기의 저명한 학자들, 특히 바텔 Vattel은 젠틸리를 언급하지도 않았다. 영국이나 기타의 법원에서도 그는 인용되지 않았다.[91]

홀란트T. E. Holland가 1874년에 옥스포드의 로마법 석좌교수가 되었을 때, 그의 전임자 젠틸리의 저서를 그 훌륭한 취임강연의 제목으로 택하였는데, 그때에 젠틸리는 갑자기 열렬하게 부활하였다.[92] 그 강연은 이탈리아에서 큰 반향을 일으켰다. 젠틸리의 기념비 건립위원회가 형성되었고, 국제법에 관한 이탈리아의 최고 권위자인 만치니 Mancini가 위원장이며 황태자(후에 움베르토 왕[King Umberto])가 명예회장이 되었다. 여러 거리의 이름이 "젠틸리"라는 이름을 따게 되었고, 순례자들이 산기네시오Sanginesio에 있는 그의 생가에까지 찾아오게 되었다. 또한 왕립 알베리코 젠틸리 연구소(Istituto Technico Albercio Gentili)가 마세라타Macerata대학에 설립되었다. 젠틸리에 관한 수십 권의 단행본과 논문들이 출판되었고, 1908년에는 젠틸리의 초상화가 남아있지 않았기 때문에 이탈리아의 법학박사(Doctor Juris Civilis)의

---

projetés à la mémoire de Grotius et d'Albéric Gentili," in *Rev. dr. int.*, VIII (1876), 690. 칭찬한 논평으로 덧붙일 수 있는 것으로는, Lord Liverpool, *Discourse on the Conduct of the Government of Great Britain in Respect to Neutral Nations* (2nd ed., 1759), 14.

91) 외교면제의 문제가 관련된 *Triquet v. Bath*, 7 Burr. 1478, 96 Eng. Rep. 273, 97 Eng. Rep. 936 (1764)에서, 맨스필드(Mansfield)경은 그로티우스와 다른 영국인이 아닌 저자들을 인용하면서 "그 주제에 대해 탁월한 영국의 학자는 아무도 없다"고 했던 탈봇(Talbot)경의 이전 발언을 받아들였다.

92) T. E. Holland, *Studies in International Law* (1898), 1.

복장을 입은 한 이상적 청년을 보여주는 동상이 산기네시오에서 제막되었다(역설적이게도, 젠틸리 기념비 건립운동에 자극을 받아서 먼저 1896년에 그로티우스의 동상을 델프트Delft에 세우게 되었다. 왜냐하면 네덜란드 사람들은 기념비를 세운다면 후자가 더 권리가 있다는 것을 타당하게 주장하였기 때문이다).

　젠틸리를 이탈리아가 찬양한 것은 과거에도 애국심이 동기였고 현재에도 그렇기 때문에, 그의 저서를 약간 과대평가하고 또 잘못 해석하게 되었다. 이탈리아의 진보주의자들은 그를 자유사상가(그는 자유사상가가 아니었다)이며 각국의 평화와 화합을 주장한 위대한 선구자라고 평가하였지만, 이것은 논란의 여지가 있다. 가톨릭 교회는 강경한 반대의 입장에 있었다. 기념비적인 이탈리아 백과사전(Encyclopedia Italiana)에서도 젠틸리는 간단히 취급되고 있다. 실제로, 그는 적어도 이탈리아에 속하는 정도로 영국에도 속한다.

　사실 젠틸리의 업적은 중요한 것이었다. 그는 독실한 기독교 신자였지만 대담하게도 국제법의 세속화를 시작하였고 또 이것을 발전시켰다. 또한 그는 강조점을 도덕으로부터 법적인 접근으로 옮겼으며, 적절한 지식에 관한 새로운 분야를 열었다. 이 모든 업적에 의하여 그는 국제관계에 대한 법적 탐구를 크게 확대시켰다. 우리는 그를 국제법 세속학파의 창시자라고 부를 수 있을 것이다.

　그의 위대한 장점에도 불구하고 만약에 젠틸리의 저서가 그 당대 사람들이나 그 다음 세대 사람들에게 그다지 감명을 주지 않았다면, 그 이유는 그의 학설이 심오한 근거가 없었다는 것도 있겠지만, 그보다는 오히려 그의 인격상의 어떤 결함에 있었을 것이다. 그는 너무나 논쟁을 좋아했고 너무나 주장이 강한 학자였다. 젠틸리의 저서는 국제법의 큰 명분이 발달하도록 하는 도덕적 요소가 결여되어 있었다.
젠틸리는 비토리아 정도의 위상을 갖지 못하였고 다음에 살펴 볼 그
로티우스의 위상보다는 훨씬 낮은 지위를 차지하였다.

휘호 그로티우스Hugo Grotius: 생애

휘호 그로티우스는 1583년에 델프트Delft에서 탄생하였고, 가장 훌
륭하고 교양 있는 칼뱅교도의 자손이었다.[93] 그의 부친 그루트Jan de

---

[93] 그로티우스에 대한 학술논문과 글은 약 천 개에 이른다. 주요출처로는 Ter
Meulen, *Concise Bibliography of Hugo Grotius* (1925). 동일한 저자가 1950년
에 함께 편집한 것으로는 Diermanse, *a Bibliographie des écrits imprimés de
Hugo Grotius*. 또한 *Grotiana*, ed. by Vereeinigung voor de Uitgave of
Grotius(6 vols., 1928–1936) 참조. 심지어는 그로티우스에 대한 성상학
(Iconography) 연구가 van Beresteun(1929)에 의해 이루어졌다. 하지만 아직
까지 그로티우스에 관해 만족할 만한 전기는 없다. 이용할 수 있는 가장 좋은
것으로는 W. S. M. Knight, *Life and Works of Grotius* (1925). 학술적 전기인
Van Eysinga, *Huigh de Groot* (1945)은 그 영웅을 과도하게 훌륭한 모범이라
는 말투로 소개했다. R. W. Lee, *Hugo Grotius* (1931–also in *Proceedings of
the British Academy*, Vol. XVI, 1931)에서는 간결한 연구에서와 같이 그로티
우스의 인격과 저서에 대해 보다 충분한 평가를 하고 있다; 또한 Lee's review
of van Eysinga's book in *Law Quarterly Review* (1946), 53 참고. Vreeland,
Hugo Grotius (1917)와 Gribling, *Hugo de Groot* (1947)는 더욱 대중적인 서술
의 성격을 가지고 있다.

　유럽의 사상사에서 그로티우스의 일반적인 지위를 고찰하고 있는 연구들
중에서 특별히 참고할 수 있는 것으로는 Hearnshaw, *The Social and Political
Ideas of Some Great Thinkers of the Sixteenth and Seventeenth Centuries*
(1926), 130; Corsano, *Ugo Grozio: L'Umanista, il teologo, il jurista* (1948); 그
리고 특히 활발한 연구로는 Eric Wolf, *Grotius, Pufendorf, Thomasius* (1927).
또한 Hashaen, "Das geistige Gesicht des Hugo Grotius," *Zeitschrift für
Völkerrecht*, XXIII, Supp. (1939), 33 참고. Vrankrijker, *De Staatsleer van Hugo
de Groot en Zijn Nederlandsche Tijdgenooten* (1937)은 네덜란드의 정치에
대한 그로티우스의 실제 태도에 관하여 정보를 제공해준다. 그로티우스의 신

Groot는 여러 분야의 학자였고, 한때는 델프트의 시장이었으며, 또 레이든Leyden 대학의 평의원(이사)이었다. 그로티우스는 소년시대의 외적 환경이 순조롭기도 하였지만 천재소년이었다. 7세 때, 그는 어린 동생을 잃고 슬퍼하는 그의 아버지를 위로하는 라틴어 시를 지었다 (이 시는 보존되어 있다). 11세 때 레이든 대학에 입학하여 ─ 이 사실 자체는 그 당시에는 특이한 일은 아니었다 ─ 10년 후에는 수학, 철학과 법학에 관한 대학 졸업논문을 제출한 후 학교를 떠났다. 그리고 그 동안에 라틴어와 그리스어로 여러 편의 시를 지었고, 또 고대 라틴작가 카펠라Martianus Capella의 우화적 시를 편집하여 2년 후에 출판하였다.

그의 명성은 아주 빨리 퍼져서, 그가 15세 때 네덜란드 대사를 따라서 프랑스의 앙리 4세의 궁전에 갔을 때 프랑스 왕은 그를 가리켜 "네덜란드의 기적"이라고 불렀다고 전해지고 있으며, 또 오르레앙Orléans 대학은 그에게 법학박사 학위를 수여하였다. 16세 때 그는 본국에서 변호사 개업을 하였다. 그러나 그는 고전분야에서의 각종 연구에 종사하고 있었다. 18세 때 그는 『추방된 아담』(*Adam in Exile*)이라는 라틴어 비극을 썼는데 그것은 그 후 1835년에 영어로 번역되었다. 그는 1603년에 저명한 학자들을 제치고 네덜란드의 사료편찬관에 임명되었다.

젠틸리나 그 후의 빈케르스후크Bynkershook처럼, 그도 우연히 하나의 법률 소송사건을 통해서 국제법과 관계하게 되었다. 그 사건은 특별

학적인 업적이 유보적으로 판단된 곳으로는 O. Ritschl, *Dogmengeshichte des Protestantismus*, III (1926), 343; 보다 잘 이해하고 있는 것으로는 J. Schlueter, *Die Theologie des Hugo Grotius* (1919), 그리고 어느 정도 이해하고 있는 것으로는 "Grotius," in *Encyclopedia of Religion and Ethics*.

한 관련성과 중요성을 가졌다. 1601년 네덜란드가 에스파냐와 전쟁 상태에 있을 때, 네덜란드 동인도회사(Dutch East India Company)의 한 함대가 말라카Malacca 근처에서 포르투갈의 한 선박을 나포하였는데, 그 당시 포르투갈은 에스파냐의 지배하에 있었다. 그 선박은 귀중한 화물과 함께 네덜란드에 견인되어, 그곳에서 정당한 포획물로서 매각되었다. 그 회사의 주주들은 기독교도들이 전쟁을 일으켜서는 안 된다는 이유와 기타의 고귀한 원칙을 이유로 이 조치에 반대하였다. 그 회사는 젊은 그로티우스에게 이러한 반대에 대한 의견을 물었던 것 같다. 그는 1604년과 1605년의 겨울에 『포획법론』(*On the Law of Spolis*)이라는 제목으로 자기의 의견을 작성하였다.[94] 그는 근본적 문제에 깊이 들어가서 그 회사의 조치를 옹호하였다. 그의 연구 가운데서 유명한 한 장(chapter)이 1609년에 『자유해론』(The Free Seas, *Mare liberum*)이란 제목으로 출판되었다.[95] 그러나 그 이외에는 그로티우스는 그 글을 출판하기를 꺼렸고 1864년에 겨우 그것이 발견되었다. 그러나 그는 국제법에 정통하게 되었고, 그것에 대한 명확한, 주로 철학적인 개념을 갖게 되었다. 그 글의 주요부분은 그의 위대한 저서에 들어갔지만, 그로티우스는 그에 앞서서 다사다난한 비극적인 몇 해를 보내야 했다.

1607년 그는 홀란트 및 질란트Zealand와 프리스란트Friesland 지방의 검찰총장에 임명되었는데 이는 영·미의 법무장관과 비슷한 영향력

---

94) 영어 번역본과 Finch가 서문을 쓴 *De jure praedae commentarius*, in Classics of International Law (2 vols., 1950).

95) *Mare liberum sive de jure quod Batavis competit ad Indicana commercia dissertatio* (Magoffin의 1916년 영어 번역본). *De jure belli ac pacis*, Bk. II, Chap. 3 에서는 더욱 유보적인 태도를 취하고 있다.

있는 지위였다. 그는 새로운 직책을 맡아 직무가 많았는데도 시간을
내서 광범위하게 학문적 서신을 교환하였을 뿐만 아니라 그 당시 사
람들이나 후대의 작가들이 높이 평가하는『그리스도의 열정』(*Christ's
Passion*)이라는 또 하나의 종교적 비극과 초기 네덜란드의 역사인『고
대 바타비아 공화국론』(*On the Antiquity of the Batavian Republic*)[96]이라
는 정치사와 같은 작품을 내놓았다. 그 책은 그가 재직하던 지방과 의
회의 역사와 존엄성을 강조하였고 또 네덜란드 귀족들이 대표하는 귀
족정치의 장점을 강조하였다. 그의 주장은 네덜란드의 통일에 반대하
는 것이었는데, 그 통일은 불가피한 역사적 과정에 의하여 그 당시 오
랑주 가문의 지도하에 진행 중에 있었으며 또 그 나라의 불안한 국제
적 위치 때문에 긴급히 요구되고 있었다. 이 책 역시 대성공이었다. 그
후 이 책은 1738년에서야 자국어로 번역할 필요가 생겼다.

1613년에 그로티우스는 로테르담Rotterdam의 펜셔너리Pensionary, 즉
네덜란드의 제2의 도시의 대표자이며 교섭자라는 더욱 중요한 직위
로 승진하였다. 그해에 그는 네덜란드의 외교사절의 일원으로서 영국
으로 갔다. 이것은 그 개인에 대해서나 다른 의미에서나 성공이 아니
었다. 이 사례가 보여 주는 것처럼 신중한 정치적 판단의 결여가 자신
에게 운명적이었음이 곧 판명되었다.

네덜란드의 신학자 아르미니위스Arminius가 칼뱅신학의 예정론—
이것에 의하면 사람의 영적 운명은 창조주에 의하여 이미 결정되어
있다—을 공격한 것이 정치적 성격을 띠는 격렬한 논쟁을 가져왔다.
연합지방에서 제일 큰 지방인 홀란트의 의회는 그 분쟁을 자기들 자

---

96) *Liber de antiquitate republicae Batavicae* (1610). Vrankrijker, *op. cit.*, 69
참고.

신이 해결하겠다고 제안하였는데, 그렇게 되면 그 의회를 지배하는
홀란트 귀족들이 거의 전부 아르미니위스의 학설에 기울어 있었기 때
문에, 아르미니위스의 추종자들에게 유리한 것이었다. 그러나 대부분
의 다른 지방들은 전국적 종교회의에서 해결할 것을 요구하였는데,
거기서는 정통적 칼뱅주의자가 우세할 것이었다. 그 종교회의의 소집
이 국가통일에 유리하게 작용할 수 있었기 때문에 군주와 같은 지위
에 있던 오랑주의 모리스공은 그 회의를 지지하였다. 그의 정적이며
이전의 친구인 올덴바르네벨트Oldenbarneveldt가 다른 당을 주도하였다.
그로티우스는 아르미니위스파의 좀 더 자유주의적인 종교관을 좋아
하였으나, 그 문제는 이제 정치적인 것이 되고 말았다. 이러한 상황에
서 그로티우스는 홀란트 의회편 — 자신이 로테르담의 펜셔너리로서
중요한 일원이었다 — 을 열렬히 지지하였다. 이리하여 그는 완전히
그리고 또 그 위험성을 똑바로 인식도 못하고 네덜란드의 역사상 가
장 위험한 투쟁에 뛰어들었다. 그로티우스가 현저하게 가담한 홀란트
의 의회가 내란을 준비하는 것 같은 조치를 취하고, 또 교섭이 실패에
돌아갔을 때, 모리스공은 공격을 가했다. 일종의 쿠데타로서 그는 특
별재판소를 설치하였는데, 이 재판소는 1619년 5월에 순전히 정치적
이유로서 올덴바르네벨트에게 사형을, 그리고 그로티우스에게 종신
형을 선고하였다. 그로티우스는 뢰브슈타인Loevestein의 오래된 요새에
수용되었다. 죄수가 된 그는 강인한 성격을 보여주었다. 그는 책 사용
이 허가되자 2년도 못되는 감옥생활에서 영구적 가치를 가진 두 책을
준비하였다. 그 중 하나는 『네덜란드 법학 개론』(*Introduction to Dutch
Jurisprudence*)이라는 로마·네덜란드 법의 교과서인데, 아주 우수해서
20세기까지도 특히 남아프리카에서 사용되고 있다. 뢰브슈타인에서

의 또 하나의 결실은 『기독교 신앙의 진리』(*The Truth of the Christian Religion*)라는 소책자였다. 그것은 주로 항해자들을 위한 것이었으며, 기독교의 본질을 알기 쉽게 설명하여 다른 신앙의 원리와 대조시킨 것이었다. 이 책은 세계적으로 유명해졌다. 원래는 네덜란드어로 쓰여졌는데, 그것은 아시아어를 포함한 여러 나라 말로 번역되었으며, 19세기까지 반복해서 출판되었다. 영어판만 해도 14판이 있다.

1621년 3월에 그의 감옥생활은 모험적인 탈옥에 의하여 종결짓게 되었는데, 그 흥미 있는 탈옥사건은 자주 묘사된다.[97] 그로티우스는 그 친구들로부터 많은 책을 큰 상자를 이용해서 받아보고 또 돌려보내 주도록 허용되었다. 그로티우스의 부인은 그의 곁에 있도록 허락되었는데, 그에게 닫힌 상자 안에 누워있을 수 있도록 연습을 시켰다. 그러다가 적당한 시기에 그를 상자 안에 넣어서 그 친구에게로 운반시켰고 그 친구들은 그가 석공으로 변장하여 브라반트로 도망갈 수 있도록 해주었다. 거기서 그는 프랑스로 갔으며 프랑스에서는 국왕과 친구들이 환영해 주었다. 1622년 말에 예비적 연구를 시작한 후, 그리고 1605년의 그의 논문을 이용하여, 그는 1623년과 1624년에 그의 위대한 저서 『전쟁과 평화의 법』(*On the Law of War and Peace*)"[98]을

---

97) 특히 Vreeland, *op. cit.*, 131 참조.

98) *De jure belli ac pacis libri tres, in quibus jus naturae et gentium; item juris publici praecipua explicantur* (J. B. Scott가 빈약한 서론을 쓴 1925년 국제법 고전의 번역본). 더 추가된 판에 대해서는 Ter Meulen and Diermanse, *op. cit.*, 222; 그 책의 유래에 대해서는 Vollenhoven, "The Growth of Grotius' *De jure belli ac pacis*," in *Bibliotheca Visseriana*, VI (1926), 131 참조. 발간되어 온 그 책의 선집으로는 W. S. M. Knight, "The Grotius Society Publications, Texts for Students of International Relations," No. 3 (1922); a translation by Wilson of the "Prolegomena" in *Amer. Journ. Int. Law*, XXXV (1941), 206 참조.

써서 프랑스의 루이 13세에게 바쳤다. 그 당시는 30년 전쟁이 치열하게 전개되고 있었다. 그로티우스는 자기의 깊은 학문의 힘으로써 법과 평화의 회복에 공헌하기를 원했으며, 법학, 철학과 신학 ― 그는 이 모든 것에 능통하였다 ― 의 모든 힘을 동원하려고 하였다. 직위가 없는 난민인 그는 동시에 자신을 공직에 자천할 생각을 가지고 있었을 것이다.

그의 저서는 즉시 호평을 받았다. 그러나 그로티우스는 특히 귀국 기도가 실패했기 때문에, 큰 실망과 우울한 시기를 보내야 되었다. 수년을 도망자로서 홀란트와 독일에서 지낸 후에, 그는 결국 자기의 위신과 야망에 알맞은 직위를 얻게 되었다. 1634년에 스웨덴의 수상 옥슨스티르나Oxenstierna는 그를 파리주재 스웨덴 대사로 임명함으로써, 그로티우스의 저서를 높이 평가하고 있던 아돌푸스 왕Gustavus Adolphus (1632년 서거)의 의향을 존중하였다.

그로티우스는 스웨덴 대사 자리를 10년 이상 지켰는데, 그 자리는 30년 전쟁의 격변 때문에 이중으로 책임있는 직위였다. 그러나 그는 더욱 더 종교문제에 몰두하게 되었고, 언제나 기독교 교회의 재통합을 그의 목표로 하였다. 그는 또한 광범위한 역사연구와 시와 또 외국 학자들과 널리 교류하는 일에 골몰하였다. 그는 자기의 위대한 저서를 개정한 것 이외에는 국제법을 다시 다루지 않았다. 어떤 의미에서 국제법은 그에게는 주변적이었던 것 같다. 그의 생애의 마지막 20년 동안에 수많은 출판을 하였으나, 그다지 호평을 받지 못하였다. 다만 복음서에 대한 그의 주석은 성경의 주석에 역사적·철학적 방법을 소개하였다고 해서 공적을 인정받았다.

그로티우스는 대사로서도 성공하지 못하였다. 법률가로서나 학자

로서의 그의 권위가 절대적이었음에도 불구하고, 또 프랑스 왕의 개
인적 호의가 있었음에도 불구하고, 그는 프랑스 정부와 원만한 관계
를 수립하지 못하였고 또 리슐리외 추기경은 여러 차례 스웨덴 정부
에게 그를 소환하라고 요청하였다. 그는 외교관에게 바람직한 사교성
이 부족하였다. 뿐만 아니라 그는 각종의 문학적 연구와 또 교회의 재
통합을 위한 투쟁에 너무 골몰하게 되어, 자기직무에 전념하기 어려
웠다. 확실치 않은 한 일화가 있는데 아주 특징적이어서 생략할 수 없
다. 프랑스 왕이 각국 대사들을 환영하는 연회에서 그로티우스는 창
문 옆에서 신약성경을 재미있게 열심히 읽고 있었다고 전해진다. 스
웨덴 정부는 파리에 특별사절을 보내서 그로티우스 대신 역할을 수행
하도록 함으로써 간접적으로 불쾌감을 표시하였으며, 결국은 1644
년에 그를 소환하였다.[99] 스톡홀름에서 그는 최상의 우대를 받았으나
그에게 다른 공직이 맡겨지지 않았다. 새로이 공직을 맡지 못하던 그
는 자기의 의도를 누구에게도 말하지 않고, 돌연히 배를 타고 스웨덴
을 떠났는데, 그 배는 포메라니아 연안에서 조난당했다. 기진맥진해
진 그로티우스는 뚜껑 없는 수레를 타고 뤼베크로 가려고 하였으나
로스토크까지밖에 가지 못하였다. 그는 거기서 루터교 목사로부터 마
지막 영적 위안을 받고 1645년 8월 29일에 사망하였다.

이리하여 이 위대한 사람은 외국에서 홀로 초라한 몸으로 그리고
깨어진 경력을 가진 채 저세상으로 떠났다. 그것은 깊은 운명적인 삶
의 상징적인 종결이었다. 그는 언제나 정치가로서 인류의 운명을 결
정하고 싶은 불가항력적인 충동을 느꼈다. 이상하게도 그는 조숙한

---

99) 스웨덴의 기록 보관소가 그로티우스의 외교적 활동들에 대해서 조사하지
   않았던 것은 놀랍고 유감스러운 일이다.

소년으로서 자기 저서에서 적당히 선택한 헌정문을 통하여 정치적으로 유력한 사람들과 인연을 맺으려고 애썼다. 그의 타고난 성격에 있어서 그는 학자이자 이상가였으며 공상가에 가까웠다. 그는 사실과 권력을 현실적으로 평가하는 재능은 없었다. 그 생애의 중대한 불행이 이것을 증명하고 있다. 교회의 재통합을 위한 그의 열정적 투쟁은 가장 특징적이다. 이 투쟁은 그의 종교적 열정과 이상주의를 입증하기는 하지만 그의 실질적 판단력은 입증하지 못한다. 실제로 그의 노력은 그에게 중대한 오해와 심각한 적대감을 가져왔을 뿐이다.

그는 임종시에 이러한 말을 했다고 전해진다. "나는 여러 가지 일에 착수하였으나 아무것도 이룬 것이 없다." 그 심오하고 학식 있는 저서를 통해서, 현대의 ─ 전 역사는 아니라 하더라도 ─ 어떤 법학자나 법철학자보다도 이 세상에 공헌한 것이 많은 사람 그리고 그 당시 사람들이 그처럼 존경하고 우대하던 사람이 그렇게 말하였다고 한다. 그 스스로 지은 그의 비문은 실로 감동적이다.

휘호 그로티우스, 네덜란드의 죄수이자 망명자,
위대한 스웨덴의 대사

"죄수이자 망명자," 이것이 그를 마지막까지 괴롭히던 상처였다. 그러나 굽히지 않고 자기 국민들에게 수치를 주는 것처럼 그는 놀라운 병렬법을 사용하여 외치고 있다. "위대한 스웨덴의 대사!"라고. 이처럼 그는 마지막 노력으로서 자기에게 부족했던 것을 영원히 기억하려고 하였다. 역사는 그로티우스가 자기 자신에 대해 한 것보다도 더 그를 공정하게 평가하였다.

휘호 그로티우스: 업적

　그로티우스의 위대한 업적은 주로 전쟁법에 관한 논문이며,[100] 이는 또한 그의 선배들이 가장 관심을 가졌던 문제이다. 그로티우스는 키케로Cicero의 말을 빌려서『전쟁과 평화의 법에 관하여』(De jure belli ac pacis)라는 제목을 택하였다. 그러나 평화법은 전쟁법과 동격 — 이것이 국제법에 관한 현대 논문의 방법이다 — 으로서가 아니었고 전쟁법에 부수적인 것으로 취급되고 있다. 그 저서는 전통적인 방법으로 정전문제를 중심으로 다루고 있다. 격찬을 받는 서문(Prolegomena)에

---

100) *De jure belli ac pacis*를 분석한 것들 중에 가장 좋은 것으로는 von Kaltenborn, *Kritik des Völkerrechts* (1846), 37, 그리고 Basdevant in Pillet, ed., in *Les Fondateurs du droit international* (1904), 180. Van Vollenhoven, "The Framework of Grotius' Book *De jure belli ac pacis*," *Verhandelingen der Koninklijke Akademie der Wetenschpappen*, Afdeeling Letterkunde, XXX (1932), No. 4 — 또한 별개로 출간되었다 — 는 그 책의 어떠한 연구에도 큰 도움이 된다. 저명한 그로티우스 전문가인 Van Vollenhoven의 다른 연구들은 "응보적(punitive)" 전쟁이 그로티우스 체계의 초석이라는 생각을 지나치게 강조했기 때문에 때때로 설득력이 없다; 예를 들면 "Grotius and Geneva," *Bibliotheca Visseriana*, VI (1926), 5, 27 참조. Contra: Beaufort (of the Franciscan Order), *La Guerre comme institution de secours ou de punition* (1933), 156.
국제법에 대한 그로티우스의 견해에 관한 다른 논의들 — Ter Meulen이 1936년까지 작성한 목록과 *Grotiana*에 있는 목록(前註 112) — 중에 언급할 수 있는 것으로는 Balogh, "'The Traditional Element in Grotius' Conception of International Law," in *New York University of Law Quarterly Review*, VII (1930), 261; Gurvitch, "La Philosophie du droit de Grotius et la théorie moderne du droit international," in *Revue de métaphysique et de morale*, XXXIV (1927), 365; Regout (S.J.), *La Doctrine de la guerre juste* (1934), 274; Joubert, *Etude sur Grotius* (thesis, Paris, 1935); Lauterpacht, "The Grotian Tradition in International Law," *Brit. Yr. Bk. Int. Law*, XXXIII (1946), 1.

그의 주요견해를 개관하고, 이어서 간략한 제1권에서는 법과 전쟁 같은 근본적 개념에 대한 연구를 하고 있다. 그리고 제2권에서는 전쟁의 정당한 여러 원인을 검토하고 있고, 제3권에서는 실제 전투에 있어서 "옳은 것"에 관한 설명을 하고 있다.

그는 승리국 군주에게 재판관의 역할을 맡기지 않고 있다. 그러나 그는 전쟁을 침해된 권리를 주장하기 위한 일종의 소송행위라고 보고 있다. 그 때문에 전쟁의 정당한 원인의 검토가 그에게 있어서는 정당한 "소송의 원인(causes of action)"에 대한 일반적 검토가 된다. 그로티우스의 설명은 광범위하다. 사법에 관한 장들은 그 이전의 논문에서 가져온 것이며, 그 논문은 포획법에 관한 논문과 함께 그로티우스가 잘 활용하였다. 이러한 주장은 일리가 있다. 그것은 그로티우스가 어떻게 그렇게 크고 깊이가 있는 책을 2년 이내에 완성할 수가 있었는가 하는 것을 설명할 수 있다.

그로티우스는 구성과 문서인증에 관해서 젠틸리에게서 많은 도움을 받았다.[101] 내용이나 논증의 방법에서는 그는 스콜라 학자들의 영향을 더 받았다. 그로티우스는 도덕신학을 높이 평가하였고, 자주 비토리아를 인용하고 있다. 스콜라주의의 근본적인 원칙들이 그의 저서 가운데서 신중히 고려되고 있다. 위에서 말한 바와 같이 그의 논문 전체의 기초가 되어있는 정전이론 이외에 신법, 자연법,[102] 만민법, (국내)민법 같은 스콜라 학자들이 잘 알고 있는 개념들을 철저히 분석하

---

101) Reiger, *Commentation de Alberico Gentili*, 75 참고. 그로티우스는 심지어 젠틸리가 잘못 인용한 몇 가지를 그대로 빌려서 썼다.

102) 그로티우스의 자연법 이론에 대해서는 Fortuin, *De Natuurrechtelijke Grondslagen van de Groot's Volkenrecht* (1946) [bibl. *]; Ottenwälder, *Zur Naturrechtslehre des Hugo Grotius* (1950).

고 있다. 그로티우스는 그것들의 세부 분류, 연원, 상호관계 및 그것
들의 공통적 기초 등을 특히 정의(justice)의 개념을 염두에 두고 연구
하고 있다. 그의 논문 중 이러한 부분과 기타 부분에서 일반적이고 광
범위한 법철학이 제시되고 있다. 우리의 목적을 위해서는 단지 몇 가
지 중요한 점만 검토하면 된다.

 스콜라 학자들은 자연법을 신성한 것이라고 생각했다.[103] 그로티
우스는 그들에 반대하지는 않지만, 그래도 자연법은 "비록 신이 없다
는 것이나 인간의 일과 신과는 관계가 없다는 최악의 죄를 범하지 않
고는 시인할 수 없는 그러한 경우"일지라도 유효하다고 말함으로써,
자연법을 신학으로부터 분리시켰다. 이 말은 그가 하나님에 대한 믿
음을 진지하게 고백한 후에 한 말이다. 그로티우스 이전의 스콜라 학
자들도 대담한 사람들은 때로는 그와 비슷한 가설적인 어법을 사용했
었지만,[104] 그것은 단지 변증법적 기법으로서 했을 뿐이었다. 그로티
우스의 말은 개인적으로 자기가 싫어하는 어떤 가능성 그리고 자연법
의 세속적 성격을 의미하게 되는 어떤 가능성일지라도 학자로서 그것
을 인정해야 된다고 느꼈음을 의미한다고 이해되어야 하며, 또 그렇
게 이해되어 왔다. 자연법에 이러한 성격이 있다는 것은 그가 신학적
인 왜곡 없이 아리스토텔레스Aristotle와 같이, 자연법을 심리학적인 전
제, 즉 인간의 사회성에 기초한 것으로 보고 있다는 사실에서 더욱 나
타난다. 우리가 그로티우스의 자연법을 합리성의 원칙이라고 볼 수

---

103) 자연법 이외에도 그로티우스는 계시에 의해서(자연법에서 유래한 존재가
   아니라) 神이 명령한 "의지적(volitional)" 神法을 언급하고 있으나, 이 개념은
   그의 체계에서 효력이 없는 것으로 남아있다. 일반적으로 그가 성서를 인용한
   것은 추정적인 자연법의 규칙들을 강화하려는 의도였다.
104) Gierke, *The Development of Political Theory*, 77, 90 참고.

있는 것도 이것 때문이다. 그러므로 그의 체계 내에는 진정한 신법이
들어갈 여지가 적었다.

그로티우스는 만민법을 확실히 국가 간의 법이라고 규정하고 있
다.[105] 그러나 그는 그것을 수아레즈처럼 몇 개의 적은 규칙이라고 말
하지 않는다. 정반대로 그는 국제관계에 있어서 넓은 범위를 만민법
에게 부여하는데, 아마도 자연법에 부여한 것보다 더 넓은 범위일 것
이다.

자연법과 국제법의 이분법(Dichotomy)은 그 자체로 그로티우스에
의해서 유지되고 있다. 그는 모든 것을 포괄하는(all-comprehensive)
국제법의 개념을 가졌다.

용어가 무엇이든지간에 위에서 요약한 것 같이 그로티우스의 국제
법은 본질적으로 통합된 전체였으며, 근본적으로 스콜라 학자들의 개
념과 달랐다. 기독교적 이상에 의하여 영향은 받았으나 그의 개념은
철저히 세속적이었다. 젠틸리에 있어서처럼, 교황과 교회는 그의 체
계에 있어서는 법적 지위를 갖지 못하였다. 그러면서도 그로티우스는
스콜라 학자들과의 관계를 끊지는 않았다. 그는 로마의 법학자들을
높이 평가하고 있는데, 그것은 다만 그들이 흔히 자연법 원칙에 대한
최선의 이유를 제공하고 또 자연법과 국제법에 유리한 증거자료를 제
시한다는 이유에서만 그러하였다. 그래서 그는 젠틸리만큼 로마법대
전(Corpus juris)에 의존하지 않았다. 그는 철학 및 전통과 도덕적 신
념에 기초한 자연이성에 훨씬 더 의존하였다.

그로티우스의 관용적 태도와 그의 세속적 연구방법은 밀접하게 관

---

105) 그로티우스가 *jus gentium*이라는 용어를 사용한 것에 대해서는 Clementinus
a Vlissingen, *De evolutione definitionis juris gentium* (1940), 119, 170 참고.

련되어 있었다. 이미 본 바와 같이, 16세기와 17세기의 가톨릭 학자들은 개신교도들을 이교도라고 생각하였고 아주 격렬히 싸워야 될 증오스러운 적이라고 생각하였다. 개신교 학자들의 태도도 비슷하였다. 그러나 그로티우스는 독실한 개신교도였고 가장 잔인한 종교전쟁 중에 집필하였지만, 가톨릭의 감정을 상하게 할 만한 말은 전혀 하지 않았다. 이것은 교활한 정치적 이유가 아니었고, 기독교 교회의 재통합에 대한 그의 바람과 희망의 표현이었다. 이러한 의미에서 그는 비교파인이었으며 아마 초교파인이었다. 그의 관용적 태도는 더 나아갔다. 그는 기독교 국가간의 특별한 관계를 인정하면서도 사라센 사람들이나 기타의 이교도들에 대한 차별을 권유하지 않은 최초의 학자였다. 그는 심지어 이러한 사람들과 조약을 체결하는 것까지도 반대할 것이 아니라고 생각하였다. 그리고 비기독교도들과의 관계를 제외하고, 국제법 이론의 보급은 그것이 내용이나 형식에 있어서 개신교도들이나 가톨릭 신자들에게 모두 수락될 수 있는 것일 때에만 성공할 수 있었다. 여기에서도 또한 젠틸리와 스콜라 학자들보다 진보하고 있는 것을 볼 수 있다. 실제로, 관용적 태도는 그로티우스 저서의 현저한 특징이다.

그는 또한 젠틸리와 달리 원칙적으로 전쟁은 그 일방에 있어서만 옳을 수 있다는 데 동의하고 있다. 그러나 그는 아얄라처럼 정의라는 것은 전쟁의 법적 효과와는 상관이 없다고 지적하고 있다. 그에 의하면 공적인 당국자가 선포한 전쟁은, 그들의 전쟁이유의 정당성에는 관계없이, 만민법에 의하여 적을 살상할 수 있는 권리를 교전당사자들에게 부여한다. 그러나 이 권리는 본질적으로 포로에 관해서는 제한되고 있다. 그들을 살해해서는 안 되며, 또 기독교도들 간의 전쟁에 있어서는 노예로 삼아도 안 된다. 더구나 모든 경우 적에 대해서도 신의를 지켜야 한다.

그로티우스가 종래의 정전이론에 또 하나의 새로운 전환을 가져온 것도 역시 중요하다. 종래의 정전이론은 전투행위보다 주로 전쟁의 개시에 관련되었다. 그로티우스는 그가 전투의 성질(temperamenta)이라고 부르는 것을 수립함으로써 새로운 길을 열었다. 그는 가장 설득력 있는 방법으로 아주 상세한 점에까지 들어가면서 인도주의, 종교와 장기적인 정책을 이유로 절제를 촉구하였다. 예컨대 패자를 죽이는 권리는 다만 승자 자신을 죽음이나 그와 비슷한 피해로부터 구제하기 위하여 필요할 때나, 또는 그 패배자가 범죄를 범했을 때에만 행사할 수 있어야 하며, 또 인질은 그들 자신이 나쁜 짓을 하지 않는 한 사형에 처해서는 안 되고, 또 재산은 군사적 필요성이라는 이유가 아니면 파괴해서는 안 되며, 또 약간의 자유와 자치권은, 특히 종교문제에 있어서는, 패전 국민들에게 인정되어야 한다는 것이다. 그리고 이러한 모든 것은 패전국의 전쟁 명분의 정당성 여부에 관계없이 인정되어야 한다는 것이다.

그로티우스의 연구로서 그 논의가 더 풍부해진 특별한 문제 중에서 해양의 자유문제가 중요하다. 그로티우스는 정교한 논증으로서 해양의 자유를 주장한 최초의 사람이었다. 그는 위대한 능력 및 학식과 열정으로 그 일을 하였다. 『자유해론』(Mare liberum)이라는 눈에 띄는 제목이 특징인 그의 연구는 우리가 이미 본 바와 같이 주로 포르투갈을 대상으로 하고 있는데 포르투갈은 인도양(Indian Ocean)에 대하여 주권을 주장하였다. 그러나 논쟁의 실제 범위는 훨씬 넓었다.[106] 그의

---

106) 당시 영국의 태도는 우유부단했다. T. W. Fulton, *The Sovereignty of the*

반대자 중 가장 유명한 사람은 영국사람 존 셀던(John Selden)이었는데, 그는 1635년에 역시 고전적인 『폐쇄해론』(*Mare clausum sive de dominio maris, The Closed Seas; or, The Dominion of the Seas*)이라는 제목을 가진 논문을 가지고 『자유해론』(*Mare liberum*)에 대응하였다.[107] 셀던의 가르침은 100년 이상 동안 영국의 공식적 정책의 기초가 되었다. 그러나 그로티우스의 이론이 점점 각국정부와 법원에서 우세하게 되었다. 『자유해론』만으로도 그는 지속적인 명성을 가질 수 있을 것이다.

　외교사절에 관해서도, 그로티우스는 대사가 법적으로 그가 접수된 나라의 영토 밖에 있다고 간주되어야 한다는, 지금까지 알려지지 않았던 가정을 실제 국제법의 관행에 소개하였다. 이것에 관련해서 그로티우스가 사용한 '영토 밖에 있는 것처럼'(*quasi extra territorium*)이란 표현은 '치외법권'(*exterritoriality*) 이론으로 일반적으로 채택되었다. 일반적으로 외교사절 법에 관한 그의 주장은 진보적이었다. 그의 의견에는, 대사는 그 접수국의 형사관할권에서 완전히 면제되었다. 중대한 범죄가 있을 경우에는, 그는 처벌을 위하여 강제적으로 송환될 수 있었다. 이러한 견해는 국제관행에서 승인되었다. 민사관할권에 관해서 그로티우스는 대사의 동산은 압류될 수 없다고 선언하였다. 그 후, 국제적 관습은 민사문제에 있어서도 치외법권이란 넓은 개념에 따라 면제를 확대시켰다.

Sea (1911), 101 ff 참고.

107) Klee, *Hugo Grotius und Johannes Selden* (1946) 참고. *De justo imperio Lusitanorum Asiatico* (1625)의 저자인 포르투갈의 Freitas는 그로티우스에 반대하는 또 다른 학자였다. 일반적으로 Fulton, *op. cit.*, 338; Nys, *Origines*, 379; Garcia Arias, *Hitoria del principio de la libertad de los mares* (1946); 그리고 어업을 목적으로 한 것으로는 Riesenfeld, *Protection of Coastal Fisheries Under International Law* (1942), 7 참조.

젠틸리보다 우수하게 그로티우스는 조약에 관한 일반이론을 수립하고, 더 충분한 설명을 하고 있다. 아직도 계약이라는 더 광범위한 개념에 부속되어 있었지만, 조약은 처음으로 계약과 구별되었다. 일반적으로 그로티우스는 한 군주에 의하여 체결된 조약은 그의 후계자들에 대해서도 구속력을 갖는다고 보았는데, 이 견해는 젠틸리의 견해보다 더 명확하였다. 상업국가 출신인 그는 또한 사정변경의 원칙(*Clausula rebus sic stantibus*)을 부인하고 신의의 중요성과 조약의 유지를 강조하였다. 그러나 그는 자기의 입장을 완화할 필요를 느꼈다. 그는 사정의 계속을 기대한 것이 한 조약체결의 유일한 이유였다는 것이 절대적으로 확실한 경우에는 그 원칙을 인정하려고 하였다. 그러나 이 조건은 비현실적이고 인위적인 것이었다. 그는 또한 어떤 의무가 너무나도 중대하고 감당할 수 없는 것이라고 증명될 때에는 그 의무를 가진 국가를 그 의무로부터 해제시켰다.

중립에 관한 그로티우스의 논의는 역사적으로 큰 의미가 있다. 그는 "중립국(neutrals)"이라는 표현을 피하였는데, 그 말은 그 당시 잘 알려져 있었지만 국가의 관행에 있어서는 애매한 중요성밖에는 없다고 지적되었다. 그는 고전 라틴어로서 *medii in bello*(전쟁에 있어서의 중간자)라고 말하기를 좋아하였다. 그는 중립문제에 법적 분석을 가한 사실상 최초의 학자였으나 만족할만한 논의가 나올 수 있는 시대는 아직 오지 않았다.

그로티우스의 공로가 때때로,[108] 특히 19세기 동안 과장되어 흔히

---

108) Brierly, *loc. cit. supra*, n. 60에서는 강력하게 그로티우스를 찬사하는 견해에 반론을 제기하고 있다. 저자가 아는 한 어떠한 신뢰할 수 있는 학자도 그로티우스를 찬사하는 견해를 지지한 바가 없었다. 이러한 찬사들은 J. B. Scott의 노선을 따라 그로티우스에 대한 비난을 지지하는 것으로 오해되어 왔다.

그를 자연법 이론의 창시자이라고 말한다. 물론 이것은 큰 잘못이다. 반면에 그에 대한 강한 비판이 있었는데,[109] 그 비판의 대부분은 정당한 근거가 있었다. 그의 저서 『전쟁과 평화의 법』(*On the Law of War and Peace*)은 확실히 전체적으로 잘 통합되어 있지 않다. 그는 너무 현학적이었으며, 그 설명은 흔히 너무 길고 막연하다. 또 하나의 현저한 결함─분명히 장점의 반대이다─은 그로티우스가 반대되는 종교적 또는 정치적 감정을 자극시키기 싫어하던 정도의 문제이다. 그 당시의 현실문제에 관한 분쟁에 휩쓸려 들지 않기 위하여, 그는 자기가 드는 예를 고대의 역사나 학문에 국한하였다. 이것은 그 이후의 시대와는 달리 인문주의의 시대에 있어서는 그렇게 이상한 일은 아니었다. 그러나 이것이 그의 주장을 약화시키는 결점인 것에는 틀림없다. 그리고 국민들은 폭군에 반항할 권리가 없다는 것과 그 폭군에 대한 전쟁은 "부정당(unjust)"하다는 것을 그가 애써 증명하였는데 이것에도 많은 반대가 있었다. 이 문제에 있어서 그로티우스는 그의 보수주의와 또 아마도 그의 칼뱅주의적 배경의 희생자라고 볼 수 있는데, 이러한 주의에서는 "기독교 국가"에 대한 반란을 허락하지 않는다. 그러나 이 점은 국제법과는 관련이 크지 않다.

　사람들은 아마 그로티우스의 『전쟁과 평화의 법』에서 노년기에 특유한 장점과 약점을 발견할 것인데, 이것은 어린 나이에 어른이 되었다는 평가를 받는 이 조숙한 천재가 자기 시대보다 앞서서 도달한 정신상태이다. 그 생애의 말기인 20년 동안에 그는 진정한 창조력이 쇠

---

109) 루소 (J. J. Rousseau)는 가장 심하게 그로티우스를 비판한 사람들 중의 하나였다. Lassudrie−Duchène, *J. J. Rousseau et le droit des gens* (thesis, Paris, 1906), 94, 321 참조.

퇴되었으며, 심지어는 성격이 변해서 때로는 이상한 행동을 하는 일까지 있었다.[110)

어쨌든 『전쟁과 평화의 법』은 국제법의 역사에서 획기적인 것이었다. 실제로, 그것은 현대 국제법 이론을 시작시킨 것이었으며, 위에서 본 바와 같이 세속적이며, 비차별적인 것이다. 그러므로 그로티우스를 국제법의 "설립자" 또는 "아버지"라고 간주하여 온 것도 타당하다.[111) 그는 새로운 이론을 강한 신념의 힘을 가지고 주장하였다. 자기 이상에 골몰하고 진리와 정의를 열렬히 추구하며 인도주의와 화해를 변함없이 주장하는 그러한 사람의 그림이 그의 저서의 지면에서 나타나는데 그 그림은 그의 생애가 그려낸 것이다. 그러한 개인적, 정신적 요인들이 그의 연구가 성공한 이유를 알려준다.

이 성공은 실로 압도적인 것이었다. 라틴어 원서만 해도 거의 50판이 출판되었다. 그 책은 네덜란드어, 영어, 불어, 독일어, 스웨덴어, 스페인어, 중국어, 그리고 일본어로 번역되었다.[112) 1661년에는 그로티우스의 가르침을 주석하고 연구하기 위하여 "자연법 및 국제법"이라는 석좌 교수자리가 신성 로마제국의 선제후에 의하여 하이델베르크 대학에 창설되었다. 그것이 법학과에 있지 않고 철학과에 있었던 것은 특기할만한 일이다. 독일국내와 외국의 다른 많은 대학들이 그 뒤를 따랐고, 이 복합적 과목에 관한 많은 논문과 교재들이 그로티우

---

110) 이것이 주요 쟁점은 아니지만, 1640년 4월자 서한에서 그로티우스의 부인이 그를 비난한 것을 경시하여 잊어서는 안 된다. H. C. Rogge, *Brieven van en aan Maria van Reigersbergh* (1902), 235, n. 71 참고.

111) 이에 대해 상세한 것은, 이 책 p. 147 이후 참조.

112) 중국어 번역본이 나타난 것은 1937년이고, 일본어 번역본은 1950년에 나타났다. 1950년에 새로운 독일어 번역본이 W. Schätzel에 의해 발간되었다.

스의 저서를 기념하여 출판되었다. 개신교 국가들에서 그로티우스의 명성은 모든 곳에서 확고해졌다. 프랑스에서도 마찬가지였는데, 거기에서는『전쟁과 평화의 법』이 처음으로 1687년에 프랑스어로 출판되었다. 웨스트팔리아 평화조약이 체결된 후 그의 저서는—리비에르Rivier의 말을 빌린다면[113]—"유럽의 국제법전"의 역할을 하였으며, 그 저서의 명성은 유럽에 국한되지 않았다. 라틴아메리카 국가들은 자신들이 국제법에 참가하게 된 때부터 변함없이 그로티우스를 높이 평가하였다. 그의 저서가 번역된 것을 보면 심지어 극동에 있어서도 그는 대가로 알려지게 된 것 같다.

1626년에 그 논문은 "수정될 때까지(donec corrigatur)"라는 실제로는 무의미하지만 약한 단서를 붙여서 "금서목록"에 포함되었다. 이 금지는 1899년에야 소멸되었다. 이것이 그 저서가 가톨릭 국가(프랑스는 제외)에서는 개신교 국가들에서만큼 성공적이지 못했던 이유이다. 특히 이탈리아의 가장 위대한 법철학자 비코Gianbattista Vico(1688-1744년)는, 자기가 가톨릭 신자이므로 그로티우스의 작품을 주석하고 싶어도 할 수 없다고 느꼈으며, 그를 인류의 법학자라고 불렀다.

그로티우스의 명성에는 변동이 있었다. 19세기의 대부분 동안에 그의 명성은 축소되어 갔다. 20세기에는 상당히 회복되었다. 1915년 국제법 연구를 위한 영국의 저명한 협회가 창설되었을 때, "그로티우스학회(Grotius Society)"라는 이름을 택한 것은 당연한 일이었다. 또한 1920년 "연합국(Allied Powers)"이 네덜란드에게 "독일황제"의 인도를 요구하였을 때, 그들은 그로티우스를 인용하였다. 1925년『전쟁과 평화의 법』의 발간 300주년을 맞이하여, 전 세계에서 매우 많은

113) *Holtzendorff's Handbuch des Völkerrechts*, I (1885), 405.

수의 출판물이 나타났다. 그리고 이렇게 많은 책이 나왔지만 그로티우스 작품의 관심사를 철저히 연구했다기보다는 오히려 연구하도록 자극을 준 것 같다. 제2차 세계대전에 참전하기 전에 미국의 법무부 장관(후에 대법원 판사) 잭슨Jackson은 히틀러의 독일에 대한 미국의 차별적인 정책을 지지하며 그로티우스를 인용하였다. 그리고 그 후에 전쟁범죄자들을 처벌할 때에도 원용되었다. 이러한 문제에 관한 그로티우스의 견해가 그 당시에 실제 국제법 문제를 대표하고 있는지 여부는 크게 중요하지 않다. 국제법 문제에 있어서 그로티우스의 견해를 자기편으로 가지는 것은 아직도 유리한 것이다. 그의 저서는 생명력을 갖고 있다. 요즈음 과거 수세기 동안처럼 그의 저서를 널리 읽지는 않는다. 그러나 그의 사상의 본질은 문명세계의 양심이 되었다.

제 5 장

웨스트팔리아 평화회의부터

나폴레옹 전쟁까지

제 5 장

웨스트팔리아 평화회의부터

나폴레옹 전쟁까지

웨스트팔리아 평화회의와 그 결과; 위트레흐트 평화회의

"30년 전쟁(1618~1648년)"은 아마도 이민족 침입 이후 가장 큰 피해를 가져온 유럽전쟁일 것이며, 17세기의 가장 중요한 사건이었다. 그것은 동시에 종교전쟁의 절정이었으며, 또 실제로는 종교전쟁의 마지막이었다. 그 전쟁은, 평화교섭이 뮌스터와 오스나부뤼크에서 동시에 3년 이상 계속된 후에, 웨스트팔리아 평화조약에 의하여 종결되었다.[1] 유럽의 대다수 열강들이 참가하였는데(불참한 국가들 중에는 영국과 폴란드가 있었다), 그 회의는 최초의 유럽회의가 되었다. 물론 사회

---

1) 조약문의 정확한 판으로는, Zeumer, *Quellensammlung zur Geshichte der deutschen Reichsverfassung in Mittelalter und Neuzeit* (2nd ed., 1913), 395. 주석으로는, C. G. de Koch, *Histoire abrégée des traités de paix*, I (1857), 69. 또한 Rapisardi-Mirabelli, "Le Congrès de Westphalie entre les puissances de l'Europe, etc.," *Bibliotheca Visseriana*, VIII (1929), 5; Gross, "The Peace of Westphalia," *Am. Journ. Int. Law*, XLII (1948), 20 참조.

자나 위원회나, 보고나 기타 현대적 의회의 방법 같은 것은 없었다. 두 개의 교섭 장소를 택하게 된 이유는 주로 프랑스와 스웨덴이 서열문제로 다투었기 때문이다. 프랑스는 가톨릭인 뮌스터에서 상석을 차지했고, 개신교인 오스나부뤼크에서는 스웨덴 대표가 상석에 앉았다. 그 평화조약 자체는 두 곳에서 다 서명되었고, 그 두 문서가 법적으로는 하나를 이루고 있다. 프랑스와 스웨덴은 그것을 보장하였다. 적어도 1세기 동안 웨스트팔리아 평화조약은 유럽 정치조직의 기본이 되었다. 특히 국제법사에 관한 중요한 서적들이 웨스트팔리아의 평화회의를 출발점으로 삼고 있다.[2] 실제로, 그 평화조약은 때로는 유럽 국제법의 출발이라고 취급되기도 한다. 이 견해는 부당하지만, 이 평화조약이 국제법 발달에 있어서 획기적인 사건인 것은 틀림없다.

　프랑스와 스웨덴의 보장 이외에 이 조약의 세 가지 점이 특히 중요하다.

　첫째, 300개 이상 되는 "신성로마제국"의 구성 국가들이, 이제는 정식으로 외국과 동맹을 체결할 권리를—그리고 따라서 전쟁할 권리를— 갖게 되었다. 단 그러한 동맹은 황제나 제국 및 그 나라의 평화 또는 웨스트팔리아 평화조약을 반대하기 위한 것이면 안 되었다. 그러나 이러한 제약은 집행하기 어려웠다. 그 국가들은 이리하여 옛 용어인 영토적 최고성(Landeshoheit)이 아직 그대로 보존되었지만, 주권(sovereignty) 국가에 가까운 국제적 지위로 승격되었다. 문화적으로나 경제적으로 그 전쟁은 독일을 1세기 이상 후퇴시켰다. 독일은 적어도 그 인구의 약 3분의 1을 잃었다. 그밖에 그 평화조약은 신성로마제국의 정치권력을 다시 회복할 수 없도록 무력하게 만들고 말았다.

---

2) Wheaton (이 책, p. 291)이 한 예이다.

둘째, 그 평화조약은 개신교, 더 정확하게 말하자면 루터교 (Lutheranism)와 칼뱅교(Calvinism)에 대한 최초의 국제적 승인을 가져왔다. 이 조약은 1555년의 아우크스부르크 종교평화조약(The Religious Peace of Augusburg)보다 진보한 것이었다. 가톨릭이거나 개신교를 막론하고 1624년 1월 1일에 공적 또는 사적으로 예배할 수 있는 권리를 가졌던 사람들은, 각자의 영토 내에서 어떤 종교가 지배적이었거나 또는 그 후에 지배적이 되었거나 간에 그 종교에는 상관없이, 그 권리를 계속 유지하게 되었다. 1624년 1월 1일에 정식승인을 얻지 못한 신앙을 가진 사람들에게는 "양심의 자유(conscientia libera)"와 그들의 인권보장이 부여되었다. 그러나 합스부르크 왕가의 세습영토 오스트리아 내에서는 개신교도들에 대한 너그러운 태도가 보다 제한적이었다. 수도원 및 기타 종교재산의 세속화(몰수)가 1624년 1월 1일이나 그 이전에 있었을 때에는 그 세속화가 유효한 것으로 승인되었다.

"아우크스부르크의 종교조약"은, 이미 살펴 본 바와 같이, 그 신민들의 종교문제에 대해서 가톨릭 군주와 루터교 군주에게 동등한 권한을 부여하였다. 그런데 웨스트팔리아의 평화조약은, 일반적으로 그 권한을 시인하면서, 개인들의 종교단체 가입도 보장하였다. 그리고 아우크스부르크 조약이 독일내부 문제였고 종교적 내란의 결과였는데 반하여, 이 새로운 규칙은 다수국가 간의 조약에 포함됨으로써 — 가톨릭인 프랑스가 참가하였다는 것은 특히 중요하다 — 국제법적 문제가 되었다. 교황 인노첸시오 10세Innocent X는 "하나님의 집을 위한 열심(Zelo Domus Dei)"이라는 교서에서, 그 평화조약의 핵심인 종교적 관용과 그 밖의 구절이 "헛된 것이며, 무효며, 효력이 없으며, 불공평하며, 공정치 못하며, 나쁜 것이며, 타락된 것이며, 하찮은 것이며, 효력이나 결과를 전혀 갖지 못한 것"이라고 선언하였는데, 이 무효화는 그 조약 하에 취해진 맹세까지 포함하였다.[3] 그러나 그 조약은 모든 부분이 모두 이행되었다. 마치 그로티우스의 저서와 웨스트팔리아 평화조약 간에 영적인 유대가 있듯이, 교황이 그로티우스의 저서와 이 평화조약을 비난한 것 간에도 비슷한 유대가 있다.[4]

끝으로 그 평화조약에 첨부된 제재규정에 관해서 언급하여야 한다. 동조약은 과거의 적대행위는 "영구히 잊어버리고 사면할 것"을 규정하고, 그러한 행위에 기인한 모든 청구권은 "매장(buried)"되어야 한다고 규정하고 있는데, 이러한 용어들은 그 후의 조약에서 반복되고 있다. 그 조약의 위반이 있을 때에 피해국은 그 사건을 먼저 "우호적 해결 또는 사법적 논의(amicable settlement or legal discussion)"에 회부할 것이 합의되었다. 그리고 만약에 3년 이내에 해결하지 못하면 그때에는 그 조약의 모든 당사국들은 "그 위반국가를 복종시키기 위하여 전력을 다하여 싸워야 된다." 실제로 그러한 공동조치는 발생하지 않았고 또 진지하게 고려되어 본 일도 없다. 그러나 이 규정은 평화를 유지하기 위한 국제기구를 가지려는 최초의 시도인 만큼 역사적으로 중요하다.

서유럽 국가들의 정치적 지위는 이 평화조약에 의하여 크게 변경되었다. 유럽열강 가운데서 이제는 루이 14세Louis XIV(1643~1715년)의 프랑스가 가장 우세하게 되었다. 프랑스어가 국제회담에 있어서 아주

---

3) Dumont, *Corps universel diplomatique, etc.*, II (1), 463.

4) 뚜렷하게 여전히 전체주의적인 에스파냐의 주요 국제법학자들은 웨스트팔리아 평화조약을 해로운 것으로 간주하였다. Barcia Trelles, "Westfalia, tres siglos después," *Revista española de derecho internacional*, I (1948), 303.

우세해져서, 그것은 점점 각국 외교관들 간의 전통적 의사소통 용어
로서 라틴어를 대신하게 되었다(중요한 것은 아니지만 이것은 국제"법
(law)"이 아니고 국제"관행(usage)"의 한 예이다).

　에스파냐는 1641년에 포르투갈을 잃었으며, 이제는 네덜란드와 별
개의 조약(뮌스터 조약)에 의하여 네덜란드의 독립을 수락하여야 했
다.[5] 더구나 에스파냐는 융통성 없고 잘못된 정책 때문에 귀중한 미주
대륙의 영토를 가졌음에도 불구하고 경제적 발전을 이루지 못하였다.

　영국은 유럽열강 중에서 두 번째 지위로 발전하게 되었다. 영국에
게 "30년 전쟁"의 중요성은 영국이 전쟁에 참가하지 않았다는데 있으
며, 이 정책으로 인해 영국은 그 해군력을 강화시킬 수 있었고 그 식민
지 제국을 건설할 수 있었으며, 또 경제적, 재정적 힘을 기를 수 있었
다. 동시에 영국은 절대주의와의 싸움에서 이김으로써 공적 관계에
있어서 법의 지배라는 영국의 전통적 이상을 보존할 수 있었다.

　네덜란드는 여러 가지 면에 있어서 영국과 같은 발전을 하였다. 영
국과의 두 차례의 해전에서(1652~1654년, 1664~1667년) 영국이 더
강하다는 것이 판명되었지만, 네덜란드도 이 기간 동안 여전히 해군
력과 식민지를 확장하고 일반적으로 경제적, 문화적인 면에 있어서
계속 성장하였다. 국제법 — 공법과 사법에서 모두 — 에서는 네덜란
드 사람들이 전 세계에서 가장 앞서나갔다.

　근본적으로 서유럽의 구조적 체계가 이 시대에서는 웨스트팔리아
평화조약에서 작성된 것이 유지되었다. 그러나 약간의 변화를 언급해
야 한다. 위트레흐트 평화조약(Peace of Utrecht)(1713)[6]은 오래 끌어

---

5) Dumont, *op. cit.*, VI (1), 429.
6) C. G. de Koch, *op. cit.*, 176; O. Weber, *Der Friede von Utrecht* (1891).

오던 에스파냐 왕위계승전쟁(War of Spanish Succession)을 종결시켰
는데 그것은 프랑스 왕이 에스파냐 왕위에 대한 권리를, 그리고 에스
파냐 왕이 프랑스 왕위에 대한 권리를 서로 포기함으로써 이루어진
것이다. 프랑스와 에스파냐 이외에 영국과 네덜란드도 이 평화조약에
서명하였다. 그러나 그것은 웨스트팔리아 평화조약과 달라서 다자조
약이 아니었고, 다수의 양자조약(bipartite convention)으로 구성되었
다. 그 평화조약은 영국에게 상업과 정치면에서 상당한 이익을 주었
다(예컨대, 지브롤터Gibraltar의 획득). 그리고 그것은 프랑스의 패권을 종
결시켰는데, 프랑스는 국왕이 시작한 여러 전쟁 때문에 쇠약해졌다.
실제로 그 평화조약에서는 "기독교 세계의 평화와 안정은 공정한 세
력균형(balance of power, *justum potentiae equilibrium*)으로서 회복될 수
있으며, 이 세력균형은 상호우호와 영구적 평화를 위한 가장 좋은 그
리고 가장 확실한 기초이다"라고 선언하고 있다. 세력균형이란 어느
한 국가가 타국의 정치적 독립을 위태롭게 할 정도로 강대해지지 않
는 국가들 간의 정치적 상태를 의미한다.[7] 달리 말하면, 어느 나라도
패권(hegemony)을 갖지 않는 것인데, 나폴레옹시대에 이를 때까지의
정치적 상황은 대략 이 원칙에 합치되었다.

　　그러나 그 외교적 게임은 서양의 새로운 세력, 즉 프로이센Prussia이
출현함으로써 더욱 복잡해졌다. 이 프로이센은 1701년 이래 한 왕국
이었는데, 오스트리아와 프랑스를 패배시킴으로써 프리드리히 대왕
Frederich the Great[1740~1786년]시절에 두각을 나타냈다. 더구나 러시아
는 표트르 대제Peter the Great하에서 뉘스타드 평화조약(Peace of Nystad,
1721년)을 계기로 유럽의 중요국가가 되었다. 동시에 스웨덴은 유럽

---

7) 이 개념의 이론적 함의에 대해서는, 이 책, p. 181 참조.

북부에서 우월한 지위를 빼앗겼다. 그러나 그 개신교 측의 손실은 프로이센의 발전과 영국의 많은 식민지 및 통상의 확대에 의하여 상쇄되고 남음이 있었다. 러시아의 발전에 따라 정치권력을 전체적으로 볼 때 가톨릭 국가들의 상대적 지분은 더욱 감소하였다. 다만 프랑스는 그 우위를 유지하였으나, 그것은 아마 프랑스의 군사력에 기초한 것이 아니고 그 문화에 기초한 것이었을 것이다.

프랑스 혁명: 나폴레옹전쟁

이 시대의 가장 중요한 정치적 사건이 한 국가 내에서 발생하는데, 그것은 프랑스 혁명이다. 이로 인하여 프랑스와 프랑스의 영향을 받게 된 국가들에서 법률의 발전과정상 새로운 시대가 시작되었다. 국내법의 모든 분야가 크게 영향을 받았다.

국제법[8]은 한 사상의 결과에 영향을 받았는데, 이 사상은 미국혁명의 그것과는 달라서 근본적으로 세계혁명의 사상이다. 그 혁명적 개념은 "국제법 선언"(Déclaration du droit des gens)에서의 극단적인 표현으로 나타났으며, 그 선언은 1795년에 프랑스 국민회의(French Convention)의 주요 구성원인 주교―"아베Abbé"로서 더 유명한―그레구아르Grégoire[9]에 의하여 제출되었다. 이 선언은 1789년의 "인간

---

8) Nys, "La Révolution française et le droit international," in *Etudes*, I, 318; Redslob, "Völkerrechtliche Ideen der französischen Revolution," in *Festgabe für Otto Mayer* (1916), 273. Mirkine–Guetzévitch, "L'Influence de la révolution française sur le développement du droit international," in *Recueil des cours*, XXII (1928), 229. 이 논문은 실제로 국제법보다는 정치사, 특히 짜르 정권의 반혁명적 외교정책에 관련된 것이다.
9) Chevalley, *La Déclaration du droit des gens de l'Abbé Grégoire* (thesis,

및 시민의 권리선언(Déclaration des droits de l'homme et du citoyen)"
과 병행시킬 의도로 작성하였다. 이렇게 병행시키는 것은 뒤에서 보
겠지만, 18세기 자연법 사상에 의하여 영감을 받은 것이다. 특히 아베
그레구아르는 그 선언의 제1조에서 "자연상태"가 국가 간에 존재하
고 있다는 것과 국가 간의 유대로서 보편적 도덕(universal morality)
을 인정하고 있다. 그 후에 그는 다음 20개 조에서 그 파생원칙들을
나타내고 있는데, 각국 주권의 불가양도성, 자국정부를 조직하고 변
경할 수 있는 각국의 권리, 한 국가의 자유에 대한 공격을 모든 다른
국가들에 대한 공격으로서 인정할 것, 개개 국가의 이익을 "인류의 전
체이익"에 종속시킬 것, 그리고 주로 과장되고 막연한 다른 주의들을
포함하고 있다. 프랑스 국민회의는 위험한 국제정세 하에서 그 정도
까지 약속하기를 두려워하여 의석으로부터 몇 마디 간단한 발언이 있
은 후 그날의 의사일정으로 넘어감으로써 그레구아르의 제안을 채택
하지 않았다. 그 후 그레구아르는 그 선언을 의회의 서면기록에 실리
도록 하려고 노력하였으나, 그것 역시 실패하였다.

그러나 1789년의 국민의회(National Assembly)와 그 후의 국민회
의(Convention)는 그레구아르가 그의 선언에 포함시켰던 것 중 자연
법에서 유래한 몇 가지 광범위한 원칙을 선포하였는데, 정복을 위한
전쟁과 다른 국가의 자유에 대한 공격의 폐기[10] 및 불간섭원칙의 선

Paris, 1912); Allermann, *Die völkerrechtlichen Ideen des Abbé Grégoire*
(thesis, Würzburg, 1916). 그 선언의 본문을 볼 수 있는 곳으로는, Nys, *op. cit.*,
395.

10) 1791년 헌법 제6장에 편입된 1790년 5월 22일자 국민의회의 포고령(Decree
of the National Assembly of May 22, 1790). Frank M. Anderson, *Constitutions
and Other Select Documents Illustrative of the History of France,
1789–1907* (1908), 58 참고.

언이 그것이다.[11] 물론 이 선언은, 프랑스가 모든 자유국가의 친구이며 자연적 동맹이라고 선포한 그 의회의 다른 선언과는 약간 상치된다.[12] 그리고 이 견해(역자 주: 자유국민의 친구라는 견해)는 실제로 불간섭원칙보다 더 강력한 유인(incentive)을 가지고 있다. 이러한 선언들이 그 당시 프랑스의 정치적 사정에 있어서 가지는 선전적 가치는 명백하다.

교황의 속령인 아비뇽을 합병함에 있어서 국민의회가 취한 태도는 더욱 인상적이다. 아비뇽에서 혁명이 일어나서 교황통치를 폐기해 버렸지만, 프랑스의 국민의회는 합병하기를 여러 차례 거절하고, 찬성하는 국민투표가 있은 후인 1791년 9월에야 합병을 선포하였다.[13] 국민투표(plebiscite)라는 생각—민주주의적 다수결 원칙의 적용—은 후에 혁명 정부에 의하여 사실상 폐기되었다. 그러나 국민투표를 합병하는 과정에 도입하였다는 것은 위대한 성과이다. 그 시대는 군주들이 그들의 병사들을 수많은 말을 팔듯이 팔던 시대였다는 것을 우리는 기억해야 한다.

국민회의는 1793년 5월 25일의 법령으로서 전쟁법에 공헌을 하였는데 그 법령은 상호주의 원칙에서 "정의와 인도"의 문제로서 적군의 부상병에게 대하여 프랑스 군대에 대한 것과 같은 치료를 할 것을 규정하고 있다.[14] 그러나 그 법령은 상호주의를 요건으로 하였기 때문

11) (표결되었지만 무기한 정지된) 1793년 헌법에 편입된 1793년 4월 13일자 국민회의(Convention)의 포고령. Anderson, *op. cit.*, 212.
12) 사실상 1793년 헌법에 의하여 계속된 1792년 11월 19일자 포고령. Anderson, *op. cit.*, 183.
13) "국민투표 (Plebiscite)" [bibl.*] in *Ency. Soc. Sc.*; Nys, *Etudes*, I, 364; Redslob, *op. cit.*, 295.
14) Bogajewski, "Les Secours aux militaires malades et blessés avant le xix e

에 큰 효과를 갖지 못하였던 것 같다.

　프랑스 혁명이 가져온 정치사상의 일반적 변환이 어느 정도 국제법에 간접적으로 영향을 주었는지 말하기 어렵다.[15] 그 혁명 중에 전개된 인간의 존엄성이란 이상적 개념 때문에 19세기에 군주가 그 영토나 시민들을 매매하는 나쁜 상행위가 없어졌다. 또한 시민의 권리와 의무를 강조하고 그 상징과 구호를 갖는 프랑스 국민국가가 완성됨에 따라, 국제사법과 각종의 국제법 규칙에 있어서 국적의 개념을 더 널리 그리고 더 정확하게 사용하도록 하는 계기가 마련되었다. 그리고 물론 국적개념과 기타의 혁명적 개념이 순전히 정치적 성격을 가진 국제적 사건의 전개에 미친 영향은 훨씬 더 광범위하였다.

　나폴레옹 시대(1799~1815년)의 프랑스는 잠시 동안 적어도 유럽 대륙에서 패권을 다시 잡게 되었으며, 그 패권은 웨스트팔리아와 나폴리 같은 위성국가를 수립한 점에서 가장 잘 나타나고 있다. 나폴레옹의 전승으로 인하여 영구적 효과를 가져 온 것은 1806년의 "신성로마제국"이 정식으로 해체된 것이며, 이는 그 마지막 황제 프란츠 2세 Francis II의 퇴위로 이루어졌다. 이리하여 지금까지 법적으로 황제권 아래 있었던 여러 군주들과 자유도시들이 법이론상 주권을 갖게 되고 따라서 국제법상 완전한 법인격을 갖게 되었다.

　나폴레옹 전쟁 때는[16] 국제법을 거의 존중하지 않았는데, 나폴레

siècle," in *Revue générale de droit international public* (1909), 218; Nys, *Le Droit international*, III (1912), 501 참조.

15) 범죄인인도법에 관한 혁명적인 사상이 가져올 수 있는 영향력에 대해서는, 이 책, p. 254 참조.

16) Chevalley, *Essai sur le droit des gens napoléonien d'après la correspondance 1800−1807* (1912). 또한 Phillips and Reede, *The Napoleonic Period* (1936 Vol. II of Jessup., ed., *Neutrality: Its History, Economics, and*

옹만이 그러한 것은 아니었다. 1806년 영국정부에 의하여 선포된 엘베강의 하구로부터 브레스트까지의 유럽대륙 봉쇄는 특기할만한 예이다. 트라팔가 해전 이후 영국함대가 바다를 제패하였지만, 봉쇄에 관한 지배적 이론에서 요구되는 정도로 관련된 모든 항구와 연안을 "실효적으로" 포위할 만한 힘은 없었다. 영국의 이러한 조치에 대하여 나폴레옹은 일반적으로 "대륙봉쇄(Continental Blockade)"라고 알려져 있는 조치로서 보복하였는데, 이것은 영국의 통상을 방해하기 위한 조치였다. 그러나 프랑스함대가 약했기 때문에 이 "봉쇄"는 주로 대륙위에서 실시해야만 되었다. 그래서 영국 역사가들은 그것을 더 정확하게 "대륙식 체계"라고 말하고 있다. 그것은 적어도 영국과의 합법적 통상을 못하게 된 중립국가들에 대해서는 승인된 국제법규를 위반한 것이었다. 교전국가들이 서로 새로운 보복적 조치를 취함으로써 중립국에 대한 압력이 더욱 증가되었다.

　또 하나의 유명한 사건은 ― 이것도 이미 승인된 원칙과는 상반된다 ― 1807년 영국에 의한 코펜하겐 포격인데, 그 결과 덴마크 함대가 항복하였다. 이것은 영국정부가 틸지트에서 체결된 프랑스와 러시아 평화조약에 비밀조항이 있어서 그 조항에 의하면 프랑스와 러시아가 덴마크를 강요하여 덴마크의 여러 항구를 영국선박에 대하여 폐쇄하도록 하고 또 영국에 대한 전쟁에 참전시킬 것이라는 정보를 ― 이 정보는 덴마크 사람들이 전혀 잘못이 없다는 것을 나타낸다 ― 들었기 때문에 취해진 조치였다.[17] (영국학자도 이 조치를 비난하였는데 이것

Law) 참조.

17) *Cambridge Modern History*, IX, 235; 더욱 상세한 참고문헌을 가진 것으로는, Oppenheim, I, sec. 131 참고.

은 바람직하다.) 승인된 중립국 권리에 대한 나폴레옹의 위반행위 가운데 아마 가장 악명 높은 사건은 1804년 엔기엔 공(Duke of Enghien)을 바덴이라는 중립지역으로부터 프랑스에 납치한 후 군법회의에 회부하여 사형시킨 사건일 것이다.

오토만 제국(Ottoman Empire)

유럽국가에 대한 오토만 제국의 관계는 일반적으로 캐피툴레이션 제도 하에 있었다.[18] 실제로 터키의 저항력이 점점 약화됨에 따라서, 그 주권은 더욱 약화되었다. 1740년에 프랑스의 루이 14세는 새로운 캐피툴레이션을 획득하는 데 성공하였으며, 이것은 85개조로 된 진정한 법전이었고, 터키 정부에 의하여 부여된 것 중 가장 우수한 것이었다. 좀 더 자세히 말하자면, 터키 수도에 자국의 대사를 갖지 못한 유럽의 국가들은 이제 정식으로 프랑스의 보호를 받게 되었다. 여러 대사들과 영사들 사이에서 프랑스의 우위가 재확인 되었다. 성지에서의 프랑스의 권리가 상당히 확대되었다. 관세는 전반적으로 3퍼센트로(물론 터키 측에서만) 정해졌다. 그리고 기타의 규정이 있었다. 이것은 정식으로 "캐피툴레이션"이라고 불리는 마지막 약정이었다. 그 후 일방적인 방식은 없어졌다.

유럽 이외의 국가들

극동에서는 국제법에 관해서 상황의 변화가 없었다. 일본은 도서

---

18) 참고문헌으로는, 제3장의 각주 23 참조.

국가라는 지위를 이용하여 쇄국정책을 유지하는데 큰 힘이 들지 않았다. 중국은 외국과의 접촉을 싫어하였기 때문에 거만한[19] 태도를 취하였고, 굴욕적인 요구를 하였다. 중국은 자국문화의 우수성을 아니 그보다 다른 문화가 존재하지 않는다고 주장하였다. 외국의 교섭자들은 중국황제나 그의 대표 앞에서 일정횟수의 고두(kowtows)를 해야 되었는데, 중국 사람들은 이것을 선물이나 조공과 함께 중국의 종주권을 나타내는 증거라고 간주하였다. 19세기에 이르러서야 이러한 중국인들의 완고한 태도가 깨어졌다.

그러나 중국은 러시아와 제한된 조약을 체결하였는데 17세기와 18세기에 러시아는 시베리아Siberia로 진출하여 중국북부의 영토와 긴밀한 접촉을 하게 되었고 또 분쟁이 발생하였다.[20] 1689년에 중국―러시아 협정이 네르친스크(만주 국경 부근)에서 체결되었는데, 그 협정에 의하여 러시아와 중국 국경에서는 상호주의 원칙하에 교역을 할 수 있게 되었다. 그리고 상세한 범죄인인도규칙이 첨부되었다. 일국의 국민이 상대방 국가 내에서 범죄를 범했을 때에는 그를 본국으로 소환하여 처벌받도록 하였다(현대 조약에 의하면 그 범죄자는 그 범죄가 범하여진 국가로 인도된다). 허가 없이 본국을 떠난 사람들도 역시 인도되었다(이러한 행위는 고대에서도 볼 수 있다). 1727년에 네르친스크조약은, 무력충돌이 있은 후, 키아크타(바이칼호의 남방) 평화조약으로서 대체되었는데, 이 조약은 국경에 관한 규칙 이외에는 이전 조약과 비

---

19) 1793년에 중국의 황제가 영국 조지 3세에게 보낸 중국만이 문명을 가지고 있다는 뜻의 칙령이 한 예이다. Whyte, *China and Foreign Powers: An Historical Review of Their Relations* (1927), 39.

20) De Martens, "Le Conflict entre la Russie et la Chine," *Rev. dr. int.*, XII (1880), 513; Morse and MacNair, *Far Eastern International Relations* (1931), 49.

슷하였다. 그러나 러시아는 상설공관의 설치와 4명의 그리스정교회 신부들의 입국허가를 양보 받았으며, 또 그리스정교회의 신앙 활동이 허용되었다. 몇 년 전에 중국으로부터 가톨릭 선교사를 추방할 것이 명하여졌다는 점이 이 협정의 가치를 높여준다. 1733년에 중국의 외교사절이 북경으로부터 모스크바에 파견되었는데, 이것은 아시아 외교에 있어서 독특하고 놀라운 일이었다. 서양 국가들과는 그와 같은 관계를 맺지 않았으며, 또 러시아와의 관계 역시 상당히 제약된 채로 있었다. 전반적으로 볼 때, 이 전체기간 동안 쇄국이 계속되었다.

국제적으로 유럽 이외에서 가장 중요한 사건이 이 시대 말기에 발생하였는데, 그 사건이란 미국의 발전이다. 기독교 문명을 가진 한 중요한 국가가 소위 국가들의 가족에 추가되었을 뿐만 아니라, 프랭클린Benjamin Franklin의 지도하에 세계주의적 자유주의의 영향을 받은 이 신생국가는 처음부터 국제법에 대하여 특별한 성향을 가졌다는 것을 보여주었다. 1787년의 미국헌법에서 "국제법"은 독특한 대우를 받고 있으며, 그 헌법은 미국 의회에게 "국제법에 반한 범죄를 규정하고 처벌하는" 권한을 부여하고 있고(제1조, 제8항, 제10절) 또 미국이 체결한 조약을 "이 나라의 최고법"이라고 선포하고 있다(제6조 제2항). 심지어는 그 헌법이 채택되기 이전에도 미국은 몇 개의 조약을 체결하였는데 그 가운데는 1785년의 프로이센과의 "우호 및 통상조약 (Treaty of Amity and Commerce)"이 있다. 이 조약은 미국 측에서는 벤자민 프랭클린이 서명하였고, 프로이센 측에서는 프리드리히 대왕 Frederick the Great이 서명하였는데, 그것은 외교 역사상 아마 계몽사상이 가장 잘 표현된 것일 것이다.[21] 그 조약의 일부 측면과 미국의 초기정

---

21) Kapp, *Friedrich der Grosse und die Vereinigten Staaten von America*

부가 국가의 관행에 도입한 새로운 점은 후에 논의할 것이다.

국가관행: (A) 평화시

이 기간의 국가관행은 이전시대의 그것과는 현저히 달랐다. 그 모습은 확실히 적어도 나폴레옹 전쟁 때까지는 더 행복했다. 종교적 긴장이 사라지지는 않았다. 개신교 국가와 가톨릭 국가 간의 조약은 여전히 드물었고 또 그 조약들은 신앙의 차이로 인한 분쟁의 해결을 취급해야 하는 부분이 있었다. 그러나 그 긴장상태는 이제는 유혈투쟁에 이를 정도로 격렬하지는 않았다. 전제주의가 전성기였고 정치적 분야에서는 왕실과 국가의 이익이 충돌하는 일이 많이 있었다. 외교, 그리고 흔히 수준 낮은 외교가 전성기를 이루었다. 수많은 약소 군주들이 있어서 그들의 불안한 독립을 유지하려고 노력하고 있었기 때문에 외교의 임무는 상당히 복잡하였다. 그러한 조건하에서 외교는 분명히 각 통치자들의 평등이론에 의해서 진행될 수가 없었기 때문에, 공식회의나 서한에서나 조약의 서명에 있어서 각 군주들과 사절들의 칭호 및 상하순위에 관한 의전문제가 ― 옛날에도 이미 중요한 문제였지만 ― 더욱 귀찮고 분쟁을 일으키는 문제가 되고, 또 화려함과 허식이 첨가되어 우스울 정도가 되었다. 루소J. J. Rousseau는 이를 비웃으면서 다음과 같이 말하였다. "회의는 사람들이 보통 회의에 있어서 책상이 둥글어야 되느냐 네모져야 되느냐 또는 벽에는 문이 더 있어야 하느냐 적어도 되느냐, 또 전권대사는 창문을 향해서 앉아야 되느냐

(1871), 113(귀중한 문서 포함); Lakaff, *Friedrich der Grosse und das Völkerrecht* (thesis, Göttingen, 1935), 52 참조.

등을 지고 앉아야 되느냐, 또는 회담에 있어서 5센티미터를 더 앞으로 나가야 하느냐 덜 나가야 하느냐 또는 이와 같은 중요성을 가진 수많은 문제를 가지고 떠드는 곳이다."[22]

그러나 상주외교사절의 필요성에 대해서는 이제 논쟁의 여지가 없었다. 러시아는 표트르 대제 때 상주외교사절을 가진 체계에 참가하였다. 대사에게는 "각하(Excellency)"라는 칭호를 붙이는 것이 관례가 되었다. 터키 정부는 독특한 관례를 따랐다.[23] 16세기 이래 술탄은 외국의 상주사절을 받아들였으나 무거운 심지어 굴욕적인 제한을 부과하였다. 그러나 술탄 자신은 18세기 말경까지 자기의 대사를 임명하지 않았다. 특별한 경우에는 그는 계급이 낮은 임시 외교사절을 파견하였다. 이러한 것은 그가 우위에 있다는 것을 보이려는 것이었으나, 실제에 있어서는 그가 쇠퇴한 것이 명백했기 때문에 좋은 대조가 되었다.

조약관행에서 선서로 확인하는 절차는 완전히 없어졌다.[24] 1777년의 프랑스와 스위스의 동맹조약은 그러한 선서가 있었던 마지막 경우이다. 그러나 신을 원용하거나 또는 기독교국가 간에서 삼위일체(Trinity)를 원용하는 것은 중요한 조약의 서문에 여전히 관습적으로 남아 있었다.

군주가 조약으로서 자기영토를 여러 방법으로 처분할 수 있는 중세식의 조약이 아직도 발견된다. 전제주의 정부는 공법과 사법의 혼란을 더욱 가중시켰다. 예를 들어 독일 군주들은 실제로 염치없이 군사

---

22) Lassudrie-Duchène, *J. J. Rousseau et le droit des gens*, 128 참조.

23) Krauske, *Die Entwickelung der ständigen Diplomatie* (1885), 23, 147 참고.

24) Vattel, *Droit des Gens*, II (1758), ∫ 225 참조.

협약의 형식으로 자기 신민들을 외국군대에 팔았다.[25] 이런 일은 미국 독립전쟁 때에 영국이 사용한 독일 병정이나 다른 독일의 외인보조부대로부터 충분히 알 수 있다.

이 시대의 국제조약 중 특징적인 것은 종교적 소수자의 보호에 관한 것이었다. 562년의 비잔틴 —페르시아 조약과 캐피툴레이션 등의 선례는 있다. 그러나 주로 개신교 신도들과 가톨릭 신도들이 관련된 이 새로운 규칙들은 더욱 중요성을 가졌다.[26] 웨스트팔리아 평화조약 중 이에 관련된 조항은 표준적인 조항이 되었고, 후에 특히 루이 14세가 리스윅Riswick(1697년)의 평화조약이라는 다수 국가 간 조약에서 프랑스가 할양한 영토 내에서 가톨릭 신앙을 보호할 목적으로 사용되었다.

최초로 무제한적인 종교의 자유를 규정한 것은 개신교 국가 간의 한 조약, 즉 미국과 네덜란드간의 통상조약(1782년)에서 볼 수 있는데, 그 조약은 상대방 국가의 모든 국민에게 "가장 완전한 양심과 신앙의 자유"를 부여했다. 그 규정은 1785년의 미국과 프로이센간의 조약에 다시 나타나고 있다.[27] 종교적 소수자의 보호는 후에 소수민족의 보호의 길을 열었다.

이 시대의 어두운 부분은 흑인노예의 무역이다.[28] 이미 16세기에

---

25) 혹은 심지어 단지 자신들의 쾌락을 만족하기 위해 신민들을 팔았다. V. Loewe, *Preussische Staatsverträge aus der Regierungszeit Friedrich Wilhelms* I (1913), No. 4 에서는 Mecklenburg 군주가 프로이센의 왕에게 사냥 임대의 임시허가에 대한 대가로 20명의 신병을 약속했던 조약을 전하고 있다.

26) Fouques—Dupac, *La Protection des minorités de race, de langue et de religion* (1922).

27) 1785년 오스트리아—러시아 조약에서 외관상 유사한 규칙은 실제로 훨씬 더 제한적이었다, Martens, *Recueil de traités, etc.*, II, 621.

에스파냐는 미주대륙에 있는 그의 식민지에 흑인노예를 공급하기 시작하였다. 일정한 수의 흑인노예 수입에 대한 고가의 면허장(asientos 또는 계약서)이 기업가들에게 교부되었는데, 이 사람들은 아프리카에서 흑인사냥을 하는 사냥꾼들로부터 그 "상품"을 구매하였다. 그러한 기업가들의 대부분은 에스파냐사람이 아니었다. 그 후 영국이 위트레흐트 평화조약(Peace of Utrecht)에 의하여 에스파냐와 특별협정, 즉 아시엔토조약(Asiento Convention)을 체결하여 노예수입에 대한 독점권을 획득하여 가지고 그 독점권을 남양회사(South Sea Company)에 이양하였는데, 그때 이 수치스러운 상업은 국제법의 대상으로 승격되었다. 그러나 이 아시엔토조약의 이행으로 말미암아 에스파냐와의 사이에 중대한 분쟁이 생겼고, 1750년에는 영국의 독점이 종료되었다. 노예무역을 조약화하는 것은 이미 911년의 비잔틴과 러시아 간의 조약에서부터 시작되었다. 그러나 1713년의 조약이 훨씬 더 비난받을만한 것이었다. 911년에는 이교도 국민들이 노예로서 제공되었고 남양회사와 같은 기구도 없었다.

　해적행위는 이 시대에 있어서 분명하게 최악의 범죄라고 확실히 간주되었다. 17세기 말까지에는 영국법령은 "국제법상의 해적행위(piracy jure gentium)"—이것은 대략 사선에 의한 공해상의 약탈을 의미한다—와 "국내법상의 해적행위(piracy by statute)"—이것은 비슷한 행위이지만(예컨대 반란군 선박이 범한 것) 특정한 입법조치에 의하여 해적행위라고 규정된 것을 의미한다—를 구별하게 되었고, 후에 미국도 이 구별을 채택하였다.[29] 그러나 적어도 그 취지는 국제

---

28) *La Traite négrière aux Indes de Castille, contrats et traités d'asiento* (2 vols., 1906).

국가관행: (A) 평화시 169

법상의 해적행위는 어느 곳에서 일어나든지 간에 "국제법상의 범죄"로서 모든 곳에서 처벌되어야 한다는 것이었다. 실제로 이 시대에는 해군이 점점 강화되었고, 또 장비가 발달되어서 서양에서는 해적행위가 없어졌다.

반면에 사략행위("해적들"에 의한)는 잘 조직된 번창하는 해상사업이 되었다. 북아프리카의 바바레스크 지방 국가들의 나쁜 관행 때문에 특별한 문제가 생겼다. 즉 그 통치자들이 협조하였음에도 불구하고 이 바바레스크 지방의 사략자들을 "해적"으로서 처벌할 수 있느냐 하는 문제이다. 빈케르스후크Bynkershoek와 같이 저명한 법학자는 처벌할 수 없다고 말하였다.[30]

중재재판은 1794년에 제이조약(Jay Treaty)이 체결될 때까지 계속하여 쇠퇴하였다. 이 조약으로 영국과 미국은 1783년의 영·미 평화조약에서 해결하지 못한 문제들을 처리하려고 하였다. 이 조약은 보통 전 미국 국무장관 존 제이John Jay[31]의 이름을 따라서 부르게 되는데, 그가 그 조약을 발의하였고 중재재판 조항들이 그 조약에 편입되었다. 그 중에서 가장 중요한 것은, 적국에 의한 선박의 나포 또는 기타 몰수행위 때문에 각각 영국시민이나 미국시민이 입은 피해에 대한 손해배상 문제에 관한 것이었다. 중재재판을 하기 위하여 각 정부는 두 명의 위원을 임명하고, 위원장은 과반수득표로 결정되지 않는 경우에는 추첨으로 선정하도록 되었다. 이 위원회는 1799년부터 1804년까지 일하였는데, 536건의 판정을 내렸고 또 중요한 선례를 남겼

---

29) 2 Will. III, c. 7; J. W. Cecil Turner, *Russell on Crime*, I (9th ed., 1936), 51.

30) *Quaestiones juris publici*, Book I, chap. XVII.

31) F. Monaghan, *John Jay* (1935), 291 참조.

다. 예컨대, 그 중재재판관들이 그 조약에 있어서 자기들의 권한에 관하여 의문이 생기는 경우에는 자신들의 권한의 범위를 자신들이 결정하도록 하였다(이것은 합리적인 규칙이기는 하나, 중재재판관들이 실제로 그들의 권한을 넘어섰다는 이유로 그 판정이 무효라는 반대에 부딪힐 위험이 있었다). 또한 그 위원회는 국내포획재판소의 판결을 취소할 권한을 가졌다.

제이조약은 중재재판의 개념을 재생시켰기 때문에 진보적일 뿐만 아니라 또한 한걸음 더 나아가서 모든 배상청구사건에 대한 계속 존재하는 중재재판소를 수립하였다는 점에서도 발전적이었다. 여기에서도 다시 한 번 미국은 국제법의 발달에 기여하였다.

국가관행: (B) 전쟁시

30년 전쟁이라는 무서운 경험을 한 후, 한동안 무력충돌은 그 성격이 변했다. 신흥 전제정권들은 상비군을 필요로 하였다. 이것은 전쟁 때에 약탈과 착취로 생활하던 마구 소집된 훈련도 없는 과거의 군대가 엄격한 훈련을 받은 직업적인 군대에 의하여 대체되었다는 것을 의미하였다. 이 군대들을 쉽게 소모할 수 없었다. 군사조직은 많은 경비가 들었으며 그 재정보급의 방법은 미숙하였고 낭비가 많았다.[32]

평시나 전시나 군주들이 바라던 것은 새로운 영토와 인민들에 대하여 그들의 권한을 확대시키는 것이었다. 적을 파괴시키려는 이전의

---

32) Nef, "Limited Warfare and the Progress of European Civilization, 1640-1740," *Review of Politics*, Ⅵ (1944), 275; *Ency. Britannica*, 1952 ed., XXIII, 331("전쟁" 항목에서).

종교적 열정은 사라졌다. 일반 국민들은 특히 공적인 일에 관여해서는 안 되었기 때문에 왕실의 이러한 이해관계에 의해서 거의 영향을 받지 않았다. 전쟁은 정부들만의 일이며 "내각의 전쟁"이었다. 그리하여 정치적 조건이 계몽시대(Enlightenment)의 인도주의적 이상에 대하여 좋은 환경을 제공하였다. 18세기 후반기에는 발전할 기회가 무르익었다.

예컨대 1785년의 미국과 프로이센 간의 조약[33]은 양국 간의 전쟁에 있어서 여성들을 보호할 것뿐만 아니라 "모든 분야의 학자들, 토지 경작자들, 예술가들, 제작자들, 어민들과 기타 인간의 생계와 복지에 관련된 직업을 가진 사람들은 각자의 직업을 계속할 수 있고 또 괴로움을 당해서는 안 된다"고 규정하고 있다. 상인들은 채무를 회수하고 기타 사건을 처리하기 위하여 9개월이 허용되었고, 그 후에 그들의 재산을 가지고 자유롭게 본국으로 돌아갈 수 있었다. 인간생활에 필요한 물건과 편리한 물건을 더욱 쉽게 획득할 수 있게 해주는 상선은 자유로이 그리고 약탈당하지 않고 통과할 수 있도록 허용되었다. 적십자 협약(Red Cross Convention)을 예고하는 것 같은 상세한 규정에 의하여 전쟁포로들을 인도적으로 대우할 것을 약속하였다. 이러한 규칙의 일부는 제이Jay조약과 또 이 시대의 기타 조약들에 의하여 채택되었다. 그러나 그 규칙들은 전체적으로 볼 때 존속되기 어려울 정도로 비현실적이었다.

아마 이 시대에 있어서 전투에 관한 것 중 가장 놀라운 일은 일반시민은 일방 교전국으로부터 타방 교전국으로 쉽게 여행할 수 있었다는 사실이다. 스턴Laurence Sterne은 1763년에 프랑스로 갔는데, 그는 자연

---

33) 이 책, p. 164.

스럽게 다음과 같이 말하고 있다. "나는 대단히 급하게 런던을 떠났기 때문에 우리가 프랑스와 전쟁을 하고 있다는 생각을 미처 하지 못하였다." 그는 여권도 없이 파리에 도착하였으며, 프랑스의 문화인들 — 군장교도 포함 — 과 우호적인 접촉을 하였다.[34] 그리고 그 후 1813년에 있어서도 유명한 영국의 화학자 데이비Humphry Davy는 전쟁 중에 수개월 동안 프랑스 내를 여행하였고 또 최대의 환영을 받았다.[35] 이 방문은 나폴레옹이 허락한 것이었지만, 그 후의 역사와 비교하면 특별한 사건이었다.

또한 전쟁터에 있는 군인들에 대한 국제적 관심의 최초의 흔적이 눈에 띄기 시작하였다. 16세기부터 특히 프랑스에서 그들에 대한 조직적인 의료조치가 천천히 그리고 또 불규칙적으로 나타나기 시작하였다. 18세기에는 그것이 더욱 발전하였다.[36] 17세기와 18세기에는 이러한 경향이 군사적 협정에도 반영되어 요새나 도시 또는 군대의 한 부대가 항복하는 경우에 병상자들에 대한 일종의 보호를 규정하였다.[37]

좀 더 제한된 것이기는 하지만 비슷한 규정이 17세기 말과 18세기를 통하여 군사적 카르텔cartels의 사례에서, 즉 전쟁포로의 교환 및 몸

---

34) L. Sterne, *A Sentimental Journey Through France and Italy* (1768 – Shakespeare Head Press ed., 1921), 85.

35) J. A. Paris, *Life of Sir Humphry Davy* (1831), chap. X.

36) Wauthoz, *Les Ambulances et les ambulanciers à travers les siècles*, 107, 124. 15세기의 예를 위해서는 (Charles the Bold of Burgundy, 1493), *ibid.*, 91.

37) Gurlt, *Zur Geschichte der internationalen und freiwilligen Krankenpflege im Kriege* (1873)에서는 상세하게 구별하지 않고 적절한 많은 수의 협정들을 기재하고 있다: Bogajewski, "Les Secours aux militaires malades et blessés avant le XIX e siècle," in *Revue générale de droit international public* (1909), 202.

값에 관한 군지휘관들 사이의 협정에서 볼 수 있었다. 어떤 때에는 그러한 카르텔이 교전국 군주들 자신 간의 조약형식을 취한 때도 있었다. 그 카르텔의 주요목적은 전쟁의 진행에 따라서 병상자인 적병을 치료해준 군대에게 상환하는 것을 확보하는 데 있었다. 그러한 카르텔의 조항은 매우 다양하였다. 보통은 병상자들은 가장 편리하게 그 본부대에 송환되어야 하였다. 그러나 그때까지는 그들은 그들의 군대의 의사들과 그들 자신의 직원에 의한 치료와 간호를 받을 권리를 가졌었는데, 이 규칙은 분명히 고급 장교들을 위한 것이었다. 병원은 때로는 적군에 의한 몰수대상에서 제외되었다. 1743년의 영국 장군 스테어스 백작Count Stairs과 프랑스장군 노아유 공작Duc de Noailles 사이에 체결된 한 카르텔은 대단히 인도주의적이라고 해서 특히 높이 평가되고 있다. 그 주요 장점은 그것이 군병원의 불가침을 보장했다는 것이다.

몸값을 받는 것은 아직도 성행하였다. 실제로 포로의 계급에 따라서 몸값을 정하는 일종의 요금표가 생겼다. 프랑스는 이 문제에 있어서도 또한 특별한 우수성을 보여주었다. 1780년의 영·프 협정에서 보통 사병의 몸값은 25프랑으로 정해졌고, 프랑스의 장군(Maréchal de France)의 가격은 1,500프랑으로 정해졌다.[38]

이 시대 중립문제는 해전에 관해서 결정적인 중요성을 갖게 되었다. 웨스트팔리아 평화조약 이후, "바다의 마부들(Wagoners of the Seas)"이라고 불렸던 네덜란드는 모든 다른 나라가 전부 합친 것보다 더 큰 상선대를 소유하고 있어서 자유선박, 자유화물(free ships, free goods)의 원칙을 채택하는 몇 가지 조약에 의하여 중립국의 입장을 유리하게 할 수 있었다. 이것은 중립(네덜란드)선박에 선적되어 있는

---

38) Romberg, *Des Belligérants et des prisonniers de guerre* (1894), 13.

상품은 적의 상품일지라도 금제품(contraband of war)을 제외하고는 포획할 수 없으며, 반면에 적국선박상의 중립국 상품은—네덜란드는 외국선박을 별로 필요로 하지 않았다—보호되지 않는다는 것을 의미하였다. 이 원칙은 18세기까지 각국 간의 협정을 통하여 서양제국에 널리 보급되었다. 협정이 없는 경우에 콘솔라토 델 마레Consolato del mare의 옛 법률이 여전히 적용되는지는 확실하지 않다. 조약을 제외하고는 중립법은 다소 막연한 편이었다.

금제품에 관해서는 국내법령이 적용되었으나, 몇 차례 중요한 기회에, 특히 프랑스와 에스파냐 사이의 피레네 평화조약(Peace of Pyrenees)(1659년)과 위트레흐트 평화조약(Peace of Utrecht)에서 조약에 의한 규칙이 제정되었다. 일반적으로 금제품의 개념은 이 시대에 있어서는 직접적으로 전투에 사용되는 물건에 국한되어 있었다. 다만 해군장비는 흔히 별 문제없이 금제품으로 취급되었다.

18세기 중 영국이 해상에서 무적의 우위성을 가졌다는 사실은 물론 중립법에 영향을 주지 않을 수 없었다. 7년 전쟁(Seven Years' War, 1756~1763) 중 프랑스 선박이 프랑스의 해외영토로 가는 것을 영국 해군이 방해하였을 때에, 네덜란드 선박들이 중립국으로서 프랑스의 동의를 얻어서 프랑스 식민지와의 교역을 대신하였는데, 물론 평화시에 있어서는 그러하지 못하도록 되어 있었다. 그러나 영국은 그러한 상황하에서 네덜란드의 선박들은 합법적인 전리품이 된다고 선포하였다(1756년의 규칙).[39] 얼마 후에 역시 영국관행에서 볼 수 있었는데 연속항해주의(doctrine of continuous voyage)[40]는 다음과 같은 전형

---

39) 실제로, 그 규칙은 1756년 이전에 알려졌다. Briggs, *The Doctrine of Continuous Voyage* (1926), 12.

적인 상황에서 발전하였다. 즉 화물이 처음에 중립선박에 의하여 중립국 항구 X로 운반되어, 거기서 화물을 내린 후 다시 배에 실려 가지고—아마도 다른 화물들과 같이—교전국의 항구 Y로 가게 된다. 그러한 경우에 X로의 항해는 Y로의 "연속항해"의 일부라고 법적으로 간주되었으며, "금제품"의 문제도 그러한 가정하에서 결정되었다. 연속항해의 원칙은 그 후에 다른 상황에까지 확대됨으로써 복잡한 문제를 발생시켰지만, 이러한 원칙들은 기본적으로 정당화되었고 또 영국 해군력의 상당한 행사를 의미하였다는 것을 의심할 여지가 거의 없었다. 이것은 일반적으로 영국의 포획재판소(English Prize Court)의 관행이었다고 말할 수 있을 것이다. 그 재판소의 한 재판관인 스토웰 경Lord Stowell은 그의 명석한 의견 때문에 영국 이외에서도 명성이 높았다.[41]

　더욱 중요한 것은 1780년에 러시아가 국제법 분야에 있어서 최초로 현저한 움직임을 보였다는 사실인데, 러시아는 한 선언을 통하여 중립의 새로운 장을 열었으며, 그 선언에는 같은 해에 덴마크와 스웨덴이 참가하였고, 그 후 다른 국가들도 참가하였다.[42] 그 선언은—실제로는 그 당시 가장 유명한 외교관의 한 사람이었던 덴마크의 장

---

40) Briggs, *loc. cit.*, 그리고 풍부한 문헌이 인용된 것으로는, Oppenheim, *Int. Law*, II, ∫ 400 참조.

41) Roscoe, *Lord Stowell: His Life and the Development of English Prize Law* (1916). Stowell 경의 의견은 미국에서 널리 받아들여졌다.

42) Sailer, *Die bewaffnete Neutralität, etc.* (thesis, Würzburg, 1933); Bergbohm, *Bewaffnete Neutralität, 1780−1783* (1883). 또한 Kulsrud, *Maritime Neutraltity to 1780* (1936), 173; Kleen, *Lois et usages de la neutralité d'après le droit international conventionnel et coutumier des états civilisés*, I (1898), 20, II (1900), 349; 더 많은 참고문헌이 있는 곳으로는, von Liszt, *Das Völkerrehct* (12th ed., 1925), 23, n. 8 참고.

관 베른스트로프 백작(Count Bernstorff)[43]이 작성한 것이었다―중립 선박의 항해의 자유를 선포한 것인데 심지어는 교전국의 연안에서도 자유로이 항해할 수 있어야 된다는 것이다. 그 선언은 자유선박, 자유화물의 원칙을 채택하고 또 해상봉쇄의 "실효성"을 요구하였다. 이러한 원칙들은 이미 국제법에 의하여 승인된 것으로서 제시되었지만, 그 법적 이론은 무력에 의하여 보충되었다.

결국에는 이 조약상의 원칙들을 강행하기 위하여 군함이 중립상선을 호송하게 될 것이라는 것(무장중립)이 양해되었다. 또한 이 점은 그 선언에서 암시되어 있었던 것이다. 1653년에 스웨덴은 그러한 호송제도를 이용하였던 최초의 국가였는데, 군함이 존재하고 또 그 사령관이 적당한 보증을 하면 교전국―영국과 네덜란드―은 그것을 그 상선의 무역의 합법성에 대한 충분한 보장으로 인정하고, 임검(visit and search)을 생략할 것이라고 기대하였다. 그 후 다른 국가들도 스웨덴의 예를 따랐으나, 그 기대는 실현되지 않았다. 더 기대가 컸던 1780년의 무장중립도 역시 영국의 반대 때문에 성공하지 못하였다. 그리고 특히 혁명국가 프랑스가 중립선을 통하여 보급을 받지 못하도록 하기 위해 러시아가 1793년에 이전의 정책을 변경하고 영국에 가담하였다. 1800년의 제2차 무장중립―이것 역시 러시아가 스칸디나비아 제국과 기타의 해양국들과 같이 시작한 것이었다―도 더 나은 것이 없었다. 그러나 그 무장중립 조약의 기초가 된 견해는 어느 정도 양국 간 조약에 있어서 인정되게 되었으며, 또한 일반국제법의 발전에 영향을 주었다.[44]

---

43) 이에 관하여는 특히, Bergbohm, *op. cit.* 참조.
44) 이 책, p. 233 참조.

이 시대의 후기에 있어서 중립법은 국제적 협정에 의해서 발전한
것보다는 중립국의 법령에 의하여 더 발전되었다. 미국 독립전쟁[45]
중 투스카니, 나폴리 및 이탈리아의 다른 국가들의 법령에 의하면 연
안으로부터 대포의 착탄거리 이내에서는 전투가 금지되었으며, 또 자
세한 규칙으로서 교전국 선박이 중립국 항구를 공격기지로서 사용하
는 것을 방지하려고 하였다. 교전국을 위하여 선박을 건조 또는 수리
하는 것은 어느 정도 허용되었으나, 중립국 시민이 교전국 선박에서
근무하는 것은 금지되었다. 그러한 법령은 특정한 분쟁에 있어서 그
중립국의 입장을 밝히는 데 도움이 되었고, 또 중립의 표준을 세우는
데 도움이 되었다.

더욱 중요한 것으로 1794년의 미국의 중립법(American Neutrality
Act)이 있었는데, 이것은 국제법 발전에 관한 미국의 초기 공헌의 또
하나의 예이다.[46] 이 상세한 법령은 중립의 의무를 강조하였고, 그 의
무를 엄격하게 규정하였다. 미국시민 또는 주민을, 외국의 육군이나
해군에 징집하는 것이나 또는 교전국인 외국의 선박을 건조하거나 무
장시켜주는 것이 금지되었다. 그 법은 미국의 중립성을 침범한 프랑
스의 전권공사의 행동을 계기로 해서 생긴 것이었다. 그것은 다소 지
나치게 엄격한 감은 있으나, 중립이라는 이상적 개념에 입각한 것으
로서 외국 정치가와 학자들의 높은 평가를 받았다.

---

45) Sereni, *The Italian Conception of International Law* (1943), 135 참고. 일부
  칙령들을 볼 수 있는 곳으로는, Lampredi, *Del Commercio dei popoli neutrali
  in tempo di guerra* (1788; French tr. by Peuchet, 1802), Appendix.
46) Fenwick, *The Neutrality Laws of the United States* (1913), 27.

이론적 발전

이 시대에는 이론적 투쟁에서 종교적 갈등이 결정적인 요소가 아니었다. 이미 본 바와 같이, 자연법 그 자체가 그로티우스를 통하여 개신교적 해석을 받게 되었다. 그것은 18세기에 있어서 계몽이라는 대운동과 관련을 갖게 되었고, 이 계몽운동이란 교회와 전제정치가 부과한 속박으로부터 사상을 해방시키고 이성의 지배를 확립시키고자 한 것이었다. 그리하여 자연법은 점점 더 혁명적인 경향을 갖게 되었다. 아베 그레구아르의 선언이 그 한 예이다. 미국의 독립선언(1775년)도 또한 자연법에 호소하였다.

반면에 18세기에 있어서 자연법 및 그와 관련된 "자연"철학에 대한 근본적인 그리고 성공적인 반동을 볼 수 있었다. 이 반대운동은 영국의 경험론자들 특히 데이비드 흄David Hume(1711~1776년)에 의하여 인도되었다. 그러나 이 운동은 일반적인 철학과 과학의 역사의 일부이다.

국제법의 이론은 그 운동에 의하여 단지 국한된 의미에서 그리고 또 아주 간접적으로 영향을 받았을 뿐이다. 실제로 이 시대에는 국제법학자들 중 한 사람도 자연법을 전적으로 부인하는 사람은 없었다. 그러나 역시 여전히 자연법을 강조하는 "자연법론자(naturalists)"와 조약과 관습을 중요시하고 자연법은 부차적으로만 인정하거나 또는 고유한 의미의 법의 범주 밖에서 인정하거나 그것을 전적으로 무시하는 "실증주의자(positivist)"를 구별할 수 있다. 실증주의자의 추론은 더욱 법적이고 더욱 구체적 경우에 관련되고 있음에 반하여, 자연법론자의 추론은 더욱 철학적이고 추상적이었다. 오늘날의 어떤 역사가들은 한걸음 더 나아가서 (순수)자연법론자와 "그로티우스주의자(Grotians)"를 구별한다. 그러나 이 구별은 타당하다고 볼 수 없다. 왜냐하면 그로티우스는 실증주의자들에 대해서도 또한 권위자였다. 그러나 학자들 중 소수이나마 유력한 제3의 집단이 있었으며, 이들은 국가간에 법적 유대가 있다는 것을 전적으로 부인하였다. 즉 넓은 의미에 있어서 "국제법(law of nations)"을 부인하는 사람들이었다.

벤담Bentham은 그의 저서 『윤리 및 법률의 원칙들에 대한 입문서』(*Introduction to the Principles of Morals and Legislation*, 1789년)에서 'international'(국제)이란 말을—이것은 그가 가장 좋아하는 신조어의 하나이다—처음으로 쓰고 있다. 그것은 쉽게 파생어를 만들 수 있기 때문에 특히 좋은 말이다. 만약에 국제법을 칸트Kant처럼 국가 간의 법이라고 불러야 한다면, 'interstatal'과 같은 말이 더 정확했을지 모른다.

놀라울 정도로, 그로티우스 이후의 유명한 모든 학자들은 개신교도들이었다. 19세기 초에도 이러한 상태가 계속되었다. 그 때문에 최초의 국제법의 역사편찬자였던 폰 칼텐본Von Kaltenborn은 국제법이 "신교도의 과학"이라고 선언하게 되었던 것이다. 그 이유의 일부는 그로티우스의 저서를 교황이 금서로 하였는데 그의 저서는 이 분야를 공부하고 가르치는 기본교재였던 까닭이다. 또한 가톨릭의 교리에 있어서의 이단적 개념의 중대한 지위와 현대 국제법의 개념을 타협시키기 어렵다는 것도 고려되어야 한다.

이 시대의 학자들은 평시법과 전시법에 관한 중요한 문제에 직면하였다. 근본적인 문제는 다음과 같은 것이었다. 즉 국제법은 보통의 법률재판소 ― 그것은 결국 국내적 성격을 갖는 기관이다 ― 에 대하여 어느 정도 문제가 되는가 하는 것이었다. 17세기 영국 재판소들이 "해적행위"를 정의할 때 국제법에 근거를 두었다는 것을 우리는 이미 보았다.

1737년에 탤벗 경Lord Talbot이 판정한 한 재판에 있어서,[47] 국제법은 "이 나라의 법(the law of the land)", 즉 영국법의 일부라는 견해를 볼 수 있었는데, 이 견해는 젠틸리의 학설에서 처음으로 제시되었다.[48] 그 견해는 맨스필드 경과 블랙스톤에 의하여 지지를 받았으며, 영국법에 있어서 확립되었다. 처음에는 그것은 국제법에 관한 문제 ― 예컨대 대사의 특권면제에 있어서 외국 권위의 인정과 외국관행의 적절성을 인정하는 것 ― 이외에는 별로 의미하는 것이 없었다. 이것은 역시 "국제법"의 일부라고 생각되던 무역법(Law Merchant)의 관습적 관행을 일반화하고 변환시키는 것이었다.[49] 탤벗 경에 의해서 도입된 그 견해는 국제관계의 분야 내에서 관습법에 관한 이 섬나라의 전통에서 이탈한 것이었는데, 영국은 자국의 고유한 관습과 자국의 권위만을 인정하였다. 그 이후 탤벗의 원칙은 미국재판소에 의하여 적용되었고 또 더욱 발전하였는데 미국헌법은, 이미 본 바와 같이, 조약을 "이 나라의 최고법(the supreme law of the land)"이라고 선언하고 있다. 최근에 와서는 그 원칙의 기본개념은 격렬한 법이론상 논쟁

---

47) Talbot 경의 견해가 재인용된 곳으로는, *Triquet v. Bath*, 7 Burr. 1478, 96 Eng. Rep. 273, 97 Eng. Rep. 936 (1764). 1737년 Barbuit의 사건을 편리하게 볼 수 있는 곳으로는, 25 English Reports, 777.

48) 이 주제에 관하여는, Lauterpacht, "Is International Law a Part of the Law of England?" *Transactions of the Grotius Society*, XXV (1940), 51.

49) 이 책, p. 97. 또한 Lauterpacht, *op. cit.*, 52 참조.

의 초점이 되고 있다.[50]

또 하나의 큰 문제는 위트레흐트 평화조약(the Treaty of Utrecht)에서 "세력 균형(balance of power)"을 언급한데서 야기되었다. 이것은 원래 정치학의 원시적인 개념은 아니지만 아주 오래된 개념이다. 그것은 예컨대 유럽이나 이탈리아와 같이 다수국가가 병존하는 지역에는 그 지역의 크고 작은 것을 막론하고 적용될 수 있다. 실제로 이 용어는 — 물리학의 발달을 암시한다 — 이탈리아 역사학자 귀치아르디니Francesco Guicciardini(1483~1540년)가 발명하였다. 현상유지를 목적으로 하는 세력균형은 외교상의 한 원칙이다. 위트레흐트 평화조약에서 이 말을 사용한 것은 단지 공식적으로 좋게 설명한 것에 불과하며 또 이 특정한 조약에 적용할 수 있도록 그 원칙을 해석한 것이라고 할 수도 있을 것이다. 거기서 다소 예외적으로 언급된 이외에 세력균형은 정전의 개념(균형을 유지하기 위한 전쟁은 "정전"이 되는가?)이나 또는 합법적 간섭이라는(그러한 목적, 즉 세력균형의 유지를 위한 간섭은 합법적인가?) 개념을 통하여 국제법과 관련될 수 있다. 이 시대의 학자들도 때때로 전자, 즉 세력균형의 유지를 위한 전쟁이 정전이냐 하는 문제를 취급하였다. 실제로 후에 세력균형을 법적으로 취급하려고 하는 실패한 시도가 있었으나 세력균형의 개념은 법적 개념이 아니다.[51]

외교사절에 관한 법이 국제법 문헌 가운데서 가장 중요한 지위를 차지하고 있었다. 아마 이 분야에 있어서 가장 많이 이용되던 서적은

---

50) 이 책, p. 326.
51) 더욱 최근의 논문들 중에서 언급할 수 있는 것으로는, Höijer, *La Théorie de l'équilibre et le droit des gens* (thesis, Paris, 1917). 더구나 *Ency. Soc. Sc.*, "Balance of Power" [bibl.*], 그리고 Robert Phillimore 경의 견해에 대해서는, 이 책, p. 292 참조.

드 뷔크포르트De Wicquefort — 그는 교활한 네덜란드 사람으로 어떤 약
소 독일 군주들의 외교관으로서 일한 사람이다 — 가 지은 『대사 및 공
사에 관한 연구』(*Mémoires touchant les ambassadeurs et les ministres publics*,
1676년, 후에 이 책은 서명이 고쳐져서 『대사와 그 기능』(*L'Ambassadeur et ses
fonctions*)으로 되었다)이다. 그 저자의 출생과 직업, 그가 프랑스어를
사용했다는 것, 그리고 그가 의식과 일화를 강조한 것 등, 이 모든 것
이 그 당시 외교의 전형을 보여주는 것이다.

조약관계가 점점 확대되고 심화되었기 때문에 18세기에는 전 세계
적으로 조약을 조직적으로 수집하기 시작하였다.[52] 17세기에 있어서
한 국가만의 조약집이나 또는 기타 제한된 범위의 조약집을 여러 개
볼 수 있었지만, 1693년에는 다재다능한 독일 철학자 라이프니쯔
Leibniz가 『외교 조약집』(*Codex juris gentium diplomaticus*)의 출판을 시작
하였다. 그것은 최초의 시도였으며 따라서 불완전한 것이었다.[53]

1791년에 폰 마르텐스G. F. Von Martens가 『주요 조약집』(*Recueil des
principaux traités*)을 출판하기 시작하였는데, 이것은(그 후 이름은 여러
가지로 달라졌지만, 언제나 폰 마르텐스의 이름은 보존하고 있다) 오늘날까
지 주요한 조약집이 되고 있다. 국제법에 있어서 실증주의적인 방법
에 대하여 이러한 조약집이 가진 가치는 명백한 것이다.

---

52) 조약의 조직적인 수집에 대해서는, von Ompteda, *Litteratur des gesammten
   sowohl natürlichen als positiven Völkerrechts* (1785), 429; von Kaltenborn,
   Kritik des Völkerrechts nach dem jetzigen Standpunkt der Wissenschaft
   (1847), 62; Myers, *Manual of Collections of Treaties and of Collections
   Relating to Treaties* (1922) 참고.

53) 그러나 Leibniz의 서문은 상세하고 중요하다. 그의 견해에 대해서는,
   Schrecker, "Leibniz: Ses idées sur l'organisation internationale," *Proceedings of
   the British Academy*, 1937, 193 참조.

전쟁법에 관하여 루소J.J. Rousseau는 근본적인 중요성을 가진 새로운
방법을 고안하였다. 그는 국제법에 관한 논문을 쓰려는 그의 계획을
실천하지는 않았지만 『사회계약론』(Le Contrat social, 1762년)[54]에서
전개시키고 있는 그 사상, 즉 "전쟁은 사람과 사람 사이의 관계가 아
니고 국가와 국가 사이의 관계이며, 전쟁에 있어서는 개개인은 인간
으로서나 또는 심지어는 시민으로서가 아니고 단지 군인으로서만 우
연히도 서로 적이 되는 것이며, 어느 특정한 지역사회의 구성원으로
서가 아니고 그 사회의 방어자로서만 적이 되는 것이다"라는 사상으
로 국제법 이론에 공헌하였다. 이 개념은 이미 본 바와 같이 내각의 전
쟁(cabinet wars)시대나 그 이후의 시기에 있어서의 정치적 조건에 적
합하였다. 그것은 19세기에 있어서 여론과 정치학계와 법학계에서
널리 수락되었다. 그리고 그것은 전투에 대해서 좋은 영향을 주었다.
한 예로서 프랑스와 독일 사이의 전쟁 초기에 프로이센의 빌헬름 1세
William I 는 1870년의 그의 선언문(Manifesto) 가운데서 "프랑스 시민
들과 전쟁하는 것이 아니고 프랑스 군인들과" 전쟁하는 것이라고 말
하였다.[55]

각국의 관행에 있어서 대단히 중요하고 또 이론이 많은 중립에 관
한 법은 학자들이 취급하기 좋아하는 주제였던 것이 당연한 일이었
다. 이 제목에 관하여 상당히 많은 책이 18세기 동안에 출판되었다.

영구적 평화를 위한 유럽의 정치적 재구성에 대한 이론이 계속되었
다. 윌리암 펜William Penn은 펜실바니아를 평온하게 잘 다스렸다는 명

---

54) Lassudrie-Duchène, J. J. Rousseau et le droit des gens (1906), 특히 p. 310
참조.
55) Bluntschli, Beuterrecht im Kriege (1878), 67.

성을 얻은 후 1693년에[56] 이러한 종류의 한 흥미 있는 계획을 발표하
였다. 그 이전의 계획자들 특히 쉴리Sully와 달리 펜은 그가 제안한 연
방제에 모스크바 사람들과 터키 사람들을 포함시키기를 원했고, 또
그는 그 연방의 최고이사회(의회)를 위하여 상세한 의회구조와 절차
를 고안하였다. 그 의회 내에서 대의원들의 투표수는 객관적인 기준
즉 각국의 세입 또는 외국과의 통상에 의하여 결정하도록 되었다. 이
계획에서 독특한 앵글로색슨의 특징을 볼 수 있다.

영구적 평화에 대한 가장 잘 알려져 있는 계획은 아마 아베 드 생피
에르Abbé de Saint-pierre[57]에 의한 유럽의 영구 평화를 위한 계획(Projet
pour rendre la paix perpétuelle en Europe, 1713년)일 것이다. 윌리암
펜과 같이 생피에르는 유럽의 재구성을 제안하지 않았다. 그는 위트
레흐트 평화조약을 기초로 한 그 현상유지를 영구화하려고 하였다.
그는 이전에 그 조약을 준비함에 있어서 중간 지위의 사무원 자격으
로 참가했었다.

---

56) William Penn, *Essay Towards the Present and Future Peace of Europe*
(American Peace Society ed., 1912). 또한 Ter Meulen, *Der Gedanke der
internationalen Organisation in seiner Entwicklung* I (1917), 171; C. L.
Lange, "Histoire de la doctrine pacifique et de son influence sur le
développement du droit international," in *Recueil des cours*, XIII (1926), 175,
275 참고.

57) Saint–Pierre에 관한 주요 저서로는, Drouet, *L'Abbé de Saint–Pierre:
L'Homme et l'œuvre* (1912). 그의 평화계획에 대해서는, Ter Meulen, *op. cit.*,
180; Lange, "Histoire de la doctrine pacifique, etc.," in *Recueil des cours*, XIII
(1926), 302; H. H. Post, *La Société des nations de l'Abbé de Saint–Pierre* (an
able thesis–Groningen, 1932) 참조. Projet의 다른 제목을 가진 몇 가지 번역본
이 있다. 1714년에 영어로, 1922년에 Oppeln–Brinikowski에 의하여 독일어로 번
역되고 기타 다른 언어로 번역되기도 하였다. "The Grotius Society Publications,
Texts for Students on International Relations," No. 5 (1927)에서의 선집
(selection).

그에 의하면 기독교 국가들은 대외전쟁이나 내부전쟁을 방지하기 위하여 연방을 형성해야 된다는 것이다. 그 연방은 또한 현존 정부형 태를 보장하는 것이었다. 그런데 이 점은 틀림없이 그 당시의 여러 권력가들에게 매력적인 것이었다. 또한 이전의 여러 계획에서와 같이 연방 회원국들의 대표들로서 구성된 상설적 의회 즉 상원(Senate)이라고 알려질 의회가 최고권한을 갖게 될 것이었다. 분쟁이 있을 경우에는 상원이 판정하고 또 만약에 불응하는 국가가 있으면 전쟁에 의해서 복종을 강요할 것이었다. 강제 수단으로서의 전쟁은 또한 연방에 가입하는 것을 어느 정도 특정된 과반수가 동의한 것을 소수파가 반대할 때에 이에 대한 궁극적 무기로서 생각되고 있다. 상원에서는 단지 강대국만이 투표권을 가질 것이며, 작은 국가들은 여러 개 나라가 한 집단으로서 투표해야 되며 각 집단이 한 표씩 가지도록 되었다. 비기독교국가들을 그의 계획에 포함시킨 데 대해서는 아베는 여러 기회에 각각 다른 이유를 제시하고 있다.

　학자들은 흔히 평화를 위한 세계 재구성에 관한 각종의 계획과 임마누엘 칸트Immanuel Kant의 『영구평화론』(Toward Perpetual Peace, 1795년)이라는 논문을 관련시킨다.[58] 칸트는 거기서 영구적 평화에 관한 개념을 비판적으로 논평하고 있다. 그는 영구적 평화를 공상이라고 생각하지 않고, 그가 규정한 어떠한 조건 — 모두 인력으로서 좌우할 수 있는 조건 — 하에서 오랫동안 점차적으로 접근함으로써 도달할

---

58) *Zum ewigen Frieden: Ein philosophischer Entwurf* (1914년에 Vorländer가 서문을 쓰고 주석을 달았다). 몇 가지 영문 번역본이 나타났고, 그들 중 한 권 (*Perpetual Peace*)은 Nicholas Murray Butler (New York, 1939)가 서론을 썼다. 더욱이, Natorp, *Kant über Krieg und Frieden* (1924), 그리고 Ter Meulen, *op. cit.*, 314 참조.

수 있는 것이라고 생각하였다. 어떤 조건은 금지적이거나 부정적이
다. 예컨대 평화조약을 체결함에 있어서는 새로운 전쟁을 할 수 있는
구실에 관한 내적 유보가 있어서는 안 되고, 상비군은 폐기되어야 한
다. 어떤 조건은 긍정적이다. 예컨대 각국의 일반 헌법은 공화제여야
한다. 이것은 칸트에게는 주로 집행권을 입법권으로부터 분리시키는
것을 의미하였다. 그리고 또 국제법은 자유국가들로서 구성된 국가연
합(confederation)에 기초해야 한다. 뒤의 주장이 생피에르나 그의 선
배들과 칸트를 결합시키는 이유이다.

　　그러나 생피에르와 기타 사람들은 자기들이 창안하고 묘사한 새로
운 세계를 공상하는 데 즐거움을 느낄 뿐이지 그러한 시도의 진정한 의
의와 또 내재적인 제한에 관해서는 그다지 고민하지 않았다. 칸트는 그
와 정반대이다. 그는 현명하게도 장래의 국가연합—만약에 그런 것이
된다 하더라도—의 구조에 대해서 자세히 설명하려고 하지 않는다.
그는 단지 자유국가들의 국가연합화가 영구적 평화의 선결조건이라
고 지적할 따름이다. 어떤 의미에서는 그의 훌륭한 이론은 국제적이며
정치적인 계획에 관한 소위 "공상"학파에 대한 반박이라고 할 수 있다.

국제법의 부정론자들

　　그로티우스의 『전쟁과 평화의 법』이 국제법의 이상을 크게 찬양하
면서 나타난 지 20년도 지나지 않아서 그와 정 반대되는 견해—즉
국가와 국가 사이에는 어떠한 법적 유대도 없다는 것—가 영국 철학
자 토마스 홉스Thomas Hobbes(1588~1679년)[59]에 의하여 가장 인상적인

---

59) Walz, *Wesen des Völkerrechts und Kritik der Völkerrechtsleugner* (1930), 4,

방법으로 제시되었다. 그의 견해는 [*Elementa philosophica*] *de cive*
(1642)라는 라틴어 제목으로 더 잘 알려져 있는 『정부와 사회에 관한
철학적 기초』(*Philosophical Rudiments Concerning Government and Society*)[60]
에서 제시되었으며, 『리바이어던Leviathan』(1651)에서 더 정교하게 제
시되었다.

  홉스는 인류의 원시적인 소위 "자연상태(State of Nature)"라는 오
래된 개념으로부터 시작하고 있다. 이 개념은 원래는 신학상의 것이
었으나 그에게 있어서는 사회 밖에 있는 인간의 원시적 상태라는 형
태를 취하게 된다. 그것은 이론적으로 생각된 상태인데 그 상태에서
는 인간의 원래의 또는 내재적인 특질이 제대로 발휘될 수 있도록 하
기 위하여(그렇게 주장되고 있다) 조직이라는 개념은 버림받고 있다. 홉
스의 생각에는 이 자연상태에서 인간은 더욱 많은 힘을 얻기 위하여
만 움직이고 있다. 그러므로 사람들은 만인의 만인에 대한 투쟁을 하
고 있고, 거기서는 가장 연약한 자라도 가장 강한 자를 죽일 수 있으므
로 만인은 평등하며, 또 침략도 방위와 꼭 같이 정당한 것이다. 그러나
자기 보존에 대한 근본적 충동이 있기 때문에 옳은 이성을 이용하면

  182; Brierly, "Le Fondement obligatoire du droit international," in *Recueil des
cours*, XXIII (1928), 467, 494, 505 참고. 법학에 대한 홉스의 기여가 일반적으
로 논의되고 있는 곳으로는, Montmorency, "Thomas Hobbes," in *Journ.
Comp. Legisl.*, N.S. VIII (1907), 51; 정치이론에 관한 그의 가르침에 대해서는,
Leo Strauss, *The Political Philosophy of Hobbes* (1936), 그리고 Sabine, *A
History of Political Theory* (rev. ed., 1950), chap. xxiii. 현재의 논의에 관한 홉
스의 견해들 중에서 더욱 중요한 것을 라틴어와 영어 본문 모두를 축적하고
있는 것으로는, Van Vollenhoven, *Bibliotheca Visseriana*, VI (1926), 67 (*De
cive*), 74 (*De corpore politico and Leviathan*). 시카고의 Leo Strauss 교수는
관대하게 내가 홉스의 이론을 설명하는 것을 도와주었다.
60) 본래 라틴어 제목에 대한 홉스의 번역.

인간의 가장 근본적 욕망인 평화와 안전을 가져올 수 있는 좀 더 현명한 길을 생각할 수 있다. 소위 "자연법"—이것은 홉스도 인정하듯이 잘못된 단어이다—이 유래한 것은 우월한 도덕적 명령에서가 아니고 오히려 이러한 개인적 그리고 사회적 본능이다. 그의 자연법은 고유한 의미에서의 법이 아니다. 그것은 자기 보존과 방위를 위하여 행동하는 방법에 관한 여러 가지 결론들을 의미한다.

자연상태는 인간들이 자기들의 자연적 자유를 제한하고 사회계약을 통해 국가를 형성하기 위하여 결합될 때 종료된다. 즉, 자기 자신들이 한 주권자에게 복종하도록 할 때 타인들도 그렇게 하겠다는 조건 하에서 모든 사람이 복종하게 될 때 종료된다. 그 결과 절대적이고 무제한적인 힘으로써 개개인들에게 평화와 안전을 가져올 수 있는 유일한 권위자가 생기는 것이다. 주권자의 의사가 법이며, 또 이것이 홉스의 소위 "자연법"과는 다른 진정한 법이다.

그러나 조직된 공동체 밖에서는 자연상태 또는 만인의 만인에 대한 전쟁이 지속된다. 이것은 특히 주권자들 사이의 관계에 있어서 그러한데, 그것은 그들이 그러한 조직된 공동체에서 살고 있지 않기 때문이다. 따라서 기만과 폭력이 특징인 소위 "잔인한 강탈"이 그들 사이를 지배한다. 그들은 "언제나 시기하고 검투사의 자세를 취하고 있으며 서로 상대방에게 무기를 겨누고 또 응시하고 있다." 그러나 역시 소위 자연법—자기보존과 방위를 위한 계몽된 욕망—이 주권자(국가)간에 작용하고 있다. 이렇게 작용하는 특수한 경우에 홉스는 그것을 만민법이라고 부르는데, 여기서도 그 단어의 원뜻은 무시하고 있다. 그 작동은 홉스가 자연상태에서의 계약의 중요성에 관하여 말하는 것에 의해 나타난다. 그는 주장하기를 그의 자연법 하에서는 "계약"에 있어서의 약속은 약속하는 자가 상대방으로부터 이행이 있었다든지 혹은 적어도 "어느 정도의 이득"을 받았을 때에만 구속력을 갖는다고 하였다(이것은 확실하고도 놀라울 일이지만 그의 자연법의 한 요소로서 영국 관습법의 한 기술적 원칙을 주장하는 것이다. 그 원칙이란 비공식적 계약이 유효하기 위해서는 "약인(consideration)"이 있어야 한다는 것이다). 그러나 약속의 구속력은 — 만약에 있다 하더라도 — 자연상태에서는 큰 문제가 되지는 않는다. 그리고 이 점이 중요하다.

즉 모든 다른 당사자들이 그 계약을 같이 준수하리라는 것이 합리적으로 확실할 때에 작용한다. 그 이외에도 약속은 또한 자존심 때문에 준수할 때도 있고 또는 준수하지 않으면 좋지 못한 결과가 오리라는 공포심에서 준수할 때도 있다. 그러나 원칙적으로는 "검이 없는 약속은 말에 불과하다." 이 모든 것은 이론상으로는 어떠한 "자연상태"에도 적용된다. 실제로 홉스는 국가들과 그들이 체결하는 조약을 상정하고 있다.

국제관계에 관한 홉스의 발언은 그의 국가철학의 부수적인 것에 불과하였으며, 다소 형식적인 것이다. 그러나 그의 문체의 특징인 독특한 열정과 강렬성을 가지고 표현되었기 때문에 그가 한 말들은 국제법의 이론에 크게 그리고 여러 가지 면에서 영향을 주었다. 홉스는 "국제법(law of nations)"이란 말을 국제관계에 적용한 최초의 사람이었다. 이것은 용어상의 문제에 불과한 것이 아니다. 현실에 있어서 사람들은 국가 안에서 살고 있고 따라서 고유한 의미에 있어서의 법에 복종하고 있기 때문에, 홉스는 주권자들이 상호관계에 있어서 다른 종류의 결정요소, 즉 그가 말하는 자연법을 따른다는 그의 정치철학을 간접적으로 밝히고 있다.

그의 자연법은 근본적으로 인간의 노골적이고 구속되지 않은 이기심에 연유하기 때문에 반기독교적이고 또 분명히 세속적이다. 이러한 의미에서 홉스의 이론은 국제법의 세속적 성격과 합치된다. 그가 자연법과 국제법의 주체 간에 있어서 평등을 강조한 것이 또한 역사적 중요성을 가진다. 그가 침략과 방위를 냉혹하고 무차별하게 같은 것으로 취급하여 스콜라학파의 이론에 반대하였지만, 그의 이론은 총체적으로 볼 때 국제법은 허무한 문구에 불과하다는, 항상 되풀이되는 감정을 거의 고전적으로 표현한 것이다. 그러나 그는 체계적으로 접근하였고 또 그의 이론전개가 깊이 있고 정확하기 때문에 국제문제에 관한 마키아벨리의 풍자적 논평보다도 그의 작품이 훨씬 우수하다고 평가되고 있다.

홉스의 이론과 비슷한 이론을 스피노자Benedict Baruch Spinoza(1632~1677년)가 전개하였다.[61] 스피노자는 근본에 있어서 도덕적인 입장을 취하고 있어 홉스의 체계와는 상당히 차이가 있지만, 그는 국가들이 원래 투쟁 상태에서 살고 있다는 것과, 조약은 체결당사국의 생각에 그 조약을 체결한 이유가 아직 지속되는 동안에만 효력을 갖는다는 것, 그리고 또 국가가 존재하는 이유를 보장하기 위하여 시민들의 번영이 조약상의 의무보다 앞서야 한다는 것에 동의하고 있다. 그러므로 실질적인 입장에서는 스피노자의 결론은 그 영국 철학자의 결론

---

61) Lauterpacht, "Spinoza and International Law," *Br. Yr. Bk. Int. Law*, Ⅷ (1927), 89; R. A. Duff, *Spinoza's political and Ethical Philosophy* (1903), chap. xxv; Coert, *Spinoza en Grotius met Betrekking tot het Volkenrecht* (1936); Menzel (see n. 16 to chap. iv); Walz, *op. cit.*, 18; Verdross, "Das Völkerrecht im System von Spinoza," *Zeitschrift für öffentliches Recht*, VII (1928), 100.

과 큰 차이가 있지는 않다.

이 문제에 있어서의 홉스와 스피노자의 개념은 그 시대의 뒤에 온 학자들에 의하여 수락되지 않았다. 계몽시대는 세계주의적 경향이 있어서 국제법이라는 명제에 대해 우호적이었다. 19세기까지 그리고 더욱 분명히 20세기까지 국제법의 존재에 대한 의심이 다시 나타나지 않았다.

자연법 학자들

자연법으로부터 국가 간의 법을 추론하려고 한 사람들 중에서 독일인인 사무엘 푸펜도르프Samuel Pufendorf(1632~1694년)62)를 제일 먼저 언급해야 한다. 푸펜도르프는 루터교 교회 목사의 아들이었다. 그는 철학, 법학과 역사학에 관하여 널리 연구한 후 1658년에 코펜하겐 주재 스웨덴대사로 취임하였다. 덴마크 정부는 스웨덴과 전투가 벌어진 후에 푸펜도르프를 비롯하여 대사관의 직원들을 투옥하였다. 푸펜도르프는 8개월의 감금생활 동안에 훌륭한 책을 저술하였는데—그로티우스를 연상시킨다—1660년에 『보편적 법학의 요소들』(*On the Elements of Universal Jurisprudence*63))이라는 이름으로 출판된 이 책에서

---

62) Walz, op. cit., 26; Avril, "Pufendorf," in Pillet, ed., Les Fondateurs du droit international (1904), 331 참조. Pufendorf의 생애와 저서에 대한 일반적인 논의로는, Coleman Phillipson, "Samuel Pufendorf," Journ. Comp. Legisl., N.S. XII (1911), 233; von Stintzing and Landsberg, Geshichte der deutschen Rechtswissenschaft, III, Part I (1898), 11 and "Noten" 5; article "Pufendorf," in Allgemeine deutsche Biographie; E. Wolf, Grotius, Pufendorf, Thomasius (1927), 63에는 더욱 많은 참고문헌이 있다.

63) *Elementorum jurisprudentiae universalis libri duo* (transl. in Classics of

그의 후일의 저서에서 볼 수 있는 주장이 초기의 형태로서 나타나고 있다. 그래서 신성로마제국의 선제후는 1661년에 그를 하이델베르크대학의 자연법과 국제법(Law of Nature and Nations)이라는 새로운 강좌의 최초의 석좌교수로 임명하였다. 그런데 이 자리는, 앞서 말한 바와 같이 그로티우스의 가르침을 해설할 의무를 갖게 된다. 1670년에 푸펜도르프는 스웨덴에 있는 룬드대학교에서 그와 비슷한 교수직을 갖게 되었고, 1672년에는 그의 주요 저작인 『자연법과 국제법』 (*On the Law of Nature and of Nations*[64])을 출판하였다. 이 저서는 큰 4절판(quarto)으로 900페이지가 넘는 놀라울만한 대작이었으며, 1673년에는 『인간과 시민의 의무』(*On the Duties of Men and Citizens*[65])라는 제목으로 그 요약본이 나타났다.

그로티우스의 저서 『전쟁과 평화의 법』에서 두 가지 중요한 측면 중 하나를 계승하고 있는 이 주요작품은 일종의 『자연법대전』을 이루고 있어서 말하자면 유스티니아누스의 『로마법대전』에 상응하는 것이다. 그것은 자연법의 개념을 전개시키면서 체계적인 방법으로 공법과 사법을 막론하고 법의 모든 분야를 취급하고 있다. 1677년에 푸펜도르프는 연구생활에서 물러나서 스웨덴의 사료편찬관 겸 추밀원의 구성원이 되었다. 1688년에 그는 베를린에 가서 브란덴부르크 대선제후와 그 후계자인 프레데리크 3세 밑에서 비슷한 직책을 가졌다.

International Law, 1931, with Introduction by Wehberg).

64) *De jure naturae et gentium libri octo* (국제법 고전에서의 번역본, Simons 에 의한 중요하지 않은 서문이 있다). 국제법에 대하여, III, 3, sec. 23은 (*sedes materiae*). 더욱이, I, 6, secs. 13 and 18 (법의 종류); II, 2, sec. 11 (조약); VIII, 4, secs. 18, 22 (평등); VIII, 6, 7 (전쟁법), 그리고 일반적으로, Preface 참조.

65) *De officiis hominis et civis libri duo* (국제법의 고전에 있는 번역본, 1941 년, Schücking이 서론을 씀).

푸펜도르프는 죽을 때까지 주로 역사와 정치학 분야에서 내용이 풍부한 문필활동을 하였다.

국제법에 관해서 푸펜도르프는 그로티우스와 홉스의 중간적 지위에 서 있다. 그는 홉스처럼 만민법이란 단어를 국제관계에만 적용한다. 그는 또한 국가 간에는 자연법 이외에는 법이 없다는 점에서 홉스와 동일하다. 그러나 그의 자연법은 본질적으로 생물적인 충동들의 복합체가 아니다. 이 점에서 그는 홉스와 차이를 보인다. 그것은 스콜라 학파의 종래의 도덕적 자연법이며 그로티우스의 자연법에 더욱 가깝다. 푸펜도르프는 그러한 이질적인 요소들을 결합함으로써, 독립적인 만민법은 전혀 없다는 불행한 생각과 국가 간의 법적 관계는 오직 자연법에서만 발견할 수 있다는 불행한 생각에 도달하였다. 푸펜도르프는 국가 간에 실제로 준수되는 모든 규칙은 오직 자연법이라는 것을 증명하려고 한다. 그는 예컨대 대사들의 면제권에 관하여 이것을 증명하려고 한다. 그러나 그는 자연법으로부터 이 미묘한 문제에 관한 도움이 될 만한 규칙을 꺼내지 못한다.

푸펜도르프는 또한 전쟁의 가혹성을 제약하기 위한 관습("묵시적 합의") 또는 명시적 합의에 관한 실증적 국제법을 인정하지 않았다. 이러한 합의들은 "자연법에 어긋나는 것"이기 때문에 무효라고 그는 말하고 있다.

국제법 역사에 대한 푸펜도르프의 공헌 중 역사상 더욱 중요한 것은 그가 국가들의 자연적 평등을 주장하였다는 점일 것이다. 이 개념은 홉스에서도 찾아 볼 수 있는데, 홉스에 있어서 평등이란 자연상태에서 살고 있는 사람들의 특징이었다. 그러나 홉스는 그것을 다소 생물학적인 성격으로 생각했다. 다만, 그것을 "주권자들", 즉 국가들에게 묵시적으로 적용할 때는 법적 성격을 갖게 된다. 푸펜도르프는 자연법에 대한 다른 개념을 가졌기 때문에 국가의 평등이란 실제적인 법적 개념이 되었다. 그는 당시의 관행들에 반대하며 서열에 대한 모든 권리주장을 부인하고 모든 특정의 조직 구성원들—개인이건 국가이건 간에—사이의 서열은 각 구성원이 그 조직에 가입된 때에 따라서 결정하도록 제안하였다. 물론 이 이론은 그의 보호자인 선제후에 대해서 대단히 좋은 이론이다.

　기타의 많은 문제에 있어서 푸펜도르프는 그로티우스의 발자취를 완전히 따르고 있어, 정전이론에 관하여 잘 알려져 있는 쟁점과 논쟁을 되풀이 하고 있다.

　계몽시대의 또 하나의 대표적인 독일인 볼프Christian Wolff(1676~1756)[66]는 국제법에 대해서 특별한 관심을 가졌다. 볼프 역시 신학으로부터 출발하였다. 그러나 백과사전적인 지식을 원하던 그는 철학, 수학, 물리학, 의학, 식물학, 경제학 및 법학을 공부하였다. 계몽에 대한 그의 독특한 개념 때문에 그는 프리드리히식 계몽주의자라는 낙인이 찍혔다. 그는 프리드리히 대왕으로 대표되는 계몽적 전제주의를 열렬히 주장하였고, 그는 대왕이 프로이센의 왕위를 계승하였을 때 그를 "철인왕(philosopher king)"의 표준으로 생각하였다. 볼프는 프리드리히가 종교에 대하여 무관심한 것을 찬성하지 않았으나, 계몽주의의 정신에 입각하여 광신주의에 반대하였고 또 심지어는 "자연 종

---

66) Frauendienst, *Christian Wolff als Staatsdenker* (in *Historische Studien*, Vol. CLXXI, 1927); Windelband, *Geschichte der neuren Philosophie*, I (1914), 514; von Stintzing and Landsberg, *op. cit.*, 198 and "Noten" 132; article "Christian Wolff," in *Allgemeine deutsche Biographie* 참고.

교"라는 생각을 싫어하지도 않았다. 1721년 할레대학교의 교수로 있을 때에 한 대중 강연과 그 후의 저술에서 그는 중국의 상황들과 군주들이 모범적이고 훌륭하다고 지적하여 반향을 일으켰다. 그 후 곧 그는 개신교의 정통교리와 맹렬한 투쟁을 하게 되었는데, 이 정통교리는 할레에서는 상당히 강력하였다. 그 논쟁을 "군인왕(soldier king)" 빌헬름 1세Frederick William I 가 알게 되어, 그는 1723년에 볼프에게 48시간 이내에 프로이센을 떠나라고 명령하고 이에 따르지 않으면 교수형에 처한다고 하였다. 이 놀라운 명령에 관한 내막은 전혀 알려지지 않았다. 아마도 볼프의 신학상의 적이 그의 견해가 군사적 규율확립에 위협을 준다고 왕에게 잘못 전하였던 것 같다.

볼프는 요구된 시간 내에 가까운 프로이센의 국경을 넘는데 곤란이 없었다. 그는 또한 장래에 대해서 걱정할 필요도 없었다. 사실상 그는 다만 헤세에 있는 마르부르크에 가서 이전에 그에게 제공되었던 교수직을 수락하면 되었다. 머지않아 그는 저명한 철학자가 되었을 뿐만 아니라 과학의 순교자로 인정받았다. 그의 명성은 유럽에 퍼졌고 그를 칭송하며 초청하는 초대장이 색소니와 스웨덴, 심지어는 러시아에서까지 쇄도하였다. 그러나 그는 마르부르크에서 가장 좋은 조건하에 머물러 있었다. 빌헬름은 후에 자기의 실수를 깨닫고 볼프를 다시 불러오려고 했었다. 그러나 볼프는 1740년에 프리드리히 대왕이 국왕으로서 최초의 행위 중 하나로서 그에게 매우 간곡한 초빙을 하였을 때에야 응하였다. 볼프는 할레에 돌아와서 죽을 때까지 거기에 있었다.

볼프의 저작은 굉장히 많다. 그의 주요저서는 『과학적 방법론에 의한 자연법』(*Law of Nature Treated According to Scientific Method*[67])인데 8

---

67) *Jus naturae methodo scientifica perpetratum.*

권으로 되어 있으며, 그가 60대의 나이에(1740~1748) 준비한 것이다. 그 후 일종의 보충으로서 『과학적 방법론에 의한 국제법』(*Law of Nations Treated According to Scientific Method*, 1749년[68])이 나왔다. 다음 해에 볼프는 『자연법과 국제법 요약』(*Institutes of the Law of Nature and of Nations*[69])이라는 제목 하에 아홉 권의 요약판을 출판하였다. 우리는 주로 1749년의 저서에 관심을 가진다.

볼프는 국가사무나 법률실무에 전혀 관련되어 본 일이 없었기 때문에 자연법의 기초 위에서 순수하게 철학적으로 국제법을 취급하고 있다. 그는 법적 자료나 법적으로 중요한 사건들에서 얻은 증거로서 자기의 주장을 뒷받침하려고 하지 않는다. 그는 법률문헌에도 관심이 없다. 그는 자기 저서를 인용하고 있다. 키케로나 그로티우스 같은 법철학자들을 인용하기도 하지만 대단히 희박하게 인용한다.

볼프는 홉스처럼 가상적인 자연상태로부터 출발한다. 그리고 그는 이 개념이 개인이나 국가들에게 다 같이 적용된다는 점에서 홉스를 따랐다. 자연상태는 자연법에 의하여 지배되지만, 볼프의 자연법은

---

68) *Jus gentium methodo scientifica perpetratum* (transl. in Classics of International Law, with Introduction by Nippold). 그 책에는 목차가 없기 때문에, 다음의 부분들이 주로 현재의 논의와 관련이 있다고 말할 수 있을 것이다: 서문(Preface), 서론(Prolegomena), secs. 285, 286, 617－645, 673－686, 888－891, 1041－1068. 그 책은 *Institutiones* (아래 각주 참조)의 제4장에 요약되어 있다. Olive, "Wolff," in Pillet, *op. cit.*, 447에서는 마찬가지로 Gidel, "Droits et devoirs de nations," in *Recueil des cours*, X (1925), 565에 근거하여 요약하고 있다. 비판적인 분석을 위해서는, von Kaltenborn, *Kritik des Völkerrechts* (1847), 67, 275; 또한 von Ompteda, *Litteratur des gesammten sowohl natürlichen wie positiven Völkerrechts* (1785), 320 참고.

69) *Institutiones juris naturae et gentium* (주석이 달린 번역본으로는, Luzac, *Institutions du droit de la nature et des gens*, 1772).

홉스의 자연법과 정반대의 것이다. 그것은 스콜라적인 의미에서 도덕
적이기는 하나 동시에 볼프의 철학 선생인 라이프니츠Leibniz의 가르침
에서 볼 수 있는 세속적이고 낙관적인 정신이 침투되어 있다. 볼프는
국제법의 목표를 각 개인과 각 국가의 자기보존과 자기완성, 그리고
각각 타인이나 타국가의 보존과 완성을 위한 개인들 및 국가들의 상
호원조에 있다고 본다.

그는 세계 국가들이 그가 세계정부(civitas maxima, 역자 주: 우리말로
개념을 나타내기에 적합한 용어를 사용하기 어려워 이와 같이 표현하기로 한
다)라고 부르는 한 연합체를 조직하고 있는 것처럼 생각하고 있는데,
그것은 개개인의 연합체인 특정한 도시들(civitates) 또는 국가들과는
구별되었다. 그 세계정부(civitas maxima)는 여러 국가 간의 협약 또는
"준협약"(오늘날이었으면 볼프는 아마 그것을 "잠재의식적"이라고 불렀을
것이다)에 기초한다고 생각되고 있다. 그 목적은 세계정부(civitas
maxima)로부터 유래하는 규칙들 하에서 각국이 협조하여 각국의 공
동선을 증진시키는 것이다.

볼프의 세계정부(*civitas maxima*)라는 가정은 20세기의 여러 학자
들[70]에 의하여 오해되어 왔는데 그들은 그것을 국제연맹의 선구인 것
처럼 보았고 정치적 세계의 재구성을 위한 초기의 고귀한 계획이라고
보았다. 그러한 평가는 생피에르나 또는 그의 선배들의 계획의 경우
에는 약간의 정당성이 있으나, 볼프의 개념은 완전히 별개의 성질의
것이다. 이 전제주의의 사도는 계몽주의적 철학을 가졌음에도 불구하
고, 고문과 야만적 사형방법을 옹호하였으며, 이 세상의 정치구조에

---

70) 예를 들면, 세계정부(civitas maxima) 때문에 볼프의 학설에 대해 매우 의심
스러운 평가를 하게 되었던 Nippold (각주 68 참조).

만족하였다. 그는 생피에르의 계획에 대하여 관심이 없었는데, 그것을 몰랐다고 할 수는 없다. 볼프에게 세계정부(civitas maxima)는 이미 현존하였다. 그것은 국제관계에 있어서 준수될 수 있다고 그가 생각하는 규칙들의 일부를 의인화한 것에 불과하였다. 그는 홉스보다 한 걸음 더 나아가서 개개의 인간뿐만이 아니고 국가들도 하나의 국가사회를 조직하여야 한다고 보았다. 특징적으로, 자연과 인간 및 사회의 진보에 관한 연구에 깊이 흥미를 가지고 있었던 18세기에는 볼프의 세계정부(civitas maxima)는 거의 모든 곳에서 거절되었고, 특히 그의 충실한 제자인 바텔에 의해서 거절되었다. 바텔은 국제법의 역사상 가장 세계주의적인 정신을 가진 학자였다.

그는 초기의 성공 때문에 엄격하게 독단적 태도를 취하게 되었다. 그는 순진하게도 자기 자신을 모든 것을 가르치는 교수(*professor universi generis*)라고 불렀다.

볼프의 결점은 그가 두 번째 할레에 와서 있는 동안에 현저하게 되었다. 학생들은 한때 유명하던 그들의 선생을 버렸고 프리드리히 대왕은 여전히 우호적이었으나 유보적인 태도를 취하였으며 한번은 볼프의 장황한 말에 대하여 불쾌함을 나타낸 일도 있었다. 유럽에서 볼프의 철학자로서의 명성은 점점 약해졌고 19세기에는 거의 사라지고 말았다.

어떠한 의미에서 그의 저서 『국제법』(*Law of Nations*)은 철학적 국제법의 포괄적이고 세밀한 체계로서 그리고 특히 자연법에 관한 그의 놀라울 만한 체계의 요지로서 훌륭하다. 그 당시의 자연법 철학의 몇 몇 추종자들이 크게 영향 받은 것은 당연하다. 역사적으로 볼 때 그 저서는 대단히 중요한 것처럼 보이지는 않는다. 볼프의 펜에서 나온 이

후기의 작품은 "계몽적"이지 않고 정교하지도 않다. 그것은 본질적으로 스콜라주의의 진부한 잔재이다.

볼프의 사후 명성은 그의 장점을 초과하여 높아졌는데 그것은 다소 우연적인 두 가지 상황 때문이다. 하나는 그의 공공연한 제자인 바텔Vattel의 저술이 크게 성공한 것이며, 뒤에서 보겠지만 바텔의 성공은 그의 저서에서 볼 수 있는 볼프적인 요소에 의한 것이 아니었다. 그러나 그 저서는 역시 볼프의 기억을 지속시키고 있다. 또 하나는 볼프가 국제연맹의 초기 선구자였다는 20세기에 시작된 오해였다.

자연법 학자들(계속)

바텔Emmerich de Vattel(1714~1767년)[71]은 노이샤텔Neuchâtel이라는 스위스 공국의 한 개신교 목사의 아들이었다. 그 공국은 인적 연합에 의하여 프로이센 왕국과 연결되어 있었다. 그는 바젤대학교에서 고전과 철학을 연구한 후 1746년에 색소니 선제후의 외교관으로서 채용되었다. 그때 그 선제후는 폴란드의 왕위에 있었다. 1749년에 바텔은 스위스 주재 전권공사로서 베른에 파견되었다. 그러나 1758년에는 드레스덴에 소환되어 추밀원 구성원으로서 외교를 담당하게 되었다. 그는 질병으로 인하여 1766년에 노이샤텔로 돌아와서 거기서 그 다음

---

71) Mallarmé, "Vattel" in Pillet, ed., *Les Fondateurs du droit international* (1904), 481; Lapradelle (see following note); Coleman Phillipson, "Emerich de Vattel," in Macdonell and Manson, eds., *Great Jurists of the World* (1914), and (J. E. G. Montmorency의 이름으로) in *Journ. Comp. Legisl.*, N.S. X (1909), 17은 주로 바텔의 정치이론에 관한 것이다. Béguelin, "En souvenir de Vattel" in Faculté de Droit de l'Université de Neuchatel, *Recueil de travaux* (1929), 35는 풍부하게 인용을 밝힌 전기식의 연구(biographical study)이다.

해에 사망하였다.

그는 몇 가지 가벼운 성질의 저서 — 예컨대 『문학, 도덕과 정치의 유희』(*Amusements de litterature, de morale et de politique*, 1765년) — 를 출판한 이외에 약간의 철학적 논문을 썼다. 1758년에 그의 주요작품이 나왔다. 즉 『국제법 또는 국가와 주권자들의 행동과 태도에 적용되는 자연법원칙들』(*Le Droit des gens; ou, Principes de la loi naturelle appliqués a la conduite et aux attaires des nations et des souverains*[72])이 그것이다. 그 제목에서 알 수 있듯이 이것은 자연법의 원칙들에 입각한 국제법의 한 체계이며 실무적 적용을 목적으로 쓰여진 것이다.

그 책은 현대적 성격을 가진 한 외교관의 저서인데 그는 볼프에 의지하면서도 국제법 및 헌법상의 다양한 문제에 대한 자기 자신의 견해를 체계적으로 제시하고 있다. 그는 흔히 볼프의 광범위한 명제를, 국정의 실무자의 입장에서 실제적으로 국제적 중요성을 가진 특정한 문제로 발전시키고 있다. 예를 들어 볼프는 일반적인 용어로, 점령으로 영토의 지배권을 획득하는 것을 인정하고 있는데, 바텔은 실제 점유가 법적으로 유효한 점령의 전제조건이라는 것을 명백히 하고 있다. 그는 새로 발견된 영토들을 교황이 여러 군주에게 분배하는 것은 법적 효력을 갖지 못한다고 결론짓고 있다. 그는 유랑하는 토착종족

<hr>

72) 가장 좋은 판은 Pradier—Fodéré에 의해서 1863년에 출판되었다. 영어본 중에서는, Chitty의 책(1854, often reprinted)이 가장 좋다. 국제법의 고전으로 나온 책(1916, French and English)에서는 Lapradelle이 쓴 훌륭하고 교육적인 서론이 포함되어 있다. 독창적이고 신랄한 분석으로는, von Kaltenborn, *Kritik des Völkerrechts* (1847), 78. Van Vollenhoven, *The Three Stages in the Evolution of the Law of Nations* (1919)에서는 바텔이 그로티우스를 왜곡하고 진정한 국제법을 망치고 있다는 이유로 그를 비난하고 있다. 이러한 주장이 잘 반박된 곳으로는, H. Staub, *Die völkerrechtlichen Lehren Vattels im Lichte der naturrechtlichen Doctrin* (thesis, Berne, 1921).

들이 존재하는 것이 점령을 방해하는가 하는 문제와 기타 볼프가 고려하지 않았던 문제를 검토하고 있다. 조약의 분석에 있어서, 이것은 볼프가 그 문제에 관한 실제 지식이 없이 추상적으로 취급하고 있는 주제인데, 그는 해석의 문제, 예컨대 아주 오래된 조약의 언어에서 발생하는 문제 또는 용어의 사용에서 일어나는 여러 문제 등을 강조하고 있다. 그리고 조약규정의 상호관련성뿐만 아니라 목적의 해석상 중요성을 명백히 하고 있다. 그는 사정의 중대한 변화가 있을 때에는 사정변경의 원칙(*clausula rebus sic stantibus*)을 인정한다.

중립에 관해서 바텔은 스위스 사람으로서 관련된 문제들을 잘 알 수 있는 장점이 있었다. 그는 정당하게 중립을 전시에 비교전국에 대한 전쟁의 자동적(ipso facto) 효과라고 보는 반면에 볼프는 그때 이미 거의 폐기된 중립조약을 중심으로 취급하였다.

바텔은 스위스의 관행을 언급하면서, 주권국의 "본질적 권리"가 분쟁의 대상일 때에는 중재에 반대하는 경고를 하고 있다. 그러나 "덜 중요한 권리"가 관련되어 있을 경우에는 중재재판을 권유하고 있다. 이 의견은 20세기에 있어서 "재판에 회부할 수 있는(justiciable)" 분쟁과 "재판에 회부할 수 없는(nonjusticiable)" 분쟁 사이의 구별이 나타나게 되었는데 그 구별을 암시한다. 전체적으로 볼 때, 문제에 있어서나 그 해결에 있어서, 바텔은 자기 자신의 견해를 가졌었다는 것을 알 수 있다.

정신적으로도 바텔의 작품은 볼프의 것과 다르다. 바텔의 태도는 더 인도주의적이며, 더 세계주의적이고 심지어 어떤 점에서는 민주적이다. 그는 전제군주정치에 대하여 상당히 양보하고 있고, 그의 출생과 직업을 통하여 전제군주정치와 관련되었지만 무엇보다도 우선 스

위스의 한 시민으로서 행동하고 있다. 그는 스위스는 "자유가 그 영혼
이며 보배며 기본법이다. 나는 거기서 탄생하였기 때문에 모든 국민
의 친구다"라고 하였다. 그는 "세습적" 왕국이라는 사상, 즉 군주의
소유물이라는 생각에 입각한 왕국의 개념을, 볼프는 어느 정도 시인
하였지만 강하게 반대하고 있다.

그는 심지어 인민주권이라는 생각에 영향을 받은 견해를 전개시키
고 있으며, 어떠한 점에서는 그의 위대한 동료 국민인 루소J. J. Rousseau
와 같은 길을 걷고 있다. 루소는 바텔의 저서가 나온 후 그의 획기적
작품을 출판하였다. 바텔은 프랑스 혁명의 이념 형성에 공헌한 학자들
안에 포함될 수 있을 것이다. 실제로 아베 그레구아르의 논문은 거의
전적으로 바텔의 논문에서 인용한 것이다. 또한 그의 용어 가운데에
는 후일의 혁명적 문구를 예시하는 감정과 미사여구의 흔적이 있다.

바텔의 논리의 약점은 그가 법률적 훈련이 없기 때문에 나타났다.
외교관으로서의 그의 경험은, 그가 그 책을 쓸 때에는 그렇게 많은 경
험은 아니었지만, 더욱 가치 있는 특색의 하나를 제공하였다. 그러나
그가 착수한 야심찬 작업을 위해서는 부족하였다. 이 작업은 법적 방
법과 법적 문헌을 잘 알 것을 요구하였는데 그는 그렇지 못하였다. 바
텔의 훈련에 이러한 결함이 있었다는 것이 그의 이론에 있는 놀라울
정도의 막연함과 또 그의 결론들의 일관성이 부족한 것의 주요 원인
인 것 같다. 예컨대 그는 전쟁시에 중립국은 교전국에 대하여 "무해"
통항을 허락해야 된다고 확실히 말하고 있다. 그러나 이 말은 그 후에
교전국은 중립국의 허가를 받아야 한다는 주장과 또 허가가 요청된
그 통항의 무해성 여부는 중립국만이 결정할 수 있다는 주장과 또한
"약소"국은 더 큰 위협에 처하게 하는 통항은 거절할 수 있다는 주장

때문에 전혀 무의미한 것이 되어 버린다. 그리고 그는 통항을 허락하든지 거부하든지 간에 양교전국을 같이 취급해야 된다고 말하지만, 이것 역시 "상황이 다르면" 달리 행동할 수도 있다고 조건을 붙임으로써 무의미하게 만들고 있다. 그는 다른 곳에서 말하기를 외국을 위한 군대징집을 허락하는 것이 그 나라의 오랜 관습이 되어있는 나라에서는(스위스의 오랜 관행), "부당하고 명백히 부정한 목적"을 위해서가 아닌 한, 전쟁의 경우에도 징집허가가 부여될 수 있다고 하였다.

또 하나의 예로 현대적 의의를 가지고 있는 문제, 즉 적국의 국민에 갚아야 할 채무의 압류문제에 대한 바텔의 연구를 들 수 있을 것이다. 바텔은 그러한 압류는 합법적인 복구의 방법이라고 선언하고 다만 국제 신의(public faith)에의 기탁물은 예외라고 한다. 그러나 "국제 신의의 배반"이 국제법의 위법과 같은 것인지에 관해서 독자들에게 명확하게 설명하지 못하고 있다. 1814년에 미국 연방대법원에서 판결되었던 적국재산의 몰수와 관련된 사건에 있어서[73], 대법원장 마샬이 쓴 다수의견과 대법관 스토리Story가 쓴 소수의견은 다 같이 바텔의 입장을 인용하고 있다. 재미있는 일이지만 스토리는—저명한 법학자로서 잘 알려져 있으며—바텔이 있다고 주장하는 그 관행의 존재 여부와 법학자로서의 바텔의 자격에 의문을 제기한다.

법학자들 사이에서 바텔은 많은 칭찬을 받지 못하였다. 그에 관한 제레미 벤담Jeremy Bentham의 평이 흔히 인용되어 왔다. 벤담은 바텔이 같은 말을 되풀이 하는 경향이 있다고 지적하면서 그의 전형적인 표현은 다음과 같은 형식이라고 말하고 있다. "부정의한 것을 하는 것은 정의롭지 않다."

---

73) *Armitz Brown v. United States*, 8 Cranch (12 U.S.) 110.

바텔의 책이 그로티우스의 책 다음으로 제일 많이 보급되었다는 것
은 국제법의 역사상 역설적인 여러 가지 사실 중의 하나이다. 특히 19
세기 전반에 있어서는 — 저명한 정치학의 역사가인 몰Robert von Mohl의
말에 의하면 — 그 책은 "외교관들 특히 영사들에 대해서는 일종의 신
탁"이었다.[74] 그 이유는 나폴레옹 시대 이래 국제법 문제가 갑자기 증
가되어 모든 외교담당자들이 국제법에 관한 체계적이고 상세한 참고
서를 이용하여야 했고 또 외교관으로서의 많은 경험이 실려 있는 바
텔의 논문이 그러한 목적에 적합하였다는 사실이다. 그로티우스의 저
서는 이미 낡았고 또 빈케르스후크의 저서는 산만하고 충분하게 포괄
적이지 못하였다. 바텔의 주장은 애매했기 때문에 — 실로 신탁처럼
애매하다 — 외교문에서 그의 논문을 인용하기가 더욱 용이하였다.
뿐만 아니라 그의 표현은 유창하였으며, 그 철학적 수식을 무시하여
도 그 책의 유용성은 줄어들지 않았다.

영어를 사용하는 국가들 특히 미국에 있어서 바텔은 더 높이 평가
되었다.[75] 프랑스 계몽시대의 일반적 사상과 같이 바텔은 영국헌법에
대하여 크게 찬양을 표명하였다. 그리고 바텔의 이론의 기초가 되어
있는 일반적 정치개념이 정치철학자 존 로크John Locke가 가장 많은 영
향을 준 국민들의 마음에 들었다는 것은 아주 당연한 일이었다. 국제

---

74) *Die Geschichte und Literatur der Staatswissenschaften*, I (1855), 386. 이상
하게도, "신탁(oracle)"이라는 용어는 1851년 Mancini에 의해서 바텔에게도 사
용되었다(Lapradelle, *op. cit.*, xlii n. 참조). 하지만, 분명히 두 저자 모두 독립
적으로 같은 표현에 도달하였다.

75) Fenwick, "The Authority of Vattel," in *Amer. Pol. Science Review*, VII
(1913), 395, and VIII (1914), 375; Reeves, "The Influence of the law of nature
upon international law in the United States," in *Amer. Journ. Int. Law*, III
(1909), 547. 두 가지 모두 유익한 연구이다.

법과 관련된 재판절차에서 영국의 법률가들은 위에서 본 바와 같이 대륙의 서적을 인용할 용의가 충분하였고 또 바텔의 서적처럼 최근에 출판된 포괄적인 서적에 깊은 관심을 가졌던 것은 당연한 일이었다. 1760년에 벌써 최초의 영어번역이 나타났다.

  미국에서 그 책은 독특한 역사적 상황에 적합하였다. 1775년에 암스테르담에 사는 스위스인 출판업자이며, 벤자민 프랭클린Benjamin Franklin을 존경하던 뒤마Charles W. F. Dumas는 바텔의 새로운 프랑스어판 저서 세 권을 그에게 보냈는데 바텔의 저서는 그 이전에는 미국에 알려지지 않았었다. 프랭클린은 감사편지에서 말하기를 그 책은 "신생국가라는 특별사정 때문에 우리가 자주 국제법과 상의해야 될 그러한 좋은 때에 도착하였다"고 하였다. 식민지 사람들은 그때까지 외교행정에서 배제되어 왔기 때문에 바텔이 제공한 것 같은 정보의 필요성이 절실하였다. 뿐만 아니라 그 책의 정신이 독립선언서의 원칙들과 잘 부합되었다. 그 책은 머지않아 미국의 각 대학의 교재가 되었고 또 공화국이 수립된 후에는 국제법에 관한 미국이론에 있어서 권위 있는 서적이 되었다. 다음의 통계는 디킨슨Edwin D. Dickinson 교수76)가 1789년부터 1820년 사이에 판결이 내려진 미국의 재판을 기초로 해서 작성한 것인데 그 상황을 잘 증명하고 있다.

---

76) "Changing Concepts and the Doctrine of Incorporation," *Amer. Journ. Int. Law*, XXVI (1932), 259, n. 132. 또한 Ziegler, *The International Law of John Marshall* (1939), 색인어 "Vattel."의 아래내용 참조.

	소송서류에서 인용한 것	법원이 인용한 것	법원이 원문인용한 것
그로티우스	16	11	2
푸펜도르프	9	4	8
빈케르스후크.	25	16	2
바텔	92	38	22

미국과 영국 이외에서 우리는 바텔의 지위가 법원에서나 법학계에서 권위있는 것이었다는 증거를 발견할 수 없다. 그리고 미국과 영국에 있어서도 그러한 증거는 20세기에는 없어졌다.

초기의 실증주의자들

영국은 실증주의의 요람지이다. 젠틸리는 영국 실증주의의 영향을 받았으나 그를 실증주의자라고 부를 수는 없다. 그는 너무 깊이 고대 로마법에 관련되었고 또 그의 주요저서 가운데서 실제 국가관행을 너무 적게 다루고 있다(아마 그가 이용할 수 있는 충분한 자료가 없었을지도 모른다). 그러나 옥스퍼드 대학의 민법 석좌교수인 젠틸리의 후계자 리차드 주츠Richard Zouche(1590~1660년)는 주저할 것 없이 실증주의자라고 할 수 있다.[77] 주츠는 오랜 귀족가문의 후손으로서 학문적 직책 이외에 한동안 재판관으로서 중요한 직위에 있었다. 멘도사 사건에 있어서 젠틸리가 그러하였듯이 한 유명한 사건에 있어서 영국정부를

---

77) Scelle, "Zouch," in Pillet, ed., *Les Fondateurs du droit international*, 270; Phillipson, "Richard Zouch," *Journ. Comp. Legisl.*, N.S. IX (1909), 281; Walter, *Richard Zouch und seine Bedeutung für das Völkerrecht* (thesis, Würzburg, 1927). 또한 Holland, Introduction to the transl. (1911－Classics of International Law) of Zouche, *Juris et judicii fecialis, etc.* 참조.

공식적으로 자문하였다. 그 사건이란 포르투갈 대사의 아우인 돈 판타레온 사Don Pantaleon Sa가 범한 살인사건이었다. 주츠의 의견에 따라서 그 살인자는 면제권을 거부당하고 사형을 받았다. 주츠 역시 자기의 견해를 『의무를 위반한 대사에 대한 관할권』(*Jurisdiction over a Delinquent Ambassador*, 1657년)[78]이라는 논문에서 발표하고 있다는 점에서 젠틸리와의 유사점을 또한 들 수 있다.

주츠는 국제법의 전 분야를 체계적으로 다루려고 착수한 최초의 저자였다. 그는 단지 몇 가지 중요한 논제 — 예컨대 중립 — 를 논할 뿐이었고 조약에 대해서는 관심을 거의 기울이지 않았지만 그의 시도만은 상당히 가치 있는 것이었다. 뿐만 아니라 그는 전시법과 평시법을 동격으로 놓았는데 그렇게 함으로써 평화를 전쟁의 한 부속물 같은 지위로부터 독자적인 지위로 승격시켰다. 그리고 그 방법론상의 발전이 특히 의미가 있다. 왜냐하면 그는 평화에 관한 법을 전쟁에 관한 법 앞에 놓았기 때문이다. 주츠의 시대에 당시 영국이 외국과 전쟁을 할 가능성이 비교적 적었다는 사실이 그가 그러한 방법을 취하는데 영향을 주었을 것이다. 아마 또 하나의 영향을 준 요소는 "웨스트팔리아 평화조약"일 것이다. 이 조약은 그 책이 출판되기 2년 전에 체결되었는데, 유럽의 모든 사람들에게 새로운 신념을 주었다.

그의 이론적 분석의 약점에도 불구하고 주츠는 국제법 역사상 중요한 지위를 차지한다. 그의 중요성은 학자들에 의하여 자주 인정받아 왔고 아마 영국에 있어서 보다 대륙에서 더욱 그러했을 것이다.[79] 자

---

78) *Solutio quaestionis veteris et novae, sive de legati delinquentis judice competente dissertatio* (1657).

79) 젠틸리처럼 주츠는 *Triquet v. Bath*, 7 Burr. 1478, 96 Eng. Rep. 273, 97 Eng. 936 (1764)에서 인용되지 않았다.

료의 구성에 있어서 가치 있는 특징을 갖고 있는 이외에 그는 국제법의 새로운 그리고 중요한 면을 상식(common sense)을 가지고 다룸으로써 발전시켰다.

더욱 인상적이고 역사상 중요한 실증주의 학파의 대표자는 네덜란드 사람 빈케르스후크Cornelis van Bynkershoek(1673~1743년)이다.[80] 그의 저서 가운데서 우리는 가장 강하고 고귀한 자질을 잘 갖춘 법학자가 국제법의 문제들을 심사하고 있는 것을 발견한다. 그는 1704년부터 헤이그에 있는 홀란트, 질란트Zeeland와 서프리스란트West Friesland의 대법원의 법관이었으며 1724년 이래 그 대법원장이었다. 그는 널리 존경받으면서 사망할 때까지 그 높은 직위에 있었다.

그는 재판관이 되기 이전에 젊었을 때, 짧은 기간이지만 풍자적인 정기간행물을 편집하였다. 그것 이외에는 그의 모든 집필활동은 법률에 국한되었다. 1702년에 『해양의 영유』(*Dominion of the Seas*)[81]를 저작한 것 이외에는 그의 초기의 법학저술은 사법에 관한 것이다. 그의 장년기에 있어서 그는 점점 더 국제법으로 방향을 바꾸었다. 1721년

---

80) Phillipson, "Cornelius van Bynkershoek," *Journ. Comp. Legisl.*, N.S. IX (1908), 27. Louter, Introduction to the transl. (1930 – Classics of International Law) of Bynkershoek, *Quaestionum juris publici libri duo*; Delpech, "Bynkershoek," in Pillet, *op. cit.*, 385; von Kaltenborn, *Kritik des Völkerrechts* (1847), 97; Garcia Arias, "De betekenis van Cornelis van Bynkershoek over the leer van het Internationaal Recht," *Rechtskundig Weekblad*, 1949, 1090; Reibstein, "Von Grotius zu Bynkershoek," *Archiv des Völkerrechts*, IV (1953) 1 참조. 정확하지만 평범한 도서목록이 출판된 곳으로는, O. W. Star Numan, *Cornelis van Bynkershoek: Zijn Leven en zijne Geschriften* (1869).

81) *De dominio maris dissertatio* (transl. in Classics of Magoffin, International Law, 1923).

에 그는 젠틸리와 주츠처럼 『대사에 대한 관할권』(*Jurisdiction over Ambassadors*)[82]이라는 논문을 출판하였는데 그것은 실제사건에 의하여 자극을 받았던 것이다. 1737년에 그의 주요저서인 『공법의 문제들』(*Questions of Public Law*)[83]이 나왔다. 그 책은 그 제목에서 볼 수 있듯이, 공법일반을 취급하였고 종합적인 연구라기보다는 선정된 몇 가지 문제를 논하고 있다. 그 책은 두 권으로 되어 있는데 그 중 제1권은 전적으로 전쟁에 관한 법을 취급하고 있고, 제2권은 국제법에 관련된 몇 가지 중요한 장을 가지고 있다. 무엇보다도 국제법에 관한 빈케르스후크의 저서들은 그 당시 다소 제한된 국제관계에서 발생되던 문제들을 거의 대부분 다루고 있다. 그에게는 만민법이 국제법을 의미한다.

빈케르스후크의 저서는 자료가 현대적인 것과 함께 생생한 표현으로 기록되어 있다. 그는 선천적인 재능이 있고 또 오랜 법조인의 경험이 있어서 그의 논리는 완전히 법학적이다. 그것은 명확하고 간결하며 직접적이고 강력하다. 그리고 더욱 중요하고 가치 있는 것은 독자들이 이 판사인 저자가 공평과 정의의 고귀한 감정에 의하여 지배되었다는 인상을 확실히 받는다는 점이다. 빈케르스후크는 그의 주권자인 국회(States-General)의 결정을 비판하는 권리를 주장하고 또 그 권리를 행사하고 있다. 그리고 그는 자기 생각에 자국의 국익이 법의 지지를 받지 못하는 경우에는 그러한 권익의 옹호를 거절하는 것도 주저하지 않았다.

반면에, 빈케르스후크는 자기의 장점으로 인한 결점을 두드러지게 나타내고 있다. 이 대법원장의 지적이고 도덕적인 힘은 점점 커져서

[82] *De foro legatorum.*

[83] *Quaestionum juris publici libri duo.*

독특한 자기주장이 되었는데 그것은 그의 초상화에 나타나는 그의 용모에서 분명히 나타나고 있다. 그가 다른 학자들보다 더 많이 일인칭 단수로 말하고 있는 것도 중요하다. 때때로 그는 자기의 법률가적 힘을 지나치게 사용한다. 그는 전쟁에 관해서 어떠한 폭력적 수단으로서 또 어떠한 기만적 수단으로서도 적을 파괴하는 것을 허용하는 법과, 당연히 법이론의 범위 밖인 관용성을 구별하였는데 이것은 옳은 일이다. 그러나 빈케르스후크는 이 학설을 너무 노골적으로 제시하였기 때문에, 그가 전투에 있어서 관용성에 전혀 관심이 없는 것 같은 인상을 준다. 일반적으로 말해서, 직설적인 표현이 그의 저서에 퍼져있다. 빈케르스후크는 네덜란드의 헌법상의 문제에 있어서 "도(provinces)"(이것은 미국의 주에 해당하는 것이다)의 주권을 극도로 주장하여 각 도는 각자의 전쟁을 선포할 권리가 있다고 주장함으로써 반세기 후에 네덜란드 공화국의 멸망을 초래한 각 주의 독립주의 이론을 지지하였는데 이처럼 정치적 고려가 부족하였다는 것은 결국은 정치적 통찰력의 부족을 의미하였다. 빈케르스후크는 네덜란드의 마샬 대법관이 아니었다.

국제법에 있어서 빈케르스후크의 뛰어난 업적은 중립에 관한 것이다. 그는 중립국이 재판관처럼 앉아서 서로 싸우고 있는 다른 국가들을 재판하는 것이 중립국의 의무가 아니라는 것과, 또 중립국은 교전국의 한편을 조언하고, 인원과 물질로 도움으로써 선호를 보여서는 안 된다는 것을 지적하고 있다. 이 견해는 다른 학자들이 더욱 발전시켰는데 전 세계적으로 수락되게 되었다.

빈케르스후크는 네덜란드에게 중대한 문제인 해상중립을 특별히 고려하였다. 콘솔라토 델 마레(*Consolato del mare*)를 따라 그는 "자유선박, 자유화물(free ships, free good)"의 원칙을 반대하였는데 이 원칙은 전술한 바와 같이 네덜란드 외교의 중심이었다. 그리고 그는 네덜란드의 조약들이 체결국에 대하여 구속력은 갖지만, 일반 해사법의 규범을 변경시킬 수는 없다고 주장하였다. 빈케르스후크는 다음에 포획법을 자세히 논하고 또 선박과 화물의 소유권이 포획자에게 넘어가는 시점을 신중하게 결정하고 있다. 그는 로마법을 인용하면서 포획자가 그 전리품을 점유하게 되는 때 소유권이 이전한다고 하고 있다. 그러한 점유는 특히 포획자가 그 전리품을 방어할 수 있는 곳으로 옮겨 왔을 때를 의미한다고 그는 지적하였다. 그는 그 소유기간은 문제가 되지 않는다고 생각하고 있다(그로티우스는 관습에 의하여 적어도 24시간은 소유하여야 된다고 생각하고 있었다). 빈케르스후크는 이에 근거하여 포획된 물건이 처음에 포획한 자로부터 다시 포획되었을 때 발생하는 미묘한 문제들을 해결하고 있다. 해상봉쇄에 관하여 그는 해상봉쇄는 효과적이어야 된다는 이론에 입각하여 네덜란드 정부의 각종의 법령을 해석하고 있다. 그의 저서 가운데서 이것에 관한 여러 장이 ―다른 학자들[84])에 의한 후대의 저서들보다 훨씬 더 ―일반적으로 포획사건에 있어서 정보의 보고라고 인정받는 것은 당연하다.

공해자유에 관한 빈케르스후크의 견해는 『해양의 영유』(*Dominion of the Seas*) 라는 그의 초기 소논문에서 볼 수 있다. 빈케르스후크는 공해 자유에 관한 그로티우스의 학설을 이론으로 채택하지 않지만 제반 사실을 조사한 결과 동일한 결론에 도달하였다. 그의 의견에 의하면 주권자의 해안에 대한 통제권은 대포의 착탄거리까지만 미친다고 한다. 이 원칙은 거의 전부가 수락한 국제법의 원칙이 되었다. 군사적 기

---

84) 이 책, pp.182―183.

술이 발전됨에 따라서 연안국가가 지배할 수 있는 거리가 변동되지만, 18세기 말엽과 19세기 동안에 3마일(1리그)의 거리가 일반적으로 수락된 표준이 되었는데 이것은 갈리아니Galiani가 자신의 생존 당시의 군사적 기술을 토대로 하여 제안한 것을 따른 것이다.

빈케르스후크의 저서는 크게 성공하였으며 그 성공은 영속적인 것이었다. 심지어는 오늘날에 있어서도 독자들은 그 책들이 놀라울 정도로 생생하고 현대적인 것을 느낀다. 계속해서 그의 여러 가지 주장은 국제법 서적에서 특별한 주의를 받아 왔으며, 또 소송문제나 판결문에서 풍부히 인용되고 있다. 특히 미국과 영국의 법원에서 빈케르스후크는 많은 존경을 받았다. 1796년의 한 판결문에 있어서 미국 대법원은 그를 "아주 위대한 권위자"라고 말하였다.[85] 영미법 법학자들에게 인기가 있었던 것은 아마 빈케르스후크의 이론이 쉽고 현실적인 성격을 가졌기 때문일 것이다. 이 매력이 약간 이상하게 작용된 때가 있었다. 즉 1759년에 리차드 리Richard Lee라는 사람이 『공법의 문제들』(Questions of Public Law)의 제1권을 그대로 번역하여 『포획과 전쟁에 관한 논문』(A Treaties on Captures and Wars)이라는 제목 아래 자기 저서라고 해서 출판하였는데 빈케르스후크의 중요한 "독자에 대한 서문"을 생략하고 있었다. 그 서문이 있었더라면 원저자가 알려졌을 것이다. 그 제2판이 1803년에 출판되었는데 이때에는 빈케르스후크가 원저자라는 것을 밝혔다. 왜냐하면 우리가 그 서문에서 볼 수 있듯이 그 초판이 "비싼 가격으로 팔렸기" 때문이다. 그리하여 리는 결국 자기

---

85) *Ware v. Hylton*, 2 Dall. 262. *The Schooner Exchange v. McFadden*, 7 Cranch 144 (1812)에서 같은 법원은 그를 "평판이 훌륭한 법률가(a jurist of great reputation)"라고 불렀다.

본의는 아니었지만 빈케르스후크의 공적이 얼마나 훌륭하였다는 것을 증명하는 일을 하게 되었다.

빈케르스후크 이전에 실증주의의 더 이론적인 측면은 독일사람 사무엘 라헬Samuel Rachel(1628~1691년)이 연구하였다.[86] 라헬은 푸펜도르프처럼 루터교 목사의 아들이었다. 라헬은 젊었을 때 불운하고 빈곤하였지만 상황이 개선되었고 후에 킬Kiel 대학의 자연법 및 국제법의 교수가 되었다. 그리고 그의 만년에는 고토르프 공작(Duke of Schleswig Holstein Gottorp) 밑에서 외교관으로서 일하였다. 그는 법률 및 철학 서적을 많이 출판하였다. 주츠의 경우와 같이 국제법에 관한 저서 때문에 그의 이름이 남아 있다. 『자연법과 국제법에 관한 논문』(*Dissertations on the Law of Nature and of Nations*, 1676년)이 그것이다.[87] 그렇게 두껍지 않은 이 책은 푸펜도르프의 "자연법적" 주장을 반박하려는 것이다. 라헬은 주츠를 따라서 국제법은 — 그에게 있어서는 국가간의 법률이다 — 관습과 조약으로서 구성된다. 그는 정당하게도 유럽대륙의 대부분 지역에서 국제법의 기초가 된 웨스트팔리아 평화조약을 지적하면서 조약을 순전히 사실적 성격으로 파악한 푸펜도르프의 견해를 반박하고 있다. 그는 푸펜도르프가 국제조약을 과소평가하였기 때문에 그를 "그의 가정(hypothesis)의 노예"라고 적합

---

86) Rühland, "Samuel Rachel, der Bahnbrecher des völkerrechtlichen Positivismus," in *Zeitschrift für internationales Recht* (1925), 1; von Kaltenborn, *Kritk des Völkerrechts* (1847), 57; von Stintzing and Landsberg, *Geschichte der deutschen Rechtswissenschaft*, III, Part I (1898), 33 and "Noten" 19.

87) *De jure naturae et gentium dissertationes* (transl. in Classics of International Law, with Introduction by von Bar, 1916).

하게 불렀다. 즉 모든 것을 자연법에 포함시켜 버린다는 것이다. 라헬은 관습을 "묵시적" 협약으로 보는데 이점에서는 푸펜도르프를 따르고 있다. 그러나 그가 그렇게 한 이유는 그 구속력을 증명하기 위한 것이 분명하며, 그는 구속력을 조약의 경우에는 자명한 것으로 간주한다.

   라헬은 국제법 이외에 자연법을 인정하고 있다. 개신교 목사의 아들인 그에게는 자연법은 다른 스콜라학자들에보다도 더욱 중요하고 직접적인 신의 의사였다. 라헬은 자연법과 국제법을 각각 별개의 논문에서 취급함으로써 양자 간의 차이를 강조하고 있다. 예컨대 그는 전쟁의 정당한 원인의 문제뿐만 아니라, 적어도 부분적으로는 전투에서 사용될 수단의 문제도 자연법에 포함시키고 있다. 그러나 그는 전쟁을 할 수 있는 당국자 및 정식의 전쟁선포 문제 등은 국제법에 속한다고 생각하고 있다. 우리는 이러한 구별의 바탕에는 건전한 또는 적어도 지적인 한 사상을 발견할 수 있다. 즉, 특정한 관습이나 조약이 없을 경우에는 전쟁의 정당한 원인 및 전투에서의 절제는 양심에 의해서만 해결된다는 사상이다. 이러한 점에서 라헬은 정전이론을 국제법에서 배제할 것을 주장한다.

후기의 실증주의자들

   실증주의는 18세기 후기의 25년 동안 더욱 확실해졌다. 이제는 그 중심이 독일로 옮겨졌는데 거기서는 모저Johann Jakob Moser(1701~1785년)와 폰 마르텐스Georg Friedrich von Martens가 주요한 대표자들이었다.

   모저[88]는 슈투트가르트에 있는 한 집안에서 태어났는데 그 가족의 대부분은 뷔템베르크의 정부나 개신교 교회에서 근무하였다. 그의 생애는 풍부하였고 변화가 많았다. 거의 20년 동안 그는 뷔템베르크 의회의 의원이었고, 다른 때는 여러 독일 군주들 밑에서 공적 지위를 가지고 있었다. 한때는 독일 대학의 교수였다. 오랫동안 그는 자유기고가의 입장에서 법률문제를 논평하면서 생활하였다. 그는 또한 정치 및 외교학교를 창설하였는데 아마 이런 종류로서는 최초의 것일 것이다. 그것은 몇 년 후에 중단되었는데, 그것은 그가 뷔템베르크 의회에 의해서 의원으로 임명되었기 때문이다. 그의 다양한 활동에도 불구하고, 그는 아주 충실하게 일하였다고 알려졌지만 독일 역사상 가장 많은 책을 쓴 사람 중의 하나였다. 그는 500권 이상을 출판하였는데 전부 독일어로 썼다고 한다. 그의 최초의 연구논문은 그가 18세 때 발표되었는데(그가 튀빙겐대학의 교수가 된지 1년 후였다), 그 후 그는 90대에 이르기까지 저술을 계속하였다. 그가 이처럼 많은 저술을 하였다는 것은 그 대부분이 공문서의 재인용이었고 또 다른 것들은 간단한 소책자였다는 사실로서 어느 정도 설명될 수 있을 것이다.

국제법의 초기 역사상의 많은 저명한 학자들이 그랬던 것처럼, 모저는 종교심에 크게 영향을 받고 있었다. 그는 루터교 교파의 복음신비주의파, 즉 경건파(Pietises)의 독실한 회원이었다. 그의 선천적인

88) L. Becher, *Johann Jakob Moser und seine Bedeutung für das Völkerrecht* (thesis, Würzburg, 1927); Verdross, "J. J. Mosers Programm einer Völkerrechtswissenschft der Erfahrung," in *Zeitschrft für öffentliches Recht*, III (1922－1923), 96; von Stintzing and Landsberg, *op. cit.*, 315 and "Noten" 212; von Mohl, *Die Geschichte und Literatur der Staatswissenschaften*, II (1856), 401; von Kaltenborn, *op. cit.*, 9. 국제법에 대한 것이 아닌 Moser의 저서로는: "J. J. Moser," in *Allgemenie deutsche Biographie*; Marianne Fröhlich, *Johann Jacob Moser und sein Verhältnis zum Rationalismus und Pietismus* (Vienna, 1925).

단순성과 성실성은 하나님에 대한 흔들리지 않는 믿음으로부터 더욱 강화되었다. 그는 견해에 있어서나 태도에 있어서 겸손하였지만, 원칙상의 문제나 인간의 존엄성 문제에 있어서는 때로는 존경할 만한 확고한 태도를 가졌다. 전제적 군주의 자의적 통치에 대하여 맹렬히 투쟁했던 뷔템베르크 의회의 의원으로서, 모저는 의회의 권리를 확고하게 주장하였기 때문에, 이에 놀란 그 군주는 그를 호헨트빌 요새 (Fortress Hohentwiel)에 투옥하도록 명령하였다. 그는 거기서 5년 이상 감금당하였다. 모저는 60대의 나이에 있었지만 비참한 생활을 해야 했고 또 교묘한 학대를 받았다. 그는 잉크와 펜의 사용을 금지당했기 때문에 양초 심지의 끝을 이용하여 자기가 받은 책이나 편지 위에 글자를 그려야 하였다. 이 모든 기간을 통하여 그는 놀라울 정도의 인내심을 가지고 견뎠으며 수많은 경건한 시를 지었고 자서전을 썼으며 심지어는 희극까지 저술하였다. 그러나 그 군주 역시 대담하였다. 궁극적으로 모저가 다시 자유의 몸이 된 것은 프리드리히 대왕의 강력한 노력이 있었기 때문이었다. 그가 석방이 된 후, 국민들은 그의 석방을 대단히 기뻐하였으며, 그는 미움이나 앙심을 품지 않고 의회를 도와서 군주와의 분쟁을 해결하도록 노력하였다. 모저는 70세 때 공직 생활로부터 은퇴하였다.

정치적 및 종교적 특징 이외에 그의 선천적 기질을 추가해야 되는데, 이 기질 때문에 모저는 선천적인 수집가이며 기록자이다. 그는 아마 색인 방법을 이용한 최초의 학자들 가운데 한 사람일 것이다. 그러나 그는 이론적 분석과 과학적 체계화의 능력이 없었다. 또한 모저가 모아놓은 이 대단히 많은 사실적 자료가 후대의 학자들에 의하여 실제로 이용되었다는 증거도 별로 없다. 지금까지 남아있는 것은 그의 근본적 이론인데 이것은 그의 내적 자질과 확신에서 나온 것이다.

국제법 사상 최초로 모저는 기본적인 방법론적 문제를 제시하였다. 즉 이론이냐 또는 실제 국가의 관행에 의할 것이냐 하는 문제이다. 이에 대한 그의 답은 만족스럽지는 못하나 가장 훌륭하고 가장 효과적인 도전이었다. 국제법은 세계적인 현상이라기보다는 유럽적 현상이라고 보아야 한다는 그의 생각도 역시 그렇다. 그는 또한 국제법과 국내의 "대외적 공법(public external law)"간의 구별을 인식했지만 항상 그 구별을 지키지는 못하였다.

독일 문헌에서 모저는 주로 공적 생활에서 존경받을 분으로서 또 독일공법에 관한 저자로서 훌륭한 지위를 차지하고 있다. 그러나 그의 이름은 또한 독일 밖에도 알려지게 되었다. 유명한 어느 영국학자는 심지어 그를 "현대 국제법의 진정한 아버지"라고까지 부르고 있다.[89] 이것은 적합하지 않지만 모저는 국제법 실증주의 학파의 발전에는 기록할 만한 공헌을 하였다.

그와 비슷한 사상 체계에서 더 큰 공적을 남긴 것은 다른 독일사람 폰 마르텐스(1756~1821년)[90]이다. 폰 마르텐스는 학자로서는 나폴

89) W. S. M. Knight, *Life and Works of Hugo Grotius* (1925), 201.

90) Bailby, "Georges—Frédéric de Martens," in Pillet, ed., *Les Fondateurs du droit international* (1904), 603; Hubrich, "G. F. von Martens und die moderne Völkerrechtswissenschaft," in *Zeitschrift für Politik*, VII (1914), 362; von Stintzing and Landsberg, *op. cit.*, 487 and "Noten" 212; von Mohl, *Die Geschichte und Literatur der Staatswissenschaften*, II (1856), 460; von Kaltenborn, *op. cit.*, 109, 289. 전기적인 것으로 매우 유익한 연구로는, Habenicht, *Georg Friedrich von Martens* (1934 [bibl.*]); "G. F. von Martens" 그리고 상세한 내용을 위해서는, "F. von Berlepsch," in *Allgemeine deutsche Biographie*. 또한 H. von Treitschke, *Deutsche Geschichte im neunzehnten*

레옹 이전시대에 속하는데 그 시기에 그의 학술적 저작은 거의 완성되었다. 그와 더불어 국제법 과학의 "영웅"시대는 종료되는 것 같고, 그 후에는 전문가의 시대가 온다.

함부르크 자유시에서 부유한 귀족집안에 태어난 그는 1780년에 괴팅겐Göttingen대학에서 법학박사 학위를 받았다. 그 후 약 2년 동안 그는 대법원의 소재지인 베츨라어, 빈, 베를린 여행을 하였다. 1782년에 그는 괴팅겐의 법과대학의 강사가 된 것 같다. 특별한 능력이 있는데다 유력한 사회적 배경을 가지고 있어 그는 곧 지위와 칭호, 많은 급료를 획득함에 있어서 놀라울 만한 능력을 보였다. 그는 교편을 잡은 지 1년이 안 되어 부교수가 되었고 그 후 정교한 학교서열에서 급속히 출세하여 몇 년 동안 법과대학 학장으로 있었고, 또 그 후에는 그 대학의 총장이 되었다. 그는 아직 함부르크 자유시의 시민으로 있으면서도, 자기가 봉사해 본 일도 없는 황제로부터 1783년에 귀족의 칭호를 얻은 것 같다. 그 귀족칭호는 1789년에 하노버 정부에 의하여 인정받았고 이 정부 역시 그의 열렬한 요청이 있자 그에게 "호프라트"(Hofrat, 추밀원 고문관)라는 칭호를 주었다. 그러자 그는 같은 계급과 칭호를 가진 부유한 미망인과 결혼하였다.

그러나 프랑스의 침입 후에 그는 재빨리 웨스트팔리아의 나폴레옹 1세의 왕국으로 옮겨가서 그 정부에서 곧 높은 지위를 차지하였다. 나폴레옹이 만든 그 단명한 왕국이 없어지자 그는 다시 하노버 왕국(이전의 선제후령)에서 일하였고 1815년에는 독일 연방의회(Bundestag)에 대한 하노버왕국의 사절이 되었는데, 이 연방의회는 독일제국의 상설위원회로서 그것의 뚜렷한 임무는 독일 내의 자유주의 및 국민운

Jahrhundert (3rd ed., 1886), II, 153 참고.

동을 진압하는 것이었다.

폰 마르텐스의 최초의 중요한 출판은『실정 유럽 국제법의 존재와
이 과학의 장점에 관한 논문』(*Essay on the Existence of a Positive European
Law of Nations and on the Advantage of This Science*, 1787년)[91]이라는 암시
적인 제목하에 독일어로 된 간단한 자극적인 연구였다. 실증적 유럽
국제법에 관한 것을 보면 모저를 연상시키지만, 폰 마르텐스는 실정
법의 존재와 그것을 논하는 것의 유용성을 설명하기 위해 아직도 자
연법이 필요하다고 느꼈다는 것은 자연법 이론의 우위라는 입장에서
중요한 일이다. 1789년에 그의 주요 저작인『조약과 관습에 기초한
현대 유럽의 국제법 논의』(*Précis du droit des gens moderne de l'Europe
fondé sur les traités et l'usage*[92])가 나왔다. 실증주의적 방법을 그 책의 이
름에서 다시 언급하고 있는데 이러한 방법론을 채택한 그는 한 걸음
더 나아가서 1791년에 그의 유명한『주요조약집』(*Recueil*)을 시작하게
되었고, 또 외교문제에 관한 조약 및 법령과 통계적 자료의 각국별 목
록이 실린『외교론 또는 유럽의 대외 관계론』(*Cours diplimatique; ou
Tableau des relations extérieurs des puissances de l'Europe*, 1801년)을 준비하
게 되었다. 그는 또한 독일어로서『최신 유럽 국제법의 중요논쟁 설
명』(*Accounts of Memorable Controversies of the More Recent European Law of
Nations*, 1800~1802년)을 출판하였다.[93] 이것은 국제법에 관한 최초의

---

91) *Versuch über die Existenz eines positiven europäischen Völkerrechts und
den Nutzen dieser Wissenschaft*, 발췌본으로는 Hubrich, *op. cit.*
92)『국제법 논의(*Précis*)』에 대해서는 이 책, p. 221 참조. 풍부한 주석이 있는
추천할 만한 책이 Vergé에 의해서 두 권(Paris, 1858)으로 준비되었다. 불행하
게도, Legnaso와 Textor 같은 학자들에게 귀중한 공간을 허락하고 있는 국제
법의 고전에 von Martens의 *Précis*는 포함되어 있지 않다.
93) *Erzählungen merkwürdiger Rechtsfälle des neueren europäischen*

"판례 중심 교과서(case book)"였다. 오늘날 영미의 판례중심 책과 달라서 수록된 판결문의 수가 적은데 그것은 특히 유럽대륙에 있는 국가들에서 법원의 판결문이 출판되는 일이 일반적으로 적었기 때문이다. 1795년에 폰 마르텐스는 포획법에 관한 자세한 단행본을 출판하였다.[94] 그는 또한 『통상법 개요』(*Outlines of Commercial Law*, 1795년)[95])를 저술하였는데, 이것은 이 주제에 관한 최초의 교과서이다. 그 책은 주로 교환수표와 해사사법을 취급하고 있는데 이러한 문제들은 세계적 법 발전의 주요 대상이다.

그의 학문적 저술로 보아 폰 마르텐스는 실증주의 법학자라고 분류하는 것이 옳다. 그는 소위 강대국들의 조약이나 관행이 전염적인 효과를 갖는다는 것을 시인하고 있는데, 이것은 일반적으로 유럽 각국의 관행에서 볼 수 있는 많은 조약조항과 관습의 유사성으로써 증명된다. 폰 마르텐스는 이것을 기초로 해서 "추상"(abstraction)을 하면 중세 이후, 더 명확히 말하자면 웨스트팔리아 평화회의 이래 형성된 "일반적인" 유럽의 실증국제법 이론이 도출된다고 주장한다. 이 유럽의 국제법은 미국까지는 미치지만 터키에는 미치지 않는다. "보편적" 실증국제법은 전혀 현실성이 없다고 그는 주장한다. 단지 자연법만이 보편적인 법일 수 있다는 것이다.

폰 마르텐스는 또한 전쟁을 하려면 충분한 법적 이유가 있어야 된다고 하고 있다. 그러나 그는 전쟁원인의 정당성에 관해서는 각국이 자국의 판단을 따라야 한다는 것과 또 "국가 간의(between nations)"

Völkerrechts.

94) *Essai concernant les armateurs, les prises et surtout les reprises* (불어본과 독일어본; 1801년에 T. H. Horne가 번역한 영어번역본).

95) *Grundriss des Handelsrechts* (1st ed., 1796; 2nd ed., 1805; 3rd ed., 1820).

전쟁에 있어서 적국민의 대우, 군사적 준비와 평화문제에 관하여는 쌍방이 모두 정당하다는 것을 인정한다. 그는 또한 중립법이나 다른 문제에 있어서 전쟁의 정당성 여하가 어떠한 법적 영향도 가져오지 않는다고 본다.

폰 마르텐스의 체계에 있어서 특히 현저한 측면은 국가의 "절대적(absolute)" 또는 "원시적(primitive)" 또는 "자연적(natural)" 권리에 대한 개념이다. 이러한 권리라는 것은 자연법에서 나온 것인데 "획득한(acquired)" 권리와 구별된다. 이것은 볼프의 이론을 발전시킨 것이다. 국가의 자연적 권리 가운데는 영토주권, 독립권, 평등권과 그리고 이상한 일이지만 확장권 등이 있다.[96] 이것이 소위 후일에 말하는 국가의 "근본적" 권리이다. 학자들은 항상 국가의 "근본적" 권리의 종류와 수에 관하여 의견이 합치되지 않았지만, 그 이론 자체는 19세기에 지배적이 되었고 현대에도 유력한 여러 곳에서, 특히 서반구에서 지지를 받고 있다.[97] 그것이 과학적 논의를 조장하였고 또 국제법의 체계화를 촉진시켰던 것은 분명하다.

무엇보다도, 그『국제법 논의』는 독창적인 사상이 없고 또 근본적인 문제에 있어서 명확성이 없기는 하지만, 폰 마르텐스의 생존시와 그 후 오랫동안의 국제법을 가장 체계적으로 보여준 서적이었다.

---

96) 이러한 권리의 이용 중에서, 구체제(*ancien régime*) 사람인 마르텐스는 결혼과 유언의 규정들을 언급하고 있다. 그는 또한 "정당한 전쟁(*guerre légitime*)의 끝에 굳어진(cemented at the end of a legitimate war)" 조약들을 지적하고 있다(*Précis*, secs. 50, 120, 265 참조). 아마도 그는 혁명세력에 의한 전쟁을 "정당하지(legitimate)" 않은 것으로 간주한 것 같다.

97) 예를 들면, American Institute of International Law, *Amer. Journ. Int. Law*, X (1916), 212. 국가의 권리와 의무에 관한 미주간 협약(Inter-American Convention on Rights and Duties of States)에 대해서는 이 책, p. 309 참조.

19세기 전반과 그 후에 있어서 그『국제법 논의』는 국제법의 연구와 교육을 이끌었다. 그리고 그 책은 국제법을 체계적으로 다루는 일반적으로 채택되고 있는 패턴을 확립시켰다. 정치가들과 외교관들 사이에서는 바텔의『국제법』이 일종의 "신탁(oracle)"처럼 되어있어, 이『국제법 논의』를 훨씬 압도하고 있었던 것은 사실이다. 이『국제법 논의』는 원래가 교과서이고 서로 연결이 되지 않는 여러 부분이 있고 해서 읽기가 쉽지는 않다. 그러나 학문적인 업적으로 보아서 이『국제법 논의』가 그 이전의 서적보다 분명히 우수한 것이다.

폰 마르텐스가 후대에 미친 영향 전체를 평가하기 위해서는 국제법에 관한 그의 다른 저서를, 그리고 특히 그의『주요조약집』(Recueil)을 또한 고려해야 된다. 그것들을 보면, 그『국제법 논의』보다 더 한층 국제법학의 기초로서 국제적 생활의 역사와 기타 사실에 대하여 철저한 연구를 하고 있다. 그는 과학적 형식과 효능을 모저의 정돈되지 않고 복잡한 사상에 추가함으로써 영원히 상실될 수 없는 진전을 달성하였다.

제 6 장

빈 회의로부터
제1차 세계대전까지

제 6 장

빈 회의로부터 제1차 세계대전까지

주요 정치적 협정과 선언들

나폴레옹 전쟁은 빈 회의(the Congress of Vienna)[1]에 의해 종료되었는데, 빈 회의의 "최종의정서(Final Act)"는 평화 조약으로서 기능하였고, 1815년 6월 9일 채택되었다. 오스트리아, 프랑스, 영국, 포르투갈, 프로이센, 러시아와 스웨덴의 대표가 — 알파벳순서로 되어 있는 것은 외교에 있어서 바람직한 혁신이다 — 서명한 그 조약은 독일과 이탈리아가 통일할 때까지의 50년 동안 유럽의 정치지도의 큰 틀을 확정하였고 어떤 의미에서는 그 이후 약 50년 동안의 정치지도를 확정한 것이었다. 소멸된 신성로마제국 대신에 설립된 새로운 독일국가연합(German Confederation)은 주권국가 간의 상설적인 연맹으로서 수립되었고, 따라서 국제법상의 기구였다. 더구나, 그 최종의정서

---

1) Chodžko (Comte d'Angeberg), *Le Congrès de Vienne et les traités de 1815* (4 vols., 1864); C. K. Webster, *The Congress of Vienna, 1814－1815* (1919－repeatedly reprinted); Rie, "The Origins of Public Law and the Congress of Vienna," *Transactions of the Grotius Society*, XXXII (1951), 209.

(Final Act)(역자 주: 국제회의를 마치면서 채택되는 문서로서 회의결과 합의된 조약문, 결의, 선언 등을 포함하는 문서임) 자체가 국제법의 일반적 문제와 관련하여 몇 가지 주요한 측면을 가지고 있다.

따라서 여러 국가를 나누거나 여러 국가를 통과하는 하천(국제하천)에 관하여, 연안국뿐만 아니라 모든 국가의 자유항해원칙이 선언되어 있다. 다만, 이 원칙은 모호하게 표현되어 있으며 장래의 협정들을 위한 기준으로서 선언되어 있다. 이 협정들은 여러 해 뒤에 완성되었는데, 가장 중요한 것은 1831년의 라인항해조약(Rhine Navigation Act)이다. 그러나 이 조약은 연안국과 그 국민에 대해서만 항해의 자유를 규정하였고, 1868년 이 조약이 개정됨으로써 보다 자유로운 규칙이 제정되었다.[2]

빈 회의의 최종의정서에서 다루어진 또 하나의 중요한 문제는 아직까지 번성하던 국제 노예무역의 진압이었다. 이 조치는 종교적, 인도적 이유로 영국의 여론이 오랫동안 요구해왔던 것이다. 영국정부는 빈 회의에서 노예무역의 국제적 금지를 규정하려고 하였으나 매우 관대한 용어를 사용한 비난결의밖에 얻지 못하였다. 그러나 영국은 그 인도적 노력을 견고하고 줄기차게 그리고 성공적으로 계속 추구하여 많은 조약을 체결하였고 최종적으로 광범위하고 효율적인 1890년 브뤼셀 반노예 회의의 일반조약(General Act of the Anti-Slavery Conference of Brussels)을 체결하였다.[3] 이 다양한 조약들은 국적에 관계없이 협

---

2) 공식적 자료를 면밀하게 참조한 것으로는, Ogilvie, *International Waterways*, I (1920), 229 ff.

3) 상세한 사항에 대해서는, Oppenheim, *International Law*, I ʃ 340 h; von Liszt, *Völkerrecht* (5th ed., 1924), 384. 특별히 언급할 가치가 있는 것으로는, Von Martitz, "Das internationale System zur Unterdückung des afrikanischen

의가 있는 선박을 군함이 임검(visit and search)할 수 있는 권리와 같
은 흥미로운 측면을 나타내고 있다. 또한 일부의 초기 조약들은 나포
된 선박의 재판을 위한 국제재판소의 설립과 그들의 인간화물(역자
주: 즉, 노예를 의미함)을 석방하는 것을 규정하였다. 그러나 이는 성공
적이지 못한 듯하다.

빈 회의와 밀접한 관계를 가진, 1815년 11월 20일의 한 특별협약
에서, 나폴레옹전쟁 동안 많은 피해를 입었던 스위스의 중립성을 국
가들이 승인하고 그 국가 자신들이 중립의 보장국이 되었다.[4]

빈 회의에 참여했던 많은 국가들 중에서 오스트리아, 영국, 프로이
센과 러시아가 주도적인 역할을 하여 소위 "사두정치(tetrachy)"라고
할 수 있다. 그들은 법적인 용어보다는 정치적인 용어로서 강대국
(Great Powers)이었으며, 이 용어는 1818년 프랑스가 주도적인 집단
에 가입하였을 때 프랑스에게도 확대 적용되었다. 따라서 "사두정치"
는 "오두정치(pentarchy)"로 바뀌었다(이러한 진전은 여러 측면에서
1945년의 유사한 사건을 연상시킨다). 그 이전에, 쇼몽조약(Treaty of
Chaumont, 1814년 3월 1일)에서 오스트리아, 영국, 프로이센과 러시아
는 나폴레옹에 대항하는 동맹을 결성하고 완전한 협조 하에 그들의 자
원을 사용할 것을 약속하였다. 그 결과, "유럽협조(European Concert)"
라는 용어는 일상용어에서 사두정치 또는 오두정치 자체를 의미하게
되었고, 강대국들이 유럽의 공통이익을 위해 행동하는 것처럼 하였기
때문에, 그 용어는 유럽국가들 간의 국제법에 기초한 일반적 협조를

Sklavenhandels," *Archiv für öffentliches Recht*, I (1886), 1.
4) Schweizer, *Geschichte der schweizerischen Neutralität* (1895), 580 ff.;
  Bonjour, *Geschichte der schweizerischen Neutralität* (1946), 81 ff.

또한 의미하게 되었다.[5]

사두정치 그리고 그 이후에는 오두정치는 주로 "회의(Congress)"를 통해 행동하였는데, 이 회의에서 유럽의 정치적 운명이 결정되었다. 아헨회의(Congress of Aachen)가 그러한 회의 중의 하나였으며, 마지막 회의는 1822년의 베로나회의(Congress of Verona)였다. 그러나 시작부터 강대국들 간에 분열이 있었다. 나폴레옹이 격파되고 새 국경선이 정해진 후, 전제주의 국가들은 — 오스트리아, 프로이센과 러시아 — 메테르니히Metternich 공公의 지도 하에 전제주의 체제의 유지와 모든 곳에서의 혁명적 움직임을 간섭을 통해 진압하는 데 일차적인 관심을 가졌다. 알렉산드르 1세 황제(Czar)의 제안으로, 그들은 1815년 9월 26일의 신성동맹(Holy Alliance)으로 연합하였다. 신성동맹의 명칭은 높임을 받는 종교적 용어로부터 채택된 것이었다. 동맹 문서에 직접 서명한 세 명의 통치자들은 기독교의 가르침에 의해서만 행동할 것, "성경말씀에 따라" 어느 곳에서나 항상 상호 원조할 것, 그들 자신들과 그 국가들은 "동일한 기독교 국가의 구성원"으로 간주할 것과 기타 사항에 대한 그들의 "확고한 결의"를 발표하였다. 같은 이상에 헌신할 통치자들에게는 가입할 것이 권유되었다. 국제법에 대한 언급은 없었다. 이 문서가 조약으로서의 법적 효력을 갖는지는 불분명하다. 그 문서의 인상적인 문구들의 진정한 의미는 왕권신수설의 입장에서 읽을 때 이해된다. 그러면 간섭주의 사상이 명확히 나타난다.

실제로, 신성동맹의 후원 하에 이루어진 주요 역사적 조치는 페르

5) Dupuis, *Le Principe d'équilibre et le concert européen* (1909), 114; Nys, "Le Concert européen et la notion du droit international," in *Etudes*, II, 1 참고.

난도 7세의 부패한 전제주의 체제에 저항한 에스파냐 혁명에 대해 프
랑스가 간섭(1823)한 것이었다. 영국의 반대로, 프랑스의 간섭은 동
맹의 회의제도를 종료시키게 만들었다. 신성동맹에 대한 치명타는 술
탄에 대한 그리스인들의 봉기였다. 이에 대해 메테르니히공은 신성동
맹의 진정한 정신에 따라서 이슬람교도인 술탄에 대해 기독교인 그리
스인들보다 더 동정적이었다.[6]

　미주대륙에서는, 나폴레옹 전쟁과 유럽외교의 후속조치들이 영향
을 주었는데, 그 영향은 오두정치는 물론이고 신성동맹보다도 더 오
래 지속되었다. 1808년 프랑스와 에스파냐의 전쟁에서 에스파냐의
부르봉 왕조가 잠시 폐위되었던 것이 에스파냐의 미주지역 식민지에
서 혁명운동이 일어나도록 하였고 이 운동은 독립된 공화국들이 형성
되도록 하였다. 브라질의 독립(1822)도, 지연되기는 하였으나, 나폴
레옹이 이베리아 반도를 공격한 결과였다. 동시에 "라틴아메리카Latin
America"국가들의 등장은 역사적으로 중요한 또 하나의 사건을 초래하
였거나, 적어도 그 주요 원인의 하나였다.

　에스파냐에서의 계획된 간섭과 관련하여, 신성동맹의 국가들은 베
로나회의에서 에스파냐 왕의 통치를 회복하기 위해 이전의 에스파냐
식민지에 대한 간섭을 계획하였다. 그러한 계획에 대해, 미국의 대통
령인 먼로Monroe는 1823년 의회에 보내는 그의 교서에서 강한 반대를
선언하였는데 이것이 먼로주의(Monroe Doctrine)로 알려지게 되었
다.[7] 유럽의 분쟁에 대해 미국의 불간섭정책을 밝히면서, 먼로 대통

---

6) A. von Srbik, *Metternich, der Staatsmann und der Mensch*, I (1925), 625, 626.
7) 풍부한 도서목록이 실려 있는 곳으로는, Oppenheim, I, ∫ 139. 특히, D. Y.

령은 동맹국들(즉, 신성동맹의 구성국들)이 그들의 체제를 서반구의 어느 부분에 확대시키려는 시도는 미국의 안전에 대한 위협으로 간주될 것이며 미국은 유럽 국가가 새로운 미주국가를 탄압하거나 다른 방식으로 그들의 운명을 통제하기 위하여 간섭하는 것은 "미국에 대한 비우호적인 조치의 표현"으로 간주할 것이라는 것을 선언하였다 ─ 이는 먼로주의의 핵심이다. 더구나, 그 교서는 알래스카의 남쪽지역에 대한 러시아의 영유권 주장을 언급하면서 미주 대륙은 "어떠한 유럽 국가의 장래 식민지 대상으로 더 이상 간주될 수 없다."고 규정하였다.

일부 학자들은 먼로주의가 미국의 자기보존권리(right of self-preservation)를 넘어서는 것이기 때문에 국제법에 위반된다고 주장하고 있다. 그러나 국가의 자기보존권리를 인정한다면, 그 권리를 합리적인 제한 내에서 초기에 반대하는 원리(*principiis obsta*, 역자 주: 반대에 성공하려면 초기부터 반대해야 한다는 원리임)에 따라 장기적인 안목을 가지고 행사하는 것이 위법이라고 하기는 어려울 것이다. 여하튼, 먼로 대통령의 교서에 포함된 그 정책을 추구하는 미국의 권리가 다른 어떤 정부에 의해서도 법적 근거에 의해 도전받은 적이 없다.[8] 국제연맹규약(1919) 제21조는 "평화유지를 확보하기 위한, 먼로주의와 같은 지역적 양해사항"의 형태를 가진 국제적 약속의 유효성에 대해 연맹규약은 영향을 미치지 않는다고 규정함으로써 먼로주의를 어느

Thomas, *One Hundred Years of the Monroe Doctrine, 1823-1923* (1923); Barcia Trelles, "La Doctrine de Monroe," in *Recueil des cours*, XXXII (1930), 397; Kraus, *Die Monroedoktrin* (1913), 그리고 더욱 최근의 발전을 다루고 있는 것으로는, Dexter Perkins, *Hands Off: A History of the Monroe Doctrine* (1941) 참고.

8) 더 이상 유럽이 아메리카의 영토를 식민화하는 것을 금지한 먼로의 교서는 영국과 러시아의 항의를 받았지만, 그 후에 그러한 식민화가 시도되지는 않았다.

정도 제한적인 승인을 하였다. 그 승인은 외국정부들이 먼로주의를 준수한다거나 국가의 다른 행위들에서 그러한 준수행위가 발견된다는 것을 의미하지는 않는다. 다만, 라틴아메리카 국가들은 미국으로부터의 정치적 지원을 얻기 위해 먼로주의를 원용하기도 하였다. 전반적으로, 먼로주의는 국제법에 위반되는 것은 아니지만 국제법의 일부가 되지도 않았다는 것이 명백하다. 그러나 그 주의는 일반적으로 묵인되었다. 미국이 남북전쟁으로 손을 쓸 수 없을 때, 나폴레옹 3세가 멕시코에 대해 군사적 침공을 한 것이 먼로주의를 무시한 유일하게 중요한 시도였다.[9]

그러나 바로 그 행동이 먼로주의의 유효성을 입증시켰다. 남북전쟁이 끝나자마자, 나폴레옹 3세는 미국정부의 압력의 결과로서 멕시코에서 그의 군대를 철수하여야 하였다. 그러나 먼로주의는 종종 적용되면서 라틴아메리카 국가들에 대한 보호주의적 요소를 포함하였다. 그러한 상황에 대해 라틴아메리카 국가들의 독립의식이 증가하면서 이들 국가들의 반감이 증가하였다. 그러나 이러한 변화(역자 주: 라틴아메리카 국가들의 독립의식이 증가한 것을 의미하는 듯함)는 아마도 먼로주의 덕분에 유럽과 아시아의 영향력이 배제되었던 것이 주요 원인이라고 할 수 있다. 반감을 해소하려던 미국의 정책으로 인해 평등에 기초한 라틴아메리카의 우호적인 협력을 조직화함으로써 미주 국가들의 회의가 1890년에 나타났다. 이 회의는 결의들을 통해(조약에 의해서가 아닌) 워싱턴에 미주국가 국제연합(International Union of American

---

9) 영국과 베네수엘라 간의 경계분쟁(1896)에서 먼로주의(Monroe Doctrine)의 원용은 또한 충돌을 가져왔다. 즉, 미국과 영국 간의 분쟁이 발생했다, 이 책, p. 261 참조.

Republic)을 수립하였다.

　먼로주의의 선포와 라틴아메리카의 독립유지는 신성동맹의 중요한 패배를 의미했다. 그러나 이것이 오두정치의 붕괴를 의미하지는 않았으며 영국은 많은 이견이 있었지만 오두정치로부터 탈퇴하지는 않았다. 실제로, 오두정치는 네덜란드와 벨기에 간의 분쟁을 해결하였을 때 중요한 마지막 성공을 달성하였다. 네덜란드와 벨기에는 빈 회의의 의정서(Act)에 의해 연합(Union)으로 있었는데, 1830년 벨기에의 혁명으로 분리되었다. 오두정치에 참가하는 열강들의 강한 압력과 보장 하에 네덜란드와 벨기에를 분리하는 조약이 1893년 4월 19일 완성되었다. 국제법의 관점에서 볼 때 그 분리 조약의 가장 중요한 측면은 벨기에의 "중립화"와 관련된 보장이었다. 스위스의 중립화의 예를 따라서 벨기에의 중립화 보장은 조약에 의해 합의되었고 그 보장의 대상이 되었다.

　강대국 간의 협조(Concert)라는 개념은 19세기 동안 존중되었지만, 크림 전쟁(Crimean War)의 결과 50년대에 일찍이 붕괴되었다. 그 전쟁에서 프랑스와 영국이 오스트리아의 외교적 지원 하에 러시아와 전쟁을 하였다. 그 전쟁을 종료시킨 1856년 3월 30일의 파리조약은 국제법의 역사상 웨스트팔리아 조약과 빈 조약 다음으로 중요한 것이다. 그 조약에 따라 터키는 "공법과 유럽협조의 혜택을 받으며 참여하는 것(à participer aux avantages du droit public et du concert euopéen)"이 허용되었다. 이 문구는 모호하고 다양한 해석의 대상이 되어왔다. 그러나 그 조약이 터키를 강대국간의 협조체제에 가입시키는 것은 아니었다. 이 문구는 국제법 하에서 국가들이 협조하는 보다 넓은 의미의 협조체제를 의미하는 것이었다(역자 주: 유럽협조체제가 아닌 국제법 하에서 여러 국가의 협조체제를 의미한다). 터키와 유럽열강 간의 기존의 일부 조약관계는 이 새로운 일반적 가입과 명백히 부합하였다. 이론적 관점에서 볼 때, 이 문구는 국제법의 보편적인 성격보다는 모저과 마르텐스가 말하는 국제법의 유럽적 성격을 확인하고 있는 듯하다(공법 (droit public)은 여기서 국제법을 의미하였다). 그러나 이러한 유럽식 국제법의 개성을 극복하는 첫 번째 중요한 조치가 이제 취하여 진 것이다(역자 주: 비유럽국가인 터키와의 일반적인 협조관계를 파리조약이 수립한 것을 의미하는 듯하다).

파리조약에서 또 하나의 주목할 만한 측면은 관련 주민의 희망에 따라 당시 터키의 지배하에 있던 왈라키아Walachia와 몰다비아Moldavia (후의 루마니아) 공국들이 새롭게 조직되도록 한 것이다. 국민투표가 제공되지는 않았지만, 이것은 정치적 지도를 변경하는 데 민족자결주의원칙을 적용한 최초의 중요한 조약이었다.[10]

1856년 4월 16일자의 별도의 문서로서, 유명한 해사법 선언 (Declaration of Maritime Law)이 파리조약의 서명 국가들에 의해 작성되었다. 이 선언은 사략선의 나포를 폐지하였고, 중립국 선박에 있는 금제품(그 정의는 되지 않았다.)을 제외한 적국화물(enemy goods)을 포획하지 못하도록 하고, 적국 선박에 있는 금제품을 제외한 중립국화물을 포획하지 못하도록 하였고, 봉쇄가 실효적일 것을 요구하였다. 즉, 봉쇄는 적이 지배하는 연안으로의 접근을 실제로 방지하기에 충분한 무력으로써 유지되어야 할 것을 요구하였다. 세계의 모든 국가에게 참가할 것이 권유되었다. 실제로 아르헨티나, 브라질, 일본 그리

---

10) 그러나 19세기의 선례가 몇 가지 있었다. Temperley, ed., *A History of the Peace Conference of Paris*, V (1921), 112 참조.

고 1908년의 에스파냐 등 다른 중요한 해양국가들 대부분이 가입하였다. 미국은 여러 가지 이유가 있었지만 특히 강한 해군을 가지지 않은 나라에게는 사략선에 의한 나포가 필요한 도구라고 생각했기 때문에 가입하지 않았다. 그런데, 이 이유는 후에 상선을 전쟁 시 해군에 편입시키는 관행 때문에 의미 없는 것이 되었다. 미국도 실질적으로 파리선언의 다른 원칙들에 따랐기 때문에, 파리선언은 일반 국제법을 대표하는 것이라고 볼 수 있다. 그러나 그 규칙들은 세계대전들의 긴박성을 견뎌내지 못하였다.

이탈리아와 독일은 강대국의 일원이 되었는데 이탈리아는 1867년에, 독일은 1871년에 프로이센을 대신하는 강대국이 되었다. 이탈리아는 강대국 중 가장 약한 국가였지만, 독일은 비스마르크Bismarck의 지도 하에 가장 영향력 있는 유럽대륙의 국가가 되었다. 이러한 세력균형의 변천은 강대국들과 터키 간에 베를린에서 1878년 비스마르크의 주재 하에 개최한 회의에서 나타났다. 이 회의는 1877년 러시아와 터키 간의 전쟁을 종료하면서 발생한 어렵고도 위험한 발칸문제를 해결하기 위한 것이었다. 회의의 결과인 베를린 조약은 루마니아, 세르비아, 그리고 몬테네그로 세 국가에게 주권을 부여하여 국제사회 구성원의 수를 증가시킴으로써 국제법에 기여하였다. 또한, 베를린 조약은 터키와 발칸국가들에게 종교적 소수자를 차별하지 않을 의무를 부과함으로써 인권의 보호에 있어 진전된 조치를 취하였다.

이 기간 동안 국제법의 영역이 확대되는 것은 이전의 논의에서 여러 형태로 다루었다. 이 과정은 특히 남미와 극동에서 잘 나타난다. 라틴 아메리카 국가들은 국제법의 주체(subject)의 수를 상당히 증가시켰는데 처음부터 서양 문명의 일부를 구성하였다. 에스파냐적인 요소가 기본을 이루었지만 프랑스와 다른 유럽국가의 영향이 혁명운동과 인구적 요소에 많이 나타났다. 이러한 영향들 가운데, 국제법의 개념은 약소국들의 관심을 끌었고 라틴아메리카에서 쉽게 받아들여졌다. 이 관심은 새로운 개념과 논쟁 그리고 법적 주장을 좋아하는 라틴 아메리카 국민의 천성으로 인해 더욱 확대되었다. 그 결과, 라틴 아메리카 국가들은 이렇게 이른 기간에 이미 광범위하게 구상되고 야심적인 계획, 회의, 그리고 국제법적 협정에 활발하게 참여하였다. 불행하게도 그들의 노력은 매우 자주 허례와 좌절로 방해를 받게 되었다.

라틴아메리카 국가들이 등장한지 수십 년 후에 국제사회의 회원국이 또다시 중요하게 증가하였다. 이는 극동의 국가들이 국제법의 세계에 들어온 것이다.[11] 그러나 그곳에서의 주변 환경은 완전히 달랐다. 우리가 보았듯이 아시아 강대국들의 정책은 유럽과 기독교의 영향을 엄격히 배제하여 그들의 고유한 문화와 종교의 존엄성을 유지하려는 굳은 결의에 기초하고 있었다. 중국의 쇄국은 중국과 영국 간의 난징조약(1842)에 의해 처음으로 침해되었는데, 이 조약은 중국의 다

11) Morse and MacNair, *Far Eastern International Relations* (1931); Morse, *The International Relations of the Chinese Empire* (3 vols., 1910–1918); Mingchien Joshua Bau, *Foreign Relations of China* (2nd ed., 1922), especially chap. iv; Tyau, *The Legal Obligations Arising Out of Treaty Relations Between China and Other States* (1917); MacMurray, *Treaties and Agreements With and Concerning China*, 1894–1919 (2 vols., 1921); W. F. Mayers, *Treaties Between the Empire of China and Foreign Powers* (5th ed., Shanghai, 1906); Roy Hidemichi Akagi, *Japan's Foreign Relations*, 1542–1936 (Tokyo, 1936); Seiji G. Hishida, *The International Position of Japan as a Great Power* (1905); Tokutomi, *Japanese–American Relation* (일본어를 번역한 번역본, 1922).

섯 개 항구를 외국과의 통상을 위해 개방하고 동일한 계급의 중국 관리와 영국 관리는 평등한 지위를 갖는다고 규정하였다. 다른 국가들과의 유사한 조약이 이어서 체결되었고 소위 "조약 항구"의 수가 점차 증가하였다.

중국과 유럽 간의 조약체계는, 19세기 동안 발전하여 온 것을 보면, 근동의 "캐피튤레이션"의 예에 따라 중국에게 불리한 현저한 불평등이 그 특징이었다. 그 조약들은 정도의 차이는 있으나 강제적으로 중국에 부과된 것이었고, 중국의 영토 안에서 중국에게 상호적인 양보를 부여함이 없이 외국인의 특권을 확보하려는 목적을 가지고 있었다. 그 결과 중국의 독립은 심하게 손상되었다. 조약 당사국의 국민은 중국에서 그들 국가의 영사관할권 하에 있었다. 그들은 일부 중국의 정착지에서 자치권을 획득하였다. 중국은 상호적 혜택 없이 외국에 대해 최혜국대우를 부여해야 했고, 중국의 관세자주권은 훼손되었다. 상호적 양보와 비슷한 것으로써, 영사는 자국민의 선량한 행동을 위한 책임을 지도록 한 난징조약의 조항을 들 수 있다. 이는 근동에서 중세시대에 존재하던 조건들을 생각나게 하는 것이다.[12] 이 모든 장치는 대단히 어렵게 운영되었고 많은 마찰 가운데 작동하였다. 중국이 약하였기 때문에 이 장치는 중국의 영토를 외국 열강이 점점 더 사실상 점령하는 것을 초래하였다. 이러한 상황에서, 미국은 국무장관 헤이Hay를 통해 "문호개방(open door)" 원칙을 선포함으로써 1899년 개입하였다. 이 원칙은 중국과의 통상에 있어서 모든 국가에게 평등한 기회가 부여되어야 한다는 원칙이다. 이 원칙은 중국의 영토 보전과 관련되어 있었고 적어도 외교적으로 다른 열강이 반대하지 않았

---

12) 이 책, p. 66.

다. 다만, 러시아의 반응은 모호하였다. 먼로 독트린과 같이 문호개방 원칙은 법 원칙이라기보다는 일종의 확립된 정책의 기준이었다.

일본의 쇄국은 1853년과 1854년 미국인 페리 제독의 유명한 원정에 의해 흔들렸다. 강한 압력을 통해 페리는 당시 일본의 실질적 통치자였던 쇼군Shogun으로부터 제한된 평화우호 조약을 획득하였다. 중국에서의 상황과 같이 다른 국가들과의 추가협정이 체결되었다. 모든 협정이 중국의 예에 따라 외국에게 일방적으로 유리한 것이었다. 그러나 천황(미카도)은 여전히 약간의 권위를 가지고 있었으며 이러한 조약에 반대하였고, 일본인들의 일반적 감정에 부합하여 외국인의 배척운동을 시작하였다. 국가들이 군사적 조치를 취한 후 1865년에서야 천황은 이 조약들에 동의하였다. 메이지Meiji 천황이 등극하고 막부정치가 1867년 종료된 후, 일본은 이 새로운 상황을 유리하게 이용하기 위해 적극적으로 받아들였다. 일반적인 근대화 정책의 결과, 일본은 외국 영사의 관할권과 조약상의 다른 불평등한 요소를 폐기시킴으로써 조약 체결 상대국과 동등한 지위를 곧 얻게 되었다. 1895년 중국으로부터 승전한 후에 중국과 시모노세키 조약을 체결한 후 일본은 비기독교 국가 중에서 유일하게 강대국의 지위를 얻게 되었다.

시암Siam이 서양과의 통상을 하게 되고 영향을 받게 되는 것은 1825년 영국과 매우 제한된 조약을 체결하는 것에서 시작되었다. 그후 이 조약은 중국과의 조약과 같이 영국에게 더 넓은 권한을 주는 조약으로 대체되었다. 여기서 또한 미국과 유럽의 국가들이 비슷한 협약을 획득하였다. 서양 국가들과 중국 및 일본과의 관계에서 나타났던 극적인 사건들이 시암과의 관계에서는 나타나지 않았다.

서양의 국제법이 극동으로 확대되는 것이 유럽식의 개념과 아시아

의 개념이 융합되는 것과 관련되지는 않았다. 유럽의 개념이 내용과
형식 면에서 우세하였다. 동양의 국가들은 새로운 협정들에 계급과
예식에 관하여 그들이 소중하게 생각하는 개념들을 거의 포함시키지
못하였다. 그럼에도 불구하고, 이 확대의 과정은 그 자체로서 모저나
폰 마르텐스가 형성하였던 국제법의 "유럽적" 성격을 국제법으로부
터 점차 박탈하여 가는 것이었다.

성문법의 발전: 새로운 시대

이 기간 동안 국제법은 양적으로 확정하였을 뿐만 아니라 질적으로
도 그만큼 또는 그 이상으로 성장하였다. 즉, 성문 국제법규가 꾸준히
증가되고 개선되었다. 이러한 과정이 주로 일어난 분야는 조약법이었
으나 대외관계에 관한 성문 국제법에도 이러한 과정이 많은 영향을
주었다. 정치적 조약들은 이러한 일반적인 성장에 많이 동참하지 못
하였다. 정치적 조약의 수 특히 평화조약의 수는 그 이전 기간 동안보
다 거의 증가하지 않았다. 동맹은 더욱 드물어졌는데 가장 유명한 것
은 신성동맹과 비스마르크의 위험한 창조물인 독일, 오스트리아, 이
탈리아의 삼국동맹(1883)이었다. 대체로 보다 비공식적인 방식으로
정치적 협력이 이루어졌다.

그와 반대로, 비정치적인 조약은 대단히 증가하였다. 19세기의 중
요한 조약의 종류 가운데 통상조약, 영사조약, 범죄인인도조약, 금융
조약, 우편, 전신, 철도조약, 해상어업조약, 저작권과 특허에 관한 조
약 등을 예시할 수 있다. 다음에서 더 중요한 종류의 조약을 논의하고
자 한다.

한 해박한 오스트리아의 역사가에 의하면 빈 회의 최종의정서에서
부터 1924년까지 약 1만 6천 개의 조약이 체결되었다고 한다.[13] 한
미국인이 1917년 추정한 바에 의하면 당시에 존재하는 조약의 수는
약 1만 개 정도였다.[14]

　이러한 대단한 성장의 결과로서, 조약들은 보다 사무적이고 기술
적인 성격을 갖게 되었다.[15] 하나님(the Divinity)을 인용하는 것이 평
화조약으로부터도 점차 사라졌다. 18세기의 조약에서 흔히 있었던,
통치자의 칭호와 소유 그리고 전권대표의 다양한 영예와 훈장 등을
부수적으로 열거하는 것은 사라졌다. 국가평등원칙의 영향으로 다자
조약에 알파벳순으로 서명하는 것이 관습이 되었다. 양자조약은 일반
적으로 2부를 작성하여 당사국이 각각 서명하였다. 이 때 한 당사국
은 다른 당사국이 본문의 순위에 있어서 먼저 오도록 허용한다(이를
교환(alternate)의 원칙이라고 하는데 때때로 다자조약에서 각 국가에게 조약
문 1부씩을 제공할 때 적용되기도 하였다. 역자 주: 교환의 원칙은 예를 들어
우리나라와 미국 간에 양자조약을 체결할 때 조약문 2부를 작성하여 1부는 우
리 측이 1부는 미국 측이 보관하는데, 우리 측 보관본에는 우리나라의 국명이
미국 국명보다 먼저 나오고 미국 측 보관본에는 미국의 국명이 우리나라의 국
명보다 먼저 나오도록 작성하는 원칙을 말한다). 이 관행 역시 평등주의에
의한 것이었다. 프랑스어가 일반적으로 외교언어로 남아 있었으나,
자국어를 사용하려는 강한 경향이 18세기부터 있어왔고 더욱 분명해

---

13) Bittner, *Die Lehre von den völkerrechtlichen Vertragsurkunden* (1924), 13.

14) DeWitt C. Poole, *The Conduct of Foreign Relations Under Modern
　Democratic Conditions* (1924), 29.

15) 아래의 내용에 대해 상세한 것은, Satow, *A Guide to Diplomatic Practice*
　(3rd ed., 1932), I, secs, 21 ff., 72 ff., 89 ff 참조.

졌다. 빈 회의의 최종의정서는 프랑스어로 작성되었지만 이 사실이
선례를 구성하는 것으로 간주되어서는 안 된다고 규정하였다. 1826
년 캐닝 경Lord Canning은 영국 외교관들에게 그들이 교섭할 때에 영어를
사용하도록 명령하였다. 양자조약은 양국의 언어로 작성되는 것이 관
습이 되었고 그 중 어느 한 언어가 결정적인 것으로 종종 합의되었다.

이러한 형식적인 문제보다 더 중요한 것은 이 기간 동안 국가관행
으로서 다자조약이 많이 체결된 것이다. 이전의 기간에도 양당사국
이상의 조약, 예를 들어 웨스트팔리아 조약과 같은 조약이 상당히 있
었다. 제한된 서명국들에 의한 이러한 형태의 다자조약은 강대국 간
의 많은 협조조치 때문에 19세기 동안 더욱 많이 이용되었다. 그러나
과거의 양자조약 또는 다자조약(광범위한 웨스트팔리아 평화조약을 제외
하고)이 영토의 배분, 국경의 획정, 특정 당사국에만 관련되는 다른 조
건의 규율을 규정하고 있는 것에 비해, 19세기의 다자조약은 국가들
의 행동을 위한 일반적 규칙을 규정하는 경향이 점점 증가하였다. 명
백히 이러한 조약들은 — 빈 회의의 국제하천, 외교관, 또는 해사법에
관한 파리선언에 관한 규정들을 생각할 수 있는데 — 다자조약 중 특
히 중요한 종류이며 "입법조약(lawmaking treaties)"이라는 용어를 사
용할 수 있는 것이다. 이러한 "입법"의 영향을 받는 영역을 넓히기 위
해, 조약들은 원래 서명국이 아닌 국가들의 가입을 규정함으로써 그
들의 작동범위를 확대하는 것이 보통이었다. 따라서 다자입법조약은
"공개(open)"조약의 특징을 추가적으로 갖게 된다(자주 쓰이는 "집단
적(collective)"이라는 용어는 바람직하지 않다).

애매한 신성동맹의 경우를 제외하고는 해사법에 관한 파리선언
(the Paris Declaration of Maritime Law)이 아마도 이러한 공개조약의

첫 번째 사례인 것 같다.[16] 이 선언은 분명히 서명국들에게 직접적인 의무를 부과하지는 않고 전쟁 상황시의 일정한 약속만을 요구하였다. 법적으로 보다 세련된 공개조약이 도입되었는데 이 조약들은 조약 당사국들이 하나의 운영 가능한 공동체로 전환되도록 하기 위한 집단적 기관들을 설치하였다. 전시부상자 보호를 위한 1864년의 제네바협약은, 이에 대해 이후에 더 설명한 것이지만, 조직적인 형태를 갖추었으나 아직 조약에 기관을 포함하지는 않았다. 조약에 기관이 포함된 것은 1865년 파리에서 20개국의 대표들에 의해 체결된 만국전신연합(Universal Telegraphic Union)에 의해 이루어졌다. 이 연합에는 19세기 동안 미국을 제외한 대다수 주요 국가들과 다른 미주 국가들이 가입하였는데, 미국에서는 전신사업이 순전히 사적인 사업이었다. 전신행정국제사무국(International Bureau of Telegraphic Administration)이 그 연합의 중심기관으로서 베른에 창설되었다. 일반우편연합(General Postal Union)이 1874년 베른에서 서명되었고 1878년부터는 만국우편연합(Universal Postal Union)으로 불리었는데 사실상 모든 문명세계로 확대되었다. 베른에 있는 만국우편연합 사무국이 그 중심기관이 되었다. 1890년의 철도화물운수에 관한 국제협약이 유럽대륙의 주요 국가들 사이에서 체결되었고 1893년 가입을 위해 개방되었다. 그리고 이 협약은 거의 모든 유럽대륙을 규율하였다. 국제운송중앙사무국(Central Office of International Transports)이 협약에 규정된 정보교환 및 집행업무를 위해 설치되었다. 20세기 초에 국제라디오전신

---

16) 1518년 영국의 헨리 8세와 프랑스의 프랑수아 1세 간에 체결된 조약은 공개조약이었고 터키에 대항했지만 실패로 끝난 동맹이었다. 이 조약을 무시한다면 파리선언이 최초의 공개조약이다.

협약(International Radio Telegraphic Convention, 1906년에 체결되고 1912년 개정되었으며 그 중심기관은 베른에 있는 전신행정사무국(Bureau of Telegraphic Administration)이다)과 자동운송수단의 국제운행에 관한 협약(Convention on the International Circulation of Motor Vehicles, 1909)이 추가되었다. 따라서 국제적 교류의 다양한 수단들이 다자적, 입법적, 공개적 그리고 조직적 조약들을 체결하는 데 특별히 기여하였다.

이러한 조약들의 또 다른 중요한 종류는 인도적 성격의 조약들이다. 콜레라와 전염병을 방지하기 위한 국제기구를 설립하려고 오랫동안 노력하였으나 실패한 후, 1903년의 국제위생협약(International Sanitary Convention)과 1907년의 공중보건국제사무국의 파리설치에 관한 협약(Convention on the Creation of an International Office of Public Health)은 국제위생기구설치를 위한 결정적 조치를 취하였다.[17] 여성과 아동의 매매를 금지하는 것이 1902년과 1910년에 체결된 다자조약의 목적이었으며 이 조약들은 국가들에게 개방되어 있었다. 1890년 브뤼셀의 반노예회의 일반의정서(기관들로는 잔지바르에 있던 국제해사국(International Maritime Office)과 벨기에 외무부에 소속된 한 특별국(special bureau)이 있었다)는 이러한 부류에 속한다.

이 기간의 끝에 두 가지 종류의 다자조약이 새롭게 나타나는데 이 조약들은 제1차 세계대전 이후에 더욱 중요성을 가지는 조약들이다. 이 조약들은 국제노동조약과 이중과세방지조약이었다.[18] 개방된 다

---

17) Vitta, "Droit sanitaire international," *Recueil des cours*, XXXIII (1930), 549. 1912년 국제아편협약(International Opium Convention of 1912)에 의해 설립된 기구는 없었다.

18) 게다가 미터법 체제의 완성에 관하여 International Meter Convention of

자조약들은 여성의 야간 노동을 금지하였고 성냥의 제조에 있어서 백색인(white phosphorus)의 사용을 금지하였다(1916년의 베른회의). 한편 양자조약들은 여기저기에서 노동자보호를 위한 더 넓은 목적을 추구하였다.[19]

따라서 1904년의 이탈리아와 프랑스 간 조약에서는 조약당사국 국민들을 사회보장과 사회보험에 관해 동등하게 대우하도록 규정하였다. 첫 번째 이중과세방지협약(즉, 동일인의 동일한 과세대상에 대해 다른 국가가 독자적으로 과세하는 것을 방지하려는 조약)은 1899년 프로이센과 오스트리아 간의 조약이었다.[20]

다자조약은 미국에서 많은 인기를 얻지는 못하였는데 그 주된 이유는 미국 상원[21]의 고립주의적 경향 때문이었다. 이것은 국제법에 대한 미국의 이상주의적 관념이 약해진 것을 나타낸다.

많은 국가들이 절대주의 국가에서 의회주의 국가로 변화되었기 때

1875을 언급할 수 있다(중앙기구는 파리에 있는 International Bureau of Weights and Standards).

Hudson, ed., *International Legislation*, I (1931), Introduction, xix, lists "Multipartite International Instruments 1864–1914." 공개적이고 조직적인 조약들은 그 목록에 나타나 있지 않다. 또한 Oppenheim, I, Appendix A, "List of the More Important General Conventions of a Non–political Character." 참조.

19) Lowe, *The International Protection of Labor: International Labor Organization, History and Law* (1935), 112; Macdonell, "International Labour Conventions," in *British Yr. Bk. Int. Law* (1920–1921), 191. Macdonell이 기재한 목록과 같이, "도제계약(indentured)"노동을 제한하는 협약들은 확실히 반노예제파에 속한다.

20) Leridon, *Le Problème des doubles impositions internationales* (thesis, Caen, 1929), 76.

21) (U.S.) Dept. of State, *List of Treaties Submitted to the Senate Which Have Not Gone into Force* (1932) 참조. 또한, Fleming, *The Treaty Veto of the Senate* (1930), 309 참고.

문에 조약법도 간접적인 방식으로 영향을 받아 변화되었다. 새 헌법
들이 국제협약은 입법부의 동의를 받아야 한다고 규정한 경우—이
점은 헌법마다 차이를 보이고 있다—그러한 협약은 합의하기가 더
어렵게 되었다. 한편, 입법부의 참여는 국제적 의무를 더욱 강화시키
는 경향이 있었다. 헌법과 국제법의 상호작용으로부터 많은 새로운
문제점들이 발생하였다.[22] 한 전형적인 문제는 국가 원수가 그의 헌
법상 권한을 넘는 행위로써 조약을 체결했을 때 그 조약이 국제적으
로 구속력이 있는지 여부에 관한 문제이다. 구속력이 없다고 한다면
헌법 규정과 그 해석 및 관행이 국제적 효력을 가지고 있으며 공동 체
약 당사자국의 권리와 의무에 직접 영향을 주는 것이 된다는 의미가
된다. 이는 바람직하지 못한 이론이다.

아직 논란이 있는[23] 이 문제와는 별도로, 특히 긴급하거나 중요성
이 경미한 국제조약을 체결하는 데 있어서 입법부가 관여하지 않는
방법이 필요하였다. 따라서 각국 헌법이나 법률은 행정부(국가 원수 또
는 외교부 장관 또는 보다 기술적인 문제에서는 행정부의 장관들)에게 자유
재량을 부여하는 규정을 두고 있거나 부여하는 것으로 해석되었다.

더구나 정치적 또는 비정치적 성격의 국제협력이 정식 조약의 체결
에만 근거하는 것은 아니었다. 법적 유대 없이도 협조되거나 상호적
인 행동을 취하는 것이 종종 적합한 것으로서 판명되었고, 특히 경제
관계의 광범위한 분야에서 그러하였다. 협조되거나 상호적인 행동을
확보하기 위한 시도는 종종 국내 입법을 통해 이루어졌는데, 각 국 국

---

22) Mirkine—Guetzévitch, "Droit international et droit constitutionnel," in
Recueil des cours, XXXVIII (1931), 311.

23) Oppenheim, I, sec. 497 [bibl. *] 참고.

내법은 "상호주의(reciprocity)"에 따라 다른 국가 또는 다른 국가 국
민들에게 혜택 또는 특권을 부여하였다. 이 요건(역자 주: 상호주의를 의
미함)은 일찍이 18세기에서도 발견되나,[24] 그 후에 더욱 중요해졌으
며, 특히 국제사법에서 중요해졌다.

국제회의들[25]은 국제협력과 협정을 수립하는데 있어서 효과적인
것이었다. 웨스트팔리아Westphalia 회의, 빈 회의, 파리 회의가 있었지
만, 근대적 협력의 국제회의는 1860년대에 나타나게 되었다. 과거 형
태의 회의는 군주 또는 그들의 가장 신임을 받는 대표가 모여 중대한
정치적 문제를 고려하는 것이었다. 그 회의에서는 서열의 문제와 다
른 의식에 관한 문제들이 중요한 부분을 차지하였다. 새로운 시대의
국제회의는 1863년의 우편회의와 같은 해의 제네바 적십자회의[26]가
사실상 그 시작으로 볼 수 있는데, 비정치적인 문제를 다루었다. 참가
대표는 대다수가 넓은 의미에서 전문가(technicians)들이었고 회의
절차는 효율적인 구성(의제, 의장, 위원회 등)과 함께 보다 비형식적인
것이 되었다. 이러한 모든 것이 과거 회의 형태의 정치적 회의에도 좋
은 영향을 주었고, 이러한 회의도 이전의 예식을 강조하던 것을 버리
고 회의 구성과 절차를 발전시켜 나갔다. 심지어 회의를 나타내는 표
현도 "congress" 대신 덜 위압적인 "conference"로 바뀌었다.

국제협약의 증가 이외에도, 이 기간에는 대외 관계에 관한 국내법

---

24) 이 책, p. 159.

25) Dunn, *The Practice and Procedure of International Conferences* (1929);
Satow, *International Congresses* (1920).

26) 이 책, p. 268. 사적인 기구의 회의들과 Vitta, *op. cit.*, 564, 565에 언급된
1851년과 1859년의 공중위생(sanitary) 회의와 같이 중요하지 않은 회의는 제
외하기로 한다.

이 빠르게 증가하였다. 이러한 "대외"관계 국내법의 초기 사례는 중세시대부터 시작되었으며 이미 앞에서 살펴본 바 있다.[27] 그러나 그들은 보다 최근에 대단히 많이 나타난 대의관계에 관한 국내법과 비교하면 사소한 것이 될 것이다. 국제적으로는, 그러한 입법은 법을 제정한 국가가 따를 정책을 다른 국가에게 알려주는 것이 된다. 그리고 다른 국가에 대해 구속력은 없지만, 그러한 국내법은 외교분쟁에서, 특히 분쟁이 된 국제적 행동이 자의적(arbitrariness)인 것이라는 비난을 반박하는 데 있어서, 일정한 근거를 제공하여 준다. 민주적 국가들에서 국제관계라는 대단히 중요한 영역에 있어서 행정부의 자유를 제한하려는 의도는 외교 분야에서의 입법부의 활동범위를 확대시키는 데 공헌하였다.

모든 것을 고려할 때, 성문 규칙들이 국제관계에 많이 침투하게 되어 관습법의 영역이 많이 남지 않게 되었다. 관습법은 국제법의 이론상 항상 조약과 동등하거나 또는 더 상위의 규범으로서의 지위를 차지하고 있었다. 외교관에 대해 접수국의 관세를 면제시켜주는 것과 같이 많은 국제관행(usages or practices)이 국제법이 아닌 예양(courtesy)에 근거하고 있다는 것을 기억해야 한다. 예양의 공통된 관행은 특히 의식의 분야에서 발견된다. 그러나 그 용어의 정확한 의미로서의 국제관습법, 즉 국제법상 구속력이 있는 관행(usages)은 분명히 존재한다. 그러한 예로는 외교관을 접수국의 재판관할권으로부터 면제시키거나 외교관 개인에 대한 직접세를 면제시키는 것을 들 수 있다. 더구

---

27) 예를 들면, pp. 28, 31, 125, 133. Von Martens, *Erzählungen merkwürdiger Rechtsfälle des neueren europäischen Völkerrechts*, I, 330 ff., II, 344 ff. 에는 외교사절의 특권에 관한 다양한 국가들의 매우 많은 법규와 명령들을 수록하고 있다.

나, 외교 면제에 관한 입법들은 국제관습법을 언급하고 있거나 국제
관습법에 따라 해석된다.

관습법이 가장 풍부한 분야는, 실제인지 또는 그렇게 주장되는지
를 불문하고, 전쟁에 관한 분야이다. 그러나 다른 분야보다도 더 이 분
야에서는 관습법이 논쟁의 대상이 되어 왔고, 이 점은 관습법의 실효
성을 크게 침해하는 것이었다. 군사적 목적이 요구하지 않은 비인도
적 행위는 일반적으로 국제법 위반으로 인정되나, 그 규칙은 총력전
의 개념을 고려하면 애매한 것이 된다. 제2차 세계대전 후의 전범재
판들은 이 규칙에 보다 구체적 의미를 부여하였다. 일반적으로 말해
서, 불확실성은 국제재판소의 권위 있는 결정들에 의해 최근에 감소
하였다. 국제관습법 중 논쟁이 없는 한 가지 예는 해적행위의 금지이
다. 그러나 그것은 더 이상 실질적 의미가 크지 않다.[28]

국제적이든 국내적이든, 성문법의 발전은 이 기간 동안 계속적으
로 진행된 것은 아니었다. 19세기 후반기, 특히 60년대 이후로 성문
법이 크게 증가하기 시작했고, 대부분 국제법 분야에서 성문법의 증
가가 나타났다. 다자조약으로서 입법조약이며 개방 조약인, 그리고
국제기구를 설립하는 조약이 출현하고 새로운 형태의 국제회의가 나
타난 것은 국제법의 구조가 근본적으로 변화된 것을 나타내는 중요한
징후의 하나였다. 다수 국가 간의 입법조약이 확산되는 것 자체가 중
요한 현상이었다. "개방성"(openness)이 보편성(universality)은 증대
시켰고, 또는 적어도 목적의 범위를 넓게 하였다. 그리고 가장 인상적

---

28) 국제법을 포함하는 광범위하고 비교법적 연구인, Mateesco, La Coutume
dans les cycles juridiques internationaux (1947)는 우리 시대에 수락되는 국제
관습을 기술하는 데 실패하였다.

이게도 국제조직의 특징에 의해 하나의 새로운 경향이 나타났다. 국제조직은 보통 개방조약과 연결되어 개방성의 효과를 강화하였을 뿐만 아니라, 국제행정기구의 수립은 또 다른 국제법의 원천을 창조하였다. 이 기간 동안 국제기구조약에 기초한 국제적 협력은 상대적으로 제한된 목표로 아직 한정되어 있었다.

그러나 놀라운 것은 이 새로운 협력의 형태를 향한 동일한 경향이 세계 각 지역에서 마치 상부의 명령이 있었던 것처럼 나타난 것이다. 오늘날 이 기간의 국제조직을 위한 노력이 가장 감격스럽고 바람직한 역사적 운동의 시작이었다는 것은 의심의 여지가 없다. 국제법의 구조적 변화는 위에서 언급한 양적인 변화와 상호 연관되어 있다. 즉, 국제법의 구조적 변화는 국제법이 적용되는 영토의 확장, 그리고 조약 및 국제회의의 수적 증가와 상호 연관되어 있는 것이다. 1860년대는 국제법의 새로운 시대가 탄생한 시기라고 말할 수 있다.

마지막으로 이 기간은 기술적 발달의 결과라고 할 수 있다. 기술적 발달은 증가된 속도와 능력으로 인간관계의 모든 형태를 점차 변화시켜 갔다. 국제 관계 영역에서 통신 수단의 발달은 가장 중요한 요소가 되었다. 법이 사건보다 약간 늦게 된다는 것은 일반적이고 거의 불가피한 현상이다.

그러나 위의 밝은 측면은 이 기간의 모든 중요한 정치적 조약들이 어떤 형태로든 위반되었으나 그 위반자들이 처벌받지 않았다는 사실에 의해 손상되었다는 것을 인정해야 한다.[29] 이 점에서는 그 이전의

---

29) 이것은 전 프랑스 외교관 Alcide Ebray의 용감한 연구인 *Chiffons de papier*에서 설명된 바 있다. 비정치적 조약의 위반행위는 매우 드물다. 한 가지 예로는 스위스가 1921년에 라틴재정연합(Latin Monetary Union)을 위반한 것을 들 수 있으나, 이후에 그 연합은 실로 가혹하게 되었다. Nussbaum, *Money in the*

시대에 비해 발전한 것이 거의 없다. 그러나 이 새로운 기간은 적어도 모든 위반된 조약 이외에는 위반되지 않은 조약이 천 개 이상 있다는 위안을 제공한다. 물론 이러한 통계를 이용한 주장은 제한된 가치밖에 가지지 못한다. 그러나 이 주장은 법의 위반이 법 자체를 손상시키는 것은 아니라는 통상적인 위안보다 더 나은 것이다. 한 당사자가 사적계약을 위반한 경우에도 법은 변화가 없다는 것이 사실이다. 그러나 한 국가가 조약을 폐기하는 것은 더 복잡한 문제를 제기한다. 이때에는 법의 영속성, 나아가 현상유지(*Status quo*)가 필요하다는 주장과 아마도 더 우월한 형태의 인류공동체를 위해 현상유지를 타파하려는 역사적 힘 사이의 이율배반(antinomy)이 발생한다. 사정변경의 원칙은 이러한 이율배반을 합법화하려는 시도이다. 젠틸리Gentili 이래로 우리가 보았듯이 많은 학자들이 이 문제로 고심하였다. 그로티우스와 빈케르스후크의 이론적인 반대에도 불구하고 사정변경의 원칙은 일반적으로 인정되었으며 특히 19세기에 그러하였다. 사정변경의 원칙이 유래한 교회법은 흥미 있는 비교를 제공한다. 가톨릭 교리는 조약(Concordat, 역자 주: 로마교황과 외국 간의 조약)이 교회의 영적이익을 침해할 때는 더 이상 구속력이 없는 것으로 간주한다. 이 문제에 관해 교황이 유일한 판단자로 선언된다.[30] 결국 동일한 일방주의가 세속법에도 존재한다. 각 국가는 특정 상황에서의 사실이(다른 더 좋은 변명이 없는 경우에) 사정변경의 원칙을 원용할 수 있는지 여부를 스스로 결정한다. 역사적 관점에서 보면, 오랜 기간 동안 중요한 국제 협정에서 행

Law: National and International (1950), 507 참고.

30) 예를 들면, "Concordat," in the *Catholic Encyclopedia*, IV, 200; Cathrein (S.J.), *Moralphilosophie* (2nd ed., 1893), II, 634 참조.

하여진 약속들이 지속적 가치를 갖지 못한다는 결론이 불가피한 것으로 보인다. 지금까지 "계약은 지켜져야 한다(*pacta sunt servanda*)"라는 규칙과 역사적 변화를 위한 우월한 힘 간의 갈등을 이론적으로 해결할 수가 없다.

통상 관련 사항에 관한 조약

앞에서 보았듯이 통상조약[31]은 웨스트팔리아 이후 시대에 중요하여졌는데, 나폴레옹시대와 그 다음 10년간은 체결빈도가 감소하였다. 그러나 그 다음 수십 년 동안 통상조약의 수가 매우 증가하였다. 마침내 60년대는 이 점에서도 중요한 시기인데, 절정기가 되었고 통상조약이 국제 조약의 가장 중요한 종류가 되었다. 전환점은 1860년의 프랑스와 영국 간의 통상조약이었다. 이 조약은 종종 코브던 조약(Cobden Treaty)이라고 불리었는데 영국의 전권대표였던 로버트 코브던의 이름을 따서 붙여진 이름이다.

이 기간의 많은 통상조약들은 과거의 귀중한 유산으로서 "국제적 권리장전(international bill of rights)"이라고 부를 수 있는 것을 규정하고 있다. 서명국의 국민들은 다른 나라에서 신체와 재산을 보호받고, 자유로이 체류할 수 있으며, 상설적인 시설 설치 권리를 포함한 무역과 산업에 종사할 수 있고, 조세나 기타 부과금에 있어서 차별적 대

---

31) De Nolde, "Droit et technique des traités du commerce," in *Recueil des cours*, III (1924), 293; von Melle, "Handels— und Schiffahrtsverträge," in *Holtzendorff's Handbuch des Völkerrechts*, III (1887), 143. 그 시대의 초기에 관한 자료를 발견할 수 있는 곳으로는, D'Hauterive et Cussy, *Recueil des traités de commerce* (10 vols., 1834–1844).

우로부터 보호를 받으며, 재판소에 제소할 수 있고, 신앙의 자유를 가지며, 병역의무로부터 면제된다. 이러한 비상업적인 사항을 포함시킴으로써 통상조약은 그 용어가 나타내는 것보다 훨씬 중요한 의미를 갖게 되었다. 이러한 넓은 의미를 가지기 때문에 종종 "우호통상조약" 또는 "(우호)통상 및 설립(establishment)조약"이라는 제목이 사용되었다. 더구나 항해에 관한 사항을 포함시킴으로써 "(우호) 통상과 항해 조약"이라는 제목을 사용하기도 하였다.

통상조약은 자주 체결되었고 다양하고 중요한 주제를 포함하고 있었다는 점 이외에도 19세기의 국제법상 특별한 중요성을 가지고 있었다. 그것은 어떤 표준적 조항을 관습적으로 사용하는 것이었는데 이것은 어떤 의미에서는 보편적인 국제법 규범의 역할을 대신하는 것이었다. 이런 조항 가운데 최혜국대우 조항을 첫 번째로 들 수 있다.[32] 나폴레옹 전쟁 이후에 최혜국대우 조항은 점점 더 자주 사용되었고 특히 미국이 당사국인 조약에서 많이 사용되었다. 코브던 조약이 최혜국대우 조항을 일반적으로 채택하도록 하는 계기가 되었다. 이 조항은 심지어 자유무역의 시대 이후에도 종속되었다. 최혜국대우 조항은 통상조약이 양자조약임에도 불구하고, 통상조약에 그 기간의 정신에 부합하는 다자주의적 요소를 투입시켰다.

통상조약에서의 또 하나의 표준적인 조항은 다른 국가의 국민들

---

32) De Nolde, "Clause de la nation la plus favorisée," in *Recueil des cours*, XXXIX (1932), 5; Glier, *Die Meistbegünstigungsklausel* (1905), 18. 일반적으로, 최혜국 조항에 관한 광범위한 문헌—Oppenheim, I, ∫ 580, 그리고 Lapradelle and Niboyet, "Clause de la nation la plus favorisée," in *Répertoire de droit international* (1929) — 은 그 주제의 역사적인 측면에 대해서는 거의 다루고 있지 않다.

에게 자국 국민이 향유하는 권리와 동일한 권리를 특정한 분야에서 부여할 것을 약속하는 조항이다. 이 "내국민대우(national treatment)" 조항은 최혜국대우 조항을 보충할 수도 있고 그렇지 않을 수도 있다. 최혜국대우 조항은 외국을 외국들 간에 동등하게 대우하는 것이다. 법을 준수하는 국가에서 그것은(역자 주: 내국민대우조항) "국제적 권리장전"이라고 묘사되는 것을 보충하면서 특히 강한 보호를 제공하였다. 내국민 대우 조항은 종종 선박에도 확대 적용되었다.

다수 조약들은 체약 당사국 영토 간에 "통상의 자유"가 있음을 선언하였다. 우리는 여기서 비토리아와 그로티우스의 훌륭한 관념을 생각하게 된다. 이 관념은 이 조약들에 인도주의와 관대함의 측면을 부여한다. 그러나 이 조항의 법적 중요성은 의문의 여지가 있다. 초기 조약규정의 문맥을 보면, 이 조항은 보통 외국인이 "하천, 항구 또는 외국 무역업자가 정착하고 거주할 것이 허용되거나 허용될 예정인 장소에 들어갈 수 있는" 권리가 있음을 승인하거나 또는 이와 유사한 내용을 가진 조항의 다음에 나타났다. "통상의 자유"를 선언하는 것은 조약에 규정된 외국인의 특정한 상호적 권리 이외에 추가하는 내용이 실질적으로 거의 없었다. 그러나 이 선언은 관대한 해석을 할 것을 시사하고 있다.

국제사법과 사법공조에 관한 조약

이 기간의 후반부는 국제사법과 사법공조 분야에서 새롭고 중대한 발전이 일어난 시기이다. 전례 없는 사업과 자본의 이동과 함께, 국제적 영역에서 적절한 법적 조치를 취함으로써 각 국가의 국내적 경제

체계들을 상호 결합하고 동화시키는 것을 강화할 필요성이 증가하였다. 외국인의 법 앞에서의 평등은 통상조약의 관습적 조항 이상의 것으로 생각되었다. 정부들과 법원들 간의 법의 집행에서의 사법 공조도 역시 필요하였다.

형법에서는 사법공조와 판결의 집행이 특별한 문제들을 제기하였다.[33] 여기서는 범죄인인도가 주요한 문제였다. 범죄인인도에 관한 현대의 법은 19세기에서 유래하였다. 우리는 고대시대 이래 외국으로부터 도망자를 인도받았던 사례를 살펴보았다. 그러나 이 도망자들은 범죄자들이라기보다는 정치적 반대자들 또는 불법 이민자들이었다.[34] 18세기 우리는 군대 탈영병의 인도를 위한 조약을 많이 발견한다. 범죄인인도에 관한 조약들은 아직 드물었고 애매하였다. 이는 독립된 영토들이 소규모이면서도 많이 있었고, 형사소추절차가 덜 발전하고 지방적 특성을 가지고 있었으며, 범죄인인도와 같은 사항에서 남아있는 종교적 적대감이 개신교도는 가톨릭 국가의 의도와 절차를 의심하게 하고, 그 반대의 경우도 마찬가지였기 때문이었다. 실제로, 언급할 만한 18세기에 체결된 소수의 범죄인인도 조약은 같은 종교

---

33) Lammasch, "Staatsverträge betreffend Rechtshilfe und Auslieferung," in Holtzendorff's *Handbuch des Völkerrechts*, III (1887), 345, 457; Bosch, *Asyl en Uitlevering* (thesis, Utrecht, 1885); Billot, *Traité de l'extradition* (1874)에 있는 많은 자료. P. Bernard, *Traité théorique et pratique de l'extradition*, Vol. I, *Introduction historique* (2nd ed., 1893)는 불충분하다(Lammasch, 461, n. 2에 있는 비판 또한 이 책에 적용된다). 풍부한 도서목록이 있는 곳으로는, Oppenheim, before ∫ 327.

34) 이 책, p. 6. Saint-Aubin, *L'Extradition et le droit extraditionnel*, I (1913), 14에서 1376년에 프랑스의 찰스 5세와 사부아(Savoy)의 백작 사이에 체결된 협정을 현대적인 범죄인인도조약(extradition treaties)의 전신(前身, anticipation)으로 서술하려는 시도는 설득력이 없다.

의 국가들 간에 체결된 것이었다.

예를 들어, 가톨릭의 종교법을 존중한 1765년의 프랑스와 에스파냐의 조약, 또는 영국과 미국의 1794년 제이Jay조약이 그러한 조약이다. 그러나 제이조약은 오직 살인범과 위조범에 대해서만 적용되는 매우 제한된 범죄인인도 규칙을 가지고 있었다. 1777년의 프랑스와 스위스 간의 범죄인인도 조약은 예외이다. 그러나 이 조약은 프랑스와 스위스의 가톨릭 자치주(cantons)들 간의 조약을 확대한 것이며, 이미 언급한 프랑스와 스위스의 특수한 관계 때문에 가능하였던 것이다. 그러나 나폴레옹시대 이후에는 범죄인인도 조약에 대한 장애물이 다소 사라지고, 동시에 통신수단의 급속한 발전은 범죄인의 활동과 도주를 유리하게 하였다. 그 결과, 새로운 범죄인인도 조약이 "신시대" 이전에 이미 나타났고 19세기 말 경에는 모든 주요 국가들이 범죄인인도 조약 망을 갖추게 될 정도로 범죄인인도 조약이 빠르게 증가하였다. 영국은 정치적 난민의 망명지로 남아있기를 원했기 때문에 1890년대까지는 많은 범죄인인도 조약들을 체결하려고 하지 않았다.

범죄인인도 조약들은 모두 양자조약이다. 이 조약들은 일반적이고 광범위한 용어를 사용하지 않고 특정한 범죄들에 대한 범죄인인도를 규정하고 있었다. "정치적" 범죄는 거의 예외 없이 제외되었는데, 이는 이전 세기의 관행과 크게 대조를 이루는 것이었다. 이전에는 범죄인인도를 기본적으로 정치적 문제로 보고 외국 군주의 환심을 얻기 위해 그 외국 군주의 정치적 적들에게 자유로이 행하여졌던 것이다. 이렇게 바뀐 정책은 프랑스 혁명에 의해 예언되었다. 프랑스 혁명은 "자유의 명분을 위하여" 박해를 받는 외국인들에 대한 망명을 인정하였다. 하나의 새로운 흐름이 벨기에에 의해 도입되었는데, 벨기에는 그 국가 자체가 혁명으로부터 탄생하였으며, 1833년의 법률[35]로서 "정치적" 범죄인의 인도를 금지하였다. 18세기의 가장 대표적인 범죄인인도 유형이었던 군대 탈영병의 인도는 아주 드물게 남아 있었다. 영국과 미국을 제외하고는 대부분의 국가에서 자국민의 인도를 거절하였는데, 이는 주권에 대한 지나친 강조와 외국 법원에 대한 불신 때문이었다.

벨기에는 또한 그 범죄인인도법에서 처음으로 적절한 절차에 의한 피고인의 권리를 보장할 것을 규정하였다는 점에서 모범이 되었다. 그 이후 많은 국가에서 그러한 법률을 채택하였다. 새로운 범죄인인도법의 실제적인 중요성은 물론 관련된 국가의 조약, 법률, 정책 그리고 관행에 의해 달라졌다. 범죄인인도법은 프랑스와 벨기에의 관계에서는 상당히 중요하였다. 그러나 일반적으로는 규정된 법률절차의 형식성과 비용 때문에 범죄인인도의 효율성은 크게 줄어들었다.[36] 이것은 범죄인인도가 하나의 법제도로 변형되는 데 필요한 비용이었다.

국제분쟁

재정적 성격의 국제분쟁들이 이 기간의 특징적인 것이었다. 이는 유럽자본이 후진국의 경제 체계에 대량으로 유입되었기 때문에 더욱

---

35) 이와 같이 중요한 입법에 대해서는, von Martitz, *Internationale Rechtshilfe in Strafsachen*, II (1897), chap. v 참조.

36) 통계가 있는 것으로는, Lammasch, *Auslieferungspflicht und Asylrecht* (1887), 71, 872. 최근의 통계자료에 대한 필요성이 매우 크다. 현대적인 범죄인인도법에 대해서는, American Society of International Law, *Research in International Law*, (I) *Extradition* (1935) 참조.

두드러졌다.[37] 자본의 이동은 주로 증권거래소에서 유통되는 채권의 형식이었다. 대부분의 경우에 이 자본은 특히 남미와 발칸반도에 있는 수혜국들의 경제 개발에 크게 기여하였다. 자본을 빌려주는 자본가들에게는 높은 이자 수입이 발생하였다. 이러한 자본이동의 중요성은 바로 나타나는 재정적 효과에 국한되지 않고, 채권국이 채무국에 대해 경제적, 정치적 영향력을 갖도록 하였다. 자본 수출을 많이 하였던 프랑스는 1880년에 외국증권의 거래를 정부의 규제 하에 둠으로써 이러한 재정적 절차를 공법의 영역으로 끌어들인 첫 번째 국가였다. 그러나 그것은 국내법이었다. 채무국 또는 채무 보증국인 외국이 그 의무를 이행하지 않고, 따라서 채권자가 그 청구권을 확보하기 위해 그들 정부의 보호를 받게 된 경우에 국제법이 관여하게 된다. 많은 경우, 채무국은 훨씬 강한 채권국의 압력 하에 국제적 재정 통제에 따라야 했다.

그러나 채무국 정부가 그들을 사실상 정치적으로 무능력하게까지 하는 조치들에 대해 항상 동의해야 한다고 느끼지는 않았다. 남미국가들은 유명한 아르헨티나의 법률가인 칼보Carlos Calvo의 지도하에 국가가 지급 불능인 상태에서는 외국인 채권자도 내국인 채권자보다 더 많은 보호를 받을 수 없으며 그러한 위기 시에 적용되는 국내법과 규칙에 따라야 한다는 견해를 취하였다.[38] 더구나, 칼보는 근거를 제시

---

37) Wuarin, *Essai sur les emprunts d'états* (thesis, Geneva, 1907); Sir John Fischer Williams, "International Law and International Financial Obligation Arising from Contract," in *Bibliotheca Visseriana*, II (1924), 1; Andreades, "Les Contrôles financiers internationaux," in *Recueil des cours*, V (1924), 5 [bibl.*]. 또한, H. Feis, *Europe, the World's Banker, 1870–1914* (1930), *passim* 참조.

38) Calvo는 *Derecho internacional théorico y pratico* (1868), I, ∫ 136에서 그의 이론을 전개하였고, 나중에 나온 이 책의 불어본에서 더욱 정교하게 이론

하면서 외국 정부가 자국민의 금전적 청구를 강제로 집행하려는 것은 침략과 정복을 위한 좋은 구실이라고 비난하였다. 이러한 전형적인 예는 멕시코 정부가 채권지급과 기타 사법상의 의무를 불이행한 것에 대해 프랑스 국민이 가진 청구권을 위한다는 명목으로 취하여진 나폴레옹 3세의 실패한 멕시코 원정을 들 수 있다. 칼보 독트린의 정신에 따라 남미국가들은 외국인과의 양허계약이나 다른 계약에서 소위 칼보 조항을 포함시키게 되었다. 이 조항에 의해 외국인은 관련 계약에서 발생한 권리에 대해 그 본국정부의 외교적 보호를 포기하였다. 칼보 조항은 주로 사적 시민이 그 정부의 권리를 유효하게 포기할 수 없다는 이유로 국제재판소에서 대부분 효력이 없다고 판정을 받았다. 그러나 채권자의 본국정부가 의무를 불이행하는 외국에 대한 그 국민의 주장을 언제나 옹호한 것은 아니라는 것을 기억해야 한다. 일찍이 1848년 당시 영국 외무장관이었던 팔머스턴Palmerston 경은 영국 정부에게는 외교적 간섭이 국제적 권리의 문제라기보다는 재량의 문제라고 주장하였다. 적절하게도, 그는 "외국정부의 선의를 섣불리 신뢰한 경솔한 사람들은 그 경솔함의 결과로부터 그들 정부의 보호를 받을 수 없다고 하였다.[39]

1907년 제2차 헤이그 평화회의에서 국제적인 해결을 시도하였고, 그 결과 계약상 채무 회수를 위한 병력사용의 제한에 관한 협약이 채택되었다. 이 협약은 미국의 대표였던 포터Porter 장군의 이름을 따서 포터협약으로 흔히 불린다. 이 조약은 한 국가가 외국국민에게 계약

을 전개하였다(이 책, p. 289).

39) 그 선언문을 볼 수 있는 곳으로는, Phillimore, *Commentaries upon International Law*, II (3rd ed., 1882), 9.

상 채무를 지고 있는 경우, 채무국이 중재에 회부하기를 거절하거나 중재 판정을 이행하지 않을 때가 아니면 채권자인 외국국민의 본국이 무력을 사용하여서는 안 된다고 규정하였다. 아르헨티나의 외무장관 이었던 드라고Drago는 칼보의 가르침에 기초하여 원칙적으로 한 국가의 공적채무를 회수하기 위하여 무력으로 개입하는 것은 허용할 수 없는 것이라고 주장하였다. 채무를 불이행하고 있던 베네수엘라[40]에 대해 일부 유럽 국가들이 취했던 지나친 조치가 논의 시에 특별한 역할을 하였다. 이 협약은 "드라고 독트린"과 채권국의 입장 간의 타협 이라고 할 수 있다. 이 협약의 가장 주목할 만한 특징은 계약상 채무와 관련하여 강제 중재를 지지한 것이다. 물론 계약상 채무와 관련한 강제 중재는 국제 관계에서 아주 작은 영역에 지나지 않는다. 이 문제는 곧 그 중요성을 많이 상실하게 되었는데, 그 이유는 재산권의 절대성 이라는 19세기의 관념이 점차 약화되고, 채권 소유자 또는 다른 자본가의 사적 이익 보호를 위해 전쟁과 같은 조치를 취하는 것은 과거의 일로 간주하는 심리적 변화가 있었기 때문이었다.

다른 분야에서 중재에 의한 국제분쟁의 해결은 이 기간에 성공적으로 이용되었다.[41] 제이 조약의 전통에 따라, 미국이 중재의 가장 열렬

---

40) 이 책, p. 264.

41) Stuyt, *Survey of International Arbitrations, 1794–1938* (1939), 가장 유용한 정보집; Ralston, *International Arbitration from Athens to Locarno* (1929); Lammasch, "Die Lehre von der Schiedsgerichtsbarkeit in ihrem ganzen Umfange," in *Handbuch des Völkerrechts*, V, Part 2 (1914), 23; Lapradelle and Politis, *Recueil des arbitrages internationaux*, I (1905), for 1798–1855, and II (1923), for 1856–1872; Moore, *History and Digest of the Arbitrations to Which the United States Has Been a Party* (6 vols., 1898). 통계자료와 함께 중재조약의 목록을 볼 수 있는 곳으로는, Fried, *Handbuch der Friedensbewegung*, I (1911), 188, 191.

한 지지자였다. 미국은 제이 조약의 예에 따른 상설 혼합위원회 설치
를 위한 중재 조항을 에콰도르(1862년), 영국(1853년, 1871년), 멕시
코(1839년, 1848년, 1868년), 페루(1863년, 1868년), 에스파냐(1795년,
1819년, 1871년) 그리고 베네수엘라(1866년, 1885년)와의 조약들에 포
함시켰다. 미국과 멕시코의 1868년 혼합위원회는 가장 중요하다.
1871년과 1876년 사이에 이 위원회는 2천 건 이상의 사건을 해결하
였다. 미국은 또한 수많은 개별적 중재도 합의하였다.

　미국 다음으로는 영국이 중재에 대해 가장 호의적인 태도를 취하였
다. 미국이 혼합위원회와 관련하여 앞서 갔다면, 영국은 보다 개별적
인 중재의 당사자가 되었다. 이 사실은 영국의 대외 관계가 보다 넓은
범위를 가지고 있다는 점을 고려하여 평가되어야 한다. 프랑스는 중
재를 이용하는 데 있어서 두 앵글로-색슨 국가보다 상당히 뒤떨어져
있었다. 그러나 프랑스는 사르디니아-이탈리아보다 훨씬 앞서 있었
고, 사르디니아-이탈리아는 그 다음으로 좋은 기록을 가지고 있다.
다른 국가들 중에서는 칠레와 페루가 상당히 많은 중재에 참여하였
다. 러시아는 19세기 동안 강대국들 중에서 가장 미흡한 기록을 가지
고 있다.

　가장 유명한 중재판정이 1872년 영국과 미국 간의 소위 알라바마
호Alabama 사건에서 한 명의 이탈리아인, 스위스인, 브라질인 그리고
각 분쟁당사국의 국민 한 명씩으로 구성된 중재재판소에 의해 내려졌
다. 그 당시 미국은 영국이 특히 알라바마호를 영국의 조선소에서 건
조하여 남군이 사용하도록 진수시킴으로써 중립국의 의무를 위반하
였다고 주장하면서 손해 배상을 요구하였다. 1871년 워싱턴에서 서
명된 조약에 의해, 일정한 규칙(워싱턴 규칙)이 중재재판소에 의해 적

용될 것이 합의되었다. 이 워싱턴 규칙은 해전에서의 중립국의 의무에 관한 미국의 입장을 많이 반영하고 있는 것이었다. 남부 연방에 대해 호의적이었던 영국은 남부 연방이 패배한 후 양보를 할 수밖에 없었다. 이 규칙들은 중립국 정부가 한 교전국에 대해 전투를 할 것으로 추정되는 선박의 무장을 방지할 것과 그들의 수역을 해상작전의 기지로 사용하거나 교전국을 위한 군사보급의 근거지로 사용하는 것을 금지할 의무를 선언하고 있다.

이러한 근거를 들어, 그 중재재판소는 영국이 미국에게 1,550만 달러를 배상할 것을 명하였다. 이 사건은 가장 강력한 국가들 사이에서도 그리고 중대한 정책의 복잡한 문제에 대해서도 중재가 이루어질 수 있음을 보여주는 것이라고 할 수 있다. 실제로 영국은 처음에는 중재를 거절하였다. 그 이유는 이 문제가 영국의 명예에 관련된 문제이며, 영국은 이 문제를 단독으로 결정할 수 있어야 한다고 간주했기 때문이었다. 그럼에도 불구하고 영국이 중재에 참여하고 그 최종판정에 복종하였다는 것이 어떤 방식으로든 영국의 국위에 영향을 준 것 같지는 않았다.

영국과 미국은 또 다른 중요한 중재에서 서로 직면하였는데, 그것은 베링 해(Bering Sea)사건이었다. 미국은 러시아의 계승자로서 영국의 항의에도 불구하고 알라스카 영해 밖에 있는 수역까지를 포함한 베링 해에서 물개사냥을 하는 배타적 권리를 주장하였고, 베링 해에서 물개를 잡은 영국 선박을 억류하였다. 두 명의 영국인, 두 명의 미국인, 프랑스인, 이탈리아인, 노르웨이인 각 한 명씩으로 구성된 중재재판소("공동위원회")의 결정이 1893년에 내려졌다. 그 결정은 사실상 영국에게 유리한 것이었고, 양국 간에 강한 반감을 일으켰던 분쟁을 제거하였다.

　중재에 의해 해결된 다른 중대한 분쟁은 영국령 기아나Guiana와 베
네수엘라 간의 국경과 관련한 영국과 베네수엘라 간의 분쟁이었다.[42]
가치 있는 토지와 관련한 분쟁이 수십 년간 계속된 후, 먼로 독트린을
근거로 개입한 미국의 강한 압력이 있은 후에 영국은 1897년에 중재
를 하기로 양보하였다. 중재는 1897년 워싱턴에서 서명된 조약에서
합의되었는데, 이 조약은 알라바마 사건에서처럼 국제법의 한 규칙을
포함하였다(50년 동안의 권원 없는 점유(adverse holding) 또는 시효로 소
유권을 취득할 수 있다). 그 중재재판소는 러시아의 저명한 국제법학자
였던 드 마르텐스F. de Martens가 재판장이었다. 중재판정은 영국에게 사
실상 분쟁지역의 전부를 주었고, 베네수엘라에게는 오리노코 강의 중
요한 하구를 남겨주었을 뿐이었다. 이 판정의 법적 근거는 명확하지
않을 뿐만 아니라 어떠한 이유도 제시되지 않았다. 그 판정은 드 마르
텐스의 의심스러운 진행으로 나타난 정치적 타협이었다.[43]

　다른 주요한 사건은 브라질 관원이 영국군함 포르테의 장교 세 명을
체포한 것에서 시작된 영국과 브라질 간의 분쟁이었다. 이 장교들은
평상복을 입고 브라질의 한 도시를 여행하다가 브라질의 한 경비원과
싸웠다. 다음날, 그들은 영국 영사의 개입으로 석방되었다. 이 사건은

---

42) Grover Cleveland, The Venezuelan Boundary Controversy (1913).

43) Schoenrich, "The Venezuela–British Guiana Boundary Dispute," *Amer.
Journ. Int. Law*, XLIII (1949), 523; Child, "The British Guiana boundary
arbitration," *Amer. Journ. Int. Law*, XLIV (1950), 682; Dennis, "The
Venezuela–British Guiana boundary arbitration of 1899," *Amer. Journ. Int.
Law*, XLIV (1950), 720; Nussbaum, "Frederic de Martens: Representative Tsarist
Writer on International Law," *Nordisk Tidsskrift for International Ret*, XXII
(1952), 58 참고.

영국과 브라질이 긴장 상태에 있을 때 발생하였고, 또 다른 분쟁의 바로 다음에 발생한 것이었다. 브라질 연안에서 난파한 영국 범선 프린스 오브 웨일스Prince of Wales의 선원 세 명이 육지에서 죽은 채로 발견되었는데, 그 시신이 약탈당한 상태였다. 브라질 정부가 이 사건과 관련하여 영국 정부의 요구를 즉시 만족시키지 못하자, 영국의 함대가 복구(reprisal)의 수단으로서 브라질 선박 여러 척을 나포하였다. 마침내, 양국은 외교 관계를 단절하고 포르테호 사건을 벨기에 국왕에게 중재해줄 것을 부탁하였다. 1863년 벨기에 국왕은 브라질에게 유리한 솔직한 판결을 내렸다. 이 판정은 양 국가(역자 주: 영국과 브라질을 의미하는 듯함) 간의 정치적 관계에 아주 긍정적인 효과를 가져왔던 것 같다.

알라바마호 사건 다음으로서 위의 세 가지 중재가 이 기간의 가장 현저한 중재이다. 이 중재들은 정부와 정부의 중재의 예로서 전형적인 미국식 혼합 청구위원회의 사건들과 구별된다. 혼합청구위원회에서는 외국 정부에 대한 개인의 청구를 다루었다.

정부들 간의 중재와 관련하여, 중재재판관의 선출방식의 점진적 변화로 인해 중요한 발전이 나타났다. 19세기의 대부분 동안 국가 원수들이 흔히, 선호되는 것은 아니었지만, 중재재판관이 되었다. 특수한 예를 하나 들면, 1839년의 미국과 멕시코 간의 협정에서 위원회가 가부동수인 경우 결정권을 프로이센의 왕이 갖도록 하였는데, 당시 프로이센의 왕은 매우 어리석은 프리드리히 빌헬름 3세였다.[44] 중재가 시작되기 전에 그가 죽자 그의 계승자는 위원회에 제소된 72개 사건 중 57개의 사건을 결정하여야 했다. 19세기의 후반에는 단독의 또는 집

---

44) Feller, *The Mexican Claims Commissions, 1923-1934* (1935), 3; Moore, *op. cit.*, II, 1209 참조.

단으로서의 법률가 또는 외교관들이 보통 중재 판정을 하게 되었고, 이는 보다 사법적이고 바람직한 국제 중재의 개념을 향한 발전이었다.

정부 간의 분쟁을 상설재판소가 아닌 임시로 임명된 중재재판관에 의해 "고립된" 절차에 따라 해결해야 한다는 사실은 법의 발달단계에 서는 퇴보한 것이다.

일반적인 국제재판소의 창설을 위한 첫 번째 조치는 1899년 제1차 헤이그 평화회의에 의해 취하여졌다. 평화회의에서 채택되고 모든 강대국과 다른 국가들에 의해 비준된 국제분쟁의 평화적 해결을 위한 협약이 헤이그에 소위 상설중재재판소(Permanent Court of Arbitration, PCA)[45]를 설립하였다. 상설중재재판소는 그 후에 나타나는 상설국제사법재판소(Permanent Court of International Justice, PCIJ)와 달리 단지 하나의 행정기관과 분쟁당사국이 원할 경우 특정한 사건을 위해 동일한 숫자의 중재재판관을 그들 중에서 선택할 수 있도록 한 중재재판관단의 공식 명부였다. 중재재판장과 중재재판관들은 협약에서 규정된 특별한 절차에 의해 선출되었는데, 이들이 "재판소(tribunal)"를 구성하였다(완전한 의미의 "법원(court)"과는 구별되었다). 그 구성원은 외교관의 지위를 가졌다. 이 협약은 1907년에 개정되었는데, 이 협약을 비준하면 행정을 위한 경미한 비용을 부담하는 것 이외의 의무를 부담하지 않았다. 그러나 법원의 창설은 중재 협정들의 체결을 크게 자극하였다. 1914년까지 이러한 종류의 일반적 협정이 120개 이상 체결되었다. 1903년의 영국과 프랑스 간의 조약은 특히 언급할 만하다. 그 조약은 중대한 이익, 독립 그리고 명예의 문제들은 중재를

---

45) 참고문헌이 있는 것으로는, M. O. Hudson, *The Permanent Court of International Justice*, 1920-1942 (1943) §§ 2 ff.

하지 못하도록 하였다. 이러한 유보는 후일의 많은 조약에서 채택되었다. 모든 협정들이 실제 중재에까지 이르지 않았으며, 실제 중재를 하더라도 항상 상설법원(역자 주: 상설중재재판소, PCA를 의미함)에 부탁된 것은 아니다. 그러나 상설중재재판소는 이 기간의 뛰어난 중재기관이었다. 재판소는 이 기간 동안 14개의 판정을 내렸고, 제1차 대전 후에는 6개의 판정을 더 내렸다.

상설법원의 초기 판정 중 하나가 독일, 영국 그리고 이탈리아를 원고로 하고 베네수엘라를 피고로 한 사건에 대해 1904년 내려졌다. 이 사건은 베네수엘라의 국채 지불에 있어서 우선권 문제와 베네수엘라의 혁명 시 이들 국가의 국민이 입은 손해에 대한 보상과 관련된 것이었다. 이 청구들은 재판소에서 인정되었다. 이 국가들은 베네수엘라 해안을 봉쇄하고, 베네수엘라 선박들을 나포하였으며, 기타 다른 전쟁행위 같은 복구조치로서 압력을 가하였다.

아마도 가장 눈에 띄는 판정은 1909년에 법원이 카사블랑카(모로코) 사건에 관한 독일과 프랑스 간의 아주 위험한 분쟁을 해결한 판정일 것이다. 이 사건에서 프랑스 외인부대로부터 탈영한 독일인과 비독일인을 독일 영사관이 선박으로 모로코로부터 탈출시키려던 시도를 프랑스 관헌이 막았었다. 그 판정은 주로 프랑스에게 유리한 것이었다.

이 기간의 끝에, 그 이름이 나타내는 것처럼 지역적인 기구인 중미사법재판소(Central American Court of Justice)[46)가 상설재판소로서 1907년에 설립되었다. 미국이 지원한 이 재판소는 중미국가들의 다양한 소송을 다루도록 되어있었다. 1917년에 코스타리카와 엘살바

---

46) Hudson, op. cit., 42; L. Moreno, Historia de las relaciones interestatuales de Centroamérica (1928), 179 ff.

도르가 니카라과를 상대로 제기한 소송에서, 이 재판소는 니카라과와 미국이 대양 간의 운하를 건설하기 위하여 체결한 조약(브라이언-차모로 조약)이 원고의 권리를 침해하고 있다는 두 개의 판결을 내렸다. 미국은 이 재판의 당사자가 아니었기 때문에, 그 판결은 무의미한 것이 되었고, 재판소의 활동을 실제적으로 종료시켰다. 재판소의 활동 범위는 매우 제한되어 있었으며(모두 몇 개의 사건) 부분적으로 그렇게 성공적이지 못하였다. 이러한 남미 재판소의 실패는 남미국가들이 역사적, 지리적, 인종적으로 밀접한 유대를 가지고 있고 국가의 규모도 작았기 때문에 성공할 가능성이 많았음에도 불구하고 실패한 것이기 때문에 더욱 실망스러웠다.

상설재판소들에 의해 결정된 사건 이외에 약 250개 이상의 중재 재판이 이 기간 동안 국가들 간에 있었다. 이는 과거에 비해 크게 증가한 것이다. 대부분의 중재 재판은 중재판정을 내리거나 분쟁을 해결하였다. 그러나 어떤 경우에는 중재 재판을 막기 위하여 중재 협정이 무효화되기도 하였고, 중재판정이 임시적으로나 완전히 불이행되는 경우도 약 20건 정도 알려져 있다.[47] 보통 재판소의 "권한초과 (excess of power)"라는 이유로 이의제기가 있었으며, 어떤 때는 근거가 있기도 하였으나 어떤 때는 이를 불복종의 구실로 사용하였다. 논란이 있는 판정들도 대부분 궁극적으로는 우호적으로 해결되었다. 1868년 미국과 베네수엘라 간의 위원회에서 한 명의 미국과 베네수엘라 위원이 거의 믿을 수 없을 정도로 부패한 것이 밝혀졌다. 이 위원회가 내린 판정은 1885년의 협약 하에 새 위원회에서 뒤늦게 폐기되었다.

---

47) Hambro, *L'Exécution des sentences internationales* (1936), 11f. 그 사건들은 더욱 상세하게 검토할 필요가 있다.

중재재판소가 국가 간의 분쟁을 해결하기 위한 국제법상 유일한 기관은 아니다. 제1차 헤이그 평화회의에서 상설중재재판소를 창설하였던 바로 그 협약이 분쟁 자체에 대한 결정을 내리지 않고 공평하고 양심적인 조사를 통해 분쟁사실을 명확히 하기 위한 국제조사위원회(International Commission of Inquiry)를 규정하였다. 국제조사위원회는 국제분쟁의 사실 조사만을 위해 수립된 최초의 기관이었다. 1905년 이 위원회는 로즈데스트벤스키Rozhdestvenski 제독에 의해 야기된 영국과 러시아 간의 분쟁을 성공적으로 처리하였다. 로즈데스트벤스키 제독은 일본으로 향하던 러시아 함대의 사령관이었는데 도거뱅크(Dogger Bank)에서 영국 어선을 일본의 어뢰정으로 믿고서 이에 대해 발포하였다. 두 명의 어부가 사망하고 상당한 피해가 발생하였다. 위원회의 사실 발견은 러시아가 배상을 하도록 하였고, 동시에 영국이 요구했던 제독의 처벌을 하지 않도록 하였다.

제1차 세계대전이 발발하기 바로 전에 미국의 국무장관 브라이언William Jennings Bryan은 "일반적 평화의 증진을 위한" 양자조약들을 체결함으로써 평화를 달성하기 위한 필사적인 노력을 하였다. 그런데, 이 양자조약들은 브라이언 중재 조약이라고 잘못 불리고 있다. 이 조약들에서는 미국과 다른 체약 당사국이 그들의 장래의 분쟁을 상설국제조사위원회에 회부하고, 그 위원회가 일정한 기간 내에 보고서를 제출할 때까지는 전쟁을 하지 않을 것을 약속하였다. 다시 말하면, 이 조약들은 "냉각기간(cooling-off)"을 창설하고자 하는 것이었다. 이 조약들 중 다수의 조약이 제1차 세계대전이 발발하기 전에 서명되었고, 그 후 주로 남미국가들, 영국, 이탈리아, 러시아와 다른 비미주 국가들에 의해 약 20개의 조약이 비준되었다. 이 계획은 완전히 실패하였으나, 제1차 세계대전이 발발하기 전 몇 년 동안의 불안감을 나타내는 것이었다.

전투행위의 인도주의화

중재의 발전이 무력 충돌의 감소를 향한 길을 여는 동안, 전투 행위의 인도주의화를 위한 국제적 조치를 통해 또 다른 성공이 이루어졌다.

우리가 보았듯이 18세기에는 이 중요한 문제에 관한 국제적 장치가 매우 적었고 불충분하였다. 19세기의 초기 상황도 더 악화되지는 않았으나 비슷하였다. 프랑스 혁명에 의해 선포된, 부상당한 병사는 적군이든 아군이든 다 같이 대우하여야 한다는 고귀한 이상은 잊혀진 듯하였다. 놀랍게도, 에스파냐와의 전쟁 시에 프랑스 혁명의 이론들에 의해 영감을 받은 남미의 역사에서 그 고귀한 이상의 흔적을 발견하다. 1820년 투루히요에서 볼리바르와 에스파냐 사령관 간에 체결된 한 협정에서 상병자의 무차별 대우 원칙이 숭고한 언어로서 표현되어 있었는데 이는 그 원칙이 프랑스 혁명에서 유래하였음을 나타내고 있다.[48]

발전을 위한 결정적 전환을 초래하였다는 명예를 받을 사람은 제네바의 앙리 뒤낭Jean Henri Dunant[49]이다. 그는 칼뱅주의자 귀족의 아들로

---

48) Martens, *Nouveau recueil*, V (1824), 540.

49) M. Gumpert, *Dunant: The Story of the Red Cross* (1938). Norman H. Davis 의 탁월한 전기적 기록에서부터 Dunant의 *A Memory of Solferino* (American Red Cross ed., 1939)에 이르기까지, 몇 가지 문구들이 위의 책에서 차용되어 왔다. 현재까지 있었던 것들 중 Dunant에 관한 가장 중요한 연구로는, 제네바 태생의 A. François, *Le Berceau de la Croix rouge* (1918), 그리고 "Un Grand Humanitaire, Henri Dunant," in *Revue internationale de la Croix rouge*, March, 1928. 동일한 저자의 *Henri Dunant: Sa vie et son œuvre* (1928)은 저자가 이용할 수 없었다. 불행히도 프랑스와는 그가 잘못 믿고 있는 것이라도 자신의 영웅을 손상시킬 수 있는 정보는 무시하는 경향이 있었다. Dunant의

서 어렸을 때부터 칼뱅주의의 종교적·박애적 전통을 열렬히 추종하
였다. 뒤낭은 개인적인 이유로 여행을 하던 중에 솔페리노Solferino 전투
를 목격하게 되는데, 1859년 6월 24일 이 전투에서 3만 명의 프랑스
와 오스트리아 병사들이 서로 싸워서 4천 명이 죽거나 부상당하였다.
상병자들이 거의 방치되어 있었기 때문에 쉽게 살릴 수 있었던 수천
명의 상병자들이 전쟁터에서 극심한 고통 가운데 죽어가거나 산채로
매장당했다.『솔페리노의 추억』(*Un Souvenir de Solferino*, 1862년)이라
는 작은 책에서 뒤낭은 인류의 양심에 크게 호소하면서 그가 목격한
끔찍한 일들을 아주 자세히 서술하였다. 그는 각국의 협회들로 구성
된 국제기구가 각국 정부의 협조를 얻어 부상당하거나 병든 병사들을
전쟁 중에 돌볼 수 있도록 준비하고 있을 것을 제안하였다. 이 책은 여
론을 불러일으켰다. 제네바의 한 저명한 학회가 뒤낭도 위원으로 포
함시킨 위원회를 구성하였다. 이 위원회의 목적은 뒤낭의 제안을 논
의하기 위해 각국 정부의 대표로 구성되는 국제회의를 소집하려는 것
이었다. 위원회를 위하여 뒤낭은 광범위한 개인적 노력을 하였고 그
의 계획에 대한 영향력 있는 지원자들을 얻을 수 있었다. 1863년 10
월에 그 회의가 제네바에서 개최되었고 강대국들을 포함한 거의 모든
유럽 국가들이 참가하였다. 참가대표들이 그들 정부를 구속할 권한은
없었지만, 뒤낭이 계획한 것과 같이 국제적으로 연결된 각국의 협회
를 창설하는데 합의하였다. 가장 적절한 조치로서, 이 새 기구의 표시
로 백색바탕에 적십자 ― 스위스 국기의 반대 ― 가 선택되었다. 동시
에 이 국제회의는 부상자, 군사병원과 군대 의료요원의 국제적 보호
를 확보하기 위한 보다 의욕적인 계획을 권고하였다. 이 역시 뒤낭이

만년에 대해서는 더욱 상세한 조사가 필요하다.

제안한 것이라고 할 수 있다.[50] 이 계획은 스위스 연방의회가 초청하
여 제네바에서 1864년에 개최된 정부 전권대표회의에서 채택되었다.
뒤낭은 이 회의의 준비에도 많은 도움을 주었다. 정식명칭이 "전지 육
군부상자의 처우개선을 위한 협약"인 제네바협약[51]은 적십자의 상징
을 채택하고, 부상자, 구급차량 군사병원과 그 요원의 "중립화"를 선
언하였으며, 부상자를 돌보는 사적 개인을 존중하고 자유를 보장할
것을 약속하였다. 또한 이전의 조약들처럼 구급차와 병원의 요원들에
게 그들의 군대로 복귀할 권리를 부여하였다. 제네바회의에 참가하지
않았던 국가들도 모두 이 협정에 가입할 것을 초청받았으며, 이 협정
은 영국, 프랑스, 이탈리아, 프로이센, 에스파냐와 다른 많은 국가들
이 곧 비준하였다. 오스트리아는 1866년 쾨니히그레츠 전투에서 패
배한 후에야 가입하였다. 교황청 소속의 국가들은 유럽 국가 중에서
마지막으로 1868년에 가입하였는데 유럽국가 중 가장 늦었다. 미국
은 1882년에 가입하였는데, 클라라 바턴Clara Barton의 오랜 열정적인
봉사 이후에 가입하였던 것이다.[52] 바턴은 미국 역사상 여러 단계에
서 미국의 사회적, 도덕적 발전에 기여했던 이상주의적이고 의지가
강한 여성들 중의 한 사람이었다. 그러나 미국에서 제네바 협약의 이
상들에 대한 반대가 있었던 것은 결코 아니었다. 반대로 장애물은 당
시에도 대단히 강했던 유럽식의 "얽매이는 동맹(entangling alliances)"

---

50) 즉, 1863년 베를린에서 발행된 Dunant과 네덜란드인 의사 Basting의 서한
(circular letter)에서 제안된 것.

51) Lüders, *Die Genfer Konvention* (1876); section "Die Genfer Konvention von
1864" in Holtzendorff's *Handbuch des Völkerrechts*, IV (1889), 290; Moynier,
La Croix rouge: Son passé et son avenir (1882).

52) American Association of the Red Cross, *History of the Red Cross* (1883).

으로부터 떨어져 있으려는 미국의 전통에 있었다. "얽매이는 동맹"이
라는 표현은 바턴 양을 반대하는 사람들의 구호에서 빌려온 것이다.

　이 협약의 유익한 효과는 그 형성 이후의 전쟁들에서 곧 나타났으
며, 대체로 좋은 평가를 받았다. 그러나 그 존재의 초기 기간에는, 그
협약이 협약규정에 익숙하지 않은 군 장교와 의무장교에 의해 자주
위반되었다. 다른 경우에는 의도적인 위반도 발생하였다. 그러나 이
것은 새로운 방향으로의 첫 번째 단계였기 때문에, 그 협약이 불완전
하게 기능하는 것은 당연하였다. 예를 들어, 그 협약은 해전에는 적용
되지 않았고, 전쟁포로의 보호에 관해서도 규정하지 않았다. 그러나
적십자위원회 자체는 세계에서 가장 성공적인 인도적 기구의 하나로
서 곧 성장하였다.

　뒤낭은 그의 이상들의 이러한 행복한 발전들을 함께 나누지 못하였
다. 1867년에 그는 과도한 상상으로 치명적인 사업상의 실수를 범하여
파산하였다. 상상력은 그의 인도적 노력에서 더 가치가 있는 것이었다.
완전히 밝혀지지 않은 상황으로(아마도 그가 도움을 받는 것을 원하지 않았
기 때문인 것 같다), 그는 파리에서 그 후 몇 년간 극도의 가난과 절망 가
운데서 생활하였다. 70년대 초기에 다양하고 종종 환상적인 인도주의
적 계획을 지지하는 그의 음성이 가끔 들려왔다. 그 이후로 15년간 그
는 공적 무대에서 완전히 사라졌다. 1890년에 그가 스위스의 작은 도
시 하이덴에서 한 자선가인 의사가 주는 작은 수입으로 검소하게 살고
있다는 것이 다시 밝혀졌다. 그는 상당수 사람들로부터 존경을 받고 우
호적인 대우를 받았으나, 피해망상증을 겪고 있었다. 그의 오랜 생애
중 마지막 18년을 그는 하이덴의 양로원에서 보냈는데, 그 곳에서 그
는 작고 깨끗한 방을 하나 사용하고 있었다. 그가 67세 때에 많이 읽히

던 한 독일 잡지의 기자가 뒤낭의 고독한 생활을 "발견"하였다. 그 기
자는 그와의 만남을 설명하는 글을 출판하였다. 갑자기 세계 사람들은
뒤낭을 기억하게 되었다. 러시아 황태후가 주는 평생연금을 비롯한 많
은 종류의 선물과 관심이 뒤낭에게 쏟아졌다. 뒤낭의 68회 생일은 스위
스의 국가적 행사였고 교황 레오13세는 축하의 글과 함께 그의 초상화
를 보내었다. 그러나 뒤낭은 자신의 거처를 떠나지 않았고 그의 검소
한 생활도 바꾸지 않았다. 그는 73세 때에 첫 번째 노벨평화상의 절반
을 수상하였다. 82세의 나이로 그는 은둔 중에 평화롭게 사망하였다.
그의 생애는 그와 같은 나라의 사람이었던 루소J. J. Rousseau의 생애와
같이 정신적으로 비정상적이고 거의 정신병자와 같은 사람도 인류사
회의 매우 귀중한 구성원이 될 수 있다는 사실을 보여주는 것이다.

　제네바 협약이 계획된 때, 전투행위의 인도주의화를 행한 또 하나
의 진전이 "전쟁에 관한 훈령(Instructions for the Government of
Armies of the United States in the Field-'일반 명령 번호 100')에 의해 이
루어졌다. 이 훈령은 1863년 링컨 대통령이 공포한 것이었다. 이 훈령은
독일에서 온 정치적 망명자이자 컬럼비아대학교의 공법 교수였던 프란
시스 리버Francis Lieber 박사가 그로티우스의 전투의 성질(temperamenta)
의 정신에 따라 준비한 초안에 근거한 것이었다.[53] 그 훈령은 정확한

53) Harley, *Francis Lieber: His Life and Political Philosophy* (1899); 후에 바이
　마르 헌법을 초안하는 Hugo Preuss의 찬사로는, Hugo Preuss, *Franz Lieber:
　Ein Büger zweier Welten* (1886); Freidel, *Francis Lieber, Nineteenth-Century
　Liberal* (1948) 참조. 국제법에 있어서 Lieber의 중요성에 대해서는, Elihu Root,
　"Francis Lieber," *Amer. Journ. Int. Law*, VII (1913), 453 참고. 남북전쟁 발발
　후인 1861년과 1862년에, Lieber는 콜롬비아 대학에서 전쟁법과 관례(usages)에
　관한 강의를 했었다. 일반명령 제100호(General Order No. 100)의 본문을 볼 수
　있는 곳으로는, Lieber, *Miscellaneous Writings* (1881), II, 245.

성문규칙으로써 전쟁터에서 군대의 모든 행동을 통제하려는 첫 번째
시도였다. 그리고 그 훈령은 미국 이외의 지역에서도 전쟁법에 대해
좋은 영향을 주었으며, 후일의 국제교섭과 협정의 기초가 되었다.[54]
적십자사가 설립되고 이 훈령이 함께 존재하였다는 것은 국제법의 한
전환점으로서 1860년대 초가 가진 중요성을 잘 나타내주는 예라고
할 수 있다.

　일반적인 전쟁법을 정상화하고 발전시키기 위한 또 하나의 시도가
러시아 황제 알렉산드르 2세에 의해 1874년 브뤼셀에서 소집된 국제
회의에서 이루어졌다. 그 시도는 완전히 실패하였지만, 그 근본 사상
은 러시아 황제 니콜라스 2세에 의하여 헤이그 평화회의가 소집됨으
로써 다시 부활하였다. 그 근본사상은 러시아가 볼 때는 알렉산드르 1
세의 신성동맹까지로 거슬러 올라간다고 할 수 있다. 이미 논의한 바
있는 제1차 회의(1899)에서, 러시아는 주로 군비제한을 추구하였다.
군비제한은 러시아가 특히 재정적 이유 등으로 관심을 가지고 있었던
조치였다. 이 점에서 회의는 다시 실패하였다. 그러나 이 회의는 상설
중재재판소(PCA)를 설립하는 것 이외에 대단히 중요한 두 개의 협약
을 완성하였다: (1) 육전법규와 관습에 관한 협약 (2) 제네바 협약의
원칙을 해전에 응용하는 협약이 채택된 것이다. 첫 번째 협약은 주로
전쟁포로에 관한 것이었는데, 이 협약은 포로의 생명, 건강, 재산을
보호하였다. 또한, 이 협약은 점령된 적국영토에서의 군사당국의 권
한행사에 관해 규정하였다. 이 점에서, 이 협약은 피점령국의 법을 절

---

54) 그 일반명령은 프랑스와의 전쟁에서 독일군에 의해 부분적으로 적용되었
고, 브뤼셀과 헤이그 회의에서 중요한 역할을 하였다(Elihu Root, *loc. cit.* 참
고).

대적으로 불가능하지 않는 한 유지하며; 주민들의 가족의 명예, 권리, 생명, 재산, 종교적 신념, 그리고 신앙을 존중하고; 주민들이 그들의 본국에 대항하는 군사작전에 참여할 것을 제외시킬 의무를 점령국에게 부과함으로써 점령국의 권한을 제한하였다. 이 협약의 다른 인도적 규정들 중에서는 독과 독성무기의 사용금지 규칙, 병원과 무방비 지역에 대한 폭격금지 규칙들을 특히 언급할 수 있다. 거주지에 대한 공격이나 포격의 경우에는, 종교적, 예술적, 과학적 그리고 자선적 목적의 건물들을 가능한 한 파괴하지 않도록 하였다.

제네바 협약의 원칙을 해전에 응용하는 조약은 주로 병원선의 기능과 보호를 다루고 있었으며, 해전 시 교전국에 의해 포획된 조난자나 상병자들에 대해 전쟁포로의 지위를 부여하는 것을 규정하였다.

이 협약들은 세 개의 "선언(declaration)"에 의해 보충되었다. 즉 (1) 확장탄환(덤덤탄)의 사용금지선언, (2) 기구(balloons)로부터 투사물과 폭발물을 투하하는 것을 5년간 금지하는 선언(1905년 종료) (3) 질식 또는 유해가스를 배포하는 투사물의 사용금지 선언이 그것이다("협약"과 "선언"의 차이는 불분명하다). 이 두 개의 협약과 선언들은 모든 교전국이 각 관련 협약 또는 선언의 당사국일 경우에만 구속력이 있었다(총가입조항). 선언들은 영국에 의해 비준되지 않았다. 그러나 영국을 제외한 다른 유럽열강과 다른 중요국가들이 협약과 선언들을 모두 비준하였다. 당사국이 아닌 국가로는 아르헨티나, 브라질, 중국 등이 있었다. 두 개의 세계대전 동안 총가입조항은 이 협약과 선언들을 적용할 수 없도록 하였다. 왜냐하면, 이 협약과 선언들이 모든 교전국들에 의해 비준된 것이 아니기 때문이었다. 그럼에도 불구하고, 교전국들은 이 협약과 선언들을 일반적으로 준수하기로 결정하였다.

이 새로운 협약과 선언들은 1864년 제네바 협약의 정신에 따른 것이다. 그것들은 또한 전쟁법의 역사에 있어서 기념비적인 것이다. 제네바 협약 자체에 대해서, 협약 채택회의는 협약의 개정을 희망한 바 있었고, 실제로 1906년 스위스 연방의회의 초청으로 제네바에서 개최된 국제회의에서 개정이 이루어졌다. 협약의 규정들은 상당히 개선되고 증가하였다. 새로운 내용 중에는 교전국들이 사망자, 병원 입원자, 그리고 상병자에 관한 다른 사실들을 상호 통보할 의무와 평시 또는 전시에 적십자 표시의 부정한 사용과 같은 제네바 협약의 위반 행위를 적절한 입법을 통해 처벌할 의무를 교전국들에게 부과하였다. 또 다른 한 가지 변화는 법적으로 특히 의미가 있다. 이미 보았듯이 1864년의 협약은 부상자와 군대의 의무요원은 "중립"이라고 선언하고 있었다. 물론, 이 사람들은 실제로 중립이 아니라 그들의 본국에 대해 의무를 지고 있는 사람들이었다. 다만, 그들은 존중, 보호, 그리고 간호를 받을 자격이 있는 사람들이었다. "중립화"라는 용어는 이제 사라지게 되었다. 다시 한 번, 모든 유럽 열강과 다른 많은 국가들이 비준하였다. 만일 한 교전국이 1864년 협약만을 비준하고 1906년 협약을 비준하지 않았다면, 1864년 협약만이 그 교전국을 구속한다.

1907년 제2차 평화회의가 미국의 주도로 헤이그에서 소집되었는데, 미국은 공식초청을 러시아 정부가 하도록 하였다. 이 회의의 최종 의정서는 13개 이상의 협약들을 포함하고 있었으나, 이 협약들은 1899년의 협약들보다 훨씬 덜 효과적이었다. 세 개의 1907년 협정들이 제1차 헤이그 회의의 협약들을 개정하였다. 국제포획재판소 (International Prize Court) 설립을 위한 협약은 결코 비준되지 않았다. 두 개의 협정이 육전과 해전에서의 중립국의 권리와 의무에 관해 규정하였는데, 그 협정들은 그 후의 경험으로 볼 때 비현실적으로 중립국을 우대하였다. 예를 들어, 중립국들은 교전국들을 위한 무기를 제조하거나, 통과시키거나 또는 수출하는 것을 방지할 의무가 없었으며, 교전국들이 중립국 영토에서 전신 또는 전화를 사용하는 것을 제한하지도 않았다. 또 다른 협정은 무력 공격의 전제 조건으로서의 선전포고를 부활시키려고 하였다.[55] 더구나, 이미 논의한 포터협약이 있었다. 나머지 협정들은 해전의 여러 가지 측면들을 다루고 있었다.[56] 이런 협정들 중 한 협정은 해전에 있어서의 포획권에 관한 것이었는데, 무엇보다도 중립국과 교전국의 우편행낭(공적인 성격의 우편행낭도 포함하여)에 불가침권을 부여하였다. 이는 중립에 관한, 일반적으로는 전시에 있어서 국제법의 효력에 관한 당시 지배적이던 고귀한 이상들을 나타내는 또 하나의 사례라고 할 수 있다. 더 중요한 국가들 대부분이 1907년 조약들에 가입하였으나,[57] 이탈리아(그러나 1899년 협약의 당사국이었다), 아르헨티나, 중국은 가입하지 않았다(총가입 조항이 이 조약들에도 있었기 때문에, 세계대전들에서의 결과는 이미 언급한 바와 같다).

국제포획재판소 협약 초안은 후속조치로서 국제포획법의 형성을 위하여 런던에서 1908~1909년에 해양회의를 개최하도록 하였다. 국제포획법이 없이는 국제포획재판소가 기능할 수 없는 것이 명백하였다. 그 회의는 런던해양법 선언 또는 줄여서 런던 선언이라고 알려

55) 제2장의 각주 43 참조.
56) 즉, 적국 상선들에 대한 전쟁발발의 효과; 상선을 군함으로 변경시키는 것; 해저자동촉발수뢰의 부설; 육전법규의 예에 따른 제한하의 해군포격; 그리고 해전에서의 포획권.
57) 포터협약과 국제분쟁의 평화적 해결에 관한 협약의 개정안의 비준은 훨씬 더 제한적이었다.

진 협정을 준비하였다. 이 협정 역시 중립국을 존중하는 취지로서 봉쇄, 금제품, 선적의 이전, 호위, 그리고 선박의 방문 등 문제를 규율하려고 하였다. 비록 이 정교한 협정이 비준되지는 않았지만, 그것은 어느 정도의 법적 중요성을 획득하였다. 모든 강대국이 서명한 이 조약은 그 서문에서 그 조약 규정들이 일반적으로 승인된 국제법의 원칙들과 실질적으로 부합한다고 선언하였다. 그리고 제1차 세계대전에서 교전국들은 미국의 주도로 처음에는 이 조약을 다양한 수정과 유보를 한 채 적용하였다. 그러나 이런 상태는 1916년 영국과 프랑스가 런던 선언으로부터 정식 탈퇴했을 때 종료되었다.

제1차 세계대전[58]

그 전쟁은 독일이 벨기에의 중립을 중대하게 위반하면서 불길하게 시작되었다. 독일은 1837년의 프로이센의 의무를 승계함으로써 벨

---

58) 제1차 세계대전의 추이에 대한 주요 법적 연구로는, Garner, *International Law and the World War* (2 vols., 1920); 불행히도 이 책을 준비하는 시기가 전쟁 상황에 매우 근접해 있었기 때문에 공정한 평가를 할 수가 없었다. 독일의 입장이 신중하고 길게 설명된 *Völkerrecht im Weltkriege* (International Law in the World War, 4 vols., 1927)은 독일 국회의 조사위원회(*Untersuchungsausschuss*)가 행한 조사에 기초한 공식보고서이다. 객관성에 대해 많은 찬사를 얻어서 후에 상설국제사법재판소(PCIJ)의 재판관이 되는 민주당 대표, Schücking 교수는 그 위원회의 활동적인 위원이었다. 이러한 중요한 자료에 대한 가치 있는 논평이 연합국 또는 다른 측에서 곧 나오지 않았다. 한편, 많은 점들에 대한 판단이 보류되어야 한다. 제1차 세계대전시 해전의 측면에 대한 조사에서, 판결의 독립성이 훌륭하게 나타난 것으로는, Alcide Ebray, *Chiffons de Papier* (1926), 177. 또한 Turlington, *The World War Period* (1936–Vol. III of *Neutrality: Its History, Economics, and Law*, ed. by Philip C. Jessup); "Weltkrieg und Völkerrecht" (several authors) in Strupp, *Wörterbuch des Völkerrechts und der Diplomatie*, III (1929) 참조.

기에의 중립을 보장하는 국가들 중의 하나였다. 한편, 영국은 북해를 "군사수역"으로 선포하고 그곳에 수뢰를 설치함으로서 국제법상 그 유효성이 대단히 의심스러운 조치를 곧 취하였다. 이는 중립국 선박이 영국의 지도를 받지 않고 북해에 들어가는 것은 대단히 위험한 일이 된다는 것을 의미하였다. 그에 대한 보복 조치로서, 독일은 영국, 스코틀랜드와 아일랜드 주변 수역을 "전쟁수역"으로 선포하고, 중립국 선박을 유사하게 차단시켰다. 이 조치는 영국의 민간인들에게 위협이 되었고, 영국은 소위 "장거리 봉쇄"라는 것으로 대응하였다. 즉, 해상으로 독일에 출입하는 모든 상품의 통과를 방지하기 위한 궁극적 목적을 가지고 해상으로 독일에 출입하는 모든 중립국 선박의 통과가 금지되었다. 그 조치도 역시 봉쇄가 무제한적이고 금제품의 목록을 부당하게 법적으로 확대할 수 있는 것이라고 해석되지 않는 한, 봉쇄는 실효적이어야 한다는 승인된 원칙을 벗어난 것이었다.[59] 중립국 선박들은 영국이 지배하는 항구에서 임검(visit and search)이나 이와 유사한 조치를 받아야 했고, 이는 순전히 군사적인 관점에서 독일이 수락할 수 없는 양보였다.

그 반대로 독일은 복구(reprisal)의 권리를 주장하면서 적국선이든 중립국선이든 "전쟁수역" 안에 들어오면 사전경고 없이 어뢰공격을 받을 정도로 잠수함 전쟁을 강화하였고, 잠수함 전쟁은 독일의 "전쟁수역"을 집행하는 주요 수단이었다. 또한 사전경고를 하지 않은 것은 그러한 경고를 할 경우 잠수함이 공격을 받아 파괴될 수 있었기 때문이었다. 1915년 5월 7일 영국 여객선 루시타니아호의 침몰은 이런 형

---

59) Fenwick, *International Law* (3rd ed., 1948), 641; Oppenheim, II, §§ 319a, 390a, with references 참고.

태의 전쟁의 가장 충격적인 사례였다. 1,100명이 넘는 희생자 중 많은 사람이 미국인이었다.[60]

1870년의 보불전쟁에서도 여전히 우세하였던, 전쟁은 정부들 간의 분쟁일 뿐이라는 루소의 관념은 완전히 폐기되었고 '총력'(total) 전의 개념이 나타났다. 해상봉쇄에 의해 교전국 국민들의 생명과 건강이 영향을 받게 되었을 뿐만 아니라, 민간인이 거주하는 장소들과 비군사 목표들에 대한 공중폭격이 점점 더 행하여졌다. 적국의 사유재산의 압류와 몰수가 광범위하게 행해졌는데, 연합국이 더 많이 행하였다.[61] 이 일은 국내법에 의해 이루어졌는데, 이 국내법은 또한 적국민의 구금도 규정하고 있었다.

중립국 권리의 침해는 나폴레옹 시대보다도 더 현저하였다. 군사수역 또는 전쟁수역의 설치, 장거리 봉쇄, 그리고 무제한 잠수함 전쟁은 전쟁에 참전하기 이전의 미국 등 중립국들의 강한 항의를 받았다. 그러나 궁극적으로 중립국들에게 부과되었던 압력은 저항할 수 없는 것으로 판명되었다. 많은 중립국들은 그들과 독일간의 모든 통상관계를 단절할 목적으로 교전국들이 그들의 소비를 "제한(rationing)"하는 것을 감수해야 했다. 따라서 제1차 세계대전은 중립법이 약화되는 뚜렷한 경향의 시작이었다.

그러나 일반적으로 말해서 제1차 세계대전의 기간 동안 국제법이 완전히 폐기된 것은 결코 아니다. 경미한 사건들을 제외하고, 사절의 불

---

60) 독일은 이 범위에서 보상할 것을 제안하였다. Dept. of State, *Foreign Relations*, 1916 Supp., 157.

61) 상세한 내용이 있는 곳은, R. Fuchs, *Die Grundsätze des Versailler Vertrages über Beschlagnahme deutschen Privatmögens im Auslande* (1927), 4, 독일의 저자를 인용하고 있지 않다.

가침권과 일반적인 외교면제가 존중되었을 뿐만 아니라, 전체적으로 국제법은 중립국들의 지침으로서 또한 그들 정책의 수락된 근거로서 역할을 계속하였다. 국제조약법과 관련하여, 교전국들은 제네바(적십자)협약, 육전법규와 관례에 관한 헤이그 협약 그리고 다른 국제 조약들을 준수하겠다고 스스로 선언하였다. 대체로, 그들의 실행은 그들의 주장과 일치하였다. 양측 모두 협약을 위반하였으나, 많은 경우 기초 사실관계와 그들의 정확한 해석이 불분명하고 논란이 있었다. 고립된 사실관계에 있어서 실수도 자주 있었고, 어느 정도는 협약들의 넓은 용어가 충격적인 행위에 대한 화려한 법적 변명을 주기도 하였다. 명백히 국제법은 제2차 세계대전 때보다도 더 존중되었다. 그러나 제2차 세계대전 때도 히틀러 정부조차도 그 마지막 고통의 몇 개월 이전까지는 제네바 협약과 포로에 관한 헤이그 협약상의 의무들을 어느 정도 준수하였다.

국제법의 이론: 실증주의적 경향

국제법학사에서, 19세기는 실증주의가 크게 발전한 시기였다. 이는 무엇보다도 자연법의 관념과 정전론과 같은 개념이 완전히 폐기되었다는 것을 의미한다. 이러한 것은 이미 보았듯이 18세기에 시작되었던 과정의 완성이었다. 국제법학은 이제 철저히 법적인 또는 법률적인 것으로 생각되었다. 국제법학은 자연법의 요소였던 철학, 신학, 그리고 정책적 고려들로부터 분리되었다.[62] 일반적으로, 실제 존재

---

62) 이 학파의 가장 열렬하고 급진적인 대표자는 아마도 발트 해의 독일인 Bergbohm이다. 그의 *Jurisprudenz und Rechtsphilosophie* (1892) 그리고 그의 논문, *Staatsverträge und Gesetze als Quellen des Völkerrechts* (Dorpat, 1876) 참조.

하는 국제법과 있어야 할 국제법 간의 명확한 경계선이 그어졌다. 더구나, 외교관들의 법적 관계를 연구하기에 적합한 분야로 남아있던 국제법과 외교적 목적을 위한 기술, 즉 외교가 구별되었다.

비록 일부 학자가 국제법의 체계에서 국제사법을 여전히, 그렇게 성공적이지는 못하게, 다루고 있었지만, 국제사법은 명확히 독립된 학문 분야의 지위를 차지하였다. 두 학문분야의 분리결과, 국제법과 국제사법의 차이를 나타내는 "국제공법(public international law)"이라는 용어가 사용되게 되었다(그러나 "international law"라는 용어는 "law of nations"와 일반적으로 동의어로서 남아 있었다).

이론이 순화된 것은 국가관행의 요구 때문이었다. 외교관계에 있어서 국제법의 역할이 급속하게 증가하였기 때문에 낡은 이론과 표현 방법을 현대화하는 일이 매우 필요해졌다. 국제법학은 인간관계를 규율하는 그 특수한 임무를 가장 잘 수행할 수 있도록 기술적으로 세련되어져야 한다.

그러나 사실들의 결합이 탐구심을 만족시킬 수는 없었다. 성공적이지는 못하였지만 라헬Rachel이 시도했던 것과 같이 실증주의의 이론적 기초를 수립하는 것이 필요하였다. 재도입을 위한 새로운 시도가 영국의 "분석(analytical)" 법학의 창시자인 존 오스틴John Austin(1790~1859년)63)에 의해 이루어졌다. 홉스의 뒤를 이어, 오스틴은 법철학의

---

63) J. Austin, *The Province of Jurisprudence Determined* (1832 – 개요는 1831년에 출간되었다); *Lectures on Jurisprudence* (posthumous, 1861). 국제법에 관한 Austin의 견해에 대해서는, Walz, *Wesen des Völkerrechts und Kritik der Völkerrechtsleugner* (1930), 56, 184 [bibl.*] 참조. 일반적인 Austin의 이론에 대해서는, Austin, *The Austinian Theory of Law*, ed. W. Jethro Brown (1931); Eastwood and Keeton, *The Austinian Theories of Law and Sovereignty* (1929); Hearnshaw, "John Austin and the Analytical Jurists," in Hearnshaw,

적절한 대상이 될 수 있는 것은 "진정한 의미의 법(law properly so-called)"뿐이며, 진정한 의미의 법은 주권자가 그 국민에게 내린 명령이라고 정의하였다. 또한, 주권자의 최고성의 본질은 복종을 강제할 수 있는 주권자의 능력에 있다고 하였다. 국가들 위에서 그 명령에 대한 복종을 강제할 권한과 힘을 가진 상급자가 없기 때문에 국제법은 "진정한 의미의 법"이 아니었다.

따라서 오스틴은 국제법을 명예나 관행의 규칙과 같이 "실증적 도덕(positive morality)"으로서 법이 아닌 것으로 분류하였다("실증적"이라는 의미는 "실증적 국제법"이라는 표현에서와 같이 "자연적" 또는 "사변적"이라는 의미의 반대이다). "실증적 도덕"의 규칙들은 모두 "사회의 특정 계층의 일반적 여론에 의해 부과된다." 그리고 특히, 국제법은 여러 국가들로 구성된 큰 사회의 여론에 의하여 부과되는 것이다. 따라서 국제법은 "국가들 사이에서 일반적으로 인정되는 여론과 감정들로 구성되어 있다." 그러나 오스틴은 국제법이 "국내법(law of the land)"이라는 영국의 개념을 알고 있었다. 따라서 그는 국제법도 특정 국가의 법원이나 입법부에서 그 규칙이 채택되는 범위에서 진정한 의미의 법, 즉 국내법이 된다는 것을 인정한다. 자연법은 오스틴의 체계에서는 완전히 제거되었다.

실증주의적 시각에서 국제법의 근본문제를 다루려는 또 하나의 주요 시도는 50여 년이 지난 후에 이루어졌다. 이는 1880년 하이델베르크대학교의 공법교수였던 옐리네크Georg Jellinek에 의해 이루어졌다.[64]

---

ed., *The Social and Political Ideas of Some Representative Thinkers of the Age of Reaction and Reconstruction* 1815–65 (1932), 158.

64) *Die rechtliche Natur der Staatenverträge* (1880).

그는 주권국가가 다른 국가와 법적 관계에 들어가면서 "자제(self-limitation)"행위에 의하여 국제법에 스스로를 복종시키는 것이며, 국가는 국제법을 위반하지 않고서도 어느 때든지 스스로를 국제법에서 이탈시킬 수 있다는 주장을 함으로써 국제법의 구속력을 설명하고 따라서 국제법이 진정한 의미의 법이라는 것을 설명하려고 하였다. 그러나 그렇게 쉽게 번복할 수 있는 자제행위는 국제법의 견실한 근거를 제공할 수 없었다.

더 중요한 것은 다른 독일 법학자 트리펠Triepel의 저서였는데, 이 책은 1899년 『국제법과 국내법』(*Völkerrecht und Landerrecht, International and Municipal Law*)이라는 제목으로 나타난다.[65] 트리펠에 의하면, 이 두 개의 법은 그 근거나 원천이 근본적으로 다른 것이다. 국제법이 국가들 간의 관계를 규율하는 반면, 국내법은 개인들 간의 관계(사법) 또는 개인들과 국가 자체의 관계(국내공법)에 관한 것이다. 국내법이 특정 국가의 의사로부터 유래한 것인 반면, 국제법은 국가들의 공통의사에서 그 연원을 발견한다. 말하자면, 국제법과 국내법은 다른 평면에 위치하고 있다. 한 국제법 규칙은 그 자체로서는 국내법에서는 거의 효력이 없으며, 한 국내법 규칙도 국제법에서는 마찬가지로 거의 효력이 없다. 그 국제법 규칙이 국내법 안에서 특히 법원(court)들에 대하여 효력을 갖기 위해서는, 그것은 국가의 입법행위를 통해 국내법 규칙으로 변형되어야 한다. 변형된 이후에만, 법원들은 국제법 규칙을 적용하게 된다. 이것은 국제법의 "이원(dualistic)"론이다. 이 원론은 오스틴에 의해 이미 제안되었으나, 트리펠이 국가관행으로부

---

65) Triepel은 "Les Rapports entre le droit interne et le droit international," *Recueil des cours*, I (1925), 77에서 자신의 이론을 더욱 간략하게 재언급하였다.

터의 충분한 자료를 기초로 완전히 발전시켰다.

실증주의적 경향은 법전화(codification)의 경향과 관련이 있다.[66] 그 정의상, 법전은 특정 분야의 법을 구성하는 규칙들을 권위적·열거적으로 또는 적어도 포괄적으로 확립시킨 것이다. 법전화는 법전화된 규칙들을 위한 "실증적" 연원을 수립하는 것이기 때문에 실증주의는 이런 종류의 작업을 선호한다. 국제법의 부분적이고 불확실하며 논쟁적인 성격이 국제법 분야에서의 법전화 노력에 대한 장애물인 것은 사실이다. 그러나 열정이 반대를 극복하였다. 18세기 말에 "국제(international)"와 "법전화"라는 용어를 발명한 벤담은, 이상적이고 평화주의적인 정신에서, 국제법의 법전화를 예상하였었다. 하지만, 법전화를 위한 실제적 시도는 훨씬 뒤에 시작되었다.

1868년 블룬칠리Bluntschli의 『법학서적으로 제시된 현대국제법』 (*Modern Law of Nations Presented as a Lawbook, Das moderne Völkerrecht als Rechtsbuch dar gestellt*)이 나타났다. 모든 분야를 망라하는 유효한 규칙들을 제시할 수는 없었으나, 그는 법과 제안 사이를 명확히 구분하지 않으면서 그가 바람직하다고 보는 견해를 가지고 많은 흠결을 보충하였다. 그 책은 대단히 성공적이었다. 블룬칠리는 비범한 사람이었다.[67] 취리히 출신의 스위스인인 그는 스위스에서 놀라운 학자적, 정치적 경력을 가진 후에 하이델베르크대학교의 정치학 교수가 되었다. 그는 뛰어난 역사가이자 정치학자였을 뿐만 아니라 정치가이자 종교

---

66) Visscher, "La Codification du droit international," *Recueil des cours*, VI (1925), 329. 그 주제에 대해서 어울리지 않게 많은 양의 저술이 나오게 되었다. 예를 들면, Oppenheim, I, before ∫ 30 참조.

67) von Holtzendorff, *J. C. Bluntschli und seine Verdienste um die Staatswissenschaften* (1882); Rivier, *Rev. dr. int.*, XIII (1881), 612 참고.

적 지도자였다. 진보적이고 세계적인 견해를 가진 그는 또한 "좋은 유럽인(good European)"으로서 독일과 스위스뿐만 아니라 더 많은 지역에서도 존경을 받았다. 그의 법학서적은 그가 60세 때인 1868년에 출판되었으며, 인도적이고 교양 있는 정신을 잘 표현한 것으로서 인정받았다. 블룬칠리의 책은 독일어로 세 번째 판까지, 프랑스어로 네 번째 판까지 출판되었고, (멕시코 학자에 의해) 스페인어로, 헝가리어, 러시아어, 중국어로 번역되었다. 그 기간의 다른 많은 편찬자들 중[68] 아무도 그와 유사한 성공을 거두지 못하였다.

사변적 경향들: 국제사법

그 명백한 우세에도 불구하고, 실증주의는 이 기간을 완전히 지배하지는 못하였다. 독일 철학자 헤겔Hegel(1770~1831년)은 그의 저서인 『권리의 철학』(Philosophy of right, 1823년)에서 짧지만 인상적으로 국제법에 관한 내용을 다루었다.[69] 그는 국가를 최고의, 사실상 신성한 존재로서 나타낸다. 국가를 매개로 하여 각 국가 정신들 안에서 나타나는 "세계정신(World Spirit)"이 그 자신을 전개하여 국가가 도덕적 형상(Moral Idea)이 구체화된 일체가 되도록 한다. 이런 형이상학적 관념을 법적으로 적용하면 그러한 고상한 실체들(역자 주: 국가들을

---

68) Fiore의 *Il Diritto internazionale e la sua sanzione giuridica* (1890) 그리고 그 책의 제5판 (1915), *Il Diritto internazionale codificato*를 Borchard가 번역한 *International Law Codified and Its Legal Sanction* (1918)에 대한 언급이 있어야 한다.

69) Telders, *Staat en Volkenrecht* (thesis, Leiden, 1927); Hegel, *Philosophy of Right*, transl. T. Knox (1943), 212. Trott zu Solz, *Hegels Staatsphilosophie und das internationale Recht* (1932)는 충분하지 않다.

의미한다) 간의 법적 유대는 존재할 수 없다는 것이다. 특히, 헤겔은 그의 국제법에 관한 논의의 제목으로서 기본적으로 국내법을 의미하는 "대외공법(External Public Law, Äusseres Staatsrecht)"이라는 용어를 사용한다. 그러나 그는 또한 "국제법(law of nations)"이라는 용어도 그 정의를 내리지 않고 사용한다. 법적 정확성에 대해 헤겔은 거의 관심을 갖지 않았기 때문에 이 두 용어 간에는 차이가 없는 듯하다.

헤겔은 그의 "국제법"의 다른 규칙 하나만을 더 제시한다. 즉, 상호 승인한 국가들 간에는 어떤 유대가 전쟁 중에도 존재하며, 이것이 평화의 회복을 가능하게 한다는 것이다. 이러한 전제에서 그는 외교사절은 (전쟁 중에도) 존중되어야 하고, 전쟁은 "가족제도(domestic institution)" 또는 평화로운 가정생활, 또는 사적인 개인에 대해 행해져서는 안 된다고 결론을 내린다.

헤겔은 전쟁을 진화를 위해 필요한 것이며, 불가피한 갈등의 해결책으로 보았다. 그는 전쟁이 국가들의 도덕적 건강을 증진시키는 경향이 있다고 하였으나, 평화는 장기적으로 볼 때 부정한 침체(stagnation, Versumpfung)를 의미한다고 하였다.

세계평화를 위한 개인적인 계획들은 이 기간에 더 이상 눈에 띄지 않는다. 그들은 정당이나 정부에 영향을 주기 위해 전쟁에 반대하는 여론을 조성하려는 더 큰 집단들의 조직적 행동에 의해 대체되었다.[70] 이러한 움직임은 뉴욕의 사업가 도지David L. Dodge에 의해 뉴욕평

---

70) Beales, *The History of Peace; A Short Account of the Organised Movements for International Peace* (1931); Norman Angell, "Pacifism," and "Peace Movements," in *Ency. Soc. Sci.*; Lange, "Histoire de la doctrine pacifique," etc., in *Recueil des cours*, XIII (1926), 175.

화협회(New York Peace Society)가 1815년에 설립되면서 시작되었다. 도지는 종교적인 이유로 전쟁을 무조건 반대하였다. 1815년에 미국에서 두 개의 평화협회가 더 설립되었다. 1816년에 런던에서 영구적 세계평화의 증진을 위한 영국협회(a British Society for the Promotion of Permanent and Universal Peace)가 설립되었다. 1821년에 파리에서도 평화협회가 설립되었고, 1830년에 제네바에서도 설립되었다. 1843년 제1차 국제평화회의(International Peace Conference)가 런던에서 개최되었다. 이 운동은 20세기에 평화주의(pacifism)라고 불리게 되었는데[71], 특히 영국과 미국에서 강하였다. 이 운동의 지배적인 경향은 종교적이고 급진적이었으며, 어떠한 군복무나 군사적 활동의 지원 또는 준비에 대해서도 반대하였다.

체계적 저서들: 학문의 조직화[72]

이 기간의 초기에 클뤼버J. L. Klüber의 종합적인 논문인 『유럽의 현대

---

71) "평화주의(pacifism)"라는 말은 Murray의 *New English Dictionary on Historical Principles* (1901)에서 발견되지 않는다.

72) 국제법에 관한 19세기 초기의 문헌들을 비판적으로 검토한 내용이 발견되는 곳으로는, von Mohl, D*ie Geschichte und Literatur der Staatswissenschaften*, I (1855), 337, 그리고 Rivier, "Literarhistorische Uebersicht der Systeme und Theorien des Völkerrechts seit Grotius," in Holtzendorff's *Handbuch des Völkerrechts*, I (1885), 395 (transl. Holtzendorff and Rivier, *Introduction au droit des gens*, 1889, p. 349). Oppenheim, I, ∫ 58, 그리고 von Liszt, Das Völkerrecht (12th ed., 1925) 81에 있는 조약목록.
   이하의 문헌에서는 그 기간의 대표적인 조약들에 대해서만 검토가 이루어졌으나, 적합한 선별에 대한 의견은 다를 수 있다. 외국에 널리 알려진 언급할 만한 다른 저자들로는, *Lehrbuch des Völkerrechts* (1889)가 *Les Principes du droit des gens* (1896)으로 번역된 Rivier (스위스)와 *International Law* (1904－1907)가 *Traité du droit international* (1924)로 번역된 John Westlake를 들 수 있다.

국제법』(*Droit des gens moderne de l'Europe*, 1819년)이 국제적으로 인정을 받았다. 특히 러시아에서 1828년 번역본이 출판되어 1880년까지 러시아어로 쓰여진 국제법에 관한 유일한 체계적 저서였다.[73] 클뤼버는 폰 마르텐스와 같이 프랑스어로 글을 쓰는 독일인이었는데, 실질적으로 마르텐스의 추종자였다. 그의 책의 가치는 창조적인 사상을 그렇게 많이 갖추지는 못하였지만 풍부한 근거 자료를 인용하고 있다는 점에 있다. 특히, 그가 폰 마르텐스처럼 자연법을 인정하고 있었지만, 그는 외교의 일부로서 국제법을 나타냈고, 따라서 국제법의 실증주의적 성격을 강조하였다.[74]

1844년에 나타난『현대 유럽법』(*The European Law of the present*)[75]은 베를린 대학의 교수였던 헤프터A. W. Hefter의 저서였는데, 훨씬 큰 가치가 있는 책이었다. 이 책은 19세기에 가장 성공한 체계적 저서였다. 이 책은 제8판까지 출판되었으며, 그 중 2판은 그의 사후에(1881년과 1888년) 출판되었다. 프랑스어 판이 4판이나 출판되었고, 그리스어, 헝가리어, 폴란드어, 러시아어 그리고 스페인어로 번역되었다. 헤프터는 이 책을 그가 40대 후반이었을 때 썼는데, 그 때는 그가 민법학자이며 항소법원 판사로서 많은 명성을 이미 얻었을 때였다. 그 책은

---

73) Count Kamarowski, "De la littérature contemporaine du droit international en Russie," in *Rev. dr. int.*, VIII (1876), 386 n.

74) Klüber의 저서에 대한 광범위하고 비판적인 평가가 발견되는 곳으로는, von Mohl, *op. cit.*, II (1856), 473. 또한 La Pradelle, *Maîtres et doctrines du droit des gens* (2nd ed., 1950), 183 참조. La Pradelle의 훌륭한 책은 국제법에 있어서 많은 위대한 저자들과 일부의 다른 저자들을 다루고 있다. 불행하게도, 선별과 평가가 너무 심하게 개인적인 의견에 영향을 받았으며, 표현이 너무 심하게 화려한 찬사로 이루어져 있다.

75) *Das europäische Völkerrecht der Gegenwart auf den bisherigen Grundlagen.*

사법(private law)의 개념을 국제관계에 적용하는 성향을 보임으로써 그 이전의 학파와 유사한 점을 보여준다. 그러나 이 책은 균형 잡힌 판단과 정확하고 간결한 표현을 가진 원숙한 작품이다. 이 책은 자연법을 별다른 어려움 없이 부정하고, 실증주의의 후기 형태를 보여준다. 이 책의 엄격하게 법률적이고 국제법에 한정되어 있는 내용은 진보적인 정신을 나타낸다. 따라서 헤프터는 진정한 합병과 영토의 군사점령을 구별함으로써 그 이전의 정복에 관한 혼합적 개념을 배척하고, 적국 영토에 대한 정복자의 권한의 관념이 더 인도적이고 공정하게 되도록 하였다.

이 기간의 끝에 특히 대륙법계 국가에서 인정받았던 훌륭한 저서가 역시 독일에서 나타났다. 이 책은 베를린대학교의 교수였던 독일의 뛰어난 자유주의자 폰 리스트von Liszt가 쓴 『국제법』(*Völkerrecht*)이었다. 그는 형법과 범죄학에 있어서 당대의 주요 권위자로 널리 알려져 있었다. 이 책은 그 철저한 학문적 깊이와 고귀하고 진정한 초국가적 정신이 인상적이었기 때문에 독일어로 12판이 출판되었고, 마지막 판은 사후에 출판되었으며, 프랑스어, 에스파냐어, 폴란드어와 러시아어로 번역되었다(러시아어판은 적어도 4판이 있었다). 그가 직접 개정한 마지막 판(제11판)은 1917년에 출판되었는데,[76] 여기에서 폰 리스트는 독일의 전투행위뿐만 아니라 연합국의 행위에 대해서도 법률적으로 비판을 하려고 하였다. 그는 "자신의 결점을 숨기거나 변명하면서 적의 잘못을 강조하고 확대하는 것"에 반대하였으며 "법을 가르치는 책(Lehrbuch des Rechts)은 한 쪽 당사자만을 위해 봉사하면 그 의무를 다하지 못한 것이다"라고 하였다. 동시에 폰 리스트는 그의

---

76) 1925년 제12판(posthumous)에는 초판의 정신이 보존되어 있지 않다.

"과학적 객관성을 위한 가장 중대한 노력"을 강조하면서도, 그가 사건들에 너무 가까이 있기 때문에 그의 노력이 모든 곳에서 성공한 것은 아니라고 고백하였다. 이는 전쟁 중에 나타났다는 점에서 더욱 놀라운 의견이다.[77]

프랑스는 독일보다도 더 이 기간 동안 국제법의 발전에 기여하였다. 그러나 프랑스의 기여는 체계적인 저서에서는 잘 나타나지 않는다. 가장 현저한 프랑스인의 저서는 프라디에르-포데레Pradier-Fodéré의 여덟 권으로 구성된 『유럽과 미국의 국제법』(*Droit international public européen et americain*)(1885~1906, 마지막 권은 그의 사후에 출판되었다)이었다. 이 책은 마지막 부분이 완성되지 않았지만, 8천 페이지 이상이나 된다. 헤프터의 책과 달리, 이 책은 존재하는 법뿐만 아니라, 존재하여야 할 법을 논의하고 있으며 국제사법에 관한 많은 논의를 포함하고 있다. 이 책은 본문에 과거와 현대의 학자들로부터 많은 부분을 인용하고 있었다.

에스파냐어권의 학자 중에는, 그의 이름을 이미 언급한, 아르헨티나 사람 카를로스 칼보Carlos Calvo가 가장 큰 명성을 얻었다. 그의 『이론적 및 실무적 국제법』(*Droit International théorique et pratique*)은 1868년에 에스파냐어로 출판되었고 그 후에 프랑스어로 출판되었는데, 가장 영향력 있는 책의 하나가 되었다. 이 책은 1896년에 마지막 판인 제5

---

77) 또한 1917년에 von Liszt는 소논문, Vom Staatenverband zur Völkerbund zur Völkergemeinschft (표지제목, Vom Völkerbund zur Staatengemeinschaft)을 발표하여 외교정책에서의 민주적인 방법론을 변호하였다. von Liszt의 제자였던 본 저자가, 민주당원으로서 정부에 의해 현저하게 학대를 받았던 그 위대한 학자의 가르침과 자비로운 인격에서 나오는 불후의 영감(inspiration)에 대해 증언하는 것은 허용될 수 있을 것이다.

판이 출판되었으며, 처음의 두 권이 여섯 권으로 늘어났다. 이 책은 또한 중국어로도 번역되었다. 이 책은 유럽대륙학파의 정신을 가지고 작성된 것이기 때문에 법적 분석면에서 뛰어난 것은 아니었다. 그러나 이 책은 귀중한 1차 자료들(유럽과 미주)과 역사적 문서들을 체계적으로 아주 많이 제시하고 있어서 실증주의적 경향을 나타냈다. 이 책은 남미의 관점을 나타냄으로써 어떤 간격을 채워주고 있다. 이 책의 권위는 저자의 정치가로서 명성 때문에 더욱 높아졌다. 칼보는 독특한 "미주국제법"이라는 당파로부터 자신을 분리시키는 데 있어서 놀라운 독자성을 보여 주었다.[78]

영미법계 국가에서는 교재나 전문서적을 쓰는 저자들이 대체로 대륙법계 국가의 학자들보다 이론(theory)에 관심이 적었다. 반면에, 영미법계 저자들은 서적과 사건 판례들을 조사하고 분석함으로써 실증주의적 방법론을 크게 발전시켰다.

국제법에 관한 영미법계의 첫 번째 두 개의 서적은 미국의 서적이었다. 1826년 당시의 저명한 미국의 법률가인 제임스 켄트James Kent는 그의 『미국법 해설』(*Commentaries on American Law*)을 출판하기 시작하였다. 이 책은 14판까지 출판되었으며, 제1부에서 약 200페이지 분량으로 영국과 미국의 자료에 주로 기초하여 국제법에 관한 아주 체계적인 설명을 하고 있다. 전쟁 중 중립국 통상에 관한 그의 논의는 특히 가치가 있다. 이 책은 그가 뉴욕 주 형평법 재판소의 수석 판사라는 고위 사법직에서 은퇴한 후, 컬럼비아대학교에서 했던 강의들을 보관한 것이다.

---

78) Yepes, "La Contribution de l'Amérique Latine au développment du droit international public et privé," *Recueil des cours*, XXXII (1930), 679 참조.

또 다른 미국의 저서는 헨리 휘턴Henry Wheaton의 『국제법 원론』
(*Elements of International Law*)으로서 1836년에 출판되었다.[79] 휘턴은
20여 년간을 외교관으로서 미국에 봉사하였으며, 많은 기간 동안 베
를린 주재 전권공사로 일하였다. 그로티우스와 같이, 그는 외교적 업
무가 끝나고 남은 시간에 광범위한 학문적 연구를 하였다. 또한, 그와
같은 시대의 인물인 오스틴보다도 더 역사를 강조하는 독일 법학의
영향을 받았다. 이러한 사실 때문에 그는 국제법의 역사에 관한 책을
쓸 수 있었다.[80] 비록 휘턴의 국제법원론이 켄트의 저서보다 법률적
으로는 부족하지만, 휘턴의 개인적인 경험으로 인해 휘턴의 책은 대
륙의 자료들을 더 충실히 가지고 있었다. 그의 책은 외교적 행위들과
판례를 강조하였고, 충분한 가치를 가지고 있어서 상당한 영향을 오
랫동안 미쳤다. 그 책은 미국의 법원 판례와 국가 문서들에서 자주 인
용되었다. 영국과 미국에서 15판 이상 출판되었고, 이중 12판은 그의
사후에 출판되었으며, 제일 마지막 판은 1944년에 출판되었다.[81] 또
한, 그의 책은 프랑스어(2판), 이탈리아어, 에스파냐어(멕시코 사람에
의해), 일본어, 그리고 중국정부의 지시에 따라 중국어(1864년)로 번
역되었다.

켄트와 휘턴의 저서들은 국제법에 관한 미국의 초기 태도를 나타내

---

79) Reeves, "The First American Treaties on International Law," in *Amer. Journ.
Int. Law*, XXXI (1937), 697; von Kaltenborn, *Kritik des Völkerrechts* (1847),
115; von Mohl, *op. cit.*, I, 399. Elizabeth Feaster Baker, *Henry Wheaton,
1785-1848* (1937)은 그의 *Elemnets*를 매우 부족하고 불충분하게 참작하고
있다.

80) Henry Wheaton, *History of the Law of Nations in Europe and America
since the Peace of Westphalia* (1845).

81) 사실상, 이후의 책에서는 Wheaton의 초판의 내용이 거의 남아있지 않다.

는 것으로 볼 수 있는데, 이 책들에서는 나중에 강조되는 미국의 국가
주의적 입장이 거의 없다.

19세기의 영국 서적들 중에는, 필리모어 경(Sir Robert Phillimore)
의 『국제법해석』(*Commentaries upon International Law*)(국제사법 포함 4
권으로 구성, 1854~1861년)을 가장 먼저 언급해야 한다. 이 책은 3판까
지 출판되었는데 전형적인 영미법의 형식으로 씌어졌다. 고위 판사였
던 저자는 그의 의견을 주의 깊고 문서에 의해 입증되는 주장을 통해
제시한다. 정치가와 같이, 그는 책의 도입부에서 자연법에 경의를 표
하고 자연법의 신성함까지를 인정하였으나, 자연법을 활용하지는 않
는다. 실제로 그는 전형적인 실증주의자로서, 그의 진정한 관심은 정
치가, 외교관, 그리고 국제법학자 앞에 놓여있는 실제적 문제에 한정
되어 있다. 또한, 그 책이 대부분 영국의 대외관계 영역에서 발생한 사
건들을 다루고 있다는 점에서, 그는 국가주의적 학파의 일원으로 볼
수도 있다.

약간 독특한 측면은 "세력균형"을 유지하기 위한 간섭권을 그가 강
조하고 있다는 점이다. 그는 이 근거와 다른 근거(심지어 종교적)들에
의한 간섭을 강하게 옹호하고 있지만, 그가 승인하지 않는 이유들을
근거로 간섭하는 것을 완전히 비판하였다. 그러한 간섭은 "폭력행위
(acts of violence)"에 불과한 것이다.

필리모어의 책이 약간 낡은 방식이었던 것과 달리 홀E. W. Hall의 『국
제법론』(*Treatise on International Law*, 1880년)은 매우 예술적 문체로 씌
어졌다. 홀은 국제법에 관해 실제적으로 대단한 통찰력을 가지고 접
근했으며, 그의 주장을 고려중인 규칙들의 합리적 근거와 밀접하게
관련시켰다. 그는 강한 성격의 소유자였으며, 그의 의견에서나 주제

의 선정에 있어서 편향된 측면이 없지 않았다. 그러나 이 책은 국제법에 관해 가장 읽기 쉽고 활력 있는 설명을 하고 있는 책으로 유명했고 지금도 계속 유명하다. 영국에서는 이 책이 유명하였기 때문에 그의 사후에 4판이 더 출판되어 총 8판까지 출판되었고, 마지막 판은 1924년에 출판되었다. 이 책은 미국과 극동에서도 유명하여졌다.[82]

대륙의 개념과 앵글로-색슨의 개념을 가장 잘 혼합한 책인 오펜하임F. L. Oppenheim의 『국제법』(*International law*)(제1판은 1905~1906년 그리고 제2판은 1912년에 출판되었고 그의 사후에 여러 판이 출판되었다)이 역시 영국에서 나타났다. 오펜하임(1858~1919)은 처음에는 독일과 스위스에서 가르쳤으나, 1895년에 영국으로 와서 나중에 캠브리지 대학교의 국제법 교수가 되었다. 그의 국제법 책은 국제법에 관한 체계적인 저서로서 뛰어나고 가장 많이 활용되는 책이었다는데 모두 동의하며, 지금도 그 책의 편집자인 라우터파크트Lauterpacht 교수의 노력에 의해 그러한 지위를 가지고 있다. 그 책은 영국적인 정신과 독일적인 방법론을 가지고 있으며, 여러 판이 계속됨에 따라서 국제법에 관한 지식의 참으로 인상적인 보고가 되었다.

러시아의 문헌은 매우 다른 모습을 보여 주었다. 러시아에서는, 서양과의 정신적 차이점이 법의 관념에 많은 영향을 주었다. 법(예를 들어 종교와 달리)은 서양인들보다 러시아인들에게는 의미가 적었다. 톨스토이Tolstoy가 인간의 가치 중에서 법을 약간 낮은 위치에 둔 것도 중요할 것이다.[83]

---

82) Hall에 대해서는, Holland in Law Quarterly Review (1895), 113, 그리고 Pearce-Higgins, "La Contribution de quatre grands juristes britannuques, etc.," in Recueil des cours, XL (1932), 44 참조.

83) Laserson, *Russia and the Western World* (1945), 123.

국제법에 관해서는, 상황이 특히 좋지 않았다. 러시아는 국제법이
유래하게 된 종교적·철학적 운동에 참여하지 않았다. 그 대신, 비잔
틴의 전통이 대외관계에 관한 러시아의 견해를 지배하였다. 18세기
와 그 이후에 서양의 개념들과 점차 가까워졌고, 제정러시아의 말기
에는 더욱 가속화되었다. 그러나 대체로 국제법에 관한 지식은 낮은
수준이었고 러시아인들의 마음에서 멀리 있었다.

그러나 1882년 드 마르텐스Fedor Fedorovich de Martens가 그의 두 권으로
된 『문명국들의 국제법』(International Law of Civilized Nations)을 출판하
였을 때 상황이 달라졌다. 드 마르텐스는 루터교 신자이며 그의 부모
님은 독일계와 발트계였는데, 그리스 정교로 개종하고 세인트 피터스
버그 대학교(University of St. Petersburg)의 국제법 교수가 되었다. 그
는 가장 저명한 러시아 국제법학자가 되었다.[84] 그의 방법론은 대륙
법계 특히 독일학파의 방법론을 따르고 있으나, 그 정신은 달랐다. 그
는 대학의 정교수이면서 외교부의 고위직에 있었기 때문에, 그의 저
서와 다른 많은 출판물에서 러시아의 입장을 지지하는데 가장 많은
관심을 기울였다. 그는 러시아의 청구나 방어를 위한 그의 항변을 보
다 인상적이거나 보다 수락할 만 하도록 하는 수단으로서 법적 주장
을 이용하였다. 그의 근본적 이론의 특징은 그가 국제법(전쟁법을 포함
한)의 대부분을 "행정적(administrative)" 국제법으로 설명하고, 그 최
고원칙을 편의주의(expediency)라고 하였던 것이다.[85] 아마도 드 마
르텐스의 정치적 명성이 그의 책이 5판까지 출판되고 독일어, 프랑스

---

84) Nussbaum, "Frederic de Martens, Representative Tsarist Writer on
International Law," Nordisk Tidskrift for International Ret, XXII (1952), 51 참
고. 그 러시아의 저자가 G. F. von Martens의 친척은 아니었던 것으로 보인다.
85) 베네수엘라 경계사건에서 그의 태도에 대해서는, 이 책, p. 261.

어, 에스파냐어, 세르비아어, 중국어, 일본어로 번역되는 데 성공했던 원인인 것 같다.

마지막으로 학문의 조직화를 살펴보면, 이 새 기간의 초기가 매우 중요한 것을 다시 발견한다. 1869년에 주로 국제법을 다루는 최초의 정기 간행물인 『국제법과 비교법평론』(Revue de droit international et de législation comparée)이 시작되었다. 이 평론은 브뤼셀에서 출판되었으며 편집자와 기고자들이 국제적이었다. 이 평론은 제2차 세계대전이 발발할 때까지 이 분야에서 지도적 위치를 차지하고 있었다. 평론이 시작된 후, 1873년에 저명한 학회인 국제법학회(Institut de droit international)가 설립되었는데, 겐트Ghent에서 소집되었고 벨기에가 관리하였다. 만시니와 블룬칠리도 창립자 중의 일원이었고, 시간이 지나면서 많은 저명한 학자들이 회원으로 선임되었다. 그러나 이 학회의 실제 성과는 인상적이지 않았다. 이 분야에서 벨기에가 특별한 역할을 한 것은 물론 벨기에가 중립을 보장받은 것과 관련되어 있다.

이 기간의 마지막 수십 년 동안, 특히 제1차 세계대전 직전의 몇 년 동안, 전문서적과 정기간행물이 많이 증가하였다.[86] 특히 단행본 (monograph)들이 많이 증가하였는데, 19세기의 많은 기간 동안 국제법 분야에서 단행본은 매우 드물었다.

대학에서 오랜 명성을 자랑하던 자연법과 국제법에 관한 강좌들은 점차 사라졌다.[87] 국제법이 독립된 학문적 연구의 대상이 되었다. 다만, 종종 외교와 혼동되었다.[88] 우리가 보았듯이 초기의 전통에서는

---

86) Oppenheim, I, $\iint$ 58, 62 참조.

87) 에딘버러 대학에서 로리머의 강좌는 예외적인 것이었고, 그것이 아마도 그 강좌의 재직자(로리머)의 이상한 방식에 기여했을 것이다.

88) 몇 가지 적절한 자료가 있는 곳으로는, *Annuaire de l'institut de droit*

자연법과 국제법은 철학교수들이 가르쳤지만, 국제법을 법학 교수들이 가르치기 시작하였다.

일반적 발전과 함께, 국제법에 관한 학문적 서적은 법률가들이 더욱 많이 저술하게 되었지만, 법률가들만이 배타적으로 저술하지는 않았다. 외교관들, 육군과 해군의 고위 장교들, 신학자들, 그리고 전문적으로 법학교육을 받지 않은 다른 사람들도 국제법의 문제에 관한 과학적 논의에 적지 않게 참여하였다. 한 미국 장군이 국제법 교재를 저술하였고[89], 한 미국 제독도 국제법 교재를 출판하였다.[90] 유럽에서는 국제법과 외교 및 군사문제가 관련되어 있었기 때문에 국제법 문헌에 있어서 귀족들이 많은 역할을 하였다.

international, II (1878), 344, 그리고 von Bulmerincq, *Praxis, Theorie und Codification des Völkerrechts* (1874), 123. 또한, 다음 각주 참조.

89) H. W. Halleck, *International Law* (1861). "H. W. Halleck," in *Encyclopedia Americana* 참조.

90) C. H. Stockton, *A Manual of International Law for the Use of Naval Officers* (1911); *Outlines of International Law* (1914). "Stockton" in *The American Annual* (1925) 참조.

제 7 장
베르사유 조약에서
제2차 세계대전까지

제 7 장

베르사유 조약에서 제2차 세계대전까지

평화조약들과 그 결과

제1차 세계대전은 독일과의 베르사유 평화조약(Peace of Versailles)과 그 후의 오스트리아와의 생제르멩Saint-Germain조약, 불가리아와의 뇌이Neuilly조약 그리고 헝가리와의 트리아농Trianon조약에 의해 종결되었다. 이 조약들은 이전의 평화 조약들보다 법적으로 훨씬 더 정교하였다. 1920년 1월 10일 발효한 베르사유 조약을 중심으로 하여, 이 조약들의 주요 특징과 제2차 세계대전 이전까지 이 조약들이 국제법에 미친 영향들을 (1) 정치적 분야와 (2) 비정치적 분야에서 간략히 살펴볼 것이다.[1]

---

1) 이 장의 주제는 각도가 좀 다르다고 하더라도 유사한 논문에서 국제법에 관해 논의된 내용과 대부분 일치한다. 이러한 범위에서, 도서목록 자료를 위한 참고문헌은 Oppenheim을 참조했고, 독일의 문헌에 대해서는 von Liszt, *Völkerrecht* (12th ed. by Fleischmann, 1925)을 참조했다. 일반적인 정보를 더욱 상세하게 찾을 수 있는 훌륭한 저서로는, Toynbee, *Survey of International Affairs* (20 vols., 1920−1938과 13 vols. of documents), 그리고 Hudson, ed., *International Legislation* (7 vols., 1931−1941).

그때까지 국제법에 관하여 평화조약이 가져온 가장 중요한 정치적 혁신은 물론 국제연맹규약에 의해 수립된 국제연맹(League of Nations)이었다. 국제연맹규약은 이 조약들의 서론적 부분을 구성하였다. 연맹의 개념은 앵글로-색슨의 이념에서 유래한다.[2] 연맹의 가장 중요한 설립자이자 열렬한 주창자였던 윌슨 대통령은 미국과 같은 형태의 더 넓은 연합을 일찍이 구상하고 있었으며, 먼로 독트린과 관련하여 범미주 조약(Pan-American Pact)을 위해 대통령으로서 노력할 때 ― 이 노력은 비록 실패하였지만 ― 이러한 구상을 하고 있었다. 영국에서는 국제연맹의 개념이 제1차 세계대전 중에 처음 주장된 것으로 보이며[3], 미국보다는 약하게 주장되었다. 적어도 윌슨에게는 기독교적인 종교적 감정이 강한 요소였다. 연맹의 설립자들이 아베 드 생피에르나 다른 이전의 학자들의 평화계획을 기억하였던 것 같지는

---

2) Harley Notter, *The Origins of the Foreign Policy of Woodrow Wilson* (1937), 43, 359, 374; Zimmern, *The League of Nations and the Rule of Law, 1918-1935* (1936), 215; Bleiber, *Die Entstehung der Völkerbundsatzung* (in *Handbuch des Völkerrechts*, IV [1939], 1A), 윌슨(Wilson) 대통령을 날카롭게 비판하고 있는 것으로는; Wehberg, "Die Methode der Vorbereitung des Völkerbundes," *Friedens-Warte* (1939), 177. 독일 역사상 연맹과 같은 사상에 대해서는, Veit Valentin, *Die Geschichte des Völkerbundsgedankens in Deutschland* (1920). 연맹의 역사 그 자체를 현재 이야기하고 있는 것으로는, F. P. Walton, *A History of the League of Nations* (2 vols., 1952).
콜롬비아의 법률가인 Yepes는 "La Contribution de l'Amérique Latine, etc.," *Recueil des cours*, XXXII (1930), 605에서 콜롬비아, 중앙아메리카, 페루, 그리고 멕시코가 1826년에 서명했지만 비준하지는 않았던 파나마 협정(agreement of Panama)을 국제연맹 규약(Covenant of the League of Nations)의 전신이자 그보다 우월한 것으로 설명하고 있다. 그러나 기껏해야 그 조약의 일부조항이 규약과 약간 유사할 뿐이었고 비준도 많이 되지는 않았다.
3) 미국의 사상에 근접한 정치인이자 학자인 Bryce 백작의 주도하에서 주장되었다. Zimmern, *op. cit.*, 165 참고.

않다. 윌슨 자신은 연맹의 설립계획이 근본적으로 미국적인 것이라고
생각했다. 국제연맹이라는 이름은 연맹이 국가들(states)의 연맹이지
민족들(nations)의 연맹이 아니라는 점에서는 부정확한 것이지만, 이
런 이름을 사용함으로써 국제연맹과 국제법(law of nations)을 적절히
연관시키고, 또한 국제법이 가진 이상들 및 역사적 가치들과 국제연
맹을 연관시키는 것이다.

이 책의 목적상 국제연맹의 구성에 관해 상세히 설명할 필요는 없
다. 주요기관으로서 연맹 회원국들의 연차회의인 총회(Assembly)와
8개에서 15개 회원국으로 구성되어 일종의 집행위원회 역할을 하는
이사회(council)가 있다는 것을 상기시키면 충분하다.

국제연맹의 활동은[4] 베르사유 조약이 비준되자 1920년 초에 시작
되었다. 시작부터 국제연맹은 미국의 불참으로 방해를 받았는데, 미
국은 어떤 의미에서 연맹의 조정자 역할을 하도록 되어있었다. 취약
성의 징후들이 곧 나타났고[5], 이는 연맹이 존재한 지 10년 정도 지나
서 더욱 가속화되었다. 세계적 경제 위기가 시작된 불행한 1931년에
급속한 붕괴가 시작되었다. 연맹의 첫 번째 주요 실패는 1931년 일본
이 만주를 침략한 것에서 유래하였다. 마침내 연맹이 적어도 말로는
중국을 적절히 보호하는 입장을 취하자, 일본은 1933년 연맹을 탈퇴

---

4) 초기의 활동방향에 대해서는, D. P. Myers, *Handbook of the League of
Nations* (1935), 그리고 Göppert, *Organisation und Tätigkeit des Völkerbundes*
(1938, in *Handbuch des Völkerrechts*, IV, 1B). 국제연맹의 다양한 기관들의
권능에 대해서는, *Essential Facts About the League* 10th ed., rev. (1939), 65,
76 참조.

5) 1920년에 폴란드가 리투아니아에게서 Vilna를 강탈하려고 했을 때, 국제연
맹은 리투아니아를 위한 구제조치(redress)를 보장할 수가 없었다. Toynbee,
Survey of International Affairs, 1920 – 1923 (1925), 250.

하면서도 북태평양에 있는 그 "위임통치지역"을 유지하겠다고 통보
하였다. 법률상의 모순에 의하여, 일본은 그 내용 없는 "연차보고서"
를 계속 제출하였으며, 그 이상의 논의는 정중히 거절하였다. 국제연
맹은 파라과이 같이 작은 나라가 차코Chaco의 소유권에 관해 볼리비아
와 전쟁을 하는 것에 대해서도 거의 무력하였다. 1934년 국제연맹 총
회가 마침내 만장일치로 파라과이에 대해 불리한 결정을 내렸을 때,
파라과이는 공개적으로 연맹에 저항하면서 탈퇴를 선언하였다. 미국,
브라질(1928년에 연맹을 이미 탈퇴하였다)과 다른 미주 국가들이 강하
게 압력을 가한 후, 1938년에서야 평화가 이루어졌다.

　　연맹의 위상에 치명적인 타격을 준 것은 무솔리니가 아비시니아를
침략하여 정복한 후(1936년) 파시스트 이탈리아에 대해 제재를 가하
지 못한 것이었다. 정치적 행동을 하는 기관으로서의 연맹은 제2차
세계대전의 발발과 함께 종료되었다. 다만, 1939년 12월 연맹은 소
련이 핀란드를 침략한 것을 이유로 소련을 제명하였다.[6] 이 조치로
인해 러시아는 연맹에 대해 적대감을 갖게 되었고, 이 때문에 연맹은
재건되지 못하였다. 그럼에도 불구하고, 국제연맹과 1945년의 국제
연합과의 이념적 유대는 명백하다. 또한, 국제연합헌장은 국제연맹규
약의 많은 내용을 포함하고 있다.

　　국제연맹의 정치적 기능은 이중적인 것이었다. 한편으로는 연맹은
평화조약의 집행과 관련된 특정한 의무들을 부여받고 있었다. 다른
한편으로는, 연맹은, 규약의 표현에 의하면, "국제평화와 안정"의 달
성을 위한 기관이었다. 이것은 우선 평화조약이 수립한 현상의 유지

---

6) Gross, "Was the Soviet Union Expelled from the League of Nations?" *Am.*
Journ. Int. Law, XXXIX (1945), 35.

를 의미하였다. 그러나 동시에 국제법의 지배하에 평화로운 분위기
를 조성하기 위한 보다 넓은 정책들이 연맹규약에서 계획되고 강조
되었다.

그러나 연맹은 더 큰 정치적 목적들을 위한 그 투쟁에 있어서는 실
패하였다. 연맹규약이 의도했던 군비제한을 위한 연맹의 노력은 완전
히 실패하였다.[7] 이 실패는 1933년 히틀러 정부가 연맹으로부터 탈
퇴하는 구실이 되었다.

그럼에도 불구하고, 국제연맹은 1925년의 로카르노조약(Locarno
Pact)의 체결에 있어서 정신적으로나 정치적으로 공헌하였다. 이 조
약에서 프랑스, 독일과 벨기에가 상호 불가침 정책을 약속하였고, 동
시에 영국과 이탈리아가 이 나라들의 국경선들의 불가침성을 보장하
였다. 이 조약은 독일을 한 편으로 하고 프랑스, 폴란드, 벨기에, 체코
슬로바키아를 다른 한 편으로 한 중재협정을 포함하였다. 또한, 이 조
약은 재판을 통해 해결할 수 없는 분쟁들의 평화적 해결을 위한 장치
를 규정하였다. 이 조약 후에 독일은 국제연맹에 가입하였다. 그러나
정치적 상황의 개선은 몇 년 동안 밖에 계속되지 못하였다. 1936년
로카르노 조약은 독일에 의해 폐기되었다.

국제평화의 달성을 위한 또 하나의 극적인 노력이 전쟁포기를 위한
파리조약(Pact of Paris), 즉 켈로그 조약으로 더 잘 알려진 조약에 의
해 1928년 이루어졌다. 프랑스 외무장관 브리앙Briand과 미국 국무장
관 켈로그Kellogg가 조약의 주요 지지자였다. 로카르노 조약과 달리 켈
로그 조약은 국제연맹규약상의 의무들을 언급하고 있지 않다. 그러
나. 정신적으로는 켈로그 조약과 국제연맹의 임무와는 관련이 있다.

---

7) 해군 군비축소에 대하여는, 이 책, p. 310.

서명국들은 그들 상호관계에 있어서 국가 정책 수단으로서의 전쟁을 부인하고, 그들의 분쟁을 평화적 수단에 의해서만 해결하도록 할 것을 약속하였다. 이것은 미국의 평화주의의 승리였다. 많은 사람들은 이 조약이 국제법의 새로운 시대를 가져왔다고 믿었다.

그러나 그러한 믿음은 곧 약화되었다. 이 조약은 그 서명국들이 침략적이고 호전적인 정책을 추구하는 것을 막지 못하였다. 서명국 중의 하나였던 일본이 1931년 만주를 침공하였을 때, 스팀슨Stimson 국무장관은 미국이 켈로그 조약에 위반한 수단으로 초래된 어떤 상황이나 협정의 합법성을 인정할 수 없다고 선언하였다("스팀슨의 불승인주의"). 그리고 이 선언 이후에 국제연맹에 의해 유사한 내용의 결의가 있었다.[8] 진주만 공격이 발생한 시점에서도, 일본은 여전히 켈로그 조약에 의해 구속을 받고 있었다.

국제연맹 다음으로, 평화조약(역자 주: 베르사유조약 등을 의미함)의 정치적-법적 측면에서 역사상 가장 관심을 끄는 것은 위임통치 제도일 것이다.[9] 위임통치 제도하에서 패전국이 할양한 영토들이 다양한 동맹국들에게 양도되었다. 위임통치는 국제법상 새로운 장치로서 병합(annexation)을 대신할 것이었다. 병합은 관습적인 해결책이었으나, 윌슨 대통령은 병합을 원칙적으로 배척하였다. "위임통치"(mandate)라는 용어는 로마법에서 유래한 용어로서 최고 권위를 가진 국제연맹

---

8) 그 결의안의 미약한 시행에 대해서는, W. W. Willoughby, *The Sino-Japanese Controversy and the League of Nations* (1935), 517 참조. 1933년 미주간 반전조약(Inter-American Antiwar Pact of 1933, *infra*, p. 261)은 스팀슨 독트린을 채택했다.

9) League of Nations, *The Mandates System: Origin, Principles, Application* (1945); P. Q. Wright, *Mandates Under the League of Nations* (1930).

이 "위임받은"(mandatory) 국가에게 권한을 위임하였다는 것을 암시
한다. 실제로는, 위임통치를 하는 나라가 모든 정치적 지배권을 행사
한다. 위임통치가 병합과 다른 점은 연차보고서를 제출할 의무와 상
당수의 의무와 금지들이 있다는 것 밖에 없다. 더구나, 위임통치에 따
른 의무와 금지들을 준수하는 것은 사실상 위임받은 국가의 재량에
달려있었다. 이러한 점에서 예를 들 수 있는 것은 일본이었다. 일본은
그 위임받은 영토에 군사기지와 해군기지들을 위임통치 규정에 위반
하여 건설하였는데, 이 기지들을 외국인 방문자의 눈을 피해 교묘히
감추었다. 위임통치는 결코 바람직한 창조물이 아니었다.

　법의 역사에서 다른 중요한 측면이 전쟁 및 전투행위에 대한 책임
에 관한 베르사유 조약의 규정들에 의해 제시된다.[10) 베르사유 조약
제231조에 의하면, "독일과 그 동맹국들에 의해 부과된 전쟁의 결과
로서 받게 된" 전승국과 그 국민들의 모든 손해와 책임에 대해 독일과
그 동맹국들이 책임이 있음을 전승국이 확인하고 독일은 수락하였다.
이 구절은 전쟁을 시작하게 된 책임이 일차적으로 독일에게 있다는
것, 즉, 독일의 전쟁은 "부정의한"(unjust) 전쟁이라는 것을 선언하고
고백하는 것과 같다. 비록 패전국에게 공식적으로 유죄를 자백하게
할 근거는 없지만, 이 문제에 관해 승전국들이 재판관으로서 행동한
것은 그 이전의 이론에 부합한다.

　제231조의 배경이 된 일반적 관념과 밀접하게 관련된 것으로서,
베르사유 조약은 독일의 전 황제를 연합국에 인도할 것을 규정하였
다. 그는 "국제정책의 최고의 동기에 따라," "국제도덕과 조약의 신성

---

10) Sheldon Glueck, *War Criminals, Their Prosecution and Punishment*
　　(1944), 19.

함을 위반한 최고의 범죄를 이유로" 재판을 받아야 했다. 먼저, 이 구절은 기소의 법적 근거보다는 정치적 근거를 제시하고 있다. 잘 알려져 있듯이, 카이저Kaiser의 범죄인인도는 그가 도피해있던 네덜란드가 정치적 망명자에 대해 비호를 부여할 수 있는 그 권리를 주장하였기 때문에 일어나지 않았다. 승전국은 이러한 네덜란드의 태도를 묵인하였다.

베르사유 조약은 또한 승전국의 법원에서 전쟁에 관한 법과 관습에 위반한 범죄나 승전국 국민에 대한 범죄를 저지른 독일인들이 재판받도록 규정하였다. 이 규정들은, 특히 전쟁 범죄와 관련된 조항들은, 국제법의 영역 안에 남아 있는 것이다. 실제로는 연합국이 이러한 재판을 독일의 법원들에 맡겼고, 이는 매우 불만족스러운 결과를 가져왔다. 그러나 베르사유 조약의 이 부분은 제2차 세계대전 이후에 그 효력을 나타낼 선례를 만들었다.[11] 하지만, 히틀러와 그 부하들이 이 선례의 존재나 역사상 가장 흉악한 전쟁범죄를 저지르는 것에 대한 연합국의 가장 엄중한 경고에 의해 한 순간이라도 억제되지 않았었다는 사실을 간과해서는 안 된다.

비정치적 분야에서 평화조약들의 효과는 국제연맹의 다양한 활동들과[12] 이 조약들에 의해 창설된 다른 기관들의 활동을 통해 나타났다. 우리는 국제법과 관련된 활동에만 관심을 갖는다.

이 점에서, 연맹의 노력은 많은 공개된 다자조약의 형태로 나타난다. 그러나 그 조약들은 실망스러울 정도로 성공하지 못하였다.[13] 연

---

11) 더욱 이전의 선례들은 없었다. 이 책, p. 72, 각주 3 참조.

12) W. M. Hill, *The Economic and Financial Organization of the League of Nations* (1946); Sweetser, "The Non-Political Achievements of the League," in *Foreign Affairs*, XIX (1940), 179.

맹이 준비한 협정 초안들은 종종 서명에 이르지 못했거나, 서명은 되었지만 전혀 비준되지 못했거나, 또는 필요한 국가의 수에 의해 비준되지 못하였다. 발효한 경우에도, 이 조약들은 주요 국가가 서명을 적게 하였거나 국내 입법부 또는 행정부에서 불만족스럽게 이행을 하는 등의 이유로 흔히 중요하지 않은 조약들로 남아 있었다.

국제연맹의 국제 입법과 행정에서의 노력은 또한 그 이전기간부터 부분적으로 시작된 많은 인도적 사업으로 확대되었다. 이러한 사업에는 전염병 방지를 위한 투쟁, 아편과 노예무역의 방지, 교육과 아동의 복지, 전쟁으로 인해 본국으로부터 쫓겨난 난민의 지원이 있다. 난민을 지원하는데 연맹의 고등판무관으로서 노르웨이 탐험가 난센Fridtjof Nansen의 뛰어난 지도로 놀라운 성과가 있었다. 난센은 '난센 여권'(Nansen passport)이라는 새로운 국제적 문서를 도입하는 데 기여하였다. 난센 여권은 시민권의 상실이나 기타 이유로 본국으로부터 여권을 얻을 수 없는 난민을 위한 공식 신분증명서로서 사용되었다. 국제연맹의 주관 하에 체결된 조약들 중에서 1923년의 음란출판물의 유통과 거래의 방지를 위한 조약과 그 이전의(아편, 노예 및 여성과 아동의 교역에 관한) 조약의 개정 조약들이 가장 중요하였다.

국제법은 1930년 헤이그에서 국제연맹의 주관 하에 개최된 제1차 (그리고 유일한) 국제법의 발전적 법전화에 관한 회의(Conference on the Progressive Codification of International Law)의 직접 대상이 되었다. 그러나 회의의 결과는 대단히 불만스러웠다.[14]

---

13) 유용한 연구로는, League of Nations, *Signatures, Ratifications and Accessions in Respect of Agreements and Conventions Concluded under the Auspices of the League of Nations*, 21st list (V Legal, 1944, Vol. II). 추가적인 정보를 위해서는 연보, *The League from Year to Year* (1926–1938) 참조.

그 완성된 노력들과는 아주 대조적으로, 국제연맹이 수행한 예비적인 연구의 양은 실로 놀라운 것이었다.[15] 1935년에 벌써 연맹이 출판한 별도의 문서들의 수가 4천 개 이상이라고 추정되었다.[16] 이 문서들은 미래의 국제입법과 역사적 연구에 매우 귀중한 정보를 포함하고 있다. 동시에 많은 출판물은 연맹의 목표를 방해했던 본질적 어려움들과 많은 마찰들을 반영하고 있다.

평화조약과 관련되지 않은 국제법 발전

세계대전들의 사이 기간 동안, 국제적인 국가관행은 평화조약의 궤도 밖에서 정치적 분야와 경제적 분야에서 많은 변화를 겪었다.

이 기간의 다른 정치적 발전들은 덜 중요하다. 법적인 관점에서 볼 때, 미주공화국들의 국제연합(International Union of American Republics)[17]

---

14) 그 회의에서는 이중국적, 무국적 및 국적법 충돌의 한정된 사항에 관한 세 가지 협정들의 초안을 채택하였다. 비준한 국가들이 거의 없었지만, 강대국들 중에서 비준한 국가로는 영국과 미국이 있으며, 미국은 이중국적의 특정사항에 대해서만 비준하였다. League of Nations, *Treaty Series*, CLXXVIII, 229, and CLXXIX, 90, 116.

15) Aufricht, *Guide to League of Nations Publications* (1951).

16) Myers, *op. cit.*, 388.

17) Pan American Union, *Report on the Activities of the Pan American Union*, 1923-1927; 같은 책, 1928-1933 그리고 1933-1938; 또한, *Summary of Annual Report of the Director of the Pan American Union*, 1938-1939 그리고 이후 연도의 책 참고. 1945년에 미주공화국들의 국제연합(International Union of American Republics)이라는 명칭은 미주간체제(Inter-American System)로 바뀌었으나, 사무국인 범미주연합(Pan American Union)의 명칭은 변하지 않고 유지되었다. (정부들의 연합에 대해 후자의 용어를 사용하는 것은 엄격한 의미에서 정확하지는 않지만 편리하다) 유용한 연구를 발견할 수 있는 곳으로는, Fenwick, *International Law* (3rd ed., 1948), 202.

을 수립한 것이 특별히 관심의 대상이 된다. 이미 보았듯이, 이 연합은 1890년에 수립되었지만 역사적 관점에서는 이 기간에 더 속한다고 할 수 있다. 이 연합은 정부들의 회의와 워싱턴에 있는 상설사무국, 범미연합(the Pan-American Union) — 캐나다가 불참하였기 때문에 다소 부정확한 이름이다 — 을 통해 가능하였다. 이 국제연합은 정치적, 경제적 및 문화적 분야에서 미주국가 간의 관계 증진을 위한 것이었다. 국제연맹의 설립 이후에, 이 연합은 일종의 미주의 국제연맹 또는 국제연맹의 보충적 기구가 되었다. 1928년 하바나에서 개최된 제6차 미주회의부터, 이 연합은 국제연맹처럼 대규모로 다자조약들을 준비하였다.[18] 그 중에는 1933년 리오 데 자네이로에서 아르헨티나의 주도로 발효한 "불가침과 조정에 관한 반전 조약(Antiwar Pact of Nonaggression and Conciliation)"(종종 아르헨티나 외무장관을 기념하여 사아베드라 라마스Saavedra Lamos 조약이라고 불린다)이 있었다. 그 조약은 켈로그 조약을 보충하면서 후속 조약들에 의해 보완되었는데, 미주국가들에 대한 침략이 있는 경우에 미주국가 간의 연대정책을 도입하였다. 그 정책은 제2차 세계대전동안 주축국에 대항한 외교적·경제적 투쟁에 있어서 효과적인 것으로 입증되었다.[19]

군비제한을 위한 새로운 노력들은 몇 개의 해군협정들을 체결하게 하였으나, 모두 일시적인 중요성만을 가진 것이었다.[20] 특히, 미국의

---

18) 미주간 협약들과 그 비준에 관한 완전한 목록을 위해서는, *Amer. Journ. Int. Law*, XXXII (Supp. 1938), 102 참조. 아르헨티나의 거의 완전한 기권(abstention)은 주목할 만하다. 또한 이 책, p. 273. 그 협약들 중 더욱 중요한 것들이 재판되고 분석된 곳으로는, Savelberg, *Le Problème du droit international américain* (1946).

19) 1940년 하바나 선언은 한 미주국가에 대한 비미주국가의 침략을 미주국가 전체에 대한 침략으로 간주한다고 규정하고 있다.

발의로 1922년 워싱턴에서 프랑스, 영국, 이탈리아, 일본 그리고 미국에 의해 해군군비제한을 위한 조약(Treaty for the Limitation of Naval Armaments)이 체결되었다. 이 조약은 국가들에게 특정 군함의 톤수를 줄이고(scrapping), 군함의 수와 대포의 구경을 줄일 의무를 부과하였다. 이 조약은 1934년 12월 일본에 의해 폐기되었고, 1936년 말에 종료되었다.

전투행위의 인도주의화에 있어서의 발전은 국제연맹의 작업과는 별도로 1929년 제네바에서 서명된 두 개의 중요한 다자협약에 의해 이루어졌다. 하나의 조약은 적십자 협약을 개정하는 것이고, 다른 하나의 조약은 전쟁포로의 대우를 규율하는 조약으로서 육전에서의 법과 관례에 관한 헤이그 협약의 한 장(chapter)을 대체하는 것이었다. 두 조약은 모두 상당한 발전을 초래하였다. 첫 번째 조약은 적십자 협약을 의료 수송에 사용되는 항공기에도 확대 적용시켰다. 두 번째 조약은 전쟁포로의 보호를 위임받은 중립국들에게 그 임무를 효율적으로 수행하는 데 필요한 법적 지위를 부여하였는데, 이는 큰 개선이었다. 이 조약은 또한 포로를 복구(reprisal)조치의 대상이 되지 않도록 하였다. 이 새로운 조약들은 총가입조항을 배제하여 교전국들이 조약의 당사국인 경우 이 교전국들에 대해 구속력을 갖는다고 규정하였다. 비준국 수는 많았고, 적십자 협약의 경우에는 사실상 모든 중요한 국가들이 비준하였다.[21] 이 새로운 전쟁포로에 관한 협약은 소련과 일본에 의해서는 채택되지 않았다. 같은 주제에 관한 소련의 계획은 중요하게도 중립국에 의한 감독을 규정하지 않았었다.[22] 일본인들에 대

---

20) Oppenheim, II, ∫ 25 i 참조.
21) 아르헨티나는 또 다시 예외였다.

해서는, 그들이 일본인이든 적국인이든 전쟁포로를 비인도적으로 경멸했던 것이 일본이 이 협약을 비준하지 않는 동기의 하나인 듯하다.

해상전투의 인도주의화에서는, 제1차 세계대전의 경험이 1936년에 상선에 대한 잠수함의 전투행위를 제한하는 협약이 체결되도록 하였다.[23] 그러나 제2차 세계대전 초기에 이 협약은 그 서명국의 하나였던 독일에 의해 폐기되었고, 이에 따라 다른 국가들에 의해서도 폐기되었다.

중립개념의 동요가 제1차 세계대전부터 시작되어 이 기간 내내 느껴진다.[24] 국제연맹규약 자체가 규약에 위반하여 전쟁을 하는 회원국은 다른 모든 회원국에 대하여 전쟁 행위를 하는 것으로 간주되며, 다른 모든 회원국은 그 국가와의 통상과 금융관계를 단절해야 하며, 집단적 군사제재도 승인될 수 있음을 규정하였다. 이 규칙을 어떤 사람들은 중립의 종료를 의미하는 것이라고 해석하는 반면, 어떤 사람들은 연맹규약상의 제재에 참여하는 것이 참여국가의 중립적 지위를 완전히 박탈하는 것은 아니라고 해석하였다.[25]

---

22) Taracouzio, *The Soviet Union and International Law* (1935), 327, 423 참고.

23) 협약의 본문을 위해서는, *Amer. Journ. Int. Law*, XXXI (Supp. 1937), 137 참조.

24) 그 이후에 대해서는, Fenwick, *International Law* (3rd ed., 1948), 613, 618; Oppenheim, II, ∬ 292 *a et seq* 참고.

25) 켈로그 조약은 같은 의미에서 원용되었다. Fenwick, *op. cit.*, 617; Oppenheim, II, ∫ 292 *b, i.*

국제분쟁과 사법적 기구들

국제법의 사법적 집행에 있어서, 세계대전들의 사이 기간은 분명히 진보의 시기였으며, 이 기간에 상설국제사법재판소의 설립은 중요한 사건이었다.[26] 이 재판소는 국제연맹 규약의 한 조항에 의해 창설되었으며, 연맹회원국의 과반수가 재판소 "규정"에 서명하고 비준함으로써 1921년에 탄생하였다. 재판소 규정은 연맹의 주관 하에 저명한 국제법 전문가들의 위원회에서 작성하였다. 재판소의 명칭에서 "중재의(arbitral)"라는 용어가 빠진 것이 주목할 만한 것이었다(역자 주: 상설국제사법재판소의 설립이전에 1907년 제2차 헤이그 평화 회의에서는 "중재사법재판소(Court of Arbitral Justice)"를 설립하려고 하였다. 이 중재사법재판소는 그 이전의 "상설중재재판소(Permanent Court of Arbitration)"와 그 이후의 "상설국제사법재판소"의 중간적 성격을 가지고 있어서 "중재(arbitral)"라는 용어를 그 명칭에 포함시키고 있었다. 이 재판소는 결국 설립되지 못하였다). "사법(Justice)"이라는 단어는 국제"법(law)"의 독립적인 역할을 의미하였다. "중재재판관들(arbitrators)"은 종종 순전히 형평적 성격(equitable character)의 고려를 하기도 한다(역자 주: 중재재판에서는 재판관들이 국제법을 적용하는 경우도 있지만, 엄밀히 말해서 국제법이 아닌 "형평과 선"을 적용하는 경우도 있음을 의미하며, 이 경우에는 분쟁이 국제법에 기초하여 해결되었다기보다는 국제법이 아닌 구체적 정의에 가까

---

26) 뛰어난 저서로는, M. O. Hudson, *The Permanent Court of International Justice, 1920-1942* (1943) [bibi.*], 그리고 *International Tribunals, Past and Future* (1944) [bibi.*]. 풍부한 도서목록과 통계자료를 볼 수 있는 곳으로는, *Publications of the Permanent Court of International Justice, Series E, Annual Reports*, 특히 가장 최근의 No. 15 (1938-1939).

운 형평과 선에 의해 해결됨을 의미한다).

상설국제사법재판소는 카네기가 기증한 헤이그에 있는 장엄한 평화궁(Peace Palace)에 설치되었다. 재판소는 9년 임기의 11명(후에 15명)의 재판관으로 구성되었다. 상설중재재판소(Permanent Court of Arbitration)와 대조적으로, 소송 당사자들은 재판소에 한쪽 당사자의 국적을 가진 재판관이 있는 경우를 제외하고는 재판부의 구성에 영향을 줄 수 없었다. 이러한 경우에는 다른 당사자도 그 국민 중에서 한사람을 (또는 다른 사람을) 재판관으로 임명하도록 허용되었다.

재판소 규정에 따라, 재판소는 (1) 분쟁 국가들에 의해 승인된 국제협약, (2) 법으로 수락된 일반적 관행의 증거로서 국제관습, (3) 문명국가들에 의해 승인된 법의 일반원칙, (4) 보조수단으로서, 사법적 판결과 각 국의 가장 우수한 학자의 학설을 적용하여야 했다. 이 네 단계의 지시는 UN헌장에 의해 새로운 "국제사법재판소(International Court of Justice)"에서도 채택되었으며, 재판소가 각 특정 사건에서 국제법의 벌어져 있는 간격을 막을 수 있도록, 즉 실제적인 목적으로 새로운 규칙들을 수립할 수 있도록 해주었다. 이미 보았듯이, 관습은 대부분 애매하고 논쟁이 많은 것이다. 그러나 "문명국가들에 의해 승인된 법의 일반원칙들"은 적용 가능한 규범들의 굉장한 보고이다. 국내법 체계에서 도출된 이러한 원칙들을 국제법의 법원의 하나로 격상시킨 것은 역사적으로 특별한 의미가 있다. 이는 로마인들이 설명하고 수아레즈가 더 세련되게 만든 옛날의 만민법의 부활을 의미한다. 다만, 만민법의 두 가지 요소—즉, 국제법과 보편법(수아레즈는 이렇게 분류하였다)—가 이제는 새로운 사상체계에서 다시 결합되었다. "학자들"의 학설을 규정한 것은 과학의 창조적 기능을 선명하게 나타낸다. 이 특징은 궁극적으로 대륙법의 관행에서 유래하나, 국제법 문제에 있어서 영미국가의 특별한 관행과도 일치한다.[27)

이 상설재판소와 떨어져 있던 국가들 중에 미국과 소련이 눈에 띈다. 오랜 교섭 후에 미국의 가입을 위한 공식적인 의정서가 1929년에 작성되어 미국에 유리한 많은 유보들을 규정하였다. 이 유보들은 재판소 회원국들의 승인을 받았으나, 1935년에 미국상원에서 이 의정서안에 대한 표결을 하였을 때 필요한 2/3의 다수표를 얻지 못하고, 찬성 52표, 반대 36표로 부결되었다. 재판소에 가입하는 것이 미국에 대해 최소한의 법적 의무만을 부과할 것이었기 때문에 이 부결은 더욱 놀라운 것이었다. 최소한의 법적 의무라는 것은 합의된 유보들로부터 나타날 뿐만 아니라 재판소의 규정상 어떤 국가도 특정한 사건에서 재판소의 관할권에 복종할 의무가 없었다는 사실에서도 도출된다(역자 주: 재판소는 강제관할권이 아닌 임의관할권제도를 가지고 있었다).

일반적으로, 후자의 제한(역자 주: 즉 강제관할권이 없는 것)이 재판소의 구조에 있어서 근본적인 약점이었다. 그러나 규정상 "선택(optional)"조항에 의해 적어도 하나의 보완책이 제공되었다. 그 조항에 서명함으로써, 한 국가는 동일한 선언을 한 다른 모든 국가와의 분쟁에 있어서 재판소의 강제관할권을 수락할 의무를 졌다. 즉, (a) 조약의 해석과 같은 국제법상의 문제, (b) 국제의무의 위반에 해당하는 사실의 존재, 그리고 (c) 그러한 의무의 위반에 대한 배상과 관련된 법적 분쟁에 있어서 재판소의 강제관할권을 수락하여야 했다. 오랜 시간이 소요된 후에, 이 "선택"조항은 표면상으로는 45개 국가에 의해 수락되었다. 그러나 대부분 시간 제한이 있었기 때문에 참가국이

---

27) 이 책, pp. 96, 180.

점차 줄어들었다. 게다가, 수락선언들은 일반적으로 조건부로 이루어
졌는데, 특히 어려운 조건은 (예를 들어 영국이 했던 것인데) 그 분쟁이
"선언 수락 국가의 전속적인 관할권에 해당되는 것"이 아니어야 했다.

선택조항에 따라 실제로 11건의 사건이 재판소에 회부되었으나 4
개의 사건(그 중 두 건은 실제로는 한 사건이었다)에 대해서만 당사국들의
관할권 문제에 관한 합의가 이루어졌다.[28] 다른 7건의 사건에서는 관
할권 없음이 피고측에 의해 주장되거나 제시되었다. 이중 두 번은 재
판소가 관할권을 행사하기를 거절하였고, 세 번째 사건에서는 재판소
가 관할권을 부분적으로만 행사했다. 나머지 4개의 사건에서는 이런
저런 이유들로 관할권에 관한 결정이 이루어지지 않았다. 선택조항을
통해 결정된 가장 중요한 사건은 동부 그린란드(Eastern Greenland)
일부지역의 주권에 관한 노르웨이와 덴마크 간의 분쟁이었다. 그 판
결은 덴마크의 승소를 나타냈는데, 점유를 통한 주권 취득이론을 지
지하는 중요한 견해를 제공하였다.

국제연맹의 주관 하에 국제분쟁의 평화적 해결을 위한 일반조약
(General Act for the Pacific Settlement of International Disputes)이
1928년 체결되었다. 이 조약은 공개된 다자조약이었으며, 이 조약에
의해 체약당사국들은, 다른 국제재판소에 회부하지 않는 경우, 그들
각자의 권리와 관련된 상호 간의 미래의 분쟁("재판할 수 있는,
justiciable" 분쟁)에 대해 상설국제사법재판소의 강제관할권을 수락하
였다. 다른 ("재판할 수 없는, nonjusticiable" 즉 순전히 정치적인) 분쟁들

---

28) 상세한 내용을 위해서는, Hudson, The Permanent Court, etc., sec. 463, p.
477, 그리고 International Tribunals, etc., 141 참조. 사건과 판결의 본문을 볼
수 있는 곳으로는, Publications of the Permanent Court, Ser. A/B.

의 해결을 위해서는 특별한 중재재판절차가 규정되었다. 이 조약은
영국과 프랑스를 포함한 20개 이상의 국가에 의해 채택되었으나, 적
용된 적은 없었다.

　그러나 상설국제사법재판소는 수백 개의 국제조약들에 의해 배타
적인 또는 다른 재판소와 경합적인 관할권을 부여받았다.[29] 예를 들
어, 일반중재조약들 ― 이 조약들이 가장 많은 종류로서 약 175개이
다 ― 과 통상조약들, 국제노동기구가 작성한 협약들, 교통통신과 이
동에 관한 조약들, 그리고 어떤 점에서는 평화조약들이 상설국제사법
재판소에 관할권을 부여하였다. 이런 종류의 17개 사건이 판결을 받
았는데, 일부사건은 여러 개의 판결이 필요하였다.

　첫 번째 사건이면서 동시에 강제관할권을 행사한 첫 번째 사례는
윔블던 호Wimbledon 사건이었다. 이 사건에서 프랑스와 다른 연합국들
은 당시 러시아와 전쟁 중이던 폴란드로 탄약을 싣고 가던 윔블던 호
에 대해 독일이 킬 운하를 통과하지 못하도록 한 것을 이유로 독일에
대해 1921년 손해배상을 청구하였다. 윔블던 호는 프랑스에 의해 용
선된 선박이었다. 재판소는 베르사유 조약을 근거로 관할권을 행사하
였으며, 독일에게 불리한 판결을 내렸다. 독일은 그 중립국으로서의
지위에 근거하여 방어하려고 하였다.

　독일 자신도 베르사유 조약과 그 부속 조약인 1922년의 독일과 폴
란드 간 조약에 따라 상설재판소에 회부하였는데, 그 이유는 폴란드
가 상부 실레지아(Upper Silesia)에서 독일의 조약상 권리를 침해하고
있다는 것이었다. 이 지역은 조약상 폴란드에게 할양되었던 곳이었

---

29) Hudson, *The Permanent Court*, chap. xx, p. 435, 그리고 *International
　Tribunals*, 10.

다. 이 사건들에서도 재판소는 강제관할권을 가졌는데, 그 결과는 독일에게 유리하였다.

강제관할권에 근거하지 않고 관할합의를 임시로(ad hoc) 제출한 것에 근거한 상설재판소의 판결은 드물었으나, 이 판결 중에는 몇 개의 유명한 국제 분쟁에 관한 것이 있었다. 로터스 호 사건(Lotus case, 1927년)에서, 터키는 프랑스 증기선 로터스 호의 프랑스인 간부급 선원에 대해 형사처벌 절차를 개시하였다. 로터스 호는 과실로 터키의 석탄선과 공해상에서 충돌하여 그 배를 침몰시키고 몇 사람의 터키인을 죽게 하였다고 주장되었다. 프랑스는 터키가 공해상에서 발생한 행위를 근거로 프랑스인을 형사 처벌하는 것이 국제법에 위반된다고 주장하면서, 터키를 상대로 제소하였다. 그러나 재판소가 6대 6으로 나뉘었을 때 재판장이 결정투표권을 행사하여, 재판소는 터키의 승소 판결을 내렸다.

1932년에 프랑스는 스위스를 상대로 상설재판소에 제소하였다가 다시 패소하였다. 이 사건에서 프랑스는 스위스와 국경을 접하고 있는 프랑스 영토 내의 일정한 "자유지역(free zones, 관세자유지역)"에 대한 스위스의 오래된 권리들을 부인하였다.

엄격히 사법적인 기능 이외에, 평화조약은 재판소에 연맹이사회의 요청에 따라 국제법에 관한 "권고적 의견(advisory opinion)"을 제시할 것을―일부 국내재판소의 예에 따라―위임하였다. 권고적 의견은 27개의 사건에서 내려졌다. 아마도 상설재판소는 정식 재판사건만큼 권고적 의견을 다루었을 것이다. 가장 유명한 권고적 의견이 1931년에 내려졌다. 이 의견에서 재판소는 8대 7로 독일과 오스트리아가 계획한 관세연합이 1922년의 차관협정상 오스트리아가 부담하

고 있는 의무에 위반한 것이라고 하였다. 다른 권고적 의견의 상당수
는 폴란드 국가의 창설에서 유래한 문제와 관련된 것이었다. 재판소
는 권고적 의견의 절차를 재판사건의 절차와 유사하게 적용하였다.
이 점에 관한 재판소의 논리는 연맹이사회가 서부 카렐리아_{Karelia}의
자치권에 대한 핀란드와 러시아 간의 분쟁에 관한 권고적 의견을 요
청하였을 때 잘 표현되었다. 러시아는 연맹의 회원국이 아니었지만
재판소의 어떠한 개입도 철저히 반대하였다. 한 법률전문가 또는 그
러한 전문가들의 기구가 법적 의견을 제시하는데 "관할권"이 필요하
지 않다는 사실에도 불구하고, 재판소는 러시아가 취한 예외를 고려
하여 요청된 의견을 제출하지 않았다. 이는 재판소의 권고적 활동이
가진 준사법적 측면을 고려한 것이었다.

재판소가 권고적 의견을 내릴 때마다, 그 의견은 국제연맹에 의해
철저히 준수되었다. 아마도 권고적 의견의 제출이 전체적으로 볼 때
재판소의 활동 중에서 더 성공적이고 순조로웠던 부분인 것 같다. 충
분히 놀랍게도, 미국이 재판소에 가입하기 위해 승인된 조건들 가운
데 가장 중요한 것은 미국이 "이익을 갖거나 주장하는" 문제에 대한
권고적 의견 절차를 미국이 거부할 권리를 갖는다는 것이다.

상설국제사법재판소 이외의 재판소나 한 명의 중재재판관[30]에 의
한 재판이 이 기간의 조약들에서 자주 규정되었는데, 경우에 따라서
는 상설국제사법재판소의 관할권과 선택적으로 규정되었다. 보통, 그
러한 재판소들은 원협정에 근거하여 양자협정을 체결함으로써 각 특

---

30) 철저하고 매우 유익한 연구로는, Schindler, *Die Schiedsgerichtsbarkeit seit
1914* (1938—*Handbuch des Völkerrechts*, V, Abt. 3) 참조. Pertinent cases in
Annual Digest of Public International Law Cases (Since 1932—edited by
Lauterpacht).

정 사건마다 구성되어야 했다. 그러나 중재는 원 조약상 강제적인 것
이었다. 이 점과 관련하여 유명한 한 사건은 베르트홀트 야콥_{Berthold}
Jacob 사건이었다. 그는 1935년에 히틀러 정부의 요원에 의해 스위스
영토에서 납치되어 독일에 잡혀왔다.[31] 이러한 스위스 주권의 무자비
한 침해에도 불구하고, 히틀러 정부는 처음에는 야콥을 스위스로 송
환하라는 스위스의 요구에 따를 것을 거부하였다. 그러나 스위스 정
부는 1928년 당시 민주적인 독일정부와 체결하였던 강제중재조약에
근거하여 독일을 상대로 소송을 제기하였다. 이 문제에 관해 스위스
의 첫 소장이 제출되자, 히틀러는 그 신문기자를 스위스 당국에 인도
할 것을 결정하였다.

이 사건은 약소국이 강한 국가에 대항할 때 강제중재를 통해 받을 수
있는 보호를 잘 나타낸다. 물론, 그 분쟁의 대상이 위반자의 관점에서
볼 때 사소한 것이었다. 1935년 아비시니아와의 전쟁을 계획하던 무솔
리니는 1928년의 아비시니아와 이탈리아 간의 중재조약과 이 조약에
기초하여 중재재판소가 내린 판정을 조롱하였다(왈왈_{Wal-Wal}사건).[32]

한명의 중재재판관 또는 특별재판소들에 의해 상당히 많은 판결이
자발적인 사건회부에 근거하여(즉, 기존의 조약에 의한 의무적인 것이 아
닌 사건회부) 내려졌다. 일부는 상설중재재판소(Permanent Court of
Arbitration)에 의해 판결이 내려지기도 하였다. 미국은 약 20개의 사
건에서 이러한 절차의 당사자였다. 몇 가지 사건은 제1차 세계대전으
로부터 남겨진 사건이었다. 따라서 1922년 한 중재재판소는 미국이

---

31) *Amer. Jour. Int. Law*, XXX (1936), 502; Schindler, *op. cit.*, 23 참조. 또한
  "야콥 ─ 살로몬(Jakob ─ salomon)" 입국, *New York Times Index* (1935) 참고.
32) P. B. Potter, *The Wal Wal Arbitration* (1938).

제1차 세계대전 동안 노르웨이 국민의 선박을 징발한 것에 대해 노르웨이 국민에게 약 1,200만 달러를 보상하라고 판정하였다. 미국은 그 판정에 강하게 반대하였으나, 그 판정을 이행하였다.

미국 해안 경비대 선박이 캐나다 국적의 밀수선박 아임어론호(I'm Alone)를 공해상에서 침몰시킨 것에 관한 미국과 영국(캐나다를 대신한) 간의 분쟁에서 또 다른 중재판정이 내려졌다. 중재재판관들 — 한 명은 캐나다에서 한명은 미국에서 임명 — 은 4년 이상 계속된 재판 후에 1933년 미국의 패소를 판결하였다.

대부분의 중요한 의견들에서 나타나는 강한 반대들은 — 특히 상설국제사법재판소의 의견에서 — 새로운 국제재판소의 관행에서 부분적으로 기인한 국제법의 불확실성을 반영하였다. 더욱 걱정스러운 것은 선택조항에 의해 강제관할권이 주장된 경우에 제소를 당한 국가가 상설국제사법재판소의 관할권에 대해 자주 그리고 성공적으로 항변한 것이었다. 다른 경우의 강제중재사건 판정이 적다는 것 또한 강제적 조약들의 단점을 제시하고 있는 듯하다.

다른 형태의 국제사법기관들, 즉 개인의 청구를 위한 혼합청구위원회들이 멕시코에서의 혁명의 결과로서 20세기에 설립되었다.[33) 멕시코와 미국 간, 멕시코와 프랑스 간, 그리고 이런 종류의 다른 위원회들이 있었다. 제1차 세계대전을 종료시키는 평화조약들에 의해 창설된 혼합중재재판소(Mixed Arbitral Tribunal)도 역시 중요하였다.[34) 이

---

33) Feller, *The Mexican Claims Commissions*, 1923－1934 (1935).

34) Blühdorn, "Le Fonctionnement et la jurisprudence des tribunaux arbitraux mixtes," in *Recueil des cours*, XLI (1934), 141; Schätzel, "Die gemischten Schiedsgerichte der Friedensverträge," in *Jahrbuch des öffentlichen Rechts*, XVIII (1930), 378; Kiesselbach, *Probleme und Entscheidungen der deutsch-*

재판소들은 전쟁피해나 평화조약상 다른 근거를 기초로 한 개인의 청
구에 대해 관할권을 가졌다. 이 재판소들은 한 명의 중립적인 재판장
과 승전국과 패전국에서 각각 2명씩 임명한 재판관들로 구성되어 있
었으며, 기본적으로 미국식의 혼합청구위원회와 같은 것이었다. 그리
고 그 명칭은 베르사유 조약의 많은 부분을 편입하고 있는 1921년의
평화조약을 보충하는 1922년의 독일과 미국 간의 조약에서 유지되고
있었다. 그러나 혼합중재재판소의 관할권은 전형적인 혼합청구위원
회의 관할권보다 넓었고 보다 다양하였다. 더구나, 미국식 위원회에
서는 항변과 어느 정도의 사건 주장이 정부대표의 일이었으나, 혼합
중재재판소에서는 사적 당사자들 스스로가 항변하거나 그들이 선임
한 대표들을 통해 행동할 수 있었다. 비록 실제로는 당사자들이 새로
운 규칙 하에서 드물게, 그리고 아주 중요한 사건에서만 그들의 귀중
한 특권을 사용하였고, 또한 대부분의 청구가 평범한 성격의 적당한
액수를 요구하는 것이었지만, 혼합중재재판소의 사건은 엄청났다. 예
를 들어, 프랑스-독일 재판소에 약 2만 건의 청구가 제출되었고, 영국-
독일 재판소에 약 1만 건, 그리고 미국-독일 위원회에 약 1만 3천
500건의 청구가 제출되었다. 그들의 처리는 관련된 두 정부의 대표들
의 협력을 통해 촉진되었으며, 이들은 보통 당사자들로부터 청구를
해결할 권한을 위임받았다.[35] 이 정부대표들은 그들 사이에서 실제
재판을 하지 않고 대부분(예를 들어, 프랑스-독일 재판소의 경우, 총사건의

---

amerikanischen Schadens-Kommission (1927). 더 상세한 참고문헌으로는,
Stuyt, *Survey of International Arbitrations* (1939), No. 350. 혼합중재재판소의
많은 결정들이 수록되어 있는 곳으로는, *Recueil des décisions des tribunaux
arbitraux mixtes institués par les traités de paix* (10 vols., 1922-1930).

35) Schätzel, *op. cit.*, 449.

5/6) 사건을 해결하는 절차를 발전시켰다. 실제 재판소에서는, 중립 적인 재판장이 사실상 재판을 결정하였다. 그러나 많은 재판장의 업 적은 결코 모범적인 것이 아니었다.[36] 매우 대조적으로, 독일정부의 동의하에 미국-독일 위원회의 재판장이 되었던 에드윈 파커Edwin B. Parker는 그의 객관성으로 인해 독일측으로부터 많은 찬양을 받았다.[37]

이론적 발전들: 학문의 조직화

이미 보았듯이, 19세기에는 국제법의 근본적 문제에 대한 연구가 많지 않았다. 국제법 법률가들은 다소 원시적인 형태의 실증주의에 대해 일반적으로 만족하였다. 그러나 19세기 말경에 트리펠Triepel의 저서에서 나타나는 것과 같이 보다 깊이 있는 연구를 위한 새로운 시 도가 시작되었다. 이러한 종류의 연구는 20세기 동안, 특히 제1차 세 계대전 이후에 꾸준히 증가하였다.[38]

그 연구의 한 특징적 측면은 "자연"법의 부활이었다.[39] 그 부활은

---

36) 두드러진 예로는, "Direkte Schuldenregelungen vor der Friedensratification," in Zeitschrift für internationales Recht, XXX (1922), 1.

37) 그는 미국-오스트리아-헝가리아 위원회의 단독 중재자와 비슷하게 성공 한 것처럼 보였다. Borchard, Amer. Journ. Int. Law, XXX (1936), 139.

38) 일반적인 소개를 위하여는, Lauterpacht, The Function of Law in the International Community (1933), 399; Brierly, "Le Fondement du caractère obligatoire en droit international," in Recueil des cours, XXIII (1928), 467; Walz, Völkerrecht und Staatliches Recht (1933); 그리고 통찰력 있는 분석으로 는, W. Schiffer, Die Lehre vom Primat des Völkerrechts in der neueren Literatur (1937) 참조.

39) 면밀하게 풍부한 인용을 밝힌 연구가 제시된 곳으로는, Scheuner, "Naturrechtliche Strömungen im heutigen Völkerrecht," Zeitschrift für ausländisches öffentliches Recht und Völkerrecht, XIII (1951), 556. Erich

국제적 영역에만 한정된 것도 결코 아니었다. 전체주의 체제의 출현과 그 자의적이고 억압적인 입법으로 인하여 독재자에 의하여 명령된 법 이외에 그 법보다 더 우월하고 상위인 "자연"법이 있어야 한다는 신념이 자라나게 되었다. 더구나, 국제관계에서 더 평화로운 세계의 재건을 위한 기초를 자연법이 제공하는 것처럼 인정되었다. 그러나 이는 제1차 세계대전에서 패배한 국가들의 학자들이 평화조약들을 약화시키거나 무효화시키기 위한 시도로써 자연법을 원용했던 사실을 간과한 것이다. 그럼에도 불구하고, 더 깊은 이유가 한 가지 있었다. 실증주의는 19세기의 과학적 유물론과 관련이 있었던 것이다. 유물론에 대한 광범위한 반대는 법률분야에서도 실증주의의 지배를 동요시키게 되었다.

국제법과 관련하여, 자연법에 대한 새로운 강조 중에서 두 가지 흐름을 발견해야 한다. 첫째로, 자연법으로의 복귀는 신학자들이 포함된 가톨릭 교리에 집착하는 학자들에 의해 요구되어 왔다. 제1차 세계대전 이후에는 더욱 강력하게 요구되어 왔다.[40] 가톨릭 교회만이 중세시대부터 발전해오고 오늘날 가톨릭 기관과 학자들에 의해 넓게

Cassirer, *Natur— und Völkerrecht im Lichte der Geschichte und systematischen Philosophie* (1919)는 거의 중요하지 않다.

40) 그러한 집단의 대표자들 중에서 언급할 수 있는 사람으로는, Cathrein (S.J.), *Die Grundlage des Völkerrechts* (1918); Ottenwälder, *Zur Naturrechtslehre des Hugo Grotius* (1950 — see *infra*, p. 304); Le Fur, "La Théorie du droit naturel depuis le XIIIe siècle et la doctrine moderne," *Recueil des cours*, XVIII (1927), 263; Höffner, *Christentum und Menschenwürde* (1947); Reibstein, *Die Anfänge des neueren Natur— und Völkerrechts* (1949); Stadtmüller, *Geschichte des Völkerrechts* (1951); 그리고 실질적으로는 모든 최근의 에스파냐 학자들. "신스콜라주의(*néo—scholastique*)"라는 용어는 특히 Le Fur의 이론에 적용되어 왔다.

개발된 포괄적이고 정교한 자연법 체계를 가지고 있다(이에 상응하는 개신교의 자연법은 없다). 가톨릭적 자연법은 언제나 신성하고 따라서 다른 세속법보다 우월하다고 간주되었기 때문에, 가톨릭 교회는 자연법에 관해서는 국제관계에서 권위적인 위치를 차지하게 된다.

역사에 관하여는, 이 가톨릭 학자들의 접근방식은 "황금시대"의 에스파냐인들이 현대 국제법의 진정한 창설자라는 주장을 상당한 특징으로서 나타내고 있다. 동시에, 그들은 중세가 영적 통일성을 이루고 있던 시기라고 주장하였기 때문에 중세를 국제법상 가장 영광스러운 시기는 아니라도 하나의 영광스러운 시기라고 찬양하였다.[41]

그러나 보다 일반적인 20세기의 "자연법" 이론은 다른 세속적 성격을 가지고 있다. 기본적으로 그것은 국제법의 철학적 또는 다른 사변적 측면에 대한 재강조와 특히 국제법의 발달에서 "정의(justice)"와 다른 도덕적 가치들이 수행한 역할에 대한 재강조에 불과한 것이다. 그 자체로서 그것은 19세기의 보다 원시적인 실증주의에 대한 불가피한 반응에 불과한 것이다. 그러나 18세기의 위대한 실증주의자 빈케르스후쿠가 이미 "이성(reason)"을 국제법의 법원의 하나로서 간주하였던 것을 기억해야 한다.

자연법 이론과 함께 정전(just war) 개념이 다시 약간 지지를 얻게되었다. 도덕적 또는 정치적 이유들로 한 교전국의 명분이 정당한지 또는 부당한지를 판단받을 수 있다는 것에 대해서는 전혀 의문의 여지가 없었다. 이러한 종류의 감정들은 양 세계대전 동안과 그 이후에 가장 강력하였고 법적 영역으로도 영향을 미쳤다. 그럼에도 불구하고, 정전개념의 새로운 지지자들이 그 명분은 정당하고 그 적의 명분

---

41) 이러한 특징이 두드러진 곳으로는, Stadtmüller, *op. cit.*

은 부당하다고 간주하는 교전국이 전쟁포로나 적상병자 또는 적과의
군사협정 준수에 관한 전쟁법 규칙을 엄격하게 준수하지 않아도 된다
고 하는 과거의 가르침을 되풀이 하지 않았다. 그리고 극소수의 학자
만이 중립국이 한쪽이나 다른 쪽 교전국의 명분이 정당하다고 믿느냐
또는 믿지 않느냐에 따라 중립국의 권리와 의무가 국제법상 차이가
있어야 한다고 주장하였다.

이제 문제점은 훨씬 더 제한적인 것이었다. 정전이론의 한 가지 주
요한 목표는 제2차 세계대전을 시작하고 촉진했던 사람들을 처벌하
기 위한 법적 기초를 건설하는 것이었다. 정전이론 적용에 있어서 문
제점은 승자들이 그 스스로의 명분 또는 패배한 적의 명분이 "정당한"
것이었는지 여부를 결정할 것을 요청받는 것이다. 또 다른 적용은 국
제연맹 규약과 같이 집단적 안전보장을 위한 협정을 위반하여 시작된
전쟁을 "부정당한" 것이라고 부르는 이론이었다. 그러나 이 경우 교
전국의 행위에 대한 평가는 협정의 문안과 해석에 의존하는 것으로서
법적인 문제이다. 불법적으로 행동하는 교전국도 도덕적으로는 "정
당한 명분"을 가질 수 있을 것이다.

그러나 "자연법" 또는 "정전"이 이 기간의 이론적 논의의 주제 중
가장 중요한 것은 아니었다. 법철학자들은 주권개념의 연구를 통해
국제법에 대한 새로운 접근방식을 추구하였다. 국가의 전능함을 나타
내는 주권의 관념은 국가기관이 정당(political parties)을 박해한 결과
오래전부터 공격을 받아왔다. 또한, 평화주의자들은 주권자가 전쟁의
참상에 대한 책임을 져야 한다고 주장하였다. 이러한 상황에서, 새로
운 이론들은 주권개념을 그 근원부터 공격하였다. 법을 이념적으로
국가로부터 단절시키고 법에 보다 높은 권위를 부여하려는 시도들이

있었다. 국제법에 적용하면, 그 새 이론들은 국가의 의사를 강조하던 트리펠의 "이원론적" 관념과 충돌할 수밖에 없었다. 실제로, 반주권적(antisovereignty) 이론들은 "이원론"을 "일원론"으로 대체하려는 경향이 있었다. 일원론은 국제법과 국내법을 본질적으로 동일한 것으로 보고 그들을 위한 공통의 원천을 수립하려고 하였다.

일원론은 네덜란드인 크라베Krabbe(1859~1936년)에 의해 소개되었다. 더 유명한 그의 저서들은 제1차 세계대전 이후에 나타났지만,[42] 그는 그 이론의 기초를 이미 수립하였었다. 그의 견해에 의하면, 국가들은 본래 주권자의 순전한 명령과 힘의 산물이었다. 그러나 현대의 국가개념에서는 이러한 순수하고 단순한 "국가주권"이 정신적으로 강제적인 규범, 즉 "법의 주권"의 영역으로 변화되고 있다. 법은 과거의 주권의 힘처럼 외면적인 것이 아니다. 그것은 권리의식 또는 권리인식으로부터 유래한다. 권리의식은 도덕적 의식이나 종교적 의식과 같이 인간의 내재적인 심리적 특징이다. 국제법의 원천은 국가의 의사가 아니며(국가 주권의 붕괴이다!) 그들의 이익이 그 규칙(역자 주: 국제법규칙)의 영향을 받는 사람들 또는 정부의 구성원이나 판사 등으로서 그들의 이익들을 관리하도록 헌법적으로 요청을 받은 사람들이 느끼는 법에 대한 의식이 국제법의 원천이 된다. 따라서 국내법과 국제법은 본질적으로 같은 성질을 가진다 ─ 이는 일원론이다.

그럼에도 불구하고, 국제법은 더 큰 공동체의 법이기 때문에 국내법보다 우위에 있다. 실제로, 크라베는 이미 존재하는 변천을 생각하

---

42) *Die moderne Staatsidee* (1919─번역본으로는 현대국가사상(*The Modern Idea of the State* [1927])이라는 제목으로 Sabine와 Shephard가 자세한 서문을 쓴 것이 있음). 또한 "L'Idée moderne de l'état," in *Recueil des cours*, XIII (1926), 513 참조.

고 있었다. 그 변천은 최종적으로 주민대표제에 기초하고 모든 영역에서 세계적인 권리의식을 집행할 수 있는 "세계 국가"의 수립을 가져올 것이라고 그는 생각하였다. 크라베는 따라서 일원론을 주장했을 뿐만 아니라 국제법의 최고성을 주장하였다(그는 국제법을 "초국가법(supranational law)"라고 하였다). 국제법은 그에게는 메시아적 성격을 가지고 있었다.

일원론은 프랑스인 뒤기Duguit(1859~1928)에 의해 개선되었다. 그의 이론은 제1차 세계대전의 경험 이후에 구성되었기 때문에[43] 보다 온건하였으며, 크라베와 비슷한 전제에서 출발한다. 그 역시 국가로부터 법을 분리시키고 법은 개인의 심리적 능력에서 유래하는 것으로 보았다. 국가에 관하여, 그는 홉스의 가르침과 정반대되는 극단적 견해를 취하였다. 뒤기에게는 소위 국가는 동일한 영토 안에 사는 개인들의 집단에 불과한 것이며 지배하는 자가 지배받는 자에게 행사하는 심리적, 도덕적, 종교적, 경제적 또는 기타의 강제를 통하여 유지되고 있는 것이었다. 법규범은 다른 근원을 가지고 있다. 그것은 연대의식인 "사회적 사실(social fact)"로부터 유래하며, 사회적 사실은 "사회

---

43) *Traité de droit constitutionnel*, Vol. I (3rd ed., 1927), secs. 17, 67; "Objective Law," in *Columbia Law Review*, XX (1920), 817, XXI (1921), 17, 126, 242. Gidynski, "Duguit's Sociological Approach to the Bases of International Law," in *Iowa Law Review* XXXI (1946), 599; Scelle, "La Doctrine de Léon Duguit et les fondements du droit des gens," in *Archives de philosophie du droit et de sociologie juridique* (1932), 83 (*Archives*의 1932년도 권에는 현재의 논의를 다루고 있는 뒤기에 관한 일부 논문들이 수록되어 있다); Réglade, "Perspectives, etc.," in *Revue générale du droit international public* (1930), 381 참고. Chan Nay (Ch'ên Nei) Chow, *La Philosophie du droit international en France depuis le XVIe siècle* (thesis, Paris, 1940)에서 뒤기에 관한 장은 별로 중요하지 않다.

적 규범(social norms)"을 조성하게 된다. 만약 그렇지 않다면 사회적 집단은 존재할 수 없었다. 사회적 규범은 주로 경제적 또는 도덕적 성격이지만, 집단 구성원이 만장일치 또는 거의 만장일치로 그 규범위반의 준수를 확보하기 위해 힘을 사용하는 것이 정당하다고 느낄 때, 법적 성격을 띠게 된다.

따라서 법규범은 집행을 권유(urge)하는 것으로 특징지어지는 대단히 중요한 것이다. 그의 이론에서는 크라베의 이론에서와 같이, 오직 개인만이 법의 형성에 참여하고, 법은 최고성을 가지며, 국가는 주권을 갖지 않는다.

따라서 그는 사회학적 연구를 통해 일원론적 견해에 도달한다. 이에 비해 크라베는 법이 유래한다고 주장되는 과정의 윤리적 또는 정치적 측면을 강조한다. 뒤기는 "사회 간의(intersocial)"라는 용어를 선호하는데, 이 용어는 "국제적"이라는 용어와 국가들 간의 관습적 결합을 부정하는 것이며, 국제법의 기초로서 "사회적 사실(social-fact)"의 성격을 강조하려는 것이었다. 뒤기는 국제법의 최고성을 주장하지 않았고, 보편적 세계제국으로의 필연적인 변천을 신봉하지도 않았다.

뒤기의 가르침은 사회심리학의 발전을 반영한다. 그것들은 다른 사상가들에게 널리 영향을 주었으며[44] 미래에 유익하다는 것이 입증

---

44) 뒤기의 제자들 중에서 가장 탁월한 사람은 아마도 셸(Georges Scelle)이다. "Règles générales du droit de la paix," *Recueil des cours*, XLVI (1933), 331, 그리고 "La Doctrine de Léon Duguit, etc.," *Archives de philosophie du droit et de sociologie juridique* (1932), 80에서 Georges Scelle은 훨씬 더 확고하게 생물학적인 접근을 제시하였다. Scelle의 이론에 대해서는, Savelberg, *Le Problème du droit international américain* (1946), 23 f 참조.

될 수 있을 것이다.

또 다른 저명한 일원론자는 오스트리아인 켈젠Kelsen으로 그는 심리학적, 사회학적, 또는 정치적 자료도 그의 연구에서 배제시켰다.[45] 그는 법규범들 사이에 내재하는 논리적 관계들을 엄격한 법률적 용어로서 설명하고 나타내기 위해 "순수법학"을 수립하였다. 그의 이론에서도 국가의 분석이 중요한 논점이었다. 켈젠에 의하면, "국가"는 신 또는 영혼과 같이 많은 의인화의 하나로서, 특정한 점을 중심으로 한 다양한 관계들을 생각하려할 때 인간의 정신(mind)이 의존하는 것이다. 인간의 정신은 그 다양한 관계를 의지를 가진 한 인간으로부터 발산된 것으로 이해한다. 이는 마치 인간자아(ego)의 개념과 유사하다. 실제로 켈젠은 국가를 법규범들이 하나의 체계를 구성한 것이며, 국가와 법은 공존하는 것이라고 주장하였다.

다양한 규범들 가운데, 켈젠은 국제법규범에 특별하고 주도적인 역할을 부여하였다. 국제법은 규범들의 단계에서 최상위에 있다. 이 단계의 가장 하위에는 판결과 행정부의 행위가 있는데, 이들은 성문법이나 관습법이 그렇게 규정하고 있기 때문에 구속력이 있다. 그 다음으로 성문법과 관습법은 헌법이 그렇게 명령하고 있기 때문에 구속력이 있다. 그리고 켈젠에 의하면 헌법은 국제법에 의해 구속력이 있

---

45) Kelsen, *Das Problem der Souveränität und die Theorie des Völkerrechts* (1928), *Reine Rechtslehre* (1934), 34, 그리고 *General Theory of Law and State* (1945), 328. Lauterpacht, "Kelsen's Pure Science of Law," in *Modern Theories of Law* (1933), 105; Kunz, "The 'Vienna School' and International Law," in *New York University Law Quarterly Review*, XI (1934), 370; Jones, "The 'Pure' Theory of International Law," in *Br. Yr. Bk. Int. Law* (1935), 5; Stern, "Kelsen's Theory of International Law," *Amer. Political Science Review*, XXX (1936), 736 참조.

게 된다. 국제법은 하나의 정치공동체가 국제법에 따른 국가로서의 모든 특징을 나타낼 때 그 정치공동체에 그 최고의 법적 권한을 위임한다. 따라서 이는 완전한 의미에서 국제법의 최고성을 나타낸다. 켈젠의 관념에서는 일원론이 국제법과 국내법의 동질성을 의미하는 것으로 제한되지 않는다. 그것은 전세계의 법의 통일성을 의미한다. 왜냐하면, 모든 국내법의 체계는 국제법에 그들의 공통적인 근원을 가지고 있기 때문이다. 국가는 법에 불과하기 때문에, "법에 의한 정부"라는 민주적 개념은 세계의 규칙이 된다. 따라서 켈젠은 새로운 형식과 근대적 정신으로 크리스챤 볼프가 감히 시도하였던 것보다 훨씬 더 포괄적인 의미에서의 세계정부(civitas maxima)의 존재를 주장한다.

켈젠은 무엇보다도 국제관습법에 구속력을 부여하였다. 국제관습법으로부터, 조약의 구속력이 유래한다. 계약은 지켜져야 한다(*pacta sunt servanda*)는 규칙자체도 관습법 규칙의 하나이다. 국제관습법의 구속적 성격은 최초의 가정(근본규범, Grundnorm)을 구성하고 이 근본규범은 어느 법체계에도 고유하게 존재하나, 더 이상의 법적 분석 대상이 될 수 없다.

켈젠은 국내법의 우위에 기초한 국제법 이론의 논리적 일관성을 인정하면서도, 국제법의 우위성에 대한 그의 관념을 논리적으로나 실제적으로 만족스럽게 나타내었다. 그러나 그의 이론 체계는 완전히 설득력이 있는 것이 아니다. 특히, 여러 가지 법들이 그들의 구속력을 국제법에 의한 "위임"으로부터 부여받았다는 주장은 분명히 수락하기 어렵다. 그럼에도 불구하고, 켈젠의 이론은 그 범위와 그 전개과정에서 나타난 지적 능력을 볼 때 인상적인 것이다. 핵심을 찌르는 뛰어난 비판능력과 함께 이러한 장점들은 켈젠이 법학 일반에 특징적으로 기여한 것이다. 켈젠의 이론은 뒤기의 이론보다 더 광범위한 토론의 대상이 되었다.[46]

역사적으로, 켈젠의 이론은 국제법의 일원론의 가장 극단적인 형태로서 그리고 세계민주주의의 이상을 법적 용어로 표현한 것으로서 주목할 만한 것으로 남아있다. 켈젠 자신은 어떠한 정치적 의도도 부인한다. 홉스도 거의 정반대의 결과에 도달하면서 정치적 의도를 부인하였다.

---

46) Kelsen, *General Theory, etc.*, 각주 45에 있는 도서목록 참조.

제 8 장

결론 ― 역자 후기

지금까지 누스바움이 쓴 『국제법의 역사』를 전쟁과 평화와 관련된 국제법의 역사를 중심으로 살펴보았다. 누스바움은 제1장 상고시대, 제2장 중세시대-서양, 제3장 중세시대-동방, 제4장 근대, 30년 전쟁까지, 제5장 웨스트팔리아 평화회의부터 나폴레옹 전쟁까지, 제6장 빈 회의부터 제1차 세계대전까지, 제7장 베르사유 조약부터 제2차 세계대전까지 발전해온 국제법의 역사를 설명하였다.

역자는 이 책을 번역하고 정리하면서 다음과 같은 몇 가지 결론을 제시하고자 한다.

첫째, 인류는 국제법의 발전을 통해 전투행위를 보다 인도적으로 수행하게 되었다는 점이다. 인류의 역사는 전쟁의 역사라고 해도 과언이 아니다. 원시시대부터 인류는 전쟁을 하였고, 그 전쟁의 참상을 겪어왔다. 원시시대와 고대의 전쟁은 연령이나 성별에 상관없이 무자비하게 적을 전멸시키는 것을 목적으로 하였다. 부분적으로 이와 다른 전투 시의 관용이 존재하였으나 고대와 중세의 역사는 전투 중이나 그 후에 범해진 믿을 수 없는 만행과 복구로 가득했다. 중세후기에

― 332 ―

기독교 포로를 노예화하는 것을 점차 금지하면서 진보가 이루어졌다. 근대에 들어와 그로티우스는 가장 설득력 있는 방법으로 인도주의, 종교와 장기적인 정책을 이유로 절제를 촉구했다. 19세기에 앙리 뒤낭이 『솔페리노의 추억』이라는 작은 책자에서 인류의 양심에 크게 호소하면서 1864년 최초의 제네바협약이 채택되는 등 국제인도법은 크게 발전하였다. 제1차 세계대전에서 교전국들은 제네바 적십자협약, 육전법규와 관례에 관한 헤이그 협약 등을 대체로 존중하고 준수하였다. 제2차 세계대전 때 히틀러 정부조차도 패망하기 몇 개월 전까지는 제네바협약과 포로에 관한 헤이그협약상의 의무를 어느 정도 준수했다.

이러한 국제인도법의 발전을 통해 인류는 전쟁의 참상과 고통을 줄일 수 있게 되었다.

둘째, 인류는 국제법을 통해 전쟁을 금지하고, 분쟁을 평화적으로 해결할 수 있는 수단을 개발하여 왔다. 고대와 중세는 국가 간의 전쟁뿐만 아니라 영주들 간의 불화나 사적 전쟁이 허용되는 등 수많은 전쟁이 만연하였다. 전쟁을 억제하기 위해 중세의 신학자 성 아우구스티누스 등이 전쟁이 반드시 정전이어야 한다는 정전 이론을 발전시켰다. 그러나 인류의 피비린내 나는 전쟁은 계속되었고, 칸트는 1795년 『영구평화론』에서 영구적 평화를 공상이라고 생각하지 않고, 일정한 조건하에 오랫동안 점차적으로 접근함으로써 도달할 수 있는 것이라고 생각했다.

빈 회의부터 제1차 세계대전까지의 기간과 베르사유조약부터 제2차 세계대전까지의 기간 동안, 미국 등 국가들의 열렬한 지지로 많은 중재에 의한 국제분쟁의 해결이 있었다. 상설국제사법재판소와 국제연맹이 설립되었고, 제2차 세계대전 이후에는 국제연합(UN)과 국제사법재판소가 설립되었다.

오늘날 국가 간의 전쟁과 무력사용 및 위협은 UN헌장에 의해 원칙적으로 금지되었다. 더 나아가 1998년 채택된 국제형사재판소규정(Statute of the International Criminal Court, ICC Statute)에 의해 2002년 설립된 국제형사재판소가 2018년부터 UN헌장에 명백히 위반하는 무력공격을 계획, 준비, 개시 또는 수행한 국가의 지도자를 침략범죄로서 처벌할 수 있게 되었다.[1] 대한민국은 1998년 로마회의에서 ICC의 관할권과 관련한 매우 중요한 제안을 하는 등, ICC의 설립과 운영에 기여하여 왔다. 이는 우리나라가 국제법의 발전에 중요한 역할을 하고 있는 것을 나타낸다.[2]

오늘날 존재하는 국제법 질서의 수립자들은 전쟁을 방지하고 평화를 보장하기 위한 원대한 계획을 가지고 대담하게 미래로 나아갔다. 또한, 전쟁의 참상을 방지하고 전쟁의 피해자들을 돕기 위해 노력하였다. 그들은 위대한 군주나 정치가로서 또는 위대한 법학자나 외교관 또는 활동가 등으로서 국제법의 역사 발전에 기여하였다. 그들의 이상과 계획, 그리고 헌신과 노력 덕분에 오늘날의 세계는 인류에게 훨씬 더 안전한 장소가 되었다. 우리도 우리의 자녀들과 미래 세계의 후손들을 위해 이와 같은 일을 해야 할 것이다.

---

1) 김영석, 국제법(박영사, 2017), pp. 217-226.
2) 김영석, 국제법(박영사, 2017), pp. 158-162; 김영석, 국제형사재판소법강의(법문사, 2014), pp. 92-103.

사항색인

역자 약력

김영석

서울대학교 법과대학 졸업(법학사)

서울대학교 대학원 법학과 졸업(법학석사, 국제법)

미국 일리노이대학 법학전문대학원(University of Illinois at Urbana-Champaign College of Law) 법학석사 (LL.M) 및 법학박사(J.S.D, 국제법) 취득

제25회 외무고등고시 합격(1991년)

외무부 조약과, 재외국민과, 인사과 등 근무

서울대학교 대학원 법학과 강사, 아주대학교 법학부 조교수 역임

이화여자대학교 법과대학 조교수, 부교수 역임

외무고시, 행정고시, 사법시험, 7급, 9급 공무원시험 등 출제위원 역임

미국 일리노이대학교(University of Illinois at Urbana-Champaign), 포담대학교 (Fordham University), 이탈리아 밀라노대학교(University of Milan) 방문교수 역임

외교부 자체평가위원 역임

주시카고 대한민국 총영사 역임

현재 이화여자대학교 법학전문대학원 교수

　　해양투기금지에 관한 런던의정서 준수그룹 부의장

　　서울국제법연구원 연구이사, 대한국제법학회 상임이사

　　대한적십자사 인도법 자문위원

[저서 및 역서]

The Law of the International Criminal Court, William S. Hein Co.(New York, USA) (2019, 2nd edition)

국제법, 박영사(제3판, 2023)

국제형사재판소법강의, 법문사(2014, 개정판)

국제법의 역사, 한길사(아르투어 누스바움 저, 김영석 역, 2013)

국제인도법, 박영사(개정판, 2022)

세계질서의 기초, 박영사(Francis A. Boyle 저, 김영석 역)(2004. 2, 개정판)

The International Criminal Court, Wisdom House Publication(England), (2003) 그 외 논문 다수